JN495410

스위스·오스트리아·동유럽

부부 렌터카 여행

스위스, 오스트리아, 동유럽 부부렌터카여행 상

김선균 지음

스위스·오스트리아·체코 편

통일신문사

스위스·오스트리아·동유럽 부부 렌터카 여행(상)

2011년 5월 15일 초판 1쇄 인쇄
2011년 5월 20일 초판 1쇄 발행

지은이 | 김 선 균
펴낸이 | 장 운 영
펴낸곳 | 통일신문사
주 소 | 서울시 용산구 한강대로 295, 201호
연락처 | ☎02)701-8347 FAX.02)701-8345
등 록 | 제302-2008-000025호

© 김선균 2011. Printed in Korea
홈페이지 : www.skksun.pe.kr

ISBN 978-89-961251-5-0 04980
ISBN 978-89-961251-4-3 (세트)
값 16,000원

책을 시작하며

안개 낀 시골 기차역, 들꽃 핀 가로수 길, 아무렇지도 않은 평범한 풍경에도 길 떠난 설렘은 요정의 숨결같이 숨어 있습니다. 여행이란 신과 함께 만들어내는 또 하나의 인생이라는 말이 있습니다.

아득히 멀리 맞닿은 듯 보이는 두 줄 철길이 가도 가도 평행을 유지하듯 우리는 인생의 길과 나란히 나그네의 길을 걷습니다. 산 넘고 강을 건너 멀리 가지만 그 앞에는 다시 넓은 들판, 길의 끝은 없습니다. 그것을 우리는 압니다. 그러나 멈추지는 않습니다. 멎는다고 죽음으로 가는 길까지 멈춰지지는 않으니까요.

100년 전 우리는 지구상에 없었으며 100년 후에 또한 살아있지 않을 것입니다. 그 옛날, 사람은 한 차례 인생을 사는데 불과했지만 현대를 숨 쉬는 세대는 소설 읽고 드라마 보면서 인생을 몇 번씩 사는 것으로 착각합니다. "겨울이 오면 봄이 멀지 않으리", 셸리의 시구처럼 세세연년 꽃피는 봄은 어김없이 돌아옵니다. 그러나 지나가버린 인생의 계절은 다시 오지 않습니다.

오늘날 젊은이들은 짊어진 배낭에 호기심과 불안을 반씩 채우고 보물찾기 나서듯 지구 곳곳으로 흩어져 갑니다. 세상 어디를 가나 무한토록 넉넉한 자연은 항상 그 곳에 있고 보람은 갈망하는 몫만큼 찾는 이에게 주어진다고 생각합니다.

오직 한 번 뿐인 인생항로에서 시도하는 청춘의 모험, 패기 있는 도전은 설사 시행착오를 겪는다 해도 또는 초보운전 같이 서툴다 해도 파도 속 물

놀이처럼 신나는 감동입니다. 힘든 일, 괴롭던 일, 안타까운 일, 세월이 멀리 가고 난 뒤 그들은 그것이 그리움이었음을 깨닫습니다.

불행하게도 우리는 꽃다운 시절에 전쟁을 겪으며 여행이란 꿈에도 생각할 수 없는 어려운 세월을 보냈습니다. 젊은 사람들의 좋은 세상을 바라보며 여생의 마지막 단계마저 헛되이 보낼 수야 없지 않은가 하는 생각이 간절했습니다. 허기진 사람에게 식욕이 고통이듯 우리에게는 인생의 여백에서 느끼는 정서의 메마름이 괴로웠습니다. 늦게나마 어렵사리 걷게 된 나그네 길은 그래서 우리에게 구원의 자비였으며 해를 거듭할수록 삶의 가치를 떠받치는 근거가 되었습니다.

주변의 만류와 조금은 무리랄 수 있는 여건을 무릅쓰고 다시 여장을 꾸려 집을 나섰습니다.

먼 나라로 떠나는 자유여행, 그것은 용기라기보다 스스로에게 패배하는 공포로부터의 도피입니다.

이제 지구를 반 바퀴 돌아온 생경한 이국에서 고향 같은 포근한 산야를 유랑합니다.

세월도 가고 인생도 가는군요. 그동안 앞만 바라보고 부지런히 걸어 온 발길을 이제 늦추고자 합니다. 시간의 흐름을 잊게 하는 구름과 호수, 시원한 나무 그늘에서 새 소리도 감상하고 간혹 폭포수 떨어지는 길가에서 풀꽃도 즐기면서 초고속의 시대에 느림으로 가득한 자연의 미학을 온몸으로 실감하고 있습니다.

노인들은 오래 살아 인생에 익숙하고 처세에 능하다고 생각할 것입니다. 그러나 몇 살이 되어도 당면하는 일은 새로운 경험이요 처음 맞이하는 낯선 사건입니다. 석양이 붉게 물들어 가는 멀고 먼 나라, 인생 가을도 넘기고 적막한 겨울 속의 나이 든 부부. 둘이서 호젓이 다니는 눈 덮인 알프스 자동차 여행..... 좀 괜찮은 그림 아닙니까?

이 책은 스위스 오스트리아 동유럽을 56일간 부부가 렌터카로 돌아다닌 자유여행의 기록입니다. 세파에 떠밀려 그리움을 찾아 나선 여로, 흘러간 강가에 서서 겪고 느낀 이야기입니다.

글은 움직인 경로 따라 공백이 생기지 않도록 이어 쓴 결과 하루를 하나의 이야기로 읽을 수 있는 모양새가 됐습니다. 실제 여행하는 사람에게 도움이 되도록 차례대로 상세히 기록하다 보니 원고가 책 한 권에 적당한 쪽수를 많이 넘겨 부득이 두 권으로 나누어 내놓습니다. 각국의 인명과 지명은 키릴문자를 사용하는 불가리아를 제외하고 가급적 그 나라 발음을 사용했으며 고유의 문자를 병기했습니다. 여행 경비의 대략적 내역도 말미에 덧붙였습니다.

어쩌다 이 책을 집어 든 사람에게 인생이든 여행이든 또 다른 세상의 창을 열어드렸으면 하는 바람입니다. 되돌아 갈 수는 없어도 되돌아 볼 수는 있는 책이라는 이름의 추억 한토막을 만든 것에 작은 보람을 느끼면서도 한편 헤쳐 보인 내면이 적잖이 쑥스럽습니다.

책 출판에 즈음하여 글을 바로잡아주고 시종 협조해주신 통일신문사 장운영 사장님과 정영화 기자님께 감사의 말씀을 드립니다. 시종 작업을 같이 해 준 필 여사를 비롯하여 유미와 진수, 종호와 혜영 그리고 은지와 지용, 우리 가족의 애정 어린 협조에 대해서도 고마운 마음을 전합니다.

특히 할아버지 할머니 책에 이름 올랐다며 환호할 귀여운 우리 손녀손자, 단아, 제나, 지호, 정진, 정윤에게 사랑의 씨앗이 되어 저마다 알찬 인생, 특별한 나무로 피어나기를 기원합니다.

2011년 5월

김 선 균

차 례

- 상 권 -

체코

- 하 권 -

폴란드

슬로바키아

루마니아

환율표

각 나라별 통화와 환율표(약산) 2006년 5월 현재

루마니아	Leu	1 RON =	340원
미국	Dollar	1 USD =	960원
불가리아	Leva	1 LEV =	610원
스위스	Swiss Franc	1 CHF =	770원
슬로바키아	Koruna	1 SKK =	30원
유럽연합	Euro	1 EUR =	1200원
체코	Koruna	1 CZK =	40원
폴란드	Złoty	1 PLN =	310원
헝가리	Forint	1 HUF =	5원
오스트리아: 고유통화 실링(AS) 있었으나 현재 EUR 사용			

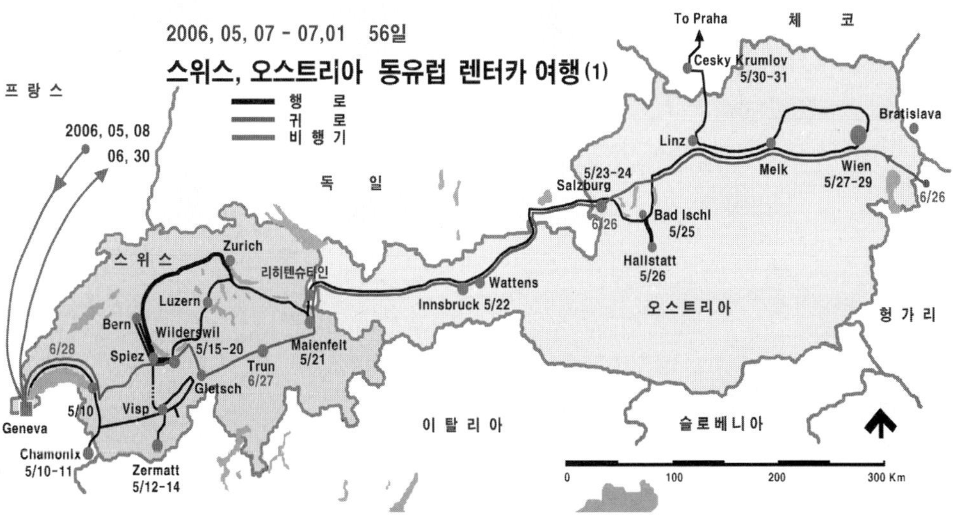

2006, 05, 07 - 07, 01 56일
스위스, 오스트리아 동유럽 렌터카 여행 (2)
벨라루스
폴란드
Warszawa
Częstochowa
체코
Praha 6/1-3
Kutna Hora
Krakow 6/6-8
Olomouc
Bielsko Biała 6/5
우크라이나
Cesky Krumlov 5/30-31
Telc 6/4
슬로바키아
Spissky hrad
Levoca 6/9
Sapanta
Sighetu Marmatiei 6/11
Wien
Bratislava
Esztergom
To Geneva
6/25
Szentendre
Patyod 6/10
Baia Mare
Ciocanesti 6/12
오스트리아
Budapest 6/22-24
Vatra Dornei 6/13
몰도바
헝가리
Szeged
루마니아
Sighisoara
슬로베니아
Arad 6/21
Brasov 6/14
Bran
크로아티아
Craiova 6/20
Bucuresti 6/15
보스니아 헤르체고비나
Ruse
세르비아
Nikopol 6/19
Polski Trumbesh 6/16
Veliko Turnovo
이탈리아
몬테네그로
Sofia 6/17
Rilski Manastir 6/18
불가리아
마케도니아
알바니아
0 100 200 300 Km

1일. 64일간의 여행을 시작한다

5월 7일 일요일

인천공항(ICN) - 상하이(Shanghai), 푸동(Pudong, PVG)

07시40분 일찌감치 인천 공항을 향해 집을 나선다. 종호와 혜영, 아들 부부가 바래다주는 차 안에서 제나, 지호 손자들은 엊그제 다녀 온 상하이 이야기로 꽃을 피운다. 차량 왕래가 드문 시원한 도로가 뒤로, 뒤로 지나쳐간다. 이번 여행은 좀 뜸을 들인 오랜만의 나들이라 마음이 설렐 만도 한데 주변으로 흐르는 강물, 늘어선 가로수를 눈 끝으로 스쳐 보내며 마음은 오히려 담담히 가라앉는다.

지난 번 여행 후 준비와 중단을 되풀이한 스위스 · 동유럽으로 떠나는 여로, 4년만의 외출이 아직도 실감이 나지 않는다.

2002년 남미를 다녀 온 후 심심풀이로 시작한 기행문 쓰기에 어느새 끌려들어 반년을 보내고 나니 내친 김에 홈페이지가 갖고 싶어져 도서관에서 책 빌려보고 에디터 사고 작업하느라 또 반년, 그럭저럭 끝내고 이번 여행의 자료를 대충 가다듬을 때까지 2년이 걸렸다. 말 타면 경마 잡히고 싶다더니 느닷없이 책 출판 욕심이 생겨 다시 1년을 보내고 드디어 출발 날짜를 잡아 구체적으로 예약을 잡아 가던 지난해 8월, 뜻하지 않게 찾아온 가슴앓이로 입원한 것이 심근경색으로 판명 돼 관상동맥에 스텐트를 꽂기에 이른다. 또 8개월을 연기해서 잡은 날짜가 바로 오늘 2006년 5월 7일이다.

시기에 구애받지 않는 배역 없는 인생이라 우리는 7월부터의 여름 성수기와 1월을 중심으로 한 겨울 휴가철을 피해 5월이나 9월초의 비수기를 여행 시점으로 잡는다. 관광지에 사람이 적어 조용하고 물가 특히 숙박비가 싸기 때문이다. 퇴원한 지 6개월 만의 장기여행, 망설여지고 불안하지만 이번 철이 지나면 다음은 9월, 그때까지 무슨 일이 또 생길지 알 수 없는 일이다. 통풍, 관절염으로 다리를 절거나 혈압으로 누울 지 누가 알겠나. 그래서 결단을 내려 실행에 옮긴 것이다. 나이를 생각하라고 가족은 아직도 반대다.

러시아 시베리아를 횡단하고 이어 스위스, 오스트리아, 동유럽으로 약 3개월을 잡았던 당초 일정에서 러시아 부분을 포기하고 스위스, 오스트리아, 동유럽 6개국 56일에 상하이 스톱오버 8일을 더해 64일로 단축한 경위도 백 번을 양보한 애들과 병원의 충고를 받아들인 결과다. 그것도 렌트하는 자동차 운전에는 일체 손을 대지 않겠다는 조건을 수락한 다음에 내려진 필 여사의 관용을 감지덕지 받아들인 후의 절차였다.

직장에서 물러나 몇 달 타성으로 운전하던 자동차를 어느 날 마감하고 대중교통을 이용하기 시작한 때의 감격을 지금도 생생히 기억한다. 늘 따라다니던 단속이나 사고 근심, 주차 걱정에서 벗어난 해방감, 신선한 복고의 클리나멘(clinamen, 관성이탈)이 답답하던 허파를 시원하게 터놓았다. 우선 마음이 편하고 걸어서 운동되고 돈까지 절약되니 더 좋을 수가 없다. 버스, 지하철 안에서 이렇게 한가한 세상도 있었구나 하고 현기증 나게 얽힌 자동차 행렬을 흐뭇한 미소로 내다보며 자유만세를 외쳤던 그 때부터 어느덧 10년이 돼 온다.

한번 놓았던 핸들로 동유럽 험한 길을 달릴 생각에 은근히 겁이 안 난 것도 아니지만 그것을 면해 다행이라기보다는 오히려 필 여사의 몫으로 돌아갈 노역과 스트레스를 생각하면 시간이 갈수록 마음이 무거워진다. 그렇지만 별 수 없지 않은가. 알프스의 꽃향기 눈바람에 잠겨보기 위해서는….
내가 할 수 있는 일이란 눈치껏 설설 기면서 어떻게든 이겨내 주기를 기대하는 길 밖에 없는 것이다.

공항에 도착하자 종호는 해외 로밍서비스를 예약해 두었다며 자기 엄마를 데리고 휴대전화를 임대하러 간다. 주머니가 무겁다는 핑계로 한사코 휴대폰을 회피해 온 제 아버지에게는 한마디 말도 없다. 모자 간에 꾸민 일이니 아버지는 아예 간여할 생각도 말라는 태도다. 자동차 운전도 못하고 전화도 못 받으니 이번 여행의 주인은 아무래도 필 여사에게 사양하고 지도나 보며 조수석에 앉아 있어야 할 모양이다.

여행은 순탄치 않게 시작되었다. 어제 두 번 세 번 고쳐 싸며 무게를 줄인 짐의 계량은 산신히 동과했는데 기내 휴대하는 수하물의 무게가 많다고 초과요금 25,000원을 지불하고 짐을 덜어낸 것은 그렇다 치고 짊어진 배낭 검색에서 스위스 아미 나이프가 적발된 것이다. 지난번 칠레에서도 나이프가 나와 문제가 된 일이 있어 각별히 조심을 했는데 탁송하는 큰 짐의 무게를 줄이느라 휴대배낭으로 옮긴 비닐 꾸러미 속에 칼이 따라간 것을 몰랐던 것이다. 근 30년 등산이나 여행 때 갖고 다닌 정든 칼이라 어떻게 구해보려 했는데 이곳저곳 전화를 걸던 직원이 포기하는 것 외에는 방법이 없다고 한다. 칠레에서는 별송해주어 도착지에서 찾았는데 그런 편의도 없을 뿐더러 귀국할 때 보관료를 물고 찾을 수 없냐는 말에 대꾸도 안한다. 근래 서비스가 많이 좋아졌다고 생각했는데 그것도 아닌 모양이다. 값도 안 나갈 손때 묻은 물건, 어떻게 처분하는지 궁금하다. 우리 실수라 자책하고 단념하는 수밖에 없다.

시간만 허비하고 나오니 그 동안 어제 면세점에서 산 선물을 인수하겠다며 간 필 여사를 찾을 수가 없다. 갈수록 태산, 넉넉히 여유 있게 나왔다고 생각했는데 출발 시간은 다가오고 초조해 진다. 이리저리 둘러보다 탑승구에 가면 와 있겠지 하는 희망으로 기나긴 통로를 뛰다시피 게이트 라운지까지 왔는데 몇 명 안 남은 손님 속에도 모습이 없다. 우리만 못 탄 채 10분가량 피를 말리듯 참기 어려운 시간이 지난다. 항공사 직원이 최후의 행동으로 전동카트를 타고 찾으러 나서는데 그 앞, 저 멀리 짐을 싣고 뛰어 오는 필 여사의 모습이 조그맣게 나타난다.

한 숨 돌릴 사이도 없이 숨가쁘게 탑승하고 나니 비행기는 바로 캐빈문을 닫는다. 필 여사가 교환권만 가지고 찾으러 갔던 면세품도 사용한 카드의 명의인 내 여권이 없어 사정하느라 시간만 보내고 빈손으로 왔다고 한다. 오늘은 제대로 되는 일이 하나도 없다. 이런 참담한 형국은 처음이다. 한바탕 전투를 벌인 듯 출정식을 호되게 치르고 나니 여행을 떠나기도 전에 기운이 다 빠져버린다.

"시작부터 돼가는 모습이, 이번 여행 어째 엉망이 될 모양이지?"

"아냐... 여보, 이거 액땜 아니겠어?"

찌푸릴 줄 알았는데 필 여사가 의외로 밝게 웃는다. 그래 맞아, 이것으로 여로가 순탄할 것이라 생각하자. 앞으로도 힘든 일 겪고 나면 웃고 넘어가자. 그렇게 이겨내는 것이 이제부터는 바로 우리식 신형 액땜이 되는 것이다. A stumbling block to the pessimist, is a stepping stone to the optimist. 엘리노어 루즈벨트는 말했다. 비관적 사람이 걸려 넘어지는 돌부리도 희망찬 사람에게는 디딤돌이 되는 법이다. 스스로 헤아려 마련해야지 익어 떨어질 요행만을 기다릴 수는 없지 않은가?

10시50분, 여행 시작의 설레는 절차를 차분히 즐길 여유도 없이 흥분 달래기에 급급하는 사이 대한항공 KE893편은 예정보다 15분 늦게 인천공항(ICN)을 이륙한다.

이번 여행은 그 동안 다음 차례라 마음먹고 있던 동유럽을 자연스럽게 목적지로 정했다. 거기다 10여 년 전 패키지 여행으로 잠깐 맛만 본 것이 내내 아쉬워 언젠가는 다시 한 번 하고 벼르던 스위스와 오스트리아를 추가했다. 보통 렌터카로 2개월이면 유럽 전체를 돌아다니는 것이 통례인데 스위스, 오스트리아와 동유럽만을 대상으로 한 것은 나이와 건강을 염려한 면도 있지만 그보다는 왔다 갔다 도로에서 시간 다 보내고 정작 중요한 볼거리에서 소홀해지는 폐단을 피해 한 곳이라도 실속 있게 돌아보고 조금이라도 여유롭게 즐겨보자는 의도가 있었기 때문이다. 그냥 갔다 오는 것이 아니라 느끼며 보고 오겠다는 것이다.

렌터카의 대상으로는 여러 자료를 조사한 결과 3주 이상의 유럽여행일 경우 푸조 리스가 유리하다는 결론을 얻었다. 프랑스의 푸조(Peugeot) 자동차가 비유럽 거주민을 상대로 하는 사업으로서 모든 보험이 포함된 새 자동차를 계약자 명의로 받게 된다. 세금이 면제돼 가격이 쌀 뿐만 아니라 17일 이상 리스하는 경우 프로모션으로 7~9일의 무료 서비스를 받을 수 있다. 다만 프랑스 이외의 나라에서 픽업하거나 반납할 때에는 거리에 따라 180~370유로의 배달비를 지불해야 한다.

그런데 별도의 배달 요금을 물지 않는 예외의 장소가 한 곳 있다. 그것이 스위스의 제네바다. 제네바 공항이 프랑스와 붙어있어 공항 한쪽에 있는 프랑스 측 사무소에서 픽업하기 때문이다.

이런 사정으로 우리 비행의 목적지가 자연스럽게 제네바로 결정이 됐는데, 할인항공권을 검색하다 보니 스위스로 가는 항공편은 주로 취리히로 출입하는지라 제네바로 가는 비행기는 편수도 적고 할인율도 크지 않다.

몇 달을 두고 틈만 나면 제네바행 비행기를 찾아보던 중 3월 들어 드디어 오스트리아 항공이 대상으로 떠올랐다. 대한항공으로 인천 출국, 베이징 또는 상하이에서 오스트리아 항공으로 갈아타고 비엔나 거쳐 제네바에 들어가는 것으로 왕복 요금은 692,000원에 세금이 262,900원, 합계 1인당 954,900원이다. 오스트리아 항공은 스타얼라이언스 회원사고 대한항공은 스카이팀에 속하는데 어떻게 연계가 됐는지 모르겠다. 하여튼 세금이 좀 비싸기는 하지만 제네바행으로는 처음 만난 흔치않은 가격이다. 그 뿐 아니라 상하이를 거쳐 갈 수 있다는 것이 우리에게는 무엇보다 반가운 조건이다. 작년 9월 남편 직장 따라 상하이로 간 큰 딸과 사위 그리고 귀여운 손녀를 만날 수 있기 때문이다.

여행사와 절충해서 출발과 귀국 날짜를 확정하고 항공권을 예약한다. 갈 때는 항공사 사정으로 상하이에서 1박하게 되고 돌아올 때도 상하이에 스톱오버, 딸 집에 8일간 들러오게 된다. 좌석이 비어있는 날짜를 맞추기가 쉽지 않아 원래 계획보다 여행기간이 1주일 단축되었다. 출발까지 50일이 남아있는데도 예약 2일 후까지 완불해야 된다는 조건에 따라 3월 17일 요금을 납부하고 보니 이 단계에서 확실치 않던 일정, 어쩌면 못 떠날 수도 또는 안 갈 수도 있겠다 생각하던 애매하던 여행의 모습이 구체적 현실로 눈앞에 드러났다.

출발 날짜가 결정되니 푸조 차의 리스를 예약한다. 7일의 무료 혜택이 제공되는 프로모션이 5월 31일에 마감되기 때문이다. 푸조 리스를 취급하는 대리점은 서울에 두 곳이 있다. 조인항공(http://www.jointour.co.kr 02-927-5858)과 Eurocar(http://www.eurocar.giveu.net 02-749-5804)다. 자동차는 두 사람이 타는 차라 가장 작은 모델인 206SW TRENDY 1.4 HDI를 선택하고 기름값이 싼 디젤로 결정한다.

SW는 해치백 스타일로 노치백 보다 짐이 많이 들어가는데 이 모델은 자동변속이 없고 전부 수동이다. 17일간의 기본요금이 840유로, 그 이후는 1일에 13유로씩 추가된다. 7일의 무료 프로모션까지 계산하면 리스금액 총계가 1,217유로다. 1유로를 1,200원으로 약산할 때 53일간 빌리는 금액이 우리 돈으로 약 1,460,000원이다. 17일 이후에는 하루 대여료가 15,600원꼴이니 부담이 되지 않는 싼 값이다. 자동차를 인도받게 되는 20일전쯤 한국대리점에 가서 계약서를 작성하고 신용카드로 결재한다. 제네바에서 5월 9일 인수하고 6월 30일 반납, 53일간의 리스다. 출발 전 적당한 날을 잡아 가까운 면허시험장에서 국제운전면허증도 발급받았다.

항상 챙기는 준비물 외에 인터넷을 뒤져 유니버설 아답터, 자동차 도난방지장치, 시거 잭 인버터를 새로 장만한다. 자동차 도난방지장치는 루마니아, 불가리아 쪽 치안이 염려스럽다기에 만원 정도하는 핸들 잠금장치를 준비하였고, 운행 중 카메라나 휴대폰 충전을 위하여 시거 잭 인버터도 하나 주문한다. 디카용 메모리도 1GB 짜리를 애들이 하나 보충해 준다. 먼저 쓰던 것도 갖고 가니 도중 한국 민박집에서 두어 번 CD로 옮기면 사진은 그런대로 웬만큼 찍을 듯하다.

공 CD도 6매, 운행 중 들을 음악 CD와 함께 든든한 용기에 챙겨 넣는다. 파손할 경우를 대비하여 같은 사진을 두 장씩 구워 별도로 보관해 올 작정이다. 캠코더용 테이프는 지난번 남미 여행을 참고하여 15개, 이것도 애들이 주문해 택배로 부쳐준다. 전기 콘센트가 부족한 숙소도 있을 듯하여 세 구멍짜리 멀티 탭도 준비하였다. 내시보드 위에 붙일 소형 나침반도 예쁜 것으로 하나 사 가지고 간다. 출발 전날 밤, 늘 하는 대로 준비물 일람표에 표시를 해가며 빠진 것이 없도록 일일이 점검을 마쳤다.

휴대하는 외화는 유로와 스위스 프랑 두 가지 화폐로만 환전하였다. 오스트리아에서는 유로를 사용하는데 불편이 없고 그 외의 동유럽 국가 화폐는 국내 은행에서 바꿀 수 없기 때문이다. 환전한 5월 4일 기준으로 환율은 1유로가 1,197원, 스위스 1프랑은 766원 정도다. 현지에서 소요될 비용을 자료 참작하여 대략 추산하고 그 금액에 약간 못 미칠 금액을 현찰로 준비하였다. 쓰다가 모자라면 신용카드로 보충할 생각이다.

잔돈을 여유 있게 바꿨으며, 필 여사하고 반씩 나눠 지난 여행에서 쓰던 얇은 복대(belt sack)에 넣어 옷 속으로 허리에 찬다. 주머니 부분을 등쪽 움푹 들어 간 곳에 밀착시키면 몸의 일부처럼 자연스럽고 활동하는데도 지장이 없다. 도난이나 분실을 고려하여 현금 휴대를 줄이고 카드를 많이 쓰는 방법도 생각했는데 카드라고 잃어버리지 말라는 법이 없으니 머리만 더 아플 것 같아 현지에서는 늘 하던 대로 여러 곳으로 나누어 위험을 분산시키는 보수적 방법을 그대로 사용하기로 했다.

비행기는 B777-300, 하늘로 날아오르자 간단한 식사를 내고는 바로 착륙 태세로 들어간다. 비행시간은 약 1시간 50분, 현지 시간으로 11시 30분 상하이 푸동(PVG) 공항에 착륙한다. 중국 여행도 이제 국내 비행기 여행과 대차 없는 시대가 되었음을 실감한다.

중국 비자는 단수비자다. 이번 중국 입국은 비행기 환승(트랜스퍼)이 목적이라 트랜싯라인에 서서 사증 없이 통과하고 단수비자는 돌아 올 때 사용하기로 한다. 입국 수속을 마치고 9번 출구에서 15분 간격으로 오는 셔틀버스를 기다려 라마다 호텔까지 갈 예정이다. 숙박비는 항공사 부담이다.

도착로비에는 딸네 세 식구가 차를 가지고 나와 있어 셔틀버스를 기다릴 필요까지도 없었다. 8개월 만의 반가운 상봉이다. 얼마 안 되는 기간에 단아는 어린 티를 벗고 여학생의 모습이 완연하다. 중국말도 곧잘 하고 학교생활도 재미있다니 적응해가는 모습이 예쁘고 대견하다. 8분 정도 걸려 호텔에 도착, 비행기 표와 함께 제공된 바우처(voucher)를 제시, 체크인하고 잠시 쉰다.

귀국할 때 1주일 넘게 묵고 갈 예정이라 이번에는 호텔에 있겠다는데 막무가내 놓아주시를 않는다. 시내로 들어가 우선 한식으로 점심을 대접받고 사위집으로 가 낮잠을 한숨 잔다. 외국인 전용단지의 고층 아파트, 전망이 일품인 훌륭한 집이다. 저녁에는 소문으로 듣던 발 마사지, 그리고 중국음식으로 저녁식사, 일련의 준비된 환영행사가 진행된다. 가족이란 이래서 좋은가 보다. 마음이 편안하다. 용미봉탕으로 포식한 배를 안고 호텔로 돌아온다.

자, 오늘은 푹 쉬어두자. 내일부터의 55일을 위하여.

✓숙소

Ramada Hotel, 1100 Qi Hang Road, Pudong Airport, Shanghai, P.R.C 201202
T: 86-21-3849-4949, http://www.ramadaairportpd.com

스위스

Swiss

2일. 비엔나를 거쳐 제네바 도착

5월 8일 월요일

상하이(Shanghai) 푸동(Pudong, PVG)-
비엔나(Wien, VIE) - 제네바(Geneva, GVA)

출발 준비를 마치고 체크아웃한 뒤 라운지에서 대기한다. 아침 일곱 시, 약속시간에 맞춰 나온 딸네 차로 공항에 도착, 어제 혼이 난지라 일찌감치 오스트리아 항공 OS76 편에 체크인하고 커피 한 잔으로 작별의 시간을 보낸다. 비행기에 타면 바로 식사가 나올 텐데 못내 미진한 딸은 케이크를 싸서 어멈 백에 넣어준다. 이곳에서 다시 만나게 될 두 달 후가 아득하게만 느껴지는 것은 아직도 건강에 확신이 서지 않아서일까? 가만히 눈을 감고 마음을 가다듬는다.

09시에 탑승하여 자리를 잡는다. 정원 259석의 에어버스 A330-200, 비엔나까지 8,491㎞를 10시간40분에 난다. 9시35분, 창 밖의 건물이 서서히 돌기 시작하는 것을 보니 정시 출발이다. 비행기는 통상적으로 후진을 못하기 때문에 견인차(토잉카)에 끌려 푸시백으로 탑승교(보딩브리지)에서 떨어져 나오는데 그때를 정식 출발시간으로 기록한다.

앞뒤로 여러 대의 중국 동방항공 비행기가 넓은 풀밭 속의 유도로를 사열하는 군대같이 정연히 따라온다. 한참 뻗어 나가는 이 큰 나라의 활력이 피부에 생생히 와 닿는다.

멈췄다 움직였다를 되풀이 하던 비행기는 9시50분 푸동 공항의 역경사진 유리창을 길게 오른쪽으로 보며 힘차게 하늘로 비상한다. 낮게 깔린 솜구름, 가스층을 뚫고 오르니 눈이 아프도록 밝은 창공 아래 멀리까지 하얀 운해가 펼쳐진다. 그 사이사이 뚫린 틈으로 농촌 마을, 작은 점들이 지나간다.

곧 시작되는 아침식사, 조니워커 미니 병을 온더락으로 따르고 서서히 한 모금 조심스럽게 목을 축인다. 위 속으로 따끈한 자극이 흘러 내려간다. 비프에 곁들인 붉은 와인도 무사히 넘기고 차차 몸을 감싸는 충만감... 모든 것이 순조롭다.

북으로 날던 비행기는 베이징을 지나 두 시간 반 만에 서쪽으로 방향을 틀어 고비사막으로 접어든다. 수시로 불쑥 솟아나던 불안도 잠이 들고 시트 백 모니터에서 흘러나오는 중년 여가수 디디 브리지워터의 끊어질 듯 이어지는 상송, Autumn Leaves(고엽)의 애상과 무르익은 매너, 그 삼매경에 흠뻑 젖어 이제는 고공에서의 술 한잔, 심근경색의 첫 번째 테스트를 무난히 넘기는 것 같다.

길게 뻗은 흰 날개 끝, 삼각형으로 꺾인 빨간 윙리트(winglet)가 예쁘고 선명하다. 붉은색은 오스트리아 항공의 상징이다. 승무원의 옷뿐 아니라 스타킹 구두까지 빨갛다. 중년 아주머니에 할머니까지 있는 붉은 제복의 승무원은 나이가 많을수록 더 공손하다.

이륙 후 세 시간, 울란바토르를 통과한 비행기는 활처럼 커다란 커브를 그리며 유라시아대륙 한복판을 날아가고 모니터는 켄터키와 텍사스의 NCAA 대학 농구로 뜨겁다. 히말라야가 보일까? 윈도셰이드를 반쯤 올려보니 밑은 온통 흰 구름 일색이다.

같은 세계지도를 보더라도 날아가는 비행기 위에서 보는 지구에는 또 다른 차원의 감각이 있다. 저 광대한 대지, 그 모서리에 보일 듯 말 듯 조그맣게 붙은 한반도, 그 조각에서도 애써 찾아보는 한구석, 그래 저 점 속에 처

박혀 있었구나. 눈 아래 보이는 넓은 세상 곳곳에 슬프고 기쁜 사연이 한도 없이 얽히며 이어졌겠지. 그 때 시달렸던 근심도 우환도 이제 보니 별것 아닌 것을. 잔잔한 연못에 퐁당 조약돌 하나, 줄 물결 퍼지고는 다시 잠들듯 생로병사가 한 순간인 것을.

알프스 연봉에는 500여 개의 교통수단이 오르내린다

구름 위 이 높은 곳에서는 갇혔던 우리에서 벗어나 우주의 일부가 된 듯 존재의 자의식이 승화해버려 모든 것이 화평하다. 자연은 무변광대한 질서로 인간을 넘어서기 때문에 냉혹하도록 조화롭고 평등하다. 절대자란 과거 현재 미래를 아우르는 자연 그 자체가 아닐 것인가?

자리는 많이 비어있는 상태다. 어제 잠을 이루지 못하던 필 여사는 가운데 네 좌석을 통틀어 누워서 한밤중이다. 중간 좌석은 거의 누운 사람 차지다. 시베리아 위로 크게 휘어가는 우리 궤적의 정점은 노보시비르스크, 상하이와 비엔나 양쪽으로 5시간20분 중간 지점이다. 블라디보스토크, 모스크바 간 시베리아 기차여행에 약 7일이 걸리는데 비행기로 베이징, 모스크바 사이를 7시간 정도에 나는 계산이니 주먹구구로 항공 여행 한 시간이 육상 여행 하루와 맞먹는 셈이다.

처음 마음먹었던 계획대로 실행되었으면 지금 쯤 저 밑 횡단 열차에 몸을 싣고 있을 지도 모를 일이다. 우리네 운명도 사소하게 시작한 차이가 이 같은 하늘과 땅의 간격으로 벌어지게 되는 것이 아니겠는가? 대 우주의 운행 속에서 너무나 무력한 인간의 힘을 실감한다.

배낭에서 계획표를 꺼내 다시 들춰본다. 당초 1주일 정도 생각했던 스위스의 일정은 자료를 모을수록 눈앞에 아롱거리는 산수에 홀려 하루 이틀 보탠 것이 결국 2주까지 늘어났다. 알프스 연봉에는 헤아릴 수 없이 많은 전망대와 스키 슬로프가 있으며 500여 개에 이른다는 온갖 형태의 교통수단이 오르내린다. 그 중 몽블랑, 마터호른, 융프라우 대표적인 3대 명봉과 그 주변의 전망대를 산악열차, 케이블카, 곤돌라, 로프웨이 등 여러 수단을 이용하여 사정이 허락하는 대로 여러번 올라가 보리라 작심을 했다. 벼르던 알프스, 모처럼 찾아가는 길이다. 비록 빙벽에 매달려 바위 살을 맞대지는 못할망정 눈산을 흐르는 얼음강, 깎아지른 절벽, 경이와 전율이 공존하는 순백의 세계에 한번 실컷 파묻혀 봐야겠다는 생각을 한 것이다.

문제는 요금이다. 이와 같은 교통수단은 한번 타는데 우리 돈으로 6만원~8만원, 융프라우요흐는 13만원 정도(172.6스위스 프랑)로 몹시 비싸다. 그래서 연구한 끝에 얻은 결론이 반액카드(The Swiss Half Fare Card)를 이용하는 것이다. 반액카드는 스위스 국민이 아닌 외국 사람에게만 판매하는 한 달간 유효한 교통카드로 가격은 1인당 99스위스 프랑(76,000원)이다.

이용하는 사람이 적은 탓인지 스위스의 교통패스나 할인 티켓 안내에서도 잘 소개되지 않는다. 철도역에서 살 수 있는데 스위스 내 대부분의 기차, 버스(일부 도시버스 제외), 선박 그리고 거의 모든 산악열차, 케이블카, 곤돌라, 푸니쿨라 등이 50퍼센트 할인된다.

카드 값이 비싸기 때문에 한 달 내에 여러 번 사용하는 사람에게 유리하고 특히 유레일패스가 없는 스위스 기차 여행자에게 요긴한 수단이다. 자동차로 여행하는 렌터카족은 기차를 타는 일이 많지 않아 상대적으로 혜택이 제한되지만, 그래도 우리가 시도하려는 전망대 왕복만으로도 이 카드가 이롭다는 계산을 한 것이다.

제네바를 출발, 샤모니에서 2박하며 몽블랑을 오르고 체르마트에서 3박하며 마터호른을 본 후 빌더스빌로 이동 민박집에 자리를 잡고 6일 동안 융프라우 일대와 베른, 취리히, 루체른 등 스위스의 도시를 방문하게 된다. 빌더스빌에서의 6일은 여러 요건을 숙고한 끝에 도출한 일정으로 이번 스위스 여행의 핵심이 된다. 첫 번째 이유는 비싼 산악 교통요금 때문이다. 거액을 감수하고 올라간 정상인데 구름이 가리거나 비가 와서 주변을 못 본다면 얼마나 억울하고 비통할 것인가. 그래서 아침에 일어나 날이 맑으면 산에 오르고 일기가 나쁘면 차를 몰아 도시로 향한다는 구상이다. 국토가 넓지 않아 자동차의 도시 왕복은 큰 부담이 아닐뿐더러 베른 같은 시가는 2층 이상이 튀어나온 라우벤(Lauben) 구조로 돼 있어 비를 맞지 않고도 시내 관광을 할 수 있는 것이다.

두 번째 이유는 비싼 스위스의 숙박 사정이다. 웬만한 도시나 관광지를 매일 옮겨 다니며 잠자리를 구한다는 것, 더구나 저렴한 숙소를 찾겠다는 시도는 사정이 어두운 여행객에게 하늘의 별따기 만큼 어려운 일이라 봐야 한다. 예약해 놓은 한국 민박집이 있어 해질녘 퇴근하듯 돌아와 입맛대로 조리하고 지친 몸 내 집 같이 쉴 수 있다면 그 아니 좋을 것인가? 거기다 가격까지 얼마간 싼 곳이라면? 물가가 염려스럽던 스위스 관광의 절반은 생각보다 무난히 해결된다고 생각한 것이다.

세 번째 요인은 산과 도시를 연결하는 지리적 위치, 주차 문제, 관광정보의 수집, 한글 컴퓨터 사용의 편의성 등을 고려한 결과다. 한국 사람이 많이 찾는 라우터브루넨도 후보지로 생각해 보았는데 몇 가지 관점에서 빌더스빌이 우리에게는 더 적합하다는 결론을 얻었다.

사실 여행 때마다 매번 진땀을 흘리는 것이 숙소 찾는 일이었고, 숙박이 예약된 곳으로 가는 길은 우선 마음이 가벼워 부담이 적다. 이번 여행은 준비기간에 여유가 있어 스위스 16일, 오스트리아 8일 그리고 체코의 프라하까지 전반부의 일정은 몇 곳을 빼고 거의 예약을 하고 간다. 샤모니와 체르마트의 숙소 찾기가 쉽지 않았는데 그 곳도 인터넷을 뒤져 어렵사리 비교적 싼 곳을 잡아 놓았다.

프라하를 떠난 다음 폴란드, 루마니아, 불가리아, 헝가리 등 동유럽을 거치는 후반부는 한 달 이상 지난 후라 일정을 바꿔야 할 필요도 생길 수 있어 예약은 하지 않았지만 대신 물가가 비교적 싼 곳이니 숙소 잡는데 큰 어려움은 없으리라는 낙관적 기대를 가지고 간다. 다만 돌아올 비행기를 타게 될 마지막 3일은 확정된 날짜로 보고 뮌헨과 제네바에 숙소를 예약해 두었다.

포뮬원과 이탭, 자동차 여행에 안성맞춤인 신개념 호텔

빌더스빌 외에도 비엔나, 프라하 등 대도시에서는 쌀밥에 김치 맛도 볼 겸 관광정보를 우리말로 쉽게 얻어야겠다는 생각으로 한국 민박집 중에서 숙소를 선택했다.

제네바는 포뮬원(Formule1, www.hotelformule1.com/formule1), 잘츠부르크와 뮌헨은 이탭(Etap, www.etaphotel.com/etaphotel) 등 고속도로에 가깝고 주차가 자유로운 호텔로 예약을 하였다.

포뮬원과 이탭은 이비스(Ibis) 등과 함께 아코르(Accor) 계열의 체인으로 깨끗한 침실에 낮은 가격을 표방한 자동차 여행에 안성맞춤인 새로운 개념의 호텔이다. 방의 크기를 줄이고 더블 침대 하나와 2층 침대 하나, 그리고 TV, 세면기 등 최소한의 필수품만 전 계열 공통규격으로 설치하되 그 외의 비품이나 장식은 과감히 줄여 시설비를 절약하였다. 자동접수 장치를 채용하여 인건비를 최소화하고 동시에 24시간 체크인이 가능하도록 했다. 인터넷을 통해 쉽게 예약할 수 있으며, 도착 예정일 오후 7시 전이면 언제라도 해약할 수 있도록 하여 이용객의 편의를 대폭 넓혀주었다.

해당 사이트에 들어가 호텔 위치를 찾아서 숙박날짜를 기입하고 순서에 따라 인적사항과 신용카드번호를 입력하면 예약번호(Confirmation Number)가 표시된 예약확인서가 발행된다. 미리 회원등록을 해 두면 로그인함으로써 예약 때마다 인적사항을 기입하는 수고를 덜 수 있다. 현지에 도착하면 예약번호와 함께 해당 신용카드를 제시하여 체크인 하게 된다.

리셉션은 곳에 따라 약간 차이가 있지만 대개 오전 6시30분부터 9시30분, 오후는 5시부터 9시까지만 교대로 사람이 근무하고 그 이외의 시간에는 자동기계(Automatic reader)를 통한 무인 체크인 시스템을 사용한다. 사람이 없는 시간에 호텔에 도착하면 정문 앞에 있는 자동 판독기에 예약번호를 키 인하고 지시에 따라 신용카드를 삽입하면 숙박할 방의 번호(Room Number)와 비밀번호(Lock Code)가 모니터에 표시되고 인쇄된 쪽지가 출력된다. 이 비밀번호를 잠겨있는 호텔 정문이나 지정된 방 앞에 달린 키패드에 인풋하면 문이 열리게 된다.

한 방에 3명까지 숙박할 수 있으며 이탭은 방 안에 화장실, 샤워, 에어컨이 있어 복도에 있는 공동의 화장실과 샤워를 사용하는 포뮬원 보다는 한 단계 수준이 높아 요금에 차이가 있다. 두 사람의 1박 요금이 제네바의 포뮬원은 29유로, 잘츠부르크의 이탭은 49유로다. 이 호텔들은 도시로 진입하는 고속도로의 인터체인지 부근 또는 공항 근처에 위치를 잡고 있으며 일반적으로 여유 있는 무료주차장을 마련해 놓고 있다.

폭음과 함께 7시간을 줄곧 날아 온 비행기는 승객과 그들이 생산한 피로, 권태를 싸안은 체 우랄을 넘는다. 검은 땅 위에 하얀 산맥이 눈에 싸인 나뭇가지 모양 세로로 길게 뻗어 있다. 그리 험하게는 안 보이는데 유럽으로 들어서는 길목이다. 이제 앞으로 두 달, 우리가 달릴 무대가 바야흐로 발밑으로 전개된다. 1년 넘게 집어만 넣어 머릿속에 가득 축적한 여행 자료를 이제부터는 하나씩 써먹고 소화시키는 과정에 들어가는 것이다.

파란 풀밭 사이사이 노란 유채꽃이 선명한 비엔나 공항(VIE)에 14시35분 착륙한다. 스위스 제네바로 가는 환승까지 2시간 40분의 여유가 있지만 공항에서 볼 일은 없다. 면세점도 보는 둥 마는 둥 바로 환승출구에 대기한다. OS575편에 17시15분 탑승, 17시50분 이륙, 제네바(GVA)까지는 1시간 40분의 여행이다.

비행기는 Fokker70, 70좌석의 쌍발 제트기다. 언젠가 엔진에 리버스 스러스트(Reverse Thrust)를 단 사진을 발견하고 신기했던 바로 그 기종인데 1992년 폭커 회사가 도산하여 3년간에 48대만 생산된 흔치 않은 비행기다.

짧은 비행이라 기내 서비스도 물 한 병에 초콜릿 한 개 뿐이다. 착륙자세로 고도를 낮추며 짙은 구름 속으로 들어 간 지 한참, 그리고는 랜딩기어 빠지는 삐거덕 소리, 침묵 속 청각에만 의존하던 신경에 돌연 구름 밑으로 나타난 공항 건물이 바로 눈앞에 크게 접근한다. 비행기는 제네바의 입구, 쿠앵트랭(Cointrin) 공항, 비 오는 활주로에 내려앉고 19시15분 계류장에 바퀴를 멈춰 나래를 쉰다.

대표적 중립 관광 국가라는 표상일까, 내놓는 패스포트는 펴 보지도 않고 아예 세관원 그림자도 안 보이는 곳을 싱겁게 지나 주르르 건물 밖으로 나온다. 그래도 좀 긴장감이 있어야 통관하는 기분이 나는 법 아닌가. 한평생 길들여진 규제의 습성인지 허전한 느낌이다. 우리는 왜 이렇게 살아왔는가? 갑자기 기분이 씁쓸해진다.

오늘 숙소는 프랑스 측 페르네 볼테르(Ferney Voltaire)에 있는 포뮬원, 공항에서 멀지 않다. 줄을 서서 대기하는 택시에 짐을 싣고 호텔로 향한다. 내리는 비로 어스름한 도로에 차의 왕래는 많지 않고 터키에서 왔다는 기사아저씨는 멀지 않은 목적지가 별로 달갑지 않은 눈치다. 몇 번 우로 좌로 꺾고 라운드어바우트(Roundabout)도 돌며 프랑스 측 국경관리소(Borders Customs)를 지나 속도를 낸다. 이 길은 앞으로 몇 번 우리 차로 다녀야하기 때문에 유심히 머리에 새기려 했지만 쉽지 않다.

호텔에 도착할 때 미터의 요금이 24정도였는데 기사가 손을 대니 갑자기 35로 뛰어 오른다. 다행이 유로는 아니고 스위스 프랑이라고 한다. 우리돈으로 27,000원 정도, 아무래도 바가지를 쓴 것 같은데 영어도 안 통하니 울며 겨자 먹기, 딴 도리가 없다.

리셉션에는 사람이 근무하는 시간이라 프린트해간 예약확인서와 신용카드를 제시하고 오늘 내일 이틀간의 체크인을 마친다. 나이 지긋한 아저씨는 방 번호와 암호가 적힌 종이를 내준다. 이곳에는 돌아가는 마지막 날 6월 29일도 일찌감치 예약을 해 두었다. 얼마 후 일정을 다시 점검하던 중부다페스트에서 오는 긴 거리에 부담을 느껴 그 전날인 28일 하루를 더 추가하여 결국 별도로 두개의 예약번호를 가지고 왔는데 그것을 이틀짜리 하나로 합해달라고 부탁을 하니 바로 컴퓨터로 수정해 준다.

작은 호텔이지만 숙박요금이 29유로…파격적 가격

급한 대로 오늘 저녁 식사할 곳과 내일 아침 렌터카를 받으러 공항에 가는 버스 편을 물어본다. 레스토랑은 10여분 거리에 있는 노보텔 호텔 하나뿐 대중교통 수단은 없으니 택시를 불러야 한다는 것이다. 차가 없는 배낭족에게는 지극히 불편한 위치에 있는 것이다. 밖을 살피니 주변은 나무와 들판, 가까이 보이는 건물은 없다. 정확한 시간을 물어 시계를 맞춰둔다. 한국보다 8시간이 늦다.

짐을 끌고 방으로 가서 문 옆에 달린 번호판에 암호를 찍으니 재깍 소리가 나며 잠금이 풀린다. 방 안은 중앙에 더블침대, 그 머리 위에 가로로 2층 침대, 그리고 TV, 세면기 옷걸이 등 지극히 간소한 모습이며 침구는 깨끗하게 정리돼 있다. 좀 초라한 호텔 방이지만 보통 100유로가 넘는 제네바에서 29유로면 파격적인 가격이니 감사할망정 불평할 처지는 아니다. 화장실과 샤워는 복도가 꺾이는 곳마다 두세 개씩 여유 있게 설치돼 사용에 지장이 없다.

간단히 짐을 풀고 샤워를 마친 후 침대에 걸터앉아 첫 번째가 될 저녁 식사에 관하여 협의에 들어간다. 긴 여행 끝이라 외식하러 나갈 기분은 아니고 간단히 컵라면으로 끝내버리자는데 의견이 일치한다.

입구 홀에 커피포트가 몇 개 있던데 끓는 물 한 그릇만 구해오라는 필 여사의 지시에 따라 리셉션에 가보니 아저씨는 안보이고 중년의 아주머니가 앉아있다. 웃는 낯으로 지극히 공손하게 끓는 물 좀 얻을 수 있냐고 한 것뿐인데 갑자기 안색을 바꾼 아주머니가 대뜸 불어로 떠들어대기 시작한다.

예기치 못한 돌발 사태에 "왜 그러는지? 불어는 알아듣지 못 한다"고 했더니 더욱 표독스러운 표정으로 숨도 쉬지 않고 쏘아댄다. 영어는 할 줄 알면서 한마디도 쓰지 않는다. 무리한 부탁을 한 것이라면 끓는 물 줄 수 없다고 조용히 말해주면 될 것이지 무슨 큰 잘못을 저질렀는지 이해가 되지 않는다.

손님이 귀할 리 없는 이 프랑스 여자에게 얼치기 영어 쓰는 동양 사람은 손님이 아닌지도 모르겠다는 생각과 함께 말로만 듣던 프랑스 자존심의 일그러진 구석을 엿본 듯 하여 한쪽으로 불쌍한 생각마저 든다. 능률화, 기계화로 가격이 낮아지는 것은 좋은 일이지만 그 것 만큼 따뜻한 인간관계가 사라져가는 것이나 아닐는지?

영어는 들은 척도 안하니 포기하고 멀쑥이 방으로 돌아온다. 다행이 아저씨가 찾아와 세면대의 더운 물을 틀어주며 수돗물도 마실 수 있다고 일러준다. 조금 기다리니 그런대로 쓸 만한 뜨거운 물이 나온다.

유럽에서의 첫 날은 이렇게 지나갔다. 일찌감치 자리에 든다. 편안한 침대가 반갑다.

√숙소

Formule1, Geneva Aeroport Ferney, Route de Meyrin 01210 Ferney Voltaire France　T: (+33) 891705254　공동 화장실, 1박 29EUR (5/8-9)

3일. 렌터카를 인수하고 제네바 구시가 관광

5월9일 화요일

Ferney Voltaire - Geneva Aeroport - 4.5㎞ -
Geneva Centrum - 7.5㎞ - Ferney Voltaire
총12㎞(실 운행거리 25㎞, 보행 10.3㎞)

잠을 깊이 이루지 못하다 깨어보니 5시40분경, 다시 누워 눈을 붙인다. 얼마나 지났을까. 화장실에 다녀오다 보이는 홀 안에 노인들이 여러 명, 여기저기 앉아 샌드위치 먹고 커피도 마시며 시끄럽다. 이렇게 간단히 아침을 해결하는 모양이다. 이젯밤의 아주머니가 카운터에 앉아 돈을 받고 있다. 멋모르고 남의 장사 밑천을 달라고 했으니 화를 낸 것인지 모르겠다.

아직 여섯시도 안 된지라 또 자리에 눕는다. 깜빡 잠이 들었던 듯 다시 눈을 떠 시계를 보니 5시40분, 순간 머릿속에 번쩍 전기가 켜진다. 후닥닥 일어나며 필 여사를 흔든다. 시계가 멈춰 선 것이다.

어젯밤 제네바 시간에 맞추면서 어딘가 잘못된 것이 틀림없다. 오래전 필 여사가 여행 다녀오며 사다준 선물, 그 동안 너무 푸대접한 것만은 부인할 수 없다. 배터리 갈 때마다 "청소 좀 해야겠습니다" 하는 소리를 귓등으로 흘려듣는 주인 팔에서 10여 년을 참고지낸 말 못하는 시계가 고향 찾은 날을 기해 그간 쌓인 설움의 분풀이를 하는 모양이다. 시계가 섰다고 시간마저 멈추겠는가. 밖에 나가 시계를 보니 9시35분, 공항 푸조 사무소에서 자동차를 픽업하고 있어야할 시간이다.

우선 택시를 부르는 일이 급한데 리셉션은 이미 철수하고 열시가 지난 시간이라 오가는 사람도 없다. 청소하는 아가씨에게 물어 겨우 공중전화 위치와 카운터에 적혀있는 택시회사 번호를 알아내기는 했지만 이번에는 동전이 없다. 비 오는 주차장을 돌며 도와줄 사람을 찾다 허탕치고 돌아오는 눈에 담배를 피며 현관 앞에 서 있는 동남아 계통의 부인이 보인다.

염치불구하고 전화번호를 보이며 택시 좀 불러 줄 수 있느냐 부탁했더니 뜻하지 않게 휴대전화를 꺼내더니 통화를 시도한다. 침을 삼켜가며 살펴보는데 몇 번을 걸어도 연결이 안 되자 머리를 가로 저으며 주머니에 넣어버린다.

희망의 싹이 사라져 이제는 어떻게 하나 낙담하고 서 있는 모습이 얼마나 불쌍했을까, 여인은 잠깐 기다려 보라며 안으로 들어간다. 굿에 간 어미 기다리듯 필 여사와 둘이서 비 오는 풀밭을 처량히 보고 있는데 한참 만에 나오더니 자기 남편 차로 공항까지 데려다 주겠다는 것이다. 아, 천사가 따로 없구나. 그 순간 느낀 과장 없는 심정이다. 남편은 독일인, 자그마하고 안경 낀 부인은 필리핀 사람, 제약 식품관계 학술회의에 참석 중이라는 독일 서주의 교양 있는 국세 부부였다.

"끓는 물로 수모 당하고, 시계는 고장 나지 않나... 택시 못 잡아 약속에 늦고, 액땜 한번 오래 가네. 아무래도 시작이 좋지 않아."

"이거 풀려가는 징조야! 택시 값 35프랑 벌었지, 공항까지 길 익히지, 안 그래?"

정말 택시 값 굳었네. 그 생각을 못 했구나.

"그럼 시계가 우릴 봐 준건가?"

똑같은 현상을 겪어가건만 판단이라는 필터를 거치는 동안 도출되는 결론은 필 여사 쪽이 훨씬 낙천적이고 현실적이다.

고마운 부부는 우리를 공항 건물 스위스 측에 내려준다. 스위스와 프랑스 접경에 자리 잡은 쿠앵트랭 공항은 건물 대부분을 차지한 스위스 섹터

(부분)와는 별도로 남서쪽 구석에 프랑스 섹터를 가지고 있다. 자동차로 프랑스 부분으로 가려면 공항 북쪽 약 2㎞에 있는 프랑스 국경 관리소로부터 울담으로 격리된 채 별도로 나 있는 좁은 길을 통해야 한다. 그러나 공항 건물 안에서는 두 나라 섹터 사이를 걸어서 쉽게 왕래할 수 있다. 시간이 급한 우리는 건물로 들어서자 프랑스 사이드를 물어가며 두어 개의 문을 통과한다. 좁은 복도 맞은편에 지하철 매표소 같은 창이 있고 정복의 관원이 여권을 받아 심사한다. 다시 옆으로 좁은 복도를 지나면 프랑스 쪽 넓지 않은 라운지로 나온다. 카운터를 맞대고 있는 렌터카 회사 중에서 푸조사무소를 찾아가니 11시다.

"늦었네요." 웃으며 맞는 건장한 여직원에게 서울 대리점에서 가져간 계약서를 꺼내주니 거들떠보지도 않고 여권과 카드를 달라고 한다. 자동차 등록증, 보험증서, 그린카드, 기타 준비한 서류와 열쇠 두 개, 키코드 카드를 내주며 서명을 받고는 창가로 데리고 가 우리 차라고 하면서 밑을 가리킨다. 이곳이 2층인 듯 넓지 않은 빈 마당에 회색의 아담한 차가 하나 덩그러니 놓여있다. 첫 대면, 맞선 보는 신붓감처럼 사랑스럽고 신기하다. 차량설명서는 차 안에 있으니 자동차를 가져가라고 한다.

| 렌트한 푸조 |

그래도 두 달 가까이나 빌려 가는 큰 손님 아닌가. 우쭐하며 기분 좀 내고 싶었는데 그것이 착각이었음을 알아채는 데는 그리 긴 시간이 필요치 않았다. 이 사람들에게 2개월, 3개월의 리스는 보통 있는 일인 듯 지극히

기계적이고 사무적이다. 샤모니까지의 도로지도를 출력해 달래야지 마음 먹었던 계획은 꺼내보지도 못하고 자동차까지라도 같이 내려가 달라고 사정한다.

시내 코르나뱅 중앙역까지 10분마다 기차 운행

최소한 보닛, 트렁크와 급유구의 개폐방법, 라이트, 와이퍼, 백미러의 조작방법 등 기본적인 지식은 알려줘야 하지 않는가 말이다. 날아가는 바쁜 시간에 언제 원어로 된 설명서를 뒤지며 읽고 있을 것인가. 빨간 번호판, 859THF92를 달고 있는 은빛 예쁘장한 푸조206 SW는 계기판의 적산거리계가 12㎞를 기록하고 있는 반짝거리는 신차다.

자동차를 빌리면 바로 제네바 중심으로 나가 주차시켜놓고 걸어서 시내를 관광하려던 것이 처음 계획이었다. 그런데 어제 자면서 아무리 생각해도 낯선 도시에 익숙지 못한 차로 들어설 용기가 나지 않는다.

제네바 공항에는 지하에 국철 역이 있어 시내 코르나뱅 중앙역까지 10분마다 기차가 운행하고 7분이면 도착한다. 어차피 도보로 관광할 것이니 리스절차를 마치고 자동차를 이곳에 맡겨놓았다가 기차로 시내를 다녀 온 후 찾아가면 시름도 덜고 주차비도 절약할 수 있지 않나 하는 묘안을 짜낸 것이다.

자동차 조작을 대략 익힌 다음 아가씨에게 오후에 와서 차를 가져가겠다고 부탁을 한다. 그것쯤이야 하고 쉽게 들어줄 줄 알았더니 이곳에는 주차할 수 없으니 빨리 가지고 나가라며 무참하게 거절한다. 말도 표정에도 전혀 인간미가 없고 무뚝뚝하다. 우리가 유별난 사람만 골라 만난 것인지? 설마 프랑스 사람이 다 그런 것은 아니겠지만 아무튼 따스한 인품과는 거리가 먼 사람들이다.

넓지도 않은 마당에서 몇 번 앞뒤로 움직이며 차를 익힌다. 가라는 곳에 머물러 있을 수는 없는 나그네, 운명을 하늘에 맡기고 당초 계획대로 프랑스 초소를 거쳐 제네바 중심으로 핸들을 돌린다. 스틱으로 운전한 경력이 15년은 넘는 필 여사가 자동변속차로 바꾼 지 채 2년도 안 됐건만 수동 주행은 초보운전 수준으로 완전 퇴보한 징조가 곧 드러나기 시작한다.

언덕을 만나면 핸드브레이크, 출발했다 하면 절뚝거리며 엉망진창이다. 거기다 철길 위로 트램, 자동차가 섞여 달리는 익숙지 않은 시가에서 지도와 표지판을 번갈아 살피느라 바쁜 눈으로 신호등도 봐야 하고 갑자기 나타난 일방통행에 질겁하고는 이리이리 저리저리 소리 지르기에 정신이 없다.

도중에서 현 위치를 잃어버리니 지도는 아예 제처놓고 직감에 의지한 채 센트럼 표지만 따라 들이긴다. 주정뱅이처럼 왔다갔다 비틀기리기는 했지만 그래도 5, 6층의 고풍스런 상가가 늘어선 몽블랑 거리를 지나 양쪽으로 국기, 주기가 펄럭이는 다리로 접어든다. 일단 구시가 입구인 론 강 하구의 레만 호까지는 당도한 것이다.

몽블랑 다리를 건너자 정신을 바짝 차려 바로 주차장 표지를 찾고 우회전, 길게 늘어선 자동차를 따라 램프를 내려간다. 입구에서 주차카드를 뽑고 빈 곳을 찾아 지하 4층까지 가는데 층마다 색깔이 다르게 표시돼있다. 1층은 황, 2층 녹, 3층 적, 4층은 청색이다. 자리를 찾느라 경황이 없는 중에 느닷없이 전화벨이 울린다. 임대 로밍한 핸드폰으로 종호가 개시전화를 건 것이다. 2만리 밖 지하실에서도 제법 잘 들린다. 참 좋은 세상이다. 할 말은 많지만 한참 바삐 돌아가는 중이니 급한 대로 무사 도착만 알리고 자세한 얘기는 뒤로 미룬다.

지하주차는 익숙한 터라 차는 쉽게 자리에 세웠는데 넓디넓은 주차장에서 위치를 기억하려니 우리나라 같이 벽이나 바닥에 번호가 적혀있지 않은 것이다. 없을 리가 있나 하며 다시 자세히 살피는 눈에 기둥에 매달린 자그마한 통과 그 속의 종이다발이 보인다. '옳지! 저거였구나!' 혼자 짐작하고 가서 꺼내보니 파란 종이쪽지 뿐 아무 것도 적혀있지 않다.

마침 지나가는 젊은 부부에게 주차 위치를 어떻게 기억하냐고 물어본다. 손가락으로 가리키는 천장에 방범카메라 같이 작은 상자가 매달려 있고 그 곳에 로트번호가 적혀 있는 것이었다. 맞아, 벽, 기둥마다 숫자를 그려 넣으려면 그것도 만만한 비용은 아니겠지. 웃고 끄덕이며 숫자를 열심이 외고 있는 우리에게 청년은 기둥에 걸린 상자에서 파란 종이 한 장을 뜯더니 매달려 있는 몽당연필로 번호를 적어주며 주머니에 넣어두라고 한다. 종이쪽지의 용도는 바로 그것이었다. 문으로 나와 엘리베이터를 타고 지상으로 올라온다. 엘리베이터 홀은 고유색으로 구별돼 있고 층마다 음료수 자동판매기만한 요금정산기가 놓여있다.

주차장 이름은 Parking Du Pont du Mont Blanc. 밖에 나오니 12시 20분, 저 만치 꽃시계가 보인다.

스위스 역사는 BC 5세기 경 켈트계통의 헬베티아족이 알프스 주변에 정착하며 시작된다. 5세기 게르만족의 대 이동으로 서부는 라틴권, 동부는 게르만권으로 언어의 경계가 형성된다. 중세에 프랑크 왕국, 신성로마제국의 일부가 되지만 1291년 3인 대표가 모여 사치 보존을 위한 영구 동맹을 맺어 스위스 연방의 기초를 닦았다. 1499년에는 신성로마제국의 공격을 물리친 후 바젤 조약에 의해 독립을 승인 받게 된다. 1815년에 개최된 빈 회의에서 이 나라는 영세중립을 인정받았다.

좁은 국토에다 농경지가 적은 산악지대, 지하자원도 없는 스위스는 그 옛날 목축과 밭농사 외에 별로 할 만한 것이 없는 가난한 나라였다. 젊은이는 500년이 넘는 오랜 세월 외국부대에 용병으로 참가하여 돈을 벌어들였다. 이들 용사는 크고 작은 전쟁터, 분쟁지역에 나가 전투를 치렀고 심지어 다른 편에 선 자기 형제들끼리도 목숨을 걸고 싸워 이름을 떨쳤다. 로마 바티칸에서도 교황을 끝까지 지켜낸 충성심을 인정하여 스위스 용병에게 교황청 경비를 맡기는 전통을 아직까지 유지해 오고 있다.

타고난 근면성을 바탕으로 벌어들인 소득을 값지게 투자한 이 나라는 18, 19세기를 지나며 시계, 금속, 섬유, 제약 등 산업이 크게 일어났다. 금융업과 관광업이 더불어 발달하여 현재는 1인당 국민소득이 4만8천 달러를 넘어 세계최고 수준에 이르고 있다. 엄격한 비밀보호, 예탁금의 안전관리로 정평이 나있는 이 나라의 금융 산업은 알프스, 시계와 더불어 스위스를 떠올리게 하는 상징이다.

알프스와 시계가 상징…1인당 국민소득 4만 8천 달러

지리적으로 스위스는 유럽 중앙에 위치하여 독일, 프랑스, 이탈리아, 오스트리아와 국경을 접하고 있으며 면적은 41,293㎢, 인구 750만명, 1스위스 프랑(CHF, 이하 프랑)은 약 770원이다. 독일, 프랑스, 이탈리아, 로망슈 등 4개 공용어를 사용하는 26개 칸톤(주)으로 구성된 연방 국가이자 나라의 60%를 알프스가 차지하는 산악국가다. 그 눈 녹은 물에서 시작하는 라인 강은 국토의 68%를 유역으로 하여 굽이쳐 흐르고 론 강도 뿌리를 이 나라에 둔다. 알프스의 수려한 경관, 설산과 야생화, 빙하와 호수 그리고 초록 언덕에 사탕과자 같은 집들, 목가적 풍경으로 지나는 길손의 마음을 잡고 놓지 않는 나라다.

우리가 여행을 시작하는 제네바(Geneva)는 레만 호에서 론 강이 흘러나오는 하구에 있으며, 취리히, 바젤에 이어 인구 16만을 가진 스위스 제3의 도시다. 관광지인 동시에 1회 노벨평화상 수상자인 헨리 뒤낭이 설립한 적십자를 비롯하여 국제연합 유럽본부 등 각종 국제기구가 모여 있는 곳이다. 16세기 후반 종교개혁운동을 벌이던 J.칼뱅의 활동 이래 유럽 프로테스탄티즘의 중심지로 자리를 잡았으며, 유명한 계몽사상가 장 자크 루소가 태어난 곳이기도 하다. 프랑스어권인 제네바는 1815년에 독립하여 스위스 연방에 가입했다.

지하철 출구같이 생긴 주차장 문을 나와 꽃시계 쪽으로 걸어간다. 1955년 이래 쉬지 않고 돌아간다는 제네바 시계산업의 상징인 지름 4m의 큰 시계는 부슬비 내리는 어두운 하늘 아래 오늘은 백과 청만의 수수한 몸차림이다. 이 일대는 레만 호에 면한 영국 공원(Jardin Anglais)으로 다리 옆에는 스위스 연방에 가맹한 것을 축하하며 건립한 국가기념비- 스위스 헬베티아와 제네바 공화국을 상징하는 두 여인의 동상이 호수를 바라보고 서 있다. 그 등 뒤로 펼쳐진 언덕 일대가 구시가다. 꽃시계 사진은 비가 그치면 오는 길에 찍기로 하고 가로수 길을 따라가며 마땅한 식당을 물색한다.

| 영국공원의 꽃시계 |

이 고장 음식을 먹고 싶지만 아는 것은 없고 무작정 걸을 수도 없으니 눈에 띄는 피자집으로 들어간다. 결정권을 쥐고 있는 필 여사가 메뉴를 심각하게 연구한 끝에 토마토 모짜넬라 큰 것 하나면 될 거라며 콜라하고 같이 주문한다.

바쁜 점심때라 꽤 시간을 보낸 후 하얀 치즈토막을 얹은 토마토와 야채접시 두개가 나와 우선 먹어가며 피자를 기다리는데 접시가 거의 비워가도록 소식이 없다. 수상한 생각이 들어 웨이터에게 물어 보니 주문한 것은 다 나왔다고 한다. 당연히 큼지막한 본체가 나올 줄 알았는데 무식한 탓이지만 허무하다. 할 수 없이 피자를 확인하고 다시 시켜 겨우 점심을 해결한다. 계산은 37.4프랑.

"비싼 피자 먹었구먼!" 하니 주문 잘못을 추궁하는 줄 알았는지 필 여사가 아침에 택시 값 벌었으니 괜찮다고 한다.

전망대에서 본 레만 호와 대분수

그 동안 삼삼오오 바로 앙 옆에서 식사를 즐기는 스위스 신시 숙녀들은 높은 수준의 교양을 유감없이 과시한다. '매너란 소스를 테이블 클로스에 쏟지 않도록 하는 것이 아니라 다른 사람이 엎은 것을 못 본 척 하는 것이다' 체호프의 말이다. 신기하게도 심지어 곁눈질로도 여행 복장의 우리를 보는 사람이 없다. 가난한 나라 사람이라면 쉽사리 웃음으로 눈을 맞대고 벌써 몇 번은 따뜻한 마음이 오갔을 것이다. 무심히 고개를 돌리다 볼 수도 있을 텐데 전혀 관심이 없다는 의지의 표현인지 거들떠보지도 않는 그 냉랭하고 끈질긴 인내심과 긴장된 목덜미가 탄복할 만하다.

유람선 선착장을 지나고 호반의 산책로를 따라 또 하나의 제네바 명물 대분수(Jet d' Eau) 쪽으로 나가 사진을 찍는다. 건국 600년을 기념하여 1891년 건설됐다는 이 분수는 1,360마력의 모터 두개를 사용하여 매초 500리터의 물을 높이 140m 하늘로 뿜어 올린다. 물은 바람에 불려 큰 요트의 돛 같은 모양으로 호반에 흩날린다. 호수 색깔은 여전이 구름빛이지만 분수 덕에 제네바 분위기에 차차 젖어들기 시작한다. 기산장군 거리를 건너고 다시 트램 다니는 리브 거리에서 광장을 지나 언덕을 올라가니 미술사 박물관 앞이다. 4개 층 300이 넘는 전시실에 다양한 역사와 예술적 수집품을 전시하고 있다.

제네바의 슬로건… '어둠 후에 빛이 있으리'

구시가의 중심이라 할 생 피에르 대성당(Cathedrale de St, Pierre)의 연둣빛 첨탑을 목표로 골목을 돌고 계단을 걸어 올라간다. 지붕 밑에 주랑이 보이고 로즈윈도가 단정하게 배치된 높지 않은 하얀 탑이 좁은 정원 저쪽으로 나타난다. 1160년에 공사가 시작되어 세기를 넘긴 1230년에 완공된 이 성당은 몇 차례 개수되면서 로마네스크와 고딕이 복잡하게 얽힌 형태를 이룬다.

스위스의 다른 많은 교회와 마찬가지로 이 건물도 원래 가톨릭 성당으로 세워졌으나, 1536~64년 칼뱅이 이곳에서 설교한 이후 프로테스탄트 교회로 개종하게 된다. 북탑 가까운 교회 뒤쪽에는 칼뱅이 앉았던 등 높은 나무 의자가 놓여 있어 450년 전 설교의 입김이 아직도 언저리에 맴돌고 있는 분위기다. 제네바가 프로테스탄트의 로마라 호칭되는 연유가 바로 여기에 있다.

입장료 4프랑을 지불하고 157개 나선계단을 올라간다. 6톤이 넘는다는 클레멘스 종탑의 어수선한 목구조를 지나 북탑 위 테라스로 나오면 주랑을 돌아가며 눈 아래로 고풍스런 붉은 지붕의 시가와 레만 호, 그리고 멀리 대분수의 전망이 그림 같이 전개된다. 가릴 것 없는 높은 곳에 서서 제네바의 공기를 크게 호흡한다. 가슴속이 탁 트이며 후련해진다. 오른쪽으로 멀리 보이는 산은 알프스가 아닐까? 여로의 시작에서 마음껏 시간을 즐긴다.

밖으로 나와 왼쪽 골목을 돌아가니 마당으로 나오고 그 곳이 피에르 성당의 정면이다. 우리가 뒷문으로 먼저 들어갔던 모양이다. 정문을 통해서 다시 한 번 보고 나온다.

| 생 피에르 대성당 |

성당 서쪽의 건물은 구 무기고(Ancien Arsenal)다. 1588년, 밀을 저장하기 위해 지어졌으나 후에 무기고로 사용됐고, 2층은 고문서관으로 현재 칼뱅의 친필 등을 전시하고 있다. 1층 아케이드에는 나폴레옹 전쟁 때 쓰였던 6문의 대포가 놓여있다. 내벽 이치형 틀에 그려진 알렉산더 클리그리아의 모자이크 벽화 세 개는 각각 '시저의 제네바 입성' '14세기의 상업 풍경' '16세기의 종교개혁' 등 주제를 갖고 있다 한다.

오락가락하던 비는 점점 심해져 가랑비로 바뀐다. 이 부근에 있다는 루소 생가, 칼뱅이 살던 집, 리스트가 살던 집을 찾고 싶지만 지금 그곳을 가 볼만한 게제가 못된다.

오델드빌 거리, 국기와 주기가 나부끼는 시청을 지나고 뇌브(Neuve) 광장 옆 바스시옹(Bastions) 공원 쪽 내리막길로 발길을 재촉한다. 칼뱅이 선교사 양성을 위해 1559년 창설한 제네바 대학에 조성된 이 공원에는 옛날 성벽을 따라 축조한 높이 10m, 길이 100m에 이르는 장대한 종교개혁기념비(Monument de la Reformation)가 있다.

| 종교개혁 기념비 |

기념비 중앙에는 16세기 금권부패와 권위주의에 빠진 로마교회에 대항하여 감연히 일어나 종교개혁의 기치를 치켜든 성직자 네 명의 조각이 있다. 5m 높이의 석상은 왼쪽부터 파렐(Farel), 칼뱅(Calvin), 베즈(Beze), 녹스(Knox) 순으로 서 있으며, 그 양 옆으로는 라틴어로 '어둠 후에 빛이 있으리' (Post Tenebras Lux)라는 표어가 새겨져 있다. 이 말은 현재 제네바시의 슬로건으로 사용되고 있다. 비가 오는 탓인지 칼뱅 탄생 400년과 제네바대학 창립 350주년을 기념해서 만들었다는 이 넓은 공간에 인적은 볼 수 없고 무거운 공기만 조용히 가라앉아 있다.

녹색 가득한 공원을 벗어나 뇌부 광장으로 나오고 길을 물어가며 귀로에 접어든다. 호수로 내려오는 도중 베르그 다리 중간에 붙어 있는 루소 섬을 지난다. 이곳에는 평생 동안 일관되게 '인간 회복'을 주장하였고 그 자유 인권사상에 의해 사후 11년 지나 일어나는 프랑스 혁명의 사상적 지주가 되는 장 자크 루소(1712-1778)의 좌상이 푸른 숲 속에 자리 잡고 있다.

쉬어갈 사이도 없이 바삐 돌아 차를 맡겨둔 몽블랑 주차장에 도착한다.

4시10분, 약 네 시간을 다닌 셈이다. 익숙지 않던 오랜만의 걸음이라 어지간히 피로를 느끼지만 그래도 뒤로 미뤄놓은 꽃시계의 기념사진을 찍지 않고 갈수는 없다. 수월치 않은 거리지만 신호등을 건너고 빗속을 뛰어 그 모습을 카메라에 담아온다.

몽블랑 주차장 입구에서 지하 4층까지 엘리베이터로 내려간다. 홀에 있는 정산기에서 요금을 내야 할 것 같으면서도 유인정산소가 어디 있겠지 하는 생각으로 차를 몰고 화살표 따라 출구로 향한다. 몇 갈래로 나눠지는 램프를 조마조마 올라가자니 마침내 차단막대가 앞을 딱 막아선다.

무정하게도 사람은 없고 뒤에는 차가 줄지어 따라 온다. 황급히 밖으로 나와 뒤차에 꾸벅 미안한 표시를 하고는 두리번거리며 도움을 찾는데 모니터로 보고 있었는지 바로 관리인이 뛰어 와 맨 왼쪽의 정산대로 데리고 간다. 신용카드와 주차카드를 받아 기계로 처리를 하고 돌려준다. 부리나케 뛰어와 차단대 슬릿에 주차카드를 넣으니 막대가 선선히 팔을 들어준다. 주차비는 생각만큼은 비싸지 않아 4시간6분에 12 프랑이다.

돌아오는 길은 코르나뱅 역 앞을 지나 페르니 거리로 국제연합 유럽본부(팔레 데 나시옹) 앞을 통과한다. 공항을 목표로 또 한 번 진땀을 흘리며 돌아온다. 연료를 보충할 주유소를 찾던 중 포퓰원으로 들어가는 라운드 어바우트 옆에서 한 곳을 발견한다.

경유로 탱크를 채우며 가만히 바라보니 앞의 창고 같이 생긴 큰 건물이 바로 슈퍼마켓이다. 필 여사가 뛸 듯이 반가워한다. 시원한 슈퍼에 들어가 몇 끼의 식품을 준비하고 만 원짜리 커피포트도 하나 산다. 오늘 저녁부터는 설움 받지 않고 끓는 물을 장만할 수 있다. 이번 여행에는 그 동안 차고 다니던 보행기를 가져왔다. 오늘 도보거리가 14,720보, 1보당 70㎝로 환산하면 10.3㎞를 걸은 셈이다.

4일. 시용 성을 거쳐 샤모니 몽블랑으로

5월 10일 수요일

Geneva Formule1 - 95㎞ - Montreux - 85㎞ - Chamonix - Mont - Blanc
총 180㎞(실 운행거리 183㎞, 보행 4.7㎞)

시계가 다시 간다. 고장 났다고 생각했는데 혼만 한번 내주고 파업을 거둬들이는 모양이다. 자기는 시차적응 완료하고 이제 여행준비 다 됐다는 표시인지도 모르겠다. 포뮬원 복도에 있는 공동 화장실과 샤워는 항상 비어있어 이용하는데 불편이 없다. 문을 열면 전등이 켜지고 밖으로 나오면 불이 꺼시는 질진 장치가 되어있다. 문을 열고 들어가 소변을 보기 시작했는데 불이 꺼져 암흑세계가 된다. 당황해서 문을 여니 다시 불이 들어온다. 안에서 도어 록을 채워야 전등이 꺼지지 않는데 잠깐 쓰고 나올 생각으로 문의 자물쇠를 채우지 않았던 것이다. 이 습성은 몇 번을 겪고 나서야 비로소 고쳐진다.

샤워도 일정시간이 지나면 물이 자동으로 끊어진다. 따라서 사용 중 푸시버튼을 자주 눌러줘 샤워가 중단되지 않도록 하는 것이 이 곳 포뮬원에 관록이 붙는 요령이다. 싼 호텔이라 손님도 허술할 줄 알았더니 의젓한 신사 숙녀가 적지 않다. 회사 돈이라면 모를까, 자기 돈 내야하는 실속파라면 잠깐 자고만 나가면서 100유로 넘게 내야하는 일반 호텔 값은 부담일 수밖에 없을 것이다.

집에서 가져온 호두 · 율무 선식 가루를 오렌지주스에 타서 빵하고 같이 먹은 다음 커피도 한잔한다. 커피포트는 스위치를 넣자 물 한 주전자가 바로 끓는다. 앞으로 요긴하게 잘 쓰일 듯하다.

차가 있으니 오늘부터는 짐에 대한 부담도 크게 줄었다. 잘 꺼내지 않을 물건과 늘 들고 다닐 짐을 구분하여 정리하고 09시 숙소를 떠난다. 포뮬원, 이탭은 카드 결재 만 돼 있으면 사람이 있거나 없거나 아무 말 없이 짐 들고 나가면 된다.

오늘은 몽트뢰(Montreux)에 들러 시옹 성(Château de Chillon)을 구경한 후 알프스의 첫째 목적지 샤모니(Chamonix)까지 간다. 공항 옆을 지나 A1, E62로 진입하여 레만 호 북쪽 기슭을 따라 고속도로를 달린다. 새벽까지 비치던 비가 북쪽 산 위에 하얗게 눈으로 쌓여있다. 길 양 옆 밀밭 사이로 풍성한 숲과 노란 유채꽃, 그 뒤에는 송전 철탑이 이어진다. 기대했던 호수는 아직 보이지 않지만 햇빛도 가끔 비추고 쾌적한 드라이브로 오래간만에 마음이 포근해 진다.

무릎에 펼친 지도는 미쉐랭의 유럽 도로 아틀라스(Michelin Europe Tourist and Motoring Atlas)다. 전에 쓰던 필립(Philip) 유럽지도의 폴란드, 루마니아, 불가리아 부분이 3백만분의 1로 너무 소축척인 탓에 미쉐랭을 새로 장만한 것인데 사고 보니 이것도 그 부분은 똑 같다. 자세한 도로지도를 그 쪽 가서 다시 마련하는 수밖에 없다.

50여 일간의 운행계획을 짜는 데는 미쉐랭(www.viamichelin.com)과 맵24(www.uk.map24.com), 매피(www.mappy.com) 등 세 가지 경로 검색 프로그램을 참고했는데 출발지와 목적지를 기입하면 거리와 소요시간 등 자세한 경로정보가 지도와 함께 표시된다. 지도를 자꾸 확대해 나가면 세밀한 부분까지 확인할 수 있기 때문에 대도시 내의 목적지까지도 찾아갈 수 있다. 미쉐랭과 매피는 기름값과 도로세 등 소요경비도 알 수 있어 무척 편리하다. 다만 매피에서는 루마니아, 불가리아의 검색이 되지 않는다. 세가지 모두 비슷한 결과가 나오지만 대체적으로 맵24, 매피, 미쉴랭 순으로 조금씩 수치가 많아지는 경향이 있는 듯하다.

오드리 햅번이 만년을 보낸 톨로셰나 마을

처음 나타난 주유소에 들어가 스위스 고속도로 통행권 비네트(Vignette)를 구입한다. 어제 주유소에서 사려고 했는데 생각해보니 그곳이 프랑스 지역이라 오늘로 늦춘 것이다. 스위스 고속도로는 톨게이트가 없는 대신 통행 스티커를 사서 창에 붙이고 다녀야 하며 1년분이 40프랑이다. 차번호를 적지 않기 때문에 테이프로 붙여서 사용하고 귀국 후 인터넷으로 판매하는 사람이 적지 않다.

고속도로에서 단속하는 경우가 별로 없으니 비네트를 살 필요가 없다는 사람도 종종 있던데 적발되면 벌금이 적지 않은 모양이다. 필 여사는 몇 달 전부터 국내에서 운전습성을 고치기 위해 법규준수 훈련을 계속해왔다. 규정을 지켜서 나쁜 일 없을 테니 이번 여행을 기해 운행, 주차 모든 것에서 자발적 준법정신을 실천해 익혀가겠다는 결심이다. 제한속도는 고속도로에서 120km/h, 국도 80km/h, 일반도로는 50km/h다. 스위스에서 국제고속도로 표지는 녹색, 낮에도 전조등을 켜고 다니며 오른쪽 차선에서 추월은 엄격히 금지된다.

30분 정도 달려 모르주(Morges) 옆을 지난다. 인근 톨로셰나 마을은 오드리 햅번이 만년을 보낸 곳으로 유명하다. 로잔(Lausanne) 가까이서 A9, E62로 접어들고 포도밭과 만사드 지붕의 민가들이 유채꽃 사이로 전개된다. 리드미컬하게 울리는 엔진소리, 첫날이라 속도를 올리지 않고 90km로 일정하게 가는 우리를 다른 차들이 계속 추월선으로 앞질러간다. 다시 빗방울이 유리창에 사선을 그리기 시작한다.

얼마 후 그 동안 안 보이던 호수가 오른쪽으로 나타나고 수면에 이르는

| 시용 성과 국철 궤도 |

| 시용 성 옆의 고가도로 |

경사면에 한 무더기씩 그림 같은 마을이 모습을 드러낸다. 찰리 채플린이 25년을 지냈다는 브베(Vevey)를 통과하며 몽트뢰 표지를 따라 우로 갈라져 나간다. 약 1㎞ 떨어진 곳에 르 꼬르뷔제가 부모님을 위해 지은 작은 원룸 건물 라끄 아도 꼬르수(Lac adorns Corscaux) 빌라가 있다. 기회가 되면 들러 보려 메모를 해왔는데 그냥 지나쳐버린다.

오른쪽 절벽 밑으로 호수가 떨어져 내리고 붉은 지붕의 마을들이 톱날같이 물가로 들락거리는 그림 - "와! 정말 좋네." 필 여사의 탄성이다. 운전에 지장이 있을까봐 홀로 호젓이 즐기고 있던 절경인데 조금 솜씨가 회복됐는지 이제 경치도 감상하신다.

15출구에서 분기, 몽트뢰 표시 따라 9번 국도로 진입하고 왕복 4차로의 좁은 시가지를 트롤리버스와 어울리며 앞서거니 뒤서거니 반달형 레만 호의 동쪽 끝을 천천히 진행한다. 양쪽에 상가가 계속되는 복잡한 거리를 6㎞나 왔을까? 사진으로 익숙한 시옹 성이 호수를 배경으로 모습을 드러낸다. 10시45분, 국도를 따라 양 옆으로 노상 주차장이 있다.

부슬비가 내리는 속에 관리인은 없고 지나가는 사람에게 물어보니 아마 두 시간은 무료주차일 것이라 하는데 확신은 없는 듯한 표정이다. 왼쪽으로는 목을 뒤로 힘껏 젖혀야 쳐다보이는 울창한 나무의 절벽, 그 허리를 감돌며 아득히 높은 교각 위로 고속 고가도로가 굽이져 돌아간다. 도로에서 성 사이, 내려다보이는 밑으로 국철의 기차가 지나고, 궤도 상공에 전차선

| 몽트뢰의 시용 성 |

이 눈높이로 걸려있다.

옛날 이 도로는 이탈리아에서 알프스의 그랑 생 베르나르(Gran S. Bernardo) 고개를 넘어오는 주요 통로였다. 9세기경 산과 호수 사이의 좁은 도로를 감시하고 통행세 · 물품세를 거두기 위하어 레만 호에 튀어나온 바위섬 위에 요새를 축조했다는 전략적 유래를 어렵지 않게 이해할 수 있다. 시옹의 주교들이 관리하던 성은 12세기에 사보아(Savoy)家의 소유가 된다. 14세기에 재건, 황금기를 이룬 뒤 16세기 베른에 정복당하고 18세기 이후에는 보(Vaud)주에 귀속되어 오늘에 이른다.

스위스를 대표하는 아름다운 고성으로 중세의 견고하고 중후한 모습을 지녔으며 중첩된 여러개의 탑이 호수에 떠있는 듯 환상적인 분위기를 연출한다. 루소, 위고, 뒤마, 바이런 등 시인과 화가의 사랑을 받아왔으며 그들 작품을 통하여 오래전부터 세상에 알려졌다.

특히 사보아 백작에 의해 이곳에 1530년부터 6년간 유폐됐던 종교개혁가 프랑수아 보니바르를 모델로 한 바이런(Byron)의 서사시 '시옹 성의 죄

수' (The Prisoner of Chillon, 1816년)는 이 성을 더욱 유명하게 만드는 계기가 되었다.

철로 위에 가로질러 놓인 목조지붕의 구름다리를 건너 경사진 유보도로를 내려간다. 성을 둘러싼 해자에 걸친 다리 끝에 매표소가 있다. 입장권을 사려다 보니 인터넷을 통해 준비해 온 할인 쿠폰이 없어졌다. 차에서 분명히 챙겼는데 놓고 내린 모양이다. 얼마 안 되는 돈이지만 집에서 예까지 가져온 노력이 억울하지 않은가. 왕복 400m는 넘는 거리를 부슬비 맞아가며 자동차까지 뛰어가 바퀴 밑에 떨어져 있는 종이를 찾아 집어온다.

| 시용 성의 지하 감옥 |

입장료는 1인당 10프랑, 쿠폰을 내면 8프랑으로 할인된다. 그런데 가격표를 보니 경로(Senior)가 역시 8프랑이다. 가만히 있어도 같은 값인데 공연히 뛰어다닌 결과가 되었으니 평소 그렇게 반갑던 경로표가 오늘은 야속하기만 하다. 매표구에서 나라를 묻고 코리아란 말에 한글로 된 설명서를 준다. 1번부터 32번까지 해설이 돼있는 도면을 대조하며 방 번호를 따라 순서대로 돌아본다.

| 기사의 홀 |

성의 입구에서 첫 번째 뜰을 지나 지하로 내려간다. 감옥으로 사용된 침침하고 서늘한 돌의 지하실, 리브드 볼트(ribbed vault)의 때 묻은 천장, 바닥과 벽에 그대로 노출된 험상궂은 자연바위, 세월에 찌든 어둠은 쇠창살을 통해 밖으로 보이는 한 조각 레만 호

의 푸른 파도로 인해 마음을 더욱 음울하게 가둬 놓는다. 7번 방의 다섯 번째 기둥에 제네바 독립을 지지했던 종교개혁 지도자 보니바르는 쇠사슬에 묶여 4년을 지냈다. 300년 후 이곳을 찾은 28세의 바이런은 절망의 어둠을 시로 읊는다.

"나의 머리는 하룻밤에 잿빛이네. 그것은 세월 탓이 아니었으니" '시옹성의 죄수' 는 이렇게 시작한다. 깊이를 가늠하기 어려운 심연같이 역사의 신비가 깔려있는 무거운 공기 속에서 200년 전 시인도 느꼈으리라. 지하감옥(dungeon)의 깊고 낡은 음산함은 오랜 세월을 두고 이렇게 한결같이 침묵했음을... 그것을 참지 못한 외침이던가?

절망 속 빛과 자유를 갈구하며 죄수들이 새긴 무질서한 낙서 속, 입구에서 세 번째 기둥 네모 틀 속에 바이런의 서명이 남아있다. 연대로 봐 친필이 아니라는 설도 있지만 찾아드는 관광객은 놓치지 않고 카메라를 꺼내든다.

| 바이런의 서명 |

15세기의 벽난로, 십자창문, 나무판에 구멍 뚫려 까마득한 호수로 바로 떨어지는 좌식변기 등을 차례로 보며 위로 올라간다. 갑옷, 창, 도끼 등 무기를 전시한 기사의 홀, 투박한 목조 침대와 고풍스런 가구의 침실, 각종 식기류와 옷장, 보석함이 놓인 성주와 백작의 방, 벽화 성화가 남아있는 예배당 등은 저마다 독특한 천장과 벽으로 마감돼있다.

밖으로 향한 반원의 성벽에는 세로로 긴 총안과 함께 대포가 놓여있으며 탑에는 기계장치가 정교해 보이는 시계도 걸려있다. 좁아지는 계단을 따라 건물 정상으로 통하는 문을 지나고 망루에 올라 망망 레만 호를 전망한다. 어두운 하늘아래 소리 없이 비에 젖은 호수, 몽트뢰 쪽 도시가 호반에 낮게 깔려있다.

남쪽 멀리 정상을 구름 속에 숨긴 흐릿한 산들이 보이고 서쪽 대안은 알프스에서 스며든 물이 미네랄 워터로 솟아나는 프랑스의 에비앙이다. 이번 여행의 첫발 답답했던 숨을 길게 토해낸다. 내려오는 도중 놓여있는 의자에 앉아 잠시 쉬어간다. 구석구석 천 년을 깃든 은밀한 이야기들이 피곤한 몸을 포근히 감싸주는 듯하다. 밖으로 나오니 13시15분, 유미한테서 전화가 온다. 우리가 먼저 걸지를 않으니 돌아가며 차례로 할 모양이다. 덕분에 PC방 찾아 이메일 쓰는 수고는 덜 것 같다.

시옹 성을 떠나 비레누브(Villeneuve)에서 고속 9호로 올라서고 순조롭게 달려간다. 새로 사온 인버터를 시거 잭에 꽂고 캠코더 배터리를 연결하여 충전 테스트를 해 본다. 기능은 무난히 발휘되는 듯하다. 30분쯤 지나니 포도밭이 이곳저곳 나타나며 양쪽으로 높아지는 산이 준엄한 자세를 드러내기 시작한다.

| 시용 성 망루에서 |

서쪽으로 꺾여가는 9호선과 헤어져 국도 21호로 갈아타자 곧 긴 터널을 지난다. 마르티니(Martigny)를 지하로 통과해서 남쪽으로 나온 모양이다.

다시 만난 갈림길에서 생 베르나르 쪽 21호선을 버리고 포르클라(Forclaz) 고개를 향해 샤모니로 가는 산길로 접어든다. 처음 생각으로는 계속 21호로 국경까지 가 산악구조로 유명한 개 세인트 버나드의 사육장과 수도원을 구경하고 베르나르 고개를 넘어 이탈리아로 내려가 몽블랑 터널을 거쳐 샤모니까지 갈 계획이었다.

나폴레옹이 군대 이끌고 넘었던 그랑 생 베르나르 고개를 단념하고

그 옛날 로마로 통하던 길, 나폴레옹이 4만의 군대를 이끌고 넘었던 역사적인 알프스의 그랑 생 베르나르 고개를 한번 넘어보고 싶었던 것인데 90㎞를 더 달려야하는 산길에다 익숙지 못한 첫날 드라이브라는 점을 감안하여 무리를 하지 않기로 한 것이다.

앞을 가로막는 큰 산, 넓은 사면이 온통 포도밭으로 덮인다. 그 속을 갈지자로 숨차게 올라가는 눈길에 오른쪽 아래로 마르티니의 집들이 조감도같이 전개된다. 다시 떨어지는 빗방울이 차창에 부딪쳐 포말로 날아간다. 간간이 눈송이도 섞인다.

차량 왕래가 드문 왕복 2차선의 길은 깊은 산으로 꼬불꼬불 들어서고 좌우로 막아서는 봉우리, 짙은 숲은 바람에 날리는 안개구름에 숨었다가 다시 나타난다. 천변만화 동양화의 선경이 따로 없다. 싱그러운 바람에 숲을 적시는 푸른 비, 가슴에 촉촉이 스며드는 녹우 훈풍이다. 양쪽 산 사이에 구름멀리 시계가 열리며 마르티니가 아득히 보이는 전망대(Bans du Fays)가 나온다. 빗속이지만 경치를 감상하며 잠깐 시간을 보낸다.

포르클라 고개를 넘어 교회가 있는 작은 마을 트리엔(Trient)을 지나니 오른쪽으로 냇물이 보이기 시작하고 차를 따라오며 돌에 감겨 흰 거품을 문다. 운무에 취하고 연우에 홀려 더 이상 나갈 뜻을 잃으니 인적 없는 조용한 마을에 발길을 멈춘다. 샤텔라르(Chatelard), 프랑스로 넘어가는 국경이다. 잠든 듯 고요한 거리, 가게를 찾아들어도 사람이 없다. 옆에 붙은 레스토랑에도 인기척이 없다. 옛날이 그리워지는 어둑한 식당 몇 개쯤 되는 테이블에 앉아있으니 안에서 조는 듯 주인이 나온다. 객은 카푸치노 한잔씩을 시킨다. 15시, 창밖 추녀 끝에서 빗방울은 영롱히 영글고 그 앞을 꽉 차게 막아선 울창한 산 벽 속으로 안개비가 연기처럼 소리 없이 피어오른다. 추녀에서 떨어진 물이 튕겨 방울을 만들고 잠깐 흐르다가는 다시 맞아 꺼져버린다. 우리의 삶, 무엇이 이와 다를 것인가?

치덕치덕 습기에 잠긴 거리에는 사람 그림자 하나 없다. 천지간에 둘만 남겨진 듯 어스름한 공간에서 따끈한 카푸치노 한잔이 피로한 피부, 한껏 가라앉은 섬세한 신경 구석구석을 적시며 훈훈하게 스며들어 온다. 영원으로 이어지는 듯 침묵의 시공이 천천히 흐른다. 아마 오래 두고 기억에 남을 커피 맛이 될 것 같다. 찻값은 한잔에 3.2유로다.

국경을 지난 듯 곧 프랑스 측 여권 컨트롤이 나온다. 차를 정지시킨 두 세관원은 패스포트 가득 찍힌 스탬프를 구경하는지 한 장 한 장 감상하며 잡담을 나눈다. 우리도 한가한 마음으로 그 모습을 감상하고 있으려니 정작 자기들 도장은 찍지도 않고 건네준다.

바로르신(Vallorcine)을 지나자 비는 함박눈으로 바뀌고 나무가 드물어진 산골짝을 하얀 세상으로 만든다. 몬테 고개를 넘어 굽이진 길을 내려가 샤모니 계곡에 들어서서도 비구름으로 가려진 주변 산봉은 나타나지 않는다. 아르젠티에르(Argentiere)를 지나고 빗발이 거세지는 가운데 프라(Praz)를 통과, 조용한 집 사이를 단숨에 달리니 계속해서 단조롭던 거리 분위기가 오밀조밀하게 변모한다. 직감으로 샤모니에 들어섰음을 느낀다. 오른쪽으로 돌아 내를 건너고 어림짐작으로 차를 세우니 눈앞에 주차장으로 들어가는 입구가 있어 카 파크 생 미셸(Car Park, St Michel)이란 표시가 붙어있다.

이번 여행의 숙소를 예약하는 과정에서 힘들었던 곳이 샤모니와 체르마트(Zermatt)였다. 100유로 넘는 호텔에 들려면야 물론 어려운 일이 아니겠지만 세계에서 관광객이 모여드는 알프스의 산악기지에서 우리 돈 7~8만 원(60~70유로)의 비교적 싼 호텔을 찾기란 쉽지가 않다. 같은 알프스라도 베르너 오버란트의 융프라우(Jungfrau) 주변은 배낭족이 많이 모이고 패키지도 종종 들르는 곳이라 한국 민박집을 비롯하여 적당한 숙소가 여러 곳 있는데 비하여 이 두 곳은 정보도 얻기가 힘들다.

시간 날 때 마다 인터넷을 뒤져 메일 보내기를 계속한다. 떠날 때까지 해보다 안 되면 현지에 가서 관광안내소에 부딪쳐 보자. '설마 한데서야 자겠느냐' 하는 생각이었는데 출발 20일 전에 한 곳에서 희소식이 왔다.

더블 룸 하루 50유로씩 이틀 숙박에 100유로, 아침 식사는 별도로 1인당 6유로, 그 외에 0.9유로의 세금이 가산된다. '단 우리 호텔에는 승강기(lift)가 없으니 양지하시기 바랍니다' 하는 한 줄이 붙어있다. 그 까짓것 무슨 문제냐. 샤모니의 한복판, 위치도 좋으니 두말 할 필요가 없다. 놓칠세라 요청대로 30%를 신용카드로 결제하고 예약을 끝냈다. 주차 문제를 문의한 다음 메일 답장에 적힌 글, '우리 호텔에서 2분 거리에 있는 카 파크 미셸에 주차하는 것이 최선책입니다. 요금은 24시간에 9.5유로입니다.' 한 바로 그 미셸 앞에 우리가 지금 서 있는 것이다. 시계를 보니 16시 30분이다. 한 시간 반 걸린다는 거리를 쉬어가며 구경하며 세 시간을 넘겨 온 것이다.

시청, 가이드조합과 생 미셸 교회, 관광안내소에 둘러싸인 샤모니 호텔(Hotel le Chamonix)은 아담한 규모의 건물로 아래층을 레스토랑으로 쓰고 있다. 차를 문 앞에 세우고 체크인한 다음 리프트 없는 것은 각오했던 터라 군말 없이 짐을 들고 3층으로 올라간다. 큰 짐은 차에 놓고 다니는지라 이제부터 운반의 노력은 많이 줄어든다. 방은 작지만 깨끗하고 창으로 에귀유 루즈(Aiguille Rouge)가 정면으로 내다보인다.

한숨 돌린 후 주차장으로 간다. 카 파크 미셸은 지형을 이용한 구조로 진입 후 위로 올라가면서 주차하고 4층 언덕으로 나오게 돼있다. 입구로 들어가 무인 차단기에서 주차카드를 뽑으면 막대가 올라가고 경사로를 위로 진행한다. 주차공간은 여유가 많아 쉽게 차를 세워놓고 문으로 나와 밖으로 내려온다. 홀에 요금정산기가 놓여있을 뿐 마주치는 사람 하나 없이 조용하다. 다음 필요한 것이 먹을거리 장만이다. 오늘 저녁부터 몇 끼, 장을 볼 겸 거리 구경에 나선다.

프랑스의 산간마을 샤모니…알프스 등반의 출발점

유럽 대륙의 최고봉 몽블랑(Mont-Blanc, 4808m) 기슭, 프랑스의 아름다운 산간마을 샤모니는 아르브 강(L' Arve) 양쪽에 형성된 산악 휴양지이자 알프스 등산의 출발점이다.

험준한 산속에 짐자딘 이 계곡은 1741년 영국인 윈드햄(Windham)과 포코크(Pococke)의 탐험으로 처음 세상에 알려진다. 몽블랑에 깊은 관심을 갖게 된 제네바의 자연 과학자 소쉬르(H.B.Saussure)는 정상 정복을 열망하는 일념으로 1760년 등정에 성공하는 사람에게 상금을 내건다. 그리고 나서 26년, 등반사에 길이 남을 1786년 8월 8일, '악마의 산' 으로 불리던 몽블랑은 사냥꾼 장 발마(Jacques Balmat)와 의사이자 등산가인 미셸 파카르(Michel Paccard)에게 마침내 순결의 정상을 내주고 만다.

이틀에 걸쳐 벌어진 14시간의 사투는 샤모니에서 망원경으로 시종 관찰되었고, 이 날을 기하여 조용하던 벽촌 샤모니에는 큰 변화가 일기 시작한다. 20세기 들어 등산열차와 로프웨이가 건설되고 1924년에는 제1회 동계올림픽이 이곳에서 개최되었다. 1965년에는 알프스 밑을 관통하여 이탈리아에 이르는 11.5㎞, 몽블랑 터널의 완공을 보게 된다.

단순히 샤모니였던 지명도 몽블랑에 대한 주민의 가없는 애정을 듬뿍 담아 1922년 '샤모니 몽블랑' 으로 변경된다. 몽블랑은 '하얀 산' 이라는 뜻이다. 남쪽으로 눈을 들면 웅장한 풍채로 군봉을 영솔하는 하얀 몽블랑, 어머니 품 같은 자애로운 모습을 사시사철 24시간 아무 때고 바라볼 수 있다.

상주 인구는 약 1만 명, 고도는 1037m다.

시청 옆을 지나 왼쪽의 번화가 바로(Vallot) 거리로 들어서면 바로 슈퍼마켓이 있다. 필 여사가 이것저것 챙기는 동안 포도주 한 병을 골라잡는다.

"집에서 가져온 소주 많은데 포도주를 사?"

술 밝힌다는 뜻, 말하자면 핀잔이다.

"오늘 자동차 운전 개신데 축배 한잔 없을 수 없지 않아?"

지금 마음속에는 노림이 하나 있다.

내일이 결혼 43년째가 되는 날이다. 필 여사가 깜빡하고 있는 모양이니 몽블랑을 마주보는 에귀유 뒤 미디(Aiguille du Midi), 3842m 정상에 서는 내일 아침을 기해 포도주 건배의 깜짝쇼를 연출해 보려는 음모를 은밀히 꾸미고 있는 것이다. 산 위에 포도주를 병 채로 들고 가면 탄로 나겠고 작은 그릇에 담아갈 생각이다.

저녁 식사 때에 마개를 따려고 하니 와인 오프너가 없다. 아래층 식당에 친절한 아주머니가 앉아 있던 생각이 난 필 여사가 가서 부탁해보겠다고 한다. 마개를 따는 데는 성공했는데 돌아 온 포도주의 3분의 1은 비어있었다. 웃으며 한잔 안 주느냐는 말에 따라 주는 잔을 끈질기게 삼고 있더라는 것이다. 같이 축복을 해줄 모양이니 즐거운 일이다. 호텔은 깨끗하고 위치도 좋고 싸고 마음에 쏙 든다.

✓숙소

Hotel Le Chamonix, Rue de l' Hotel de Ville, 74400 Chamonix
T: (+33)(0)450531107　더블룸 50유로/일(세금 0.9유로/인)
2일분 103.6유로(선금 30유로, 잔금 73.6유로)
www.hotel-le-chamonix.com / hotel-le-chamonix@wanadoo.fr / (5/10-11)

5일. 샤모니 몽블랑의 에귀유 뒤 미디와 몽탕베르

5월 11일 목요일
에귀유 뒤 미디(Aiguille du Midi), 몽탕베르(Montenvers)
(보행 9.1㎞)

새벽, 눈을 뜨자 먼저 날씨가 걱정된다. 제네바에 도착한 이후 내리 사흘 비가 내렸다. 그만 갤 때도 될 만한데 창을 열어봐도 어스름한 하늘만으로는 잘 판단이 되지 않는다. 오늘도 비가 오면 알프스 산행이 첫 날부터 엉망이 된다. 다시 자리에 누웠다가 5시30분, 맑은 새소리에 이끌려 밖으로 나온다. 안에서는 자유롭게 열리고 들어갈 때는 체크인 때 받은 번호 키를 눌러 출입한다.

감사할지어다. 오늘 샤모니의 아침은 맑게 개었고, 12세기 초에 세워졌다는 생 미셸 교회(Eglise St. Michel)가 떠오르는 햇빛에 붉게 물들어간다. 입구 양쪽에 스키와 등산의 스테인드글라스가 있다. 그 옆의 3층 건물은 '산의 집' (Maison de la Montagne)으로 1층에 가이드 조합, 3층엔 각종 등반정보 자료실이 있으며 알림판에 일주일치 일기예보를 게시하고 있다.

비가 온 뒤의 산간 마을, 신선한 새벽 공기가 말할 수 없이 상쾌하다. 샤모니 시내 지도가 차 속 짐에 있는 생각이 나서 주차장으로 찾으러 간다. 2층 현관 출입문을 열려고 하니 굳게 잠겨있으며 주차카드를 슬롯에 꽂으라는 글이 옆에 적혀있다. 또 하나 배웠다. 카드를 갖고 다녀야 하는 것이다.

대시보드 위에 놓고 왔으니 개점시간에 다시 올 수밖에 없다. 차량 입구로 걸어 올라가면 되기는 하겠지만 좀 촌스럽다. 돌아오는 길, 미디 정상의 탑이 유혹하듯 금색으로 반짝거린다.

아침 식사를 마친 후 옷을 든든하게 입고 산에 올라갈 채비를 서두른다. 필 여사가 화장실 간 사이 작은 물병에 포도주를 따라 배낭에 넣고 새 종이컵 두 개를 집어 드는데 언제 왔는지

"종이 잔 새거 가져가면 뭘 해. 어제 쓰던 것 있는데"

필 여사가 한 마디 한다.

"…응? 맞아. 이쪽저쪽 다 구닥다리던데 중고 쓰지 뭐."

무슨 뜻인지 알기나 할까?

"오늘 점심은 컵라면 먹죠, 햄, 빵하고."

"알아서 해. 물은 어쩌지?"

"보온병 가지고가면 되요. 그보다 저녁 어떡하지? 오늘 기념일인데."

놀라게 하려던 이쪽이 질겁했다. 잊고 있는 것이 아니었다. 깜짝쇼의 긴장감이 일순 김빠진 맥주가 됐으니 싱겁기 짝이없다. 순순히 음모를 자백하고 공동주최로 행사를 지르기로 한다.

7시 30분 호텔을 나선다. 아침엔 이를수록 시간을 번다. 시내를 구경하면서 에귀유 뒤 미디 출발역으로 가 첫차를 탈 생각이다. 호텔 앞 관광안내소는 아직 문을 열지 않았다. 샤모니 시청 앞으로 100m 정도 내려가면 발마 광장(Place Balma)이다. 몽블랑 초등의 장 발마와 그의 후원자 소쉬르의 동상이 바위 위에 서 있다. 발마가 가리키는 손가락 끝에는 알프스의 여왕 몽블랑의 우아한 정상이 의연히 드러나고 그 밑으로 은백색으로 빛나는 보송 빙하(Glacier des Bossons)가 흘러내린다.

발마 광장을 중심으로 하여 동쪽은 발로 거리, 서쪽은 파카르 거리, 그리고 북쪽으로는 기차역까지 크로 거리가 이어지는데 이 세 거리가 샤모니의 중심가를 이루고 있다. 선물, 등산용품 등 상점과 영화관, 식당이 모여 있는

파카르 거리에서 잠시 서성대다 아르브 강(l' Arve)을 건너 미셸 거리를 역 쪽으로 걷는다. 미셸 크로(Michel Croz)는 알프스 등산의 황금시대에 활약한 샤모니 출신 등산가이드로서 1865년 마터호른 초등 후 자일이 끊어져 추락한 비극의 희생자다.

| 발마 손가락 끝에 보이는 몽블랑 |

아르브 강을 건너면 왼쪽에 당당한 5층 건물, 산악박물관이 있으며 샤모니의 역사와 초등 시의 등반장비 기타 자료를 전시하고 있다. 조금 더 가면 오른쪽 모서리에 프랑스 산악회 샤모니 지부가 있어 몽블랑 산군을 등반하려는 사람들에게 편의를 제공한다. 회원에 가입하면 산장이나 대피소를 사용할 때 할인이나 면제의 혜택을 받을 수 있다고 한다.

역은 여섯 개의 박공창과 중앙 시계가 특징인 기다란 건물이다. 작은 광장을 돌아 다시 크로 거리를 내려와 프랑스 산악회에서 남쪽으로 길을 바꾼다. 오래된 유럽, 유서 깊은 향취를 곳곳에서 느낄 수 있는 정다운 소도시다. 아르브 강을 따라 걷다가 기찻길 밑 굴다리를 지나고 샤모니 남쪽 광장(Chamonix Sud)의 소규모 상가를 통과하여 08시20분 에귀유 뒤 미디 행 로프웨이 승강장에 도착한다.

만국기가 펄럭이는 광장 남쪽에 들쑥날쑥한 지붕의 승강장 건물이 있고 젊은이 몇 사람이 문 앞 계단에 앉아 있다. 승차권 발매소는 건물 왼쪽 외부

| 에귀유 뒤 미디 로프웨이 승강장 |

로 창구가 나있고 9시 15분부터 첫차의 티켓을 판다고 적혀있다. 약간 추위도 느껴지는데다 시간이 많이 남아있어 건물 안 넓지 않은 홀에서 의자에 앉아 기다린다.

에귀유 뒤 미디까지 케이블을 이용한 운반기구를 설치하겠다는 구상은 1905년 두 스위스 엔지니어로부터 비롯된다. 계획은 수정을 거쳐 1924년 펠루란(Pelerins)에서 파라(Para)까지, 1927년에는 2단계 파라에서 글라시에(Glaciers)까지 개통을 본다. 이것은 당시 세계 최고의 푸니쿨라였다. 전쟁의 혼란기를 넘긴 1951년 이탈리아의 기사 디노 로라 토티노(Dino Lora Totino) 백작은 개량된 새로운 구상을 제안한다.

계획은 실천에 옮겨져 1954년 첫째 구간이 개통됐고 곧 철주 없이 두 번째 구간을 연결하는 공사가 진행된다. 강철 로프로 서로를 연결한 30명의 가이드가 어깨에 고정시킨 틀에 각각 30kg에 해당하는 직경 14mm, 길이 1,700m의 케이블을 메고 2일간 죽을힘을 다해 올라갔으며 다시 돌과 얼음이 떨어지는 속에서 8시간 이상의 사투를 벌인 끝에 2명의 사망자를 내면서 시속 100km의 강풍을 뚫고 내려오는데 성공 난공사의 기틀을 잡았다고 전한다. 로프웨이는 1955년 완공을 본다.

8시15분, 승차권을 구입한다. 경로표는 없고 어른 1인당 왕복이 36유로다. 09시가 되면서 사람이 60명 정도로 늘어나고 산악스키 차림의 젊은이

들이 요란한 소리를 내며 북적거린다.

세계 최장의 스팬에 걸린 직경 46㎜ 케이블의 로프웨이

건물 정문이 열리니 프랑스 교양 저리가라 서로 밀치고 떠밀리며 뒷문을 지나 로프웨이 텔레페리크(Téléphérique)에 올라탄다. 키 큰 젊은이와 스키 숲에 싸여 겨우 창 옆 한쪽으로 붙어 선다. 회색에 밑바탕을 붉게 칠한 대형 로프웨이는 정원이 75명, 최대구배 90%, 직경40㎜의 케이블을 최고 시속 38㎞로 이동한다.

9시 20분 출발, 눈 덮인 산비탈 검푸른 전나무 숲을 스치듯 급경사를 따라 순식간에 위로 올려진다. 샤모니의 집과 거리가 점점 밑으로 작아지고, 오른쪽으로 힘찬 산 무리와 함께 둥그스름하고 온화한 모습의 몽블랑이, 왼쪽으로는 에귀유 베르트, 드류 등 샤모니 침봉의 장관이 줌업 하듯 다가온다. 3개의 지주를 통과할 때는 속도가 느려져 아래로 처지다 달려 올라가는 느낌을 받으며 갑자기 칠링할 때는 모든 입에서 동시에 함성이 터져 나온다.

9시 27분 플랑 드 레귀유(Plan de l' Aiguille, 2308m)에 도착한다. 1037m의 샤모니에서 표고차 1271m를 7분. 단숨에 올라온 것이다. 캐빈에서 내리자 덜그럭거리는 스키화 소음에 포위된 채 건물 복도를 지나 대기하고 있는 두 번째 로프웨이에 환승한다. 비슷한 모양의 캐빈은 정원이 65명, 가득 사람을 태우고 9시 35분 공중에 뜨면서 움직이기 시작한다. 창고같이 생긴 플랑 드 레귀유의 승강장이 점점 작게 멀어진다.

이번은 정면으로 보이는 아득한 절벽 위 미디까지 중간에 지주 없이 몇 가닥 쇠줄만 늘어진 2867m, 세계 최장의 스팬에 걸린 직경 46㎜ 케이블의 로프웨이다. 오른쪽 보손(Bossons) 빙하의 굴곡진 하얀 협곡을 보며 흙빛으로 갈라진 크레바스 상공을 한동안 미끄러져 나간 후 절벽에 이르러 험상굿은 바위를 핥듯 끌려 올라간다. 9시 42분, 귀가 멍멍해지며 거의 수직으로 들어선 곳은 미디 북봉(Piton Nord-북피톤) 높이 3777m의 바위 속이다. 표고 차 1469m를 7분 만에 실려온 것이다. 북봉에는 출발역과 도착역, 식당과 스낵코너, 선물 가게, 화장실 그리고 샤모니 테라스가 있다.

캐빈에서 내려 지하통로를 따라가다 밖으로 나와 길이 10m 정도, 아득히 허공에 걸린 연결 쇠다리를 건너 중앙봉(Pointe Centrale, 3842m)으로 넘어간다. 곧 어두운 지하통로 몽블랑 갤러리로 들어서서 사람들 가는대로 좌로 따라 도니 긴 터널 끝에 밖으로 나가는 동굴 출구가 보인다. 산을 등반하거나 스키로 하강하려는 사람이 이용하는 블랑슈 전망대다. 문 밖에는 장비를 점검하고 스키를 장착하는 많은 사람들이 바쁘게 돌아간다.

이곳은 3000m의 표고 차, 거리 20㎞를 달려 내려가는 대 활강루트 발레블랑슈(Vallee Blanche, 하얀 계곡)의 출발점이다. 스키어들은 가이드 따라 삼삼오오 커브를 그리며 아찔한 눈 등성을 미끄러져 나간다. 자일을 묶고 좁은 눈길을 통과하면 자유롭게 설원을 활강하기 시작하여 제안(Geant) 빙하 옆을 스치고 도중 점심을 먹어가며 몽탕베르(Montenvers)까지 하루 코스를 내려간다. 한쪽으로는 산을 오르려는 내여섯의 검은 짐이 행렬을 이루며 하얀 능선을 개미같이 움직여간다.

파란 하늘, 강렬하게 천지를 덮은 햇빛, 눈부신 설원으로 순식간에 작아지는 형태를 보고 있자니 부러움을 넘어 가슴 가득 서글픔이 밀려온다. 저 나이 저 때, 죽음을 앞에 놓고 포연 자욱한 전쟁터에서 비참과 가난이 인생의 전부였던 시절, 흘러간 그 50년의 세월이 새삼 가슴을 저며 오는 것이다. 70이란 나이는 다 버리고 가는 내리막길, 사랑도 보람도 자랑도 미움도 모두 하찮은 짐들이다. 하나씩 놓고 가면 체념으로 비운 마음 편안하리라 생각했는데 얼떨결에 지나버린 불쌍한 청춘에 아직도 측은한 정을 남겨두었던 모양이다.

필 여사가 안으로 소매를 끈다. 수술 후 10개월이 안 된 몸이라 냉랭한

| 몽블랑을 앞에 둔 에귀유 뒤 미디 정상 |

공기, 3800m란 희박한 산소에 신경이 쓰이는 것이다. 입구 들어서서 왼쪽은 엘브론네로 가는 승차장이나. 이곳에서 4인승 곤도라를 타면 발레 블랑슈 위로 5㎞, 편도 30분 걸려 이탈리아 국경 부근 푸엥트 엘브론네(Pointe Helbronner, 3466m) 전망대를 다녀올 수 있고 이탈리아 휴양도시 쿠르마예르(Courmayeur)로 내려갈 수도 있다. 철이 이른지 승차장은 닫혀있다. 그 옆에 있는 얼음터널노 입구에서 들여다보니 조명이 꺼져 컴컴하고 인기척이 없어 돌아 나온다.

지하통로를 걸어 나와 갈림길에서 왼쪽으로 돌면 엘리베이터가 있는 넓은 홀이 된다. 정상으로 가는 엘리베이터는 별도로 표를 산다고 들었기에 주위를 둘러보니 매표소가 보이지 않는다. 같이 온 사람들은 다 흩어지고 우리 둘 뿐이다. 마침 엘리베이터 문이 열리고 젊은 직원이 웃으며 타라고 한다. 표를 못 샀다고 했더니 무료라고 한다.

정상까지 65m를 단숨에 오르며 청년은 몇 번이나 날씨가 좋아져 '러키'라고 인사를 건넨다. 스위스에 도착한 이래 3일간 계속 비가 왔으니 정말 운이 따르는 모양이다. 이곳에는 눈이 내렸다고 한다. 우리 둘이 오늘 첫 손님이다. 엘리베이터를 내려 밖으로 나가자 갑자기 밝아진 세상에서 예상치 않던 깊은 겨울이 몸을 감싼다. 구름 한 점 없는 창공, 가깝고 먼 설산에

| 에귀유 뒤 미디 동쪽으로 전개되는 알프스 산봉들 |

가득한 햇빛은 눈부시게 강렬하지만 알프스 최고봉을 앞에 둔 준엄한 분위기는 한기를 보태 마음속에 전율과도 같은 경외감을 일게 한다. 젊은이는 비를 들고 발자국 하나 없는 하얀 눈을 쓸기 시작한다.

남쪽으로 면한 테라스, 정면에서 오른쪽으로 치우쳐 새하얀 큰 산이 버티고 서 있다. 그 중앙이 몽블랑(4807m)이다. 하늘 높이 솟은 유럽의 정상은 날카롭게 뻗친 예봉이 아니라 어머니 품같이 부드러운 곡선의 언덕으로 당당한 권위를 품은 채 수수하게 절제하는 너그러운 기품을 드러낸다.

정점에서 오른쪽으로는 바로 대피소(Ref Vallot, 4362m)를 거쳐 돔 뒤 구테(Dome du Gouter, 4309m)로 흘러내리고 왼쪽으로는 밑으로 내려오다 몽모디(Mont Maudit, 4465m)에서 몸을 한번 일으킨 후 다시 앞으로 다가와 몽블랑 뒤 타큘(Mont Blanc du Tacul, 4248m)에서 검은 속살을 보이며 절벽으로 추락한다. 그 좌측으로는 한 단 낮아져 설원 발레 블랑슈의 하얀 계곡이 넓게 펼쳐지는데 눈앞에 있는 미디 남봉의 붉은 바위끝이 그 중간쯤으로 끼어든다.

다시 왼쪽으로 눈을 돌리면 뿔 세 개 달린 일련의 뾰족봉이 보인다. 첫 번째가 '거인의 이빨' 단 뒤 제안(Dent du Geant, 4013m), 가운데가 몽 마레(Mont Mallet, 3989m), 제일 좌측이 알프스 3대 북벽으로 유명한 그랑드 조라스(Grandes Jorasses, 4208m)다. 더 왼편 동쪽으로는 에귀유 뒤 트리오레(Aiguille du Triolet, 3870m), 레 쿠르트(Les Courtes, 3856m), 레 드로와트(Les Droites, 4000m), 에귀유 베르트(Aiguille Verte, 4121m)의 연봉이 이어져 나간다.

그랑드 조라스와 트리오레 사이 한 겹 뒤로는 멀리 발리스 쪽 스위스의 최고봉 몬테 로자(Monte Rosa, 4634m)가 보이고 아스라이 마터호른(Matterhorn, 4478m)의 삼각봉을 걸친 그랑 콤방(Grand Combin, 4314m)의 자태도 흐릿하게 관찰할 수 있다. 샤모니 계곡 쪽으로는 에귀유 베르트를 배경으로 에귀유 뒤 드루(Aiguille du Dru, 3754m)를 비롯한 샤모니 침봉군의 기임이 세로 줄을 보이며 깊은 골짜기로 떨어져 내린다.

등 뒤 엘리베이터가 있는 바위 위로는 우주 로켓을 방불케 하는 안테나 송신탑이 구릿빛으로 하늘 높이 솟아 있고 그 오른쪽 아래로 북봉의 승강장 건물, 계단과 옥상에 있는 삼각형 샤모니 테라스의 모습이 내려다보인다. 멀리 하계에는 모형같은 샤모니 거리가 긴 계곡 속에 조용히 숨 쉬고, 그 너머로는 다시 눈 덮인 산맥, 붉은 침봉 군(Aiguilles Rouges)이 벽으로 막아선다. 최고 일기에 최고 경관이다.

| 정상의 송신탑 |

눈부신 광채 속 황홀하게 밀려오는 박력, 그동안 사진에서 익힌 설봉이 다 눈앞에 있다. 산의 이름이란 자연 발생적으로 고장 사람 사이에 불려 지면서 오랜 세월을 두고 정착됐을 테니 그 특성이나 모습을 반영하고 있음이 틀림없다. 그러나 지나는 길손은 이름부터 듣고 그 산을 본다.

묘한 것은 원어의 뜻도 모르고 내력까지 갈 것도 없이 발음만으로 산의 모습이 그 안에 있음을 느낀다는 사실이다. 초면이지만 몽블랑은 몽블랑답고 그랑드 조라스는 그랑드 조라스다운 것이다. 드루는 그대로 드루다. 견강부회의 억지 해석일까? 논리전개가 궁색하니 긴 사설은 접어 치우자. 요는 앞에 있는 산의 모습과 이름을 몽땅 가슴에 넣고 가겠다는 말이 하고 싶은 것이다.

가져간 디지털 카메라에 파노라마 사진을 자동 합성하는 스티치 기능이 있어 써보려고 하는데 햇빛이 너무 강렬해 액정 모니터의 화상이 잘 보이지 않는다. 정상 테라스에서 서성댄 시간이 30분을 넘으니 카메라를 잡은 손이 얼어 경직되고 몸이 떨려온다. 더는 안 된다는 필 여사에 강제로 이끌려 엘리베이터로 내려온다. 그런데 가만히 생각하니 디카에 정신을 뺏겨 캠코더를 찍지 않았다. 그보다 한심한 것은 결혼기념 와인 축배를 깜박 잊고 온 것이다.

| 몽블랑을 앞에 두고 축배 |

아래층에 닿아 엘리베이터 문이 열리니 밖에서 기다리던 사람이 일시에 밀려든다. 내리려던 우리는 몸을 돌려 다시 위로 올

라온다. 조용하던 전망 테라스는 일본인 단체 관광객으로 갑자기 활기가 가득하다. 다행이 한국 젊은 남녀 두 분이 있어 사진을 부탁한다. 종이컵 와인 잔을 들고 오늘, 특별한 몽블랑 앞에서 포즈를 취한다. 43주년 결혼기념이라는 말에 두 사람은 구도를 바꿔가며 정성껏 축하의 셔터를 눌러준다.

길지 않은 일생에서 43년이란 짧은 세월이 아니다. 보잘 것 없고 내세울 것 없는 생애, 해놓은 일이라면 두 명이던 일가를 13명으로 키운 것뿐이다

'어쨌든 결혼을 하여라. 양처를 얻으면 행복할 것이고 악처를 만나면 철학자가 될 테니까.' 자기 신세를 빗댄 소크라테스의 아포리즘이다. 자신이 아무것도 알지 못한다는 사실 하나만은 알고 있다는 이 위대한 철학자는 진짜 아무 것도 모르는 모양이다.

대다수 지아비는 행복해 지지도 않거니와 철학자가 되지도 않는다. 덧없는 한 평생, 세상 허다한 부부는 세파에 묻혀 묵묵히 살기 위한 인생을 살고 갈 뿐이다. 그렇다고 그것이 한 푼어치도 안 되는 삶이라 함부로 치부해서 되는 일일까? 종종 심통도 부리고 쏘아 붙이기도 한다. 그러나 항상 기다린다. 누군가는 있어야 돼. 그것이 다른 사람일 수는 없어. 그래서 평생을 같이 한 늙은 부부는 서로를 의지할 수밖에 없는 것이다. 여기 사랑이라는 흔해빠진 낱말은 어울리지 않는다. 세월 따라 귀납적으로 짝이 되고 쌍이 돼가는 그 모습. 어찌 그윽하다 아니할 것인가?

사랑. 그것은 마주 보는 것이 아니라 함께 같은 쪽을 바라보는 것이다.

- 생텍쥐페리

엘리베이터로 내려와 안으로 끝까지 들어가 계단을 오르면 몽블랑 테라스로 나온다. 이곳에서는 몽블랑 언덕 유연한 곡면이 정면에 와있고 구면이 된 탓인지 바로와 돔 뒤 구테의 모습이 더욱 다정하게 느껴진다.

| 중앙봉과 북봉 사이의 연결 다리 |

남에서 동으로 펼쳐지는 파노라마를 다시 감상하고 바위 통로로 내려와 연결 다리를 건너 북봉으로 나온다. 기둥처럼 솟은 중앙봉과 북봉 사이 아찔한 높이에 매달린 쇠다리 난간에는 눈이 무더기로 얼어붙어있다.

북봉 전망대로 올라가며 창을 통하여 중천에 매달린 다리의 모습을 찍는다. 옥상에 있는 샤모니 테라스에서는 플랑 드 레귀유에서 샤모니 침봉군에 이르는 검은 바위와 메르 드 글라스 빙하 뒤에 있는 드루 송곳봉의 모습이 뚜렷이 보이고 그랑드조라스를 배경으로 한 설원에 점으로 움직여 가는 등반대의 행렬을 구경할 수 있다.

11시 5분 하강하는 로프웨이를 탄다. 사람은 우리를 합쳐 다섯 명, 올라 갈 때 비하면 몹시 한산하다. 7분 만에 도착한 플랑 드 레귀유에서 바로 연결되는 캐빈을 이유모를 아쉬움으로 그냥 내려보낸다. 동쪽으로 보이는 능선 너머가 몽탕베르(Montenvers). 그 곳까지 세 시간 정도의 널리 알려진 하이킹 코스가 있다. 테라스도 나가보고 쓸쓸한 건물 안을 하릴없이 방황하다 별 수 없이 다음 편으로 내려온다. 11시 30분 두 시간이 걸렸다.

광장에서 잠깐 쉰 후 아늑한 거리 조용한 길을 기차역 쪽으로 걸어 나온다. 오후의 목적지 몽탕베르로 가는 등산열차를 타기 위해서다. 기차역 광장에서 역사를 지나 위로 가로지르는 육교를 건너고 국철 철길을 통과하면 몽탕베르 행 등산기차역(Gare du Montenvers)이 나타난다. 이 역 건물 뒤에는 샤모니 공동묘지가 있어 마터호른을 초등한 에드워드 윔퍼를 비롯하여 가스통 레뷰파, 리오넬 테레이 등 수많은 알피니스트들의 무덤이 있다.

이 묘지 상단 한적한 곳에는 1977년 7월 에귀유 노아르 드 퍼트레이 침봉 아래에서 눈사태로 27세의 생애를 마친 산악인 유재원 씨가 잠들어 있다고 한다.

역에는 2량 편성의 빨간 등산열차가 대기하고 있다가 우리 눈앞에서 약 올리듯 떠나버린다. 다음 기차까지의 시간 30분을 이용하여 나무 그늘 벤치에 앉아 준비한 점심을 먹는다. 컵라면, 햄과 빵에 커피, 좋은 날씨 야외 식사가 마치 소풍 나온 기분이다. 왕복표가 한 사람에 22.5유로, 몽탕베르까지 기차 값 16유로에 메르 드 글라스 왕복 곤도라 6.5유로가 포함된 요금이다. 철로 중앙에는 톱니궤도(랙레일)가 깔려있는데 피니온이 단선인 것으로 보아 슈트루프식인 모양이다. 우리 칸에 손님은 둘 뿐, 전망이 좋다는 진행방향 좌측 자리를 마음내로 골라 앉고 기다리자 열차는 12시35분 톱니 물리는 소리를 내며 서서히 출발한다.

오른쪽으로 보이는 스키리프트 발착장을 지나고 샤모니 교외로 빠져나가더니 곧게 뻗은 전나무 숲으로 들어가 급한 경사를 오르기 시작한다. 샤모니 거리가 왼쪽 아래로 벌어지나가 차가 우측으로 몇 번 돌며 짧은 터널을 지나니 이번에는 오른쪽 더 밑으로 나타나 차차 사라져간다. 먼 앞산 검은 숲 사이로 가느다란 갈지자 등산로가 여러 개 보인다. 도중에 있는 역에서 내려오는 열차와 엇갈려 통과한다.

숨차게 몇 차례 언덕을 오르고 수림을 돌아나가자 왼쪽 창으로 밑 굵은 송곳 같이 날카로운 레 드루의 검은 봉우리가 나타나더니 숲이 엷어지며 12시 55분, 표고 1913m, 몽탕베르 기차역에 도착한다. 열차에서 내린 관광객은 역전 광장의 전망대로 들어선다. 푸른 하늘, 백설 덮인 검은 바위산의 저 밑 협곡에 하얀 빙하 메르 드 글라스가 거대한 곡선을 그리며 누워있다.

전망대 오른쪽 가까이 높게 서 있는 삼각봉이 그랑 샤르모(Grands Charmoz, 3445m), 그 앞을 지나 안으로 휘어 들어간 빙하 정면으로 멀리 보이는 널찍한 산이 타큘 침봉(Aiguille du Tacul, 3444), 그 왼쪽에 기댄 듯

| 메르 드 글라스 빙하와 그랑드조라스 |

높게 붙어 선 봉우리가 알프스 3대 북벽의 하나인 그랑드조라스(Grandes Jorasses, 4208m)다. 북측 얼굴을 이쪽으로 보이고 서 있는 모습에서 몸서리 비슷한 위압을 느낀다. 자자하던 명성 탓일까?

그랑드조라스 앞으로 빙하를 넘은 좌측에 에귀유 뒤 그레퐁(Aiguille du Grepon, 3482m)의 검은 모습이 그늘로 보이고 그 왼쪽부터 전망대 앞으로 일련의 침봉이 전개된다. 그 중앙에 레 드루(Le Drus, 3754m)의 예봉이 하늘을 찌를 듯 솟아있다.

눈 아래 누워있는 메르 드 글라스(Mer de Glace : 빙하의 바다)는 표고 3000m에서 흘러내리는 길이 14㎞, 폭 1950m, 두께 200m, 면적 40㎢로 알프스에서 두 번째로 큰 빙하다. 몸을 비틀며 멀리 뻗어 나간 거대한 얼음 강을 굽어보고 있으면 자연에 대한 경외심이 절로 생겨난다. 어제까지 내린 눈으로 리본같이 휘어나간 형상은 오늘 뚜렷치 않다.

빙하에 의해 운반된 자갈 바위 등 퇴적물이 어지러이 쌓여 있는 모레인

(morain)의 경계, 이쪽 기슭 가까이 먼 밑으로 얼음동굴의 입구가 검게 보이고 그 위로 콩알만한 사람들이 네 다섯 미끄러져 내려온다. 순간 오늘 아침 에귀유 뒤 미디, 발레 블랑슈에서 활강을 시작하던 젊은이들의 모습이 되살아난다. 반나절을 스키로 내려와 지금 이곳에 도착하고 있는 것이다. 그들은 몽탕베르에서 기차를 타고 샤모니로 돌아간다. 어쩌면 우리 눈앞에서 떠나던 사람 인지도 모르겠다.

13시 20분 메르 드 글라스로 내려가기 위해 전망대 왼쪽 아래 로프웨이 승강장으로 향한다. 10명 정도 탈 수 있는 케이블카 두 대가 한 쌍으로 운행하며 도중에 한번 서서 올라오는 차와 엇갈린다.

그랑드조라스, 드루를 바라보며 얼음의 바다로 흔들흔들 하강하기를 5분정도, 아래 승강장에서 하차 후 바위에 기내 가설한 산교를 시그재그로 한참 내려간다. 얼음동굴의 파란 입구와 노란 굴착기가 멀지 않게 보이는데 그 앞에서 움직이는 사람의 크기를 보니 만만한 거리가 아니다. 내리막이라 큰 힘은 안 들지만 땀이 배는 오후 햇볕을 받으며 올라올 생각을 하니 예감이 좋지 않다.

쉬엄쉬엄 20분 걸려 눈 덮인 울퉁불퉁한 모레인 옆에

| 레 드루의 침봉 |

당도 쇠다리를 건너 굴로 들어선다. 얼음이 녹아 낙수로 떨어지는 입구를 지나 미끄러지지 않도록 바닥에 깔아놓은 파란색 융단을 걸으니 요란한 물소리가 들려온다. 빙하의 녹아내리는 기세가 예사롭지 않음을 느낄 수 있다. 아치형으로 파 들어간 빙하 속 터널(Ice Grotte)의 초입은 파란색으로 찬란하지만 30m 정도 컴컴한 속으로 들어가면서 무릎 높이 조명등을 반사하는 검은 얼음의 매끈한 촉감은 만져보기 전부터 소름이 끼치도록 차갑다.

| 몽탕베르 행 빨간 등산열차 |

굴 끝은 원형의 조그만 광장으로 꾸몄는데 곰, 인형, 책상 등 얼음조각으로 옛 조상들의 생활상을 재현해 놓았다. 한쪽에는 광부차림의 노인과 알프스의 구조견 세인트버나드의 유료 촬영코너가 있고 6유로의 요금표가 붙어있다. 크지 않은 굴이라 잠깐 돌아 나온다.

빙하는 1년에 90㎝ 정도 이동한다고 하니 일정 기간마다 동굴을 다시 파야 하는 모양이다. 노란 굴착기가 옆에 놓여있고, 하류에는 옛날에 쓰던 동굴 입구가 보인다.

스키를 멘 일행이 옆을 지나간다. 건장한 중년의 사나이는 행복하냐는 물음에 "슈어, 오브코스" 한다. 온몸의 힘을 다 쏟아 낸 지친 육체에 만족감만 남아 있는 피로한 표정이다. 잡념 하나 없는 가난한 마음, 한창때 힘겨운 등산후 경험한 기억이 있다.

14시, 바위길을 오락가락 숨 가쁘게 승차장으로 올라가는 마음이 조마조마하다. 흐르는 땀, 피곤한 몸 탓이 아니고 거의 한계점에 다가가는 필 여사의 심리지수가 경험으로 감지되기 때문이다. 조심스럽게 살필 때마다 옆으로 돌아가는 눈동자를 본다. 마주치면 큰일이다. 공터 나무 의자에 앉아 숨을 돌리려는데 아니나 다를까 너무하지 않느냐는 항의가 터진다. 아직까지 잠잠했던 것이 오히려 이상하다.

첫날 새벽부터 쉴 틈 없이 너무 강행군을 시킨 것 같다. 앞으로 이 이상의 빡빡한 일정이 수도 없을 텐데 걱정이다. 내일되면 풀리겠지만 오늘 저녁 파티는 기대하기 힘들다고 봐야한다. 역사상 대립이 있을 때마다 진보가 이뤄졌다는 사실을 되새기며 자중하는 수밖에 없다. 케이블카로 위에 올라오니 아침에 미디에서 사진을 찍어 준 젊은 한 쌍이 전망대에 와있다. 반가운 재회의 인사. 잠시 후 두 사람은 메르 드 글라스로 내려간다.

14시50분, 등산열차를 타고 몽탕베르를 출발한다. 드루의 늠름한 모습은 곧 시야에서 사라져 갔지만 파란 하늘, 흰 눈 속 신록의 숲을 가르는 기차의 빨간 색채로 소풍기분은 식지 않는다. 그래도 의자에 앉아 눈을 감은 필 여사는 내내 저기압이다.

15시10분, 역에서 내려 제앙(Geant) 거리를 북쪽으로 걸어 몽블랑 광장을 지나 아르브 강을 넘는다. 강이라기보다는 개천이 제격인 아르브에는 적지만 눈 녹은 물이 세차게 흐른다. 몽블랑 초등자의 한 사람 미셸 파카르의 동상은 발마와 소쉬르 동상이 있는 발마 광장에서 북으로 약 200m, 아르브 강 옆에 몽블랑을 바라보는 자세로 앉아 있다.

각종 기념품 가게와 레스토랑이 늘어 선 발로 거리로 들어선다. 가게를 구경하며 슈퍼마켓에 들르고 샤모니아르(샤모니 사람)와 섞여 카페테라스의 저녁도 즐긴다. 자그마한 거리 샤모니의 중심은 거의 돌아본 듯하다. 마지막으로 관광안내소에 들러 몇 가지 자료와 지도를 받고 호텔로 돌아온다.

6일. 마터호른을 찾아 체르마트로

5월 12일 금요일

Chamonix - 70km - Sion - 45km - Visp - 31km - Tasch - Zermatt
총146km(실 운행거리 149km, 보행 6.2km)

저녁 일찌감치 잠자리에 드니 새벽에 눈이 떠진다. 뒤척거리다 밖으로 나와 날 샐 무렵의 조용한 길을 산책한다. 새소리만 들리는 아침, 가게마다 문 닫힌 인적없는 마을을 혼자 차지한 듯 흐뭇한 기분이 된다. 신선한 대기를 깊게 들이쉬며 생각에 잠겨 걷는 거리 구석구석은 하루를 지냈을 뿐인 낯선 이방인에게 속마음을 내주는 듯 다가와 먼 타향에서 또 다른 향수의 새싹을 잉태케 한다.

남으로 높게 막아 선 능선이 붉게 물들기 시작한다. 동쪽부터 순서대로 드루, 샤르모, 새끼손가락 치켜든 미디, 몽블랑, 보송, 그리고 돔 뒤 구테, 어제 맺은 인연의 설봉에 햇빛이 점점 그 영역을 확대해 간다. 회색에 푸른 기운을 보탠 아르브 강의 물길 따라 시내 동북 일대를 한 바퀴 돌고 돌아온다. 강 옆 유보도로를 걸으며 지붕 씌운 목조다리를 건너고 방앗간 비슷한 옛 구조물도 구경한다. 1000보 정도, 1km도 안 되는 거리다.

일곱시. 서울에서 사 온 즉석 누룽지를 제네바에서 구입한 커피포트에 끓여 아침 식사를 한다. 우습게봤던 누룽지가 예상과는 달리 차리기 쉽고 먹기 좋으며 구수한 맛이 여행식품으로 안성맞춤이다. 앞으로 요긴한 먹을

| 샤모니에서 보는 아침의 몽블랑 능선 |

거리로 등장하게 될 모양이다. 빵, 소시지, 토마토, 요구르트를 더하고 커피까지 끝내고나니 속이 든든하고 개운하여 식당 식시 저리기라다. 누룽지 큰 봉지를 준비한 필 여사는 예상 밖 성과에 대 만족이다. 분담업무를 평가하자면 필 여사가 장만하는 식단은 A학점. 거기 비해 내비게이터 겸 가이드로서의 자평은 B- 정도나 될까? 분발이 필요한 대목이다.

식사 중의 화제도 그렇다. 열심이 해설히는 알프스 토픽을 듣는지 마는지 늘 덤덤한 필 여사의 표정이 음식이야기로 말머리가 돌아가는 순간 바로 활기에 찬다. 관념의 생김이 서로 다르니 할 수 없다. 뜻하는 바는 아니지만 생존과 직결된 현실로 끌려갈 수박에. 항상 필 여사의 부전승이다. 반에서 주먹으로 1등 하는 애 싸움 한 번 안 하고 졸업하는 법이다.

호텔을 체크아웃하고 미셸 주차장으로 차를 찾으러 간다. 입구 홀에 있는 자동정산기에 주차카드를 넣으면 계산된 주차료가 액정 창에 표시되고 카드나 돈을 넣으라는 지시가 나온다. 약 40시간 주차에 요금이 16유로, 우리 돈으로 한 시간에 480원 꼴이다.

익숙지 않은 동전 계산이 번거로워 비자카드를 넣었더니 어찌된 일인지 토해내고 받아주지를 않는다. 당황해서 주머니의 동전을 전부 손바닥에 꺼내 돋보기 쓰고 금액을 확인, 한참 만에 16유로를 맞췄는데 그 사이에 1유로가 추가돼 주차비가 17유로로 올라갔다. 1분만 참아주지. 동전 식별의 수업료까지 받아가는 가공할만한 기계다.

현금을 넣은 다음 기계에서 정산돼 나온 주차카드를 받아 차를 타고 출구로 가서 차단기의 카드 슬릿에 넣으면 막대가 올라간다.

9시15분, 정들어가는 아담한 고장 샤모니 몽블랑을 과거로 향하는 또 하나의 추억으로 보태고 어차피 떠나야할 길을 나선다. 안개비에 싸여 들어올 때와는 달리 오늘은 맑은 날씨, 청명 창천 아래 사방으로 이어진 백봉과 녹음이 눈부시다. 급히 가야할 길도 아니니 경치 좋은 곳마다 사진 찍고 구경하며 쉬엄쉬엄 유람하기로 한다. 오늘 숙소는 예약이 돼있겠다 체르마트(Zermatt)까지만 가면된다. 도중 발리스(Wallis)주의 주도 시옹(Sion)에 들러 갈 생각이다.

아르브의 계류를 우측에 두고 북으로 N506을 2㎞ 가면 레 프라(Les Praz) 마을, 정면 오른쪽으로 드루의 송곳이 아침 해를 어깨에 메고 나타난다. 닮은꼴의 작은 예배당 첨탑이 드루와 쌍으로 어울리는 옆에서 베르트 침봉이 석별의 정을 보내온다. 다시 5㎞ 쇼살레(Chosalets) 마을을 지난다. 여기서 우회전하면 그랑몽테(Grands Montes)로 올라가는 로프웨이가 있다. 애초에는 이곳도 돌아볼 계획이었는데 비행기 날짜 조절과정에서 여행기간이 단축되는 바람에 포기한 것이라 아쉬운 마음으로 지나친다.

| 샤모니 계곡의 산길 |

아르브는 좌우로 옮아가며 따라오고 굽이져 올라가는 고갯길을 덮은 전나무 숲은 가지 끝마다 연두색

새 순이 풋풋하여 그야말로 녹음방초 성하의 가경이 무르익었다.

경치좋은 산간도로…차량 왕래가 많지 않은 길을 천천히 간다

아르젠티에르를 지나면서 빙하가 훑고 간 23㎞의 샤모니 계곡과 작별하고 구절 산길을 숨차게 몬테 고개로 올라간다. 도중 길 옆에 차를 세우고 다시는 못 볼 몽블랑과 샤모니의 침봉, 남쪽으로 멀어진 그 모습에 석별의 인사를 보낸다.

9시 40분, 고개를 넘어 급한 내리막, 길이 넓어지며 빙하에 깎인 U자 계곡의 모습이 역력히 드러난다. 경치 좋은 산간도로, 차량 왕래가 많지 않은 길을 천천히 간다. 눈에 들어오는 모든 것을 넉넉히 감상하며 마음은 더없이 한가하다. 이야말로 여행의 진수가 아니겠는가. 느림의 미학에 흐뭇해지는 찰나다. 유유자적 달리던 차가 갑자기 빨라지며 급히 커브를 휘돌아 나가기 시작한다. 뒤따라오는 차가 꽁무니에 붙었다는 징표다. 목을 기울여 사이드미러를 보면 필사적으로 도망치는 필 여사 뒤로 라이트를 밝힌 자동차의 행렬이 영락없이 꼬리를 물고 이어진다. 낭만적 만고강산을 구가하던 우리 유람 차는 순간 단순한 운반수단으로 변신하고 만다.

"조심해. 그냥 천천히 가다 넓은 곳에서 비켜줘. 속도내지 말고." 조마조마하다.

"따라오며 욕할 거 아냐." 핸들 돌리는 팔이 매우 바쁘다.

"그래도 좁은 산길에서 사고 내는 것 보다야 낫지. 안 그래? 아차하면 한순간이야."

"나도 옛날에는 속도 좀 냈는데."

"저 사람들 욕하다가도 할머니란 거 알면 시침 떼는 게 오히려 여유 있다 할 거야."

"말이사 옳소만 내가 할머니로 보여야 말이죠."

손자를 다섯 씩 두고도 할머니는 끝내 아니고 싶은 모양이다. 힘껏 달려 보지만 안타까워라, 부질없는 시도가 얼마나 가겠는가. 길이 좀 넓어지자 버티지 못한 필 여사는 깜빡이를 켜고 옆으로 비켜선다. 백전백패의 이 추격전은 추월선이 없는 좁은 국도에서 주기적으로 되풀이된다.

르 비에(Le Buet)에서 다시 넓어진 협곡을 지나고 창고 같은 집들이 보이는 프랑스 마지막 마을 발로르신을 거쳐 국경초소를 수신호 따라 통과한다. N115로 이름이 바뀐 깨끗한 도로는 스위스 샤텔라르를 지나며 급하게 오르기 시작하여 테트 누아(Tete Noire) 고개를 넘는다.

넓어지는 시야, 계곡건너 짙은 숲 멀리 그림 같은 집들을 보며 크게 우로 꺾여 2㎞, 길에서 약간 벗어나 트리엔 마을로 들어선다. 베이지색으로 통일된 집들, 푸른 잔디 둥근 동산 위의 뾰족 지붕 예배당이 뒤에 솟은 하얀 설산과 어울려 그대로 한 폭의 그림이다. 사진 한 장 안 찍을 수 없다. 사람은 다 어디로 갔을까? 작은 마을은 조용하다. 간식을 꺼내고 보온병으로 따끈한 커피 한잔 편안한 휴식의 시간을 보낸다.

10시10분, "갑니데이." 출발하며 필 여사는 '좋은 곳에 세워줬으니 기사 팁 좀 줘야할 것 아니냐' 며 말을 건넨다. '서투른 기사 써준 것만도 감지덕지해야지 무슨 소리야' 대꾸하면서도 속으로는 급속도로 정상을 찾아가고 있는 필 여사의 매뉴얼 운전에 마음을 놓는다.

| 트리엔 마을의 예배당 |

트리엔에서 다시 고갯길이 남쪽으로 크게

갔다 북쪽으로 꺾여 올라간다. 엊그제 들어 올 때 피어오르던 안개구름에 마음 적시던 고장이다. 맑은 날 풍경을 사뭇 기대하던 곳이다. 산, 바위, 초원, 집, 그 수려함에 취하면서도 첫날 보던 감흥에 무엇 하나가 모자란다. 어스름 엷게 흐르는 비구름에 가려 보일 듯 말듯히던 안개

| 파이스 전망대에서 보는 마르티니 거리 |

낀 선경, 깊게 가라앉은 유현한 별천지를 다시 소요하고 싶다. 그날 비 오는 하늘을 얼마나 원망했었는데 사람의 심사란 이다지도 경박하단 말인가?

1526m의 포르클라 고개를 넘는다. 레스토랑과 선물가게가 있는 목초지를 지나 내리막길은 라 카페(La Caffe)에서 시그재그를 시삭해 파이스 전망대로 이어진다. 지난번 비 올 때와는 달리 오늘은 관광버스도 서 있고 구경하는 손님들이 많다. 푸른 산을 헤치고 깊게 패여 나간 론 계곡은 둘로 갈라져 왼쪽의 마르티니와 오른 쪽 발레트(Les Valettes)의 마을로 멀리 전개돼 나간다.

그 사이를 막아 선 산봉은 차차 높아지며 정면 정상에 피에르 아브아(Pierre Avoi, 2473m)의 돌출바위를 보여준다. 마르티니 뒤로는 브라이트호른(Breithorn, 4160m), 발레트 뒤로는 몽젤레(Mont Gele, 3023m), 몽포르(Mont Fort, 3328m) 등 알프스의 하얀 연봉이 가물가물 병풍같이 둘러섰다. 속이 시원히 터지는 전망이다.

10시40분 다시 출발, 이곳부터는 헤어핀 내리막으로 대시면에 널린 포도밭을 누비며 마르티니 십자로까지 4km를 달려간다. 나타나는 라운드어

바우트(Roundabout) 3번째 출구로 E27에 들어서며 마르티니를 지나고 심플론(Simplon), 시온(Sion) 방면으로 5㎞를 간 다음 다시 왼쪽에서 오는 A9, E62에 진입, 그대로 서쪽으로 직행한다.

맑은 날씨, 온 세상이 초록 일색이다

맑은 날씨에 주변은 드문드문 나타나는 자줏빛 포도밭을 빼고는 초원과 숲, 산이 온통 초록 일색이다. 그 뒤로 눈 덮인 하얀 산이 파란 하늘 밑으로 계속 이어진다. 순조로운 엔진소리, 산길을 벗어나 이제는 반듯한 국도를 상쾌하게 달린다.

스위스에서 자동차 여행을 하려면 기초적인 도로교통의 규칙은 어느 정도 알고 있어야 한다. 제한속도는 분리된 고속도로에서 시속 120㎞, 비분리 고속도로 100㎞, 국도 80㎞, 주택가 또는 시내에서는 50㎞다. 자동차는 반드시 오른쪽 차선으로 주행해야 하며, 고속도로를 포함한 모든 도로에서 우측 노선으로의 추월은 절대 금지된다.

2차선이 주행선, 1차선을 추월선으로 사용하며 3차선은 화물차와 버스가 많이 이용하는데 길이 서투른 사람은 충분한 간격을 두고 그 뒤를 좇아가면 안전하다. 교차로 안전선에서는 반드시 정지해야 하며 신호가 없는 경우 대부분 비보호 좌회전이 허용된다.

T자형 도로에서는 안전선이 있거나 없거나 무조건 일단 정지해야 한다. 이때 안전선을 지나서 서면 신호등이 보이지 않을 수가 있으니 조심해야 한다. 낮에도 하향 전조등을 켜야 하며 길이 합쳐지는 곳에서는 노란색 마름모 표시가 있는 쪽이 우선이다. 붉은 원에 역 삼각형 표시가 있으면 양보해야 한다.

다른 유럽 국가에서도 마찬가지지만 스위스에서 고속도로를 벗어나 국도에 들어서면서 바로 만나게 되는 네거리가 흔히 로터리로 알려진 라운드

어바우트(roundabout)다. 신호등이 없는 이 원형교차로를 거치지 않고 스위스를 여행하기란 거의 상상할 수 없기 때문에 그 룰을 잘 익혀둘 필요가 있다.

첫째로 진입 전에 무조건 일단 정지를 한다. 둘째 원내에 진행 중인 차가 있는 경우 그 차에 우선권이 있으므로 나올 때까지 정지선에서 대기한다. 셋째 같은 조건으로 정지선에서 기다리고 있는 경우는 오른쪽 차에 진입 우선권이 있다. 넷째 원내로 진입하면 다른 차가 서 있는 동안 원을 돌아서 가고자 하는 방향으로 깜빡이를 켜고 빠져나간다. 어느 쪽으로 나가야 할지 빨리 결정을 못하는 경우 갈라지는 길 모서리마다 표시된 방향 표지를 확인할 때 까지 두어 바퀴 빙빙 돌게 되는데 그 동안 다른 차는 들어오지 못하니 길 서툰 여행객에게는 무척 편리한 시스템이라 할 수있다. 재래식 십자 교차로라면 한번 잘못 나갔을 경우 돌아올 때까지 애 좀 먹어야 한다.

객담이지만 스위스에서는 과속, 음주운전으로 면허를 잃은 운전자가 사고를 일으키지 않았을 경우 시속 45㎞ 이하의 전자속도조절장치를 달면 계속 운전을 할 수 있게 하는 새 법안을 2004년 통과시켰다고 한다. 최저시속 60㎞인 고속도로 운전이 불가하다는 조건이기는 하나 음주운전자의 고충까지 살펴주는 그 친절한 발상이 신기할 따름이다.

론 강을 지나 A9, E62를 북동으로 25㎞ 진행한 후 북으로 나가 백포도주의 고장 시옹(Sion)으로 진입한다. 발리스주의 주도인 시옹은 인구 27,000, 중세 이래의 오랜 역사를 가지고 있는 특색 있는 도시다.

관광안내소가 있는 플란타 광장을 지나 도로공사로 복잡한 로잔 거리를 동쪽으로 진행하면 이 도시의 랜드마크인 두개의 높은 동산이 성채 하나씩을 머리에 인 채 풀지 못할 수수께끼를 던지듯 앞으로 다가온다.

우측 약간 낮은 언덕 위에는 고성 모습을 한 12세기 로마네스크 양식의 발레르(Valére) 교회가 서 있다. 연주 가능한 것으로서는 세계에서 가장 오래 된 목재 오르간이 현재도 사용된다고 하며 내부에는 중세 종교에 관한

| 시옹시와 두 개의 언덕 |

귀중한 자료를 전시한 역사박물관이 있다.

좌측 언덕에는 1294년 세워졌다는 투르비용(Tourbillon) 성이 1788년의 화재로 폐허가 된 체 스산한 모습을 그대로 보여주고 있다. 언덕 사이 길이 갈라지는 곳에 주차장이 있으며 구릉 한곳만 보려면 45분 정도의 하이킹으로 좌측 투르비용성에 올라가 건너편 발레르 교회와 그 뒤의 발리스 알프스를 전망하는 것이 좋다고 한다.

시옹 남쪽 아롤라(Arolla) 방향으로 언덕을 올라 두 갈래 길에서 왼쪽, 에랑 계곡(Val d' Hérens)으로 몇 킬로미터 들어가면 짧은 터널 위, 론 계곡을 배경으로 우세뉴의 피라미드(Pyramide d' Euseigne)라는 기암 여러 개를 볼 수 있다고 한다. 필 여사에게 야단맞을 가능성이 십중팔구라 포기하지만 시간에 여유 있는 경우 방문해서 나쁠 것은 없을 듯하다.

12시, 시옹에서 A9, E62로 나와 18㎞ 지점, 시에르(Sierre)를 긴 터널로 지난다. 고속9호는 여기서 끝나고 이어지는 E62, 국도 9호를 달려 로이크(Leuk)에 이른다. 시에르 바로 북에는 고급 알펜 리조트, 크랑 몽타나(Crans-Montana)가 있고 로이크 북쪽으로 16㎞ 지점에는 로마시대부터 잘 알려진 온천휴양지 로이커바트(Leukerbad)가 있다.

괴테, 모파상 등이 온탕치료를 받았다는 곳으로 노천탕과 실내외 온천풀 등 훌륭한 시설이 있어 근래 우리나라 신혼부부의 여행 대상지로도 자주 언급이 되고 있다. 프랑스어권이던 언어는 이 부근을 지나면서 독일어권으로 바뀐다.

괴테와 모파상이 온탕 치료를 받았다는 휴양지 로이커바트

다시 로이크를 출발 주스텐(Susten)을 거쳐 E62, 국도9호를 19㎞ 달린 후 피스프(Visp) 직전에 있는 라운드어바우트에서 국도9호와 이별한다.

12시30분, 체르마트 표지 따라 우로 회전하자 곧 긴 터널을 통과하고 탈슈트리세(Talstrasse)로 들어선다. 우윳빛 연두색 피스파(Vispa) 강을 오른쪽으로 보며 노이브뤼크(Neubruck)를 거쳐 피스퍼(Vispertal) 협곡을 올라가기 7㎞, 깊은 골짜기에 걸린 높은 다리를 건너면 슈탈덴(Stalden) 마을이다.

물은 아득한 계곡 밑을 흘러가는데 주변은 나무가 섞고 바위산이 많아 첩첩산중으로 들어가는 감흥이 샤모니에 비해 상대적으로 미진하다. 하얀 설봉이 근처에 안보이고 하늘이 넓게 터진 것도 이유의 하나인 듯하다. 주변에는 지붕에 얇은 돌을 얹은 목조주택도 눈에띄고 곳곳에 빈 방이 있다는 짐머(Zimmer) 표시가 보인다.

슈탈덴을 지나며 깊은 협곡에 숲이 짙어지고 길은 좌우로 크게 돌아 오르더니 라운드어바우트에서 두 갈래로 갈라진다. 왼쪽은 자스 페(Saas Fee)로 가는 도로이며 오른쪽이 마터 계곡(Mattertal)을 누비면서 목적지 체르마트까지 들어가는 길이다. 근처 나무 그늘 밑에 차를 세우고 준비한 샌드위치로 맛있게 점심을 먹는다.

전방 오른쪽으로 바이스호른(Weisshorn)의 선봉 부르네그호른(Bruneggho\rn, 3833m)의 모습이 보인다. 융구(Jungu)를 지나고 빨간 빙하

| 마터 계곡의 부르네크호른 |

급행열차가 스쳐가는 길을 마터 피스파(Matter Vispa) 강과 함께 8㎞ 올라 양파지붕 교회가 있는 장크트 니클라우스(St. Niklaus)를 통과한다.

나무가 많지 않은 바위산 사이를 10㎞정도 더 달려 란다(Randa) 부근의 헤어핀 고개를 지나면 산 한 쪽이 무너져 내린 대규모의 돌무더기가 눈에 들어온다. 1990년 산사태로 비스 빙하의 모레인이 철로를 덮쳐 군대까지 출동했다는 '란다 대붕괴'의 현장으로 당시에는 꽤 알려졌던 사건이라고 한다. 14시, 태슈(Täsch)로 들어선다.

알프스의 정수 마터호른(Matterhorn, 4478m) 기슭에 조용히 안긴 산간마을 체르마트(Zermatt)는 깨끗한 공기, 조용한 환경을 유지하려는 정책으로 기름을 사용하는 차량의 운행을 금지하고 있으며 시내 교통은 전적으로 전기자동차나 마차에 의존한다. 따라서 자동차를 이용하는 방문객은 중간역 태슈에 차를 세워두고 등산철도로 체르마트에 들어가게 된다. 기차는 브리크에서 오는 BVZ(Brig-Visp-Zermatt) 외에 별도의 셔틀열차(Pendelzug)가 두 역 사이를 운행한다.

태슈는 대형 주차장만 도처에 보이는 작은 마을이다. 적당한 장소를 찾아 몇 번 왔다 갔다 하다 그래도 기차역 주차장이 무난하리라는 생각에 역 지하로 차를 몰고 내려간다. 대규모의 주차장에는 차가 많지 않아 너무 외지지 않은 장소를 선택하고 3일간 세워둬야 하는 점을 고려해서 준비해간 핸들 잠금장치를 채운다. 큰 짐은 차에 두고 사흘간 쓸 간편한 장비만 작은 배낭과 트렁크에 담아 역으로 끌고 올라온다.

매표구에서 기차표를 사기 전에 우선 스위스 반액카드(The Swiss Half Fare Card)를 구입한다. 체르마트로 가는 기차표부터 반액의 혜택을 받으려는 생각이다. 샤모니 몽블랑은 프랑스에 있기 때문에 반액카드의 필요가 없었고, 스위스 첫째 역인 이 곳에서 구입하는 것이다.

1인당 99프랑에 두 사람 분 198프랑을 지불하니 노란색 커버에 넣은 표를 내준다. 오늘부터 한 달, 6월 11일까지 유효하다.

태슈, 체르마트 간 기차표는 한 사람에 15.6프랑, 반액 적용을 받아 그 값으로 두 사람 표를 받는다. 붉은색에 흰 선이 산뜻한 열차는 내부도 깨끗하고 넓은 창 밑 탁자같이 생긴 작은 틀에 지도를 끼어놓아 우선 첫 인상이 반갑다. 매 20분마다 출발하는 기차는 유백색 물이 세차게 흐르는 좁고 얕은 계류 마터 피스파를 따라 10분을 달려 15시 체르마트 역으로 진입하고 조용히 홈에 멈춰 선다.

| 스위스 반액카드 |

나무로 치장한 연속되는 발코니와 맞배지붕이 특이한 5층의 상가아파트가 'ㄱ' 자로 둘러 선 역 광장에는 네모진 전기자동차와 마차가 서 있다. 남쪽 지붕 뒤 산 너머로 마터호른 예봉의 끝이 초면 인사를 보내듯 살짝 모습을 보인다. 관광 안내소에 들러 지도를 받아 들고 사람들로 붐비는 좁은 상가를 지나 호텔로 향한다.

| 체르마트의 기차역 광장 |

드르르 트렁크 바퀴소리를 내며 어디든 도보로 갈 수 있는 작은 거리, 오

래된 산내음이 틈새마다 배어있는 마을을 걸으며 별수 없이 또 좋아질 수 밖에 없겠구나하는 예감이 든다. 역에서 곧게 뻗은 번화가를 남쪽으로 400m, 교회 앞에서 왼쪽으로 돌아 마터 피스파 강을 건너고 다시 오른쪽으로 약 300m를 간 곳에서 오늘의 숙소 마터호른 호스텔의 간판을 찾아낸다. 문은 잠겨있고 3시 40분부터 체크인 한다는 쪽지가 꽂혀있다.

체르마트는 적당한 값의 숙소를 찾기가 매우 힘든 곳이다. 값이 싸리라 생각하고 검색한 유스 호스텔조차 2인실이 160프랑을 넘었다. 그것도 세금 별도의 가격이다. 회원증이 없는 경우 날짜 기준의 회원료가 추가될 뿐 아니라 해약에 대비한 4%의 보험까지 받겠다는 것이었다.

마터호른 호스텔은 싼 값으로 이름 난 곳인데 지난 9월에 예약하려다 빈 방이 없다는 통고에 그 후 접촉을 하지 않고 있었다. 떠나기 전, 밑져야 본전이라 다시한번 인터넷 예약을 보냈더니 뜻밖에도 확인 통보가 온 것이다. 화장실 공동사용, 2인실 하루 두 사람에 식사 없이 78프랑이다. 사진으로 보아 철제 침대에 설비도 허름할 것이 틀림없지만 단 3일이니 눈 딱 감고 지낼 생각이다.

호스텔은 생각보다 작은 건물로 좁은 회선계난 밑의 방이 배당됐다. 샤워를 마치고 침대에서 쉬려는데 계단 오르내리는 발소리가 요란해 도저히 밤을 지내기 힘들 것 같다. 늦기 전에 접수대 청년을 찾아 방을 2층으로 바꾼다. 낡은 시설에 전등은 어둡고 침대가 삐걱거리지만 잠들면 그만 아닌가, 아홉시 일찌감치 자리에 든다.

√숙소

Matterhorn Hostel, Schlumattstr, 32, CH-3920 Zermatt(Patrick Ruh)
T: 027 968 1919 더블 룸 CHF78/일, 3일분 CHF234,
www.matterhornhostel.com / info@matterhornhostel.com / (5/12-14)

7일. 등산 철도로 오르는 고르너그라트 전망대

5월 13일 토요일
고르너그라트(Gornergrat)
(보행 7.4㎞)

체르마트는 스위스 남부 발리스주 해발 1620m에 위치한 길이 1500m, 폭 600m 정도의 작은 관광 휴양지로 상주인구는 5,500명, 대부분 주민이 독일어를 사용하는 가톨릭교도다. 알프스의 설봉과 수많은 빙하를 찾아 세계 각국의 관광객이 모여드는 등산 및 스키의 중심지로 샤모니 등과 함께 알펜 리조트의 메카로 알려져 있다.

스위스 내 4000m 급 고봉 38개 중 29개가 하늘을 찌를 듯 주변을 둘러싸고 있으며 등산철도나 로프웨이, 케이블카를 이용하여 고르너그라트(Gornergrat, 3089m), 클라인 마터호른(Klein Matterhorn), 수네가(Sunnega) 등 수많은 전망대에 손쉽게 오를 수 있다. 웅대한 알프스의 파노라마를 마음껏 즐길 수 있을 뿐 아니라 400㎞에 이른다는 스키와 하이킹 코스가 다채롭게 마련돼 있어 더욱 명성이 자자한 고장이다.

그 중에서도 남서쪽으로 10㎞, 스위스와 이탈리아 국경지대에 솟아오른 높이 4478m의 환상적 백색 피라미드 마터호른은 스위스의 랜드마크인 동시에 체르마트의 오늘을 있게 만든 알프스의 상징이다.

프랑스어로는 몽세르뱅(Mont Cervin), 이탈리아어로는 몬테체르비노

| 체르마트에서 보는 마터호른 |

(Monte Cervino)로 불리는 이 수려한 빙식첨봉은 평균경사 45도 안팎의 삼각암벽이 1500m 이상의 높이로 둘러 선 특이한 형상으로 몬테로사 산맥의 중심에 우뚝 자리를 잡고 있다.

방위에 따라 조금씩 다른 네 개의 얼굴을 갖고 있는데 파라마운트 영화사의 심벌로 익숙한 마터호른의 모습은 체르마트쪽 동북에서 보는 조망으로서 SST 콩코드와도 일맥상통하는 절묘한 맵시를 보여준다. 그 자태를 바라보며 한번 올라보고 싶은 욕망이나 신비로운 경외감에 홀려서 서늘한 전율을 느껴보지 않은 사람이 있을 것인가?

오랜 동안 마터호른은 인간이 결코 오를 수 없는 산으로 인식돼 왔다. 그런 연유 때문일까 4000m가 넘는 알프스의 여러 고봉 중 마지막으로 1865년 초등이 이루어졌다. 이 산은 주변에서 가장 높은 봉우리가 아니다.

몬테로자(Monte Rosa, 4634m), 돔(Dom, 4545m), 리스캄(Liskamm, 4527m), 바이스호른(Weisshorn, 4505m) 등 더 높은 산이 있는데도 불구하고 마터호른을 범하지 못할 곳으로 보았던 사연은 등반에 수반하는 기술적 난이도 보다는 산 사람 마음속에 잠재한 영적 두려움에서 그 이유를 찾아야한다는 것이 일반적 견해다. 그저 올려다보는 것만으로도 두려움을 갖기에 충분한 산이었던 것이다.

마터호른 초등의 이야기는 몽블랑의 그것에 비해 훨씬 극적이다. 영국의 판화가 에드워드 윔퍼(Edward Whymper)는 산 그림의 의뢰를 받고 21세 때 처음 알프스로 향한다. 마터호른을 보자 첫눈에 사로잡힌 그는 5년 동안 여덟 번 등정을 시도하나 번번이 실패하고 1865년 아홉 번째로 산악 가이드 장 앙트안느 카렐(Jean Antoine Carrel)을 찾는다. 그러나 카렐은 이미 이탈리아 등반대의 일원으로 마터호른을 향해 떠난 뒤였다.

마침 찰스 허드슨 목사(Rev. Charles Hudson)가 체르마트 쪽에서 등반에 나선다는 말을 듣고 윔퍼는 프란시스 더글라스(Lord Francis Douglas), 더글라스 해도우(Douglas Hadow), 미쉘 크로(Michel Croz), 페터 타그발더(Peter Taugwalder) 부자와 함께 대열에 합류한다.

1865년 7월 13일 새벽 일행은 체르마트를 출발, 순조롭게 등반을 계속한다. 그들이 택한 회른리(Hörnli) 능선은 보기와는 달리 뜻밖에 수월한 루트였다. 7월 14일 정상이 눈앞에 다가오면서 이틀 전에 출발한 이탈리아 등반대의 성공여부가 초조하게 마음을 태워왔다.

오후 1시 40분, 그들은 드디어 마터호른 위에 선다. 스위스와 이탈리아를 각각 한 발씩 짚은 발밑에 온 세상이 있었다. 정상은 약 100m 가량 길게 뻗은 평평한 능선, 윔퍼는 끝까지 걸어가 반대 쪽 밑을 보았다. 순간 200m쯤 아래, 눈길에 들어오는 여러 개의 점들. 바로 카렐의 이탈리아 등반대였다. 마침내 최초 등정의 영광을 간발의 차로 품에 안은 것이다. 그는 목이 터져라 소리를 질렀으며 정상에 선 사람 그림자를 본 카렐 일행은 실망한 나머지 그대로 발길을 돌려 버린다.

한 시간 정상에 머문 후 그들은 서로 로프를 연결하고 하강에 들어간다. 순간의 일이었다. 해도우가 미끄러지며 눈 깜짝할 사이에 허드슨과 더글라스를 매달고 크로 위로 낙하했다. 공중에 매달린 사람의 비명소리를 들으며 타그발더와 윔퍼는 죽을힘을 다해 바위에 몸을 끼워 버텨보았으나 역부족, 밧줄은 끊어지고 네 사람은 차례로 1400m 밑 마터호른 빙하로 추락, 영광의 결말을 비극으로 맺고 만다. 윔퍼는 일생을 통한 최고의 승리와 가장 쓰라린 패배를 이 날 하루에 모두 맛보게 된 것이다.

새벽 햇빛에 물드는 마터호른의 붉은 모습인 '알펜그뤼헨'

작은 마을 체르마트에서 일어난 이 엄청난 사건은 하룻밤 사이에 전 세계에 전해지고 그날 이후 마터호른 초등을 둘러싼 갖가지 소문은 오늘까지 전설처럼 사람들 입에 오르내린다. '밧줄은 저절로 끊어진 것이냐, 목숨을 건지기 위해 절단한 것인가? 사고였나, 살인이었나?

더글라스를 제외한 주검은 후에 수습돼 체르마트 교회 묘지에 묻힌다. 초등 때 사용된 끊어진 로프는 현재 체르마트 산악박물관에 전시돼있다.

05시 40분 이른 새벽, 카메라만 든 채 둘이서 조용히 문을 열고 밖으로 나온다.

여섯시를 전후한 시간에 아침 해가 떠오른다. 새벽 햇빛에 물드는 마터호른의 붉은 모습인 일펜그뤼헨(Alpenglühcn), 흔히 말하는 모르겐 로트(Morgenrot)는 이곳에서 놓칠 수 없는 또 하나의 명물이다. 벼르던 기회가 왔으니 카메라로 현장을 잡아 보려는 것이다.

싸늘한 날씨에 지나는 사람은 없고 주변은 거의 4, 5층 샬레풍의 호텔 건물이다. 마터 피스파 강을 따라 완만한 비탈길을 5분 내려오면 15m 정도의 다리를 건너게 된다. 그 위에 서서 뒤돌아 남쪽을 보면 흘러내리는 개울을 밑에 두고 솟아오른 눈 덮인 삼각봉의 의연한 자태가 정면으로 보인다. 다리의 중간쯤 난간이 전망대처럼 넓어진 부분이 있다. 체르마트에서 마터호른을 감상하는 가장 좋은 뷰 포인트(view point)로 정평이 나 있는 곳이다.

하늘을 쳐다보며 일출을 기다린다. 조용한 마을에 우리 둘 뿐, 주변은 모두 곤한 새벽 잠 속이다. 시간이 지날수록 추위가 몸을 감싸오는데 산정 부근에 머문 구름이 걷힐 기색이 없다. 한기를 참노라 주변을 왔다갔다, 조것만 지나가면 될 것 같은데 하며 어느덧 30분을 보낸다. 먼 산봉에 햇빛이 들기 시작하니 오늘은 이미 때가 지난 모양이다. 내일 다시 기회를 보기로 하고 호텔로 철수한다.

오늘은 등산철도로 고르너그라트 전망대를 다녀오고 내일은 클라인 마터호른을 로프웨이로 오를 예정이다. 어제 저녁 내내 좁은 회전계단 밑 어두운 구석에 웅크리고 앉아 소곤대던 두 명의 한국 여학생이 있어 궁금했었는데 알고 보니 그곳에 호스텔 컴퓨터가 놓여있었던 것이다. 오늘 아침 세수하며 인사를 건넨 그 학생들도 고르너그라트를 간다고 하니 동행이 생겼다.

식사를 끝내고 8시10분 호텔을 출발하다 아침 8시30분에서 10시 사이 저녁에는 16시30분 정도 하루에 두 번 흑백 투톤 염소의 행렬이 방울 소리를 내며 시내를 지나간다는 얘기를 읽은 일이 있어 가능하면 그 행사를 구경하려고 서둘러 나선 것이다.

새벽에 서성대던 다리를 지나면 바로 오른쪽으로 잔디와 하얀 비석 그리고 울긋불긋 꽃다발이 눈을 끄는 교회 묘지가 있다. 오늘 새벽 몇 번이고 내려다보며 가슴을 적신 곳이다. 마터호른 초등의 희생자를 비롯하여 산에서 조난당한 사람들이 이곳에 묻혀있다.

좀 더 걸어 주요도로 반호프(Bahnhof)와 만나는 돌프 광장(Dolf Platz)에는 뾰족지붕 돌탑에 금시계가 반짝이는 아담한 마우리치우스(Maurizius) 교회가 서 있다. 다른 쪽에는 한 무리의 마모트를 조각해 놓은 분수가 졸졸 물을 뿜어낸다.

교회에서 오른쪽으로 돌아 상가로 들어서면 왼편에 나타나는 5층 건물이 호텔 몬테로자(Monte Rosa)다. 호텔 외벽 눈높이 부분에는 마터호른 초등을 계기로 영욕의 생애를 보낸 에드워드 윔퍼의 자그마한 부조가 걸려있다. 지구촌 곳곳에서 몰려와서는 앞을 스쳐가는 온갖 인종을 조용한 눈으

| 에드워드 윔퍼의 부조 |

로 바라보고 있다. 그 군상 중 하나가 되어 옆에 서서 기념사진을 찍는다.

일반 자동차의 운행이 금지된 카프리(Car-free) 빌리지, 기차역까지 곧게 뻗은 400여 미터의 포석 깔린 반호프 거리를 걸어 내려간다. 넓지 않은 상가에는 스위스 풍 목조 샬레의 호텔, 레스토랑, 그리고 아미나이프, 시계, 초콜릿을 파는 기념품 가게가 이어진다. 발굽소리 울리며 지나가는 마차 옆으로 오랜 햇빛에 퇴색한 공간이 한 시대 전의 언어로 속삭이듯 다가온다. 수도 없이 머릿속에 그려봤던 그 자취가 지금 눈앞에 현실로 존재한다. 낯선 이방인 사이에 섞여 특별한 마을에 서 있는 자신을 자각하고는 새삼 뿌듯한 보람을 확인한다.

제과점에 들러 점심에 먹을 빵을 산다. 염소 행렬이 언제 지나가는지 물었더니 요새는 철이 아니라며 웃는다. 초등학생들 아르바이트로 시키는 풍습인데 지금은 관광객도 많지 않은 시기라 행사가 없고 방학때까지 기다려야 한다는 것이다. 허탕이다. 마음대로 되는 일이 아니니 할 수 없지. 역으로 직행한다.

고르너그라트 철도(GGB, Gornergratbahn)역은 유리로 된 단층 건물로 역전 광장의 동북 코너 부분 체르마트 기차역(BVZ) 길 건너에 있다.

1898년 개통된 전장 9.3㎞, 고르너그라트 - 몬테로자 철도의 왕복요금은 1인당 72프랑이다. 반액표를 보이고 그 값으로 두 사람 표를 산다. 역 구내를 구경하며 시간을 보내다 출발 임박해서 개찰을 하려는데 야단났다. 기차표를 찾을 수 없는 것이다. 주머니 마다 샅샅이 뒤져봐도 나타나지 않고 시간은 다가오니 초조해질 수밖에 없다. 곰곰이 생각하니 돈만 내고 반액표 챙기느라 기차표를 받지 않은 듯하다. 창구에 가서 중년의 매표 아주머니에게 사정을 이야기했더니 한참 컴퓨터를 쳐 보고는 자기가 주지 않은 것 같다고 하면서 표 두 장을 내준다. 가슴을 쓸어내리고 홈으로 들어간다.

4량 편성의 붉은색 전동차가 조용히 서 있는 궤도 가운데에는 피치를 엇물린 아프트(Apt)식 2중 톱니의 랙레일(Rackrail)이 보인다.

고르너그라트까지 표고 차 1631m, 최대 구배 1000분지 200의 언덕을 톱니에 물리며 올라가는 것이다. 의자는 크로스시트고 한 방향으로만 다니게 만든 듯 출입문은 한쪽에만 있다. 기차 안의 바닥과 의자의 높이도 경사를 고려하여 단차를 만들어 놓은 것이 시선을 끈다. 손님이 별로 없어 전망이 좋다는 오른쪽 좌석을 마음대로 잡고 앉는다.

| 고르너그라트 등산 전동차 |

전차는 9시 12분 출발한다. 우윳빛 피스파 강을 건너고 샬레풍의 호텔 사이를 지나자 곧 삐걱대는 톱날소리를 울리며 언덕을 올라가기 시작한다. 전나무 숲 위로 마터호른은 오른쪽으로 왔다 앞으로 갔다 끊임없이 움직이고 체르마트는 점점 작게

뒤로 멀어져간다. 계속 고도를 높이던 차는 빙하 녹은 골짜기에 걸린 철교를 건너 핀델른바흐(Findelnbach, 1774m) 역에 정차 숨을 고른다.

9시30분 다시 출발하자 나무로 설치한 눈막이 스노쉐드(Snowshed)가 보이기 시작한다. 규칙적인 래크 소리를 들으며 몸을 뒤로 젖힌 채 급한 언덕을 올라가는 오른 창밖으로 마터호른은 여전히 당당한 모습이다.

그 옆으로 파노라마를 예고하듯 당블란슈(Dent Blanche, 4357m), 오베르가벨호른(Ober Gabelhorn, 4063m) 등 예봉이 며칠 전 내린 눈으로 순백의 옷을 입고 모습을 드러낸다.

열차는 갑자기 어두운 란트 터널(Land tunnel)을 지나면서 U자로 급히 돈다. 이제 체르마트는 왼쪽 창으로 아득히 밑에 보인다. 9시38분 리펠알프(Riffelalp, 2211m)에 도착 위에서 내려오는 열차와 교차한다. 동북 태슈, 피스프 방향으로 패인 깊은 계곡 그 양옆으로 치솟은 수많은 흰 봉우리, 알프스 한가운데 들어 와있다는 실감을 온몸으로 느낀다.

리펠알프를 지나니 삼림 한계선을 넘어 나무는 사라지고 초원이 전개된다. 전차는 좌로 가더니 다시 우로 크게 돌아 넓은 설원 중앙에 우뚝 마터호른의 전모를 클로스업시킨다. 수목이 없어지니 비탈진 설면을 가로질러 눈사태에 대비한 반쪽 굴 형태의 스노쉐드가 자주 나타난다. 멀리서 보면 하얀 눈 속에 기다란 검은 줄로 보인다. 주변에는 소규모 목책 눈막이도 많이 있다. 긴 스노쉐드를 통과하고 9시48분, 리펠베르크(Riffelberg, 2582m) 역에 닿는다. 오늘도 이곳 산 위는 좋은 날씨다.

이곳부터 철로는 복선이 된다. 둔중한 톱니소리를 남기며 줄기차게 오르는 차는 전면에 나타난 스위스 제1봉 몬테로자, 우로 리스캄과 브라이트호른(Breithorn, 4164m), 좌로는 제2봉 돔 그리고 태슈호른(Täschhorn, 4490m)을 보며 로텐보덴(Rotenboden, 2815m)으로 진입한다. 바로 눈앞의 검은 봉우리가 리펠호른(Riffelhorn, 2927m)이고, 그 앞에는 작은 호수 리펠제(Riffelsee)가 있을 것이다. 몇 명의 스키어가 장비를 메고 전차를 내린다.

5분을 더 올라 종착역 고르너그라트(3089m)에 도착한 시간은 10시02분, 체르마트에서 정확히 50분이 걸렸다. 열차를 내려 검표기에 넣었다 다시 나온 표를 들고 역 밖으로 나온다.

남서쪽으로 보이는 마터호른을 배경으로 우선 사진 몇 장을 찍은 후 주위를 둘러본다. 360도 눈이 쌓인 순백의 세상이다. 벤치에는 세인드 버나드 개를 한 마리 거느린 사진사가 앉아 있다.

| 고르너그라트에서 보는 마터호른 |

스키로 하강하려는 사람들에게 목책 문을 열어주는 직원에게 도보 하이킹이 가능하냐고 물었더니 어림없다며 꿈도 꾸지 말라는 표정이다. 오늘도 허탕이다.

당초 계획으로는 하강 길에 고르너그라트나 로텐보덴에서 걷기 시작 빙하를 구경하며 리펠제까지 간 다음 호면에 비치는 이름 난 사진, 곤두 선 마터호른을 찍고 두세 시간 도시락 먹어가며 호연지기를 키운 뒤 리펠베르크에서 전차타고 돌아 갈 속셈이었다. 그 동안 정성들여 마련한 계획이 수포로 돌아가는 순간이다. 알프스 여행으로는 시기가 좀 일렀던 것이 아닌가 하는 생각이 들기 시작한다.

심기가 불편하게 보였던지 필 여사가 말을 건다.

"억울해라. 준비 단단히 하고 왔는데. 그치?"

"걷지 않게 돼서 다행이다. 이거지." 속으로 미소 짓고 있을게 틀림없다.

"그럴 리 있어? 그럼 지금부터 걸어 가 보실까?"

"약 올려 좋은 일 없을 걸. 누워 침 뱉기지."

"속상해 하지 마. 또 기회 있지 않겠어?" 겁이 나는지 위로로 바뀐다.

"우리가 청춘인가? 열흘이 하루같이 날은 저무는데."

알프스의 대 파노라마가 펼쳐지고 있었다

역전에서 설봉과 빙하의 장관을 한참 감상하고 위에 있는 호텔 전망대로 올라간다. 쿨름 산악 호텔(Hotel Kulm Gornergrat)은 천체망원경이 있는 두개의 은빛 관측 돔이 특징인 건물로 레스토랑과 매점을 갖고 있다. 호텔 뒤에 있는 좀 높은 언덕 전망대로 조심스럽게 접근한다. 눈이 얼어붙어 반들반들한 미끄럼 빙판이다. 한발씩 골라가며 간신히 닿은 곳은 벤치가 몇 개 놓인 꽤 넓은 테라스, 얼결에 숨을 삼킨다. 그야말로 360도 발리스 알프스의 대 파노라마가 거기 펼쳐지고 있었다.

사진에서 보아왔던 산봉이 눈앞에 있다. 이름을 알거나 모르거나 그 장관에 변함이 있을까만 그래도 봉우리를 하나하나 맞춰 가다보면 어느새 알프스의 한 부분으로 동화됨을 느낀다. 산 사나이들은 매달린 채 밤을 지새우며 얼음벽을 오른다. 남들 줄 타고 오르는 높이를 힘 안 들이고 왔으니 이름이라도 외우고 가야할 것 아닌가.

남쪽 이탈리아 국경의 산들을 좌로부터 본다. 발아래로 흐르는 고르너 빙하(Gornergletscher) 건너 두 갈래로 나뉜 빙하 사이에 스위스 최고봉 몬테로사가 있다. 거느린 두개의 첨봉 중 좌측이 노르트엔트(Nordend, 4609m), 우측이 최고봉 두푸르슈피체(Dufourspitze, 4634m)다. 그렌츠(Grenz)와 츠빌링스(Zwillings) 두 빙하를 건너 리스캄, 다시 우측으로 쌍둥이 산 카스토르(Castor, 4228m)와 폴룩스(Pollux, 4092m)를 거쳐 로챠네라

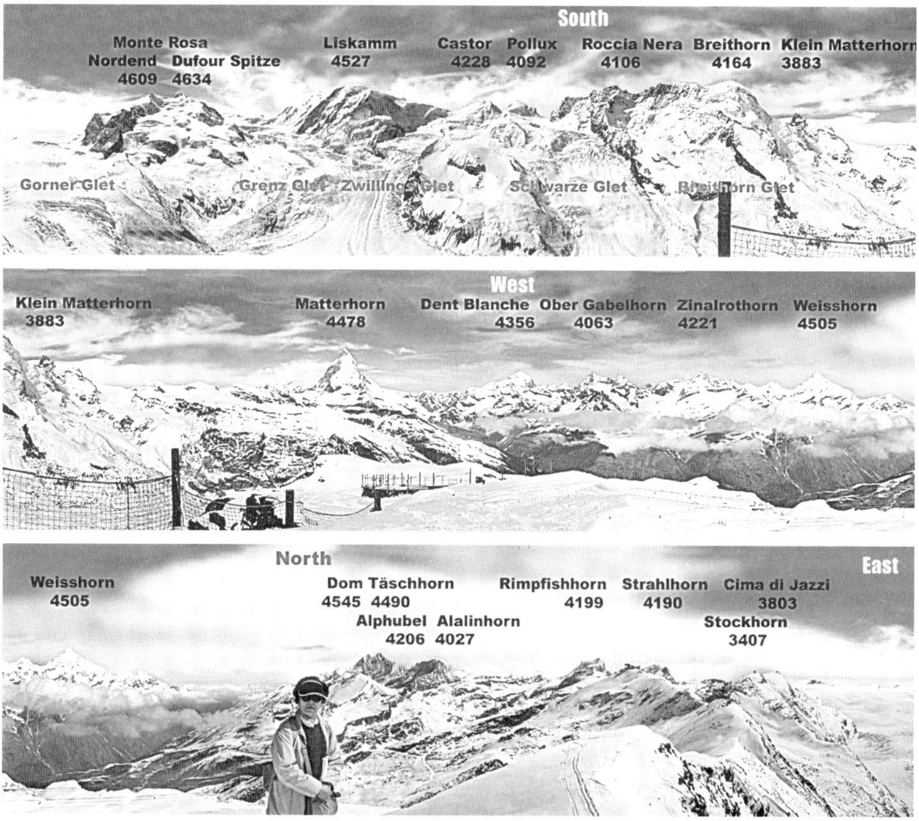

| 고르너그라트를 둘러 싼 360도 알프스 파노라마 |

(Roccia Nera, 4106m) 그리고 이름 그대로 '폭 넓은 산' 브라이트호른으로 이어진다. 그 오른쪽 한 단 낮게 당나귀 귀 같이 검게 보이는 것이 클라인 마터호른(Klein Matterhorn, 3883m)이다.

서쪽으로 눈을 돌리면 한참 떨어진 곳에 은백의 마터호른이 고고히 솟아올라 명봉 중의 명봉다운 품격을 드러낸다. 그 우측으로는 당블랑슈, 오베르가벨호른, 치날로트호른(Zinalrothorn, 4221m), 바이스호른(Weisshorn, 4505m)의 순서로 전개된다. 바이스호른은 스위스의 제4봉, 멀리서도 뚜렷하게 보이는 새하얀 삼각뿔 모습이 아름다워 인기가 있다.

다시 북쪽으로 돌아서면 자스페(Saas Fee) 방면의 미샤벨(Mischabel) 연봉으로부터 동쪽으로 걸치는 파노라마가 펼쳐진다. 스위스 제2봉 돔, 데슈호른, 알프후벨(Alphubel, 4206m), 알라린호른(Alalinhorn, 4027m), 림프피슈호른(Rimpfishhorn, 4199m), 슈트랄호른(Strahlhorn, 4190m), 슈토크호른(Stockhorn, 3407m), 치마 디 자지(Cima di Jazzi, 3803m)의 순이다.

아까부터 옷자락을 끌던 필 여사가 지쳤는지 먼저 주춤주춤 언덕을 내려간다. 만년설에 뒤덮인 천봉만학은 아물아물 잦아들며 멀리 펼쳐나가고, 계곡을 켜켜이 덮은 빙하는 수만 년 세월을 간직한 채 소리 없이 흐른다. 하나하나 가열 준험한 알프스 산세는 불가사의한 질서의 다스림을 받아 온 천하가 조용하고 평화롭다. 가슴 깊은 곳에서 솟아나는 잔잔한 경외감. 30년 전 설악 대청에 처음 올라 용아장성과 공룡능선의 꿈틀대는 산령을 굽어보던 기억이 새삼 그립게 떠오른다. 규모가 다르고 반듯하던 얼굴에 골이 파였을 뿐 그 산이나 이 산맥에서나 감흥은 옛 그대로다.

| 체르마트 주변의 알프스 설봉 |

태초에 하늘보다 나중에 만들어진 땅이 너무 넓어 다 덮이지 않아 평평한 대지에 주름을 잡으니 산맥이 생겼다는 중국 장족의 신화가 있다. 그 주름은 저다지 아름다운데 우리네 주름은 왜 이리 서글픈 것일까? 다시 한 번 하얀 주변을 돌아본다.

사진도 웬만큼 찍었겠다 하이킹 계획이 무위로 돌아갔으니 11시07분 내려가는 열차로 출발한다. 동행한 여학생들도 아슬아슬하게 올라탄다. 고르너그라트에서는 다시 케이블카를 타고 스톡호른(Stockhorn, 3413m)까지 올라 갈 수도 있다.

알프스의 두 도시 샤모니와 체르마트를 비교하자면 들어가는 접근로는 샤모니 쪽이 한 수 위고, 정상의 파노라마는 고르너그라트 쪽 손을 들어 줘야 할 것 같다. 11시35분 리펠알프에서 상행열차와 교체하고 11시50분 체르마트에 도착한다.

오늘 떠난다는 여학생들과 작별하고 고르너그라트 철도역을 나오는데 무심히 주머니에 넣은 손에 기차표 두 장이 잡히는 것이다. 꺼내보니 아침에 몇 번을 뒤져도 나오지 않던 바로 그 표가 아닌가. 강력한 임팩트가 머리를 친다. 거짓말하고 두 번 받은 꼴이 됐으니 낭패다. 순간 모른 척 가버릴까 하는 유혹에 빠지는데 매표 아주머니가 변상을 할 수도 있겠다는 생각을 하니 마음이 무거워진다. 창구에 가서 주머니에서 찾았다며 사죄를 하고 반납한다. 정말 변제를 할 처지였던지 아주머니는 고맙다는 말을 몇 번씩 되풀이한다. 실수하고 치사를 받아 쑥스럽지만 오래간만에 착한일하고 칭찬받은 초등학생 기분이 돼본다.

역에서 나와 다음 목적지 수네가(Sunnegga) 케이블카 승강장으로 걸어간다. 수네가는 '해가 비치는 곳' (Sunny corner)이라는 뜻이며, 체르마트에서 가장 손쉽게 오를 수 있는 해발 2288m의 전망대가 있다. 등산 지하철이라고 할 수 있는 지하 케이블카를 타고 5분이면 마터호른이 가장 멋지게 보인다는 장소에 오르게 된다. 곤돌라와 로프웨이를 갈아타면 한 시간 정도로 로트호른(Rothorn, 3103m)까지 더 올라갈 수 있다. 체르마트까지 내려오는 좋은 하이킹 코스도 있다.

고르너그라트 철로를 따라 300m 동남으로 가면 피스파 강을 만나게 된다. 다리 건너 왼편으로 100m 간 곳에 전혀 승강장 같지 않은 주택 모양의 4층 건물이 있고 게시판 서너 개가 벽에 붙어있다.

빈 집같이 한산한 분위기에 예감이 수상하더니 역시 문이 잠겨 있고 붙어있는 종이에 쓰여 있는 글귀는 알아볼 수 없는 독일 말이다. 운행을 안 한다는 사실은 분명한데 선뜻 떠나지도 못하고 서성대다가 마침 지나가는 젊은 부부가 있어 글 뜻을 물어본다. 토요일은 오전 여덟시에 한번만 운행하고 내일 일요일은 운휴한다는 내용이다. 맞아. 오늘이 토요일이었지. 비수기에다 주말까지 겹친 것이다. 그렇더라도 휴일에 유명한 관광시설이 쉰다는 사실은 이해가 되지 않는다. 역시 철이 이른데 문제가 있었던 것이다. 흐르는 피스파 강 옆에 벤치가 있어 준비한 점심을 먹기로 했다.

뜻대로 됐으면 산정호수에 비치는 마터호른을 감상하며 즐기고 있을 오찬을 행인이 드문 거리를 바라보며 초라한 개울가에 앉아서 먹는다. 50대 후반으로 보이는 일본 사람 부부가 걸어오더니 잠겨있는 승강장 문을 두 번 세 번 두드리며 기웃거린다. 한참 보다 못해 문에 붙은 쪽지 내용을 설명해 주었더니 두 사람이 예의 바르게 인사를 반복하며 일본말에 독일어까지 잘 하는 모양이라고 치켜세운다. 우쭐한 김에 다른 사람이 일러줬다는 사실은 숨겨두기로 했다. 말을 안 한 것뿐 속인 것은 아니다. "현자는 듣고 우자는 말한다." 솔로몬의 말이다. 자고로 군자는 말을 아끼는 법이다.

기차역 부근의 슈퍼마켓 쿠푸(Coop)에 들러 며칠 분 식품을 장만한다. 필 여사의 가장 행복한 시간이다. 쿠푸와 미그로스(Migros)는 스위스 2대 슈퍼마켓으로 모든 지역에 다 있는 것은 아니나 식당이 딸린 곳도 많아 여행 중 반가움으로 맞게 되는 간판이다.

시간이 충분하니 체르마트 거리 골목길을 한가롭게 산책하며 상점을 공들여 구경한다. 몽세르방(Mont Cervin) 호텔 맞은 편 골목으로 들어가 산악박물관(Alpine Museum)을 찾는다. 문이 닫혀 있고 내일도 쉬는 날로 적혀 있다. 오늘은 일진이 나쁜지 연속 허탕이다.

호스텔에 돌아 온 시간은 오후 세시, 남는 시간이 좀 아깝지만 샤워를 하고 그 동안 밀린 자료를 정리하기로 한다.

8일. 트로케너 슈테크의 마터호른과 하이킹

5월 14일 일요일
클라인 마터호른(Klein Matterhorn, 3883m)
(보행 9.0㎞)

05시40분, 어제에 이어 마터호른의 모르겐 로트를 찍으러 다리로 내려간다. 재잘대는 들새소리, 비가 지나갔는지 도로가 물에 젖어 새벽 공기가 한층 싱그럽다. 엷은 구름이 산정 부근에 머물러 있는 것이 오늘도 전망이 별로 밝지 않다. 차라리 흐리기라도 했으면 일찌감치 포기하고 말텐데 그도 저도 아닌 어중간한 날씨다. 우리 말고도 한 쌍의 일본 사람이 다리에 나와 산을 바라보고 있다. 두개의 면이 만나서 만든 예리한 능선이 삼각봉의 중간을 가르며 내려온 형태가 뚜렷이 보인다.

마터호른에는 회른리(Hörnli), 츠무트(Zmutt), 리온(Lion), 푸르겐(Furggen)의 4개 주 능선의 등반루트가 있다. 그 중에서 지금 보고 있는 회른리 북동능이 가장 많이 이용하는 쉬운 등반로이며 윔퍼 일행이 초등한 코스이기도 하다. 능선마다 요소에 대피소가 마련되었고 고정로프와 사다리가 설치돼 있어 매년 3천 명 가까운 등반객이 정상정복을 시도한다고 하니 마터호른 정상도 에베레스트와 마찬가지로 신비감에서 멀어져 주변에 가까이 있음을 느끼게 된다.

그러나 등반에는 일정수준의 전문기술과 경험이 필요한 만큼 대부분은 실패로 돌아가고 아직도 사망률이 가장 높은 산의 하나로 남아 있다고 한다.

회른리 오른쪽, 북으로 향한 삼각암벽이 그랑드조라스, 아이거(Eiger, 3970m)의 북쪽 벽과 더불어 등반이 어려운 것으로 이름난 알프스 3대 북벽의 하나다. 특히 이들 암벽의 겨울 등반은 고도의 기술과 체력을 갖춰야만 가능하다는데 한해 겨울에 3대 북벽을 다 올라 보려는 시도도 있다하니 인간 도전의 한계란 끝이 없는 모양이다.

이 세 개 산봉에 치마 그란데 디 라바레도(Cima Grande di Lavaredo, 2999m), 피츠 바딜레(Piz Badile, 3308m), 드루(Le Drus)를 더하여 알프스 6대 북벽이라 부르고 있다. 프랑스의 전설적 등산가 가스통 레뷰파(Gaston Rébuffat)에 의해 첫 번째 완등이 이루어졌다.

| 체르마트의 묘지 |

일본 사람 모습은 사라지고 시간이 지나면서 추위에 몸이 떨려온다. 구름이 도와줄 기색은 거의 없어 보이지만 그래도 요행을 좀 더 기다려 본다. 가만히 서 있기가 힘들어 바로 옆 공동묘지를 둘러본다.

어스름 새벽녘, 밤새 묘역을 인광같이 밝힌 가냘픈 촛불의 남은 빛이 서글피 가슴에 와 닿는다. 가족은 다 잠들어 있을 시간, 연분 없는 먼 나라 사람이 하얀 비석을 내려다보고 있다. 아니, 알지 못한 전생 어떤 인연이 있어 지금 여기 서 있는 것인지도 모른다. 정연히 늘어 선 묘비에 놓인 꽃이 이슬로 촉촉하다. 마우리치우스 교회 부근도 둘러보다 한 시간이 다 돼서 호텔로 후퇴한다.

관광객을 실어나르는 헤아릴 수 없이 많은 운반수단

오늘은 고르너그라트와 쌍벽을 이루는 전망대 클라인 마터호른에 오를 예정이다. 샤모니에서 다녀 온 에귀유 뒤 미디에 이어 알프스에서 두 번째로 높은 로프웨이 전망대인 클라인 마터호른은 브라이트호른 서쪽 끝에 붙어있는 산봉으로서 고르너그라트 보다 가까운 북동쪽에서 마터호른을 바라 볼 수 있다. 마터호른 빙하 천국(Matterhorn Glacier Paradise)으로도 불리는 클라인 마터호른의 로프웨이는 1976년에 착공하여 1979년 12월에 준공됐다. 2000㎥에 이르는 콘크리트는 전부 헬리콥터로 운반됐다고 한다.

알프스 산에는 관광객을 실어 나르는 헤아릴 수 없이 많은 운반 수단이 있다. 그 용어의 정의가 자료마다 다르고 복잡하게 혼용되고 있어 명확한 해석은 못될지언정 정리를 해볼 필요가 있을 듯하다. 가장 효율적인 내규모 교통수단은 물론 톱날을 물며 언덕을 올라가는 산악 철도(mountain rack railway)다. 그러나 철로를 깔 수 없는 험한 지형이 대부분인 알프스에서는 줄에 매달려 직접 산봉에 오르는 방법이 부득불 모색될 수밖에 없었다.

그 대표적 이동수단이라 할 케이블카(cable car)는 사실은 공중뿐 아니라 지상, 지하를 불문하고 케이블을 이용해서 선실을 끌거나 매달아 운반하는 넓은 개념을 갖는 시스템이다. 언덕에 깔린 두 레일 위를 케이블에 매달린 차량이 중간에서 교차하면서 운행하는 소규모 장치를 푸니쿨라(funicular)라 하는데 이것도 일종의 케이블카다.

로프웨이란 공중에 설치한 강철 선에 운반차를 매달고 높이가 다른 두 곳 사이에 사람이나 물건을 나르는 장치를 말한다. 에어리얼 리프트(aerial lift), 에어리얼 트램웨이(aerial tramway), 좁은 의미의 케이블카(cable car)가 모두 비슷한 뜻이며 가끔 곤돌라 리프트(gondola lift)라고도 불린다. 프랑스어의 텔레페리크(Téléphérique), 독일어의 자일반(Seilbahn)도 다 같은 장치를 이르는 말이다. 굳이 세분하자면 케이블카는 고저 차가 있는 두 곳을 오가면서 중간 지점에서 서로 교차하는 두 개의 캐빈을 말하며, 구배가 일정하고 선로가 곧은 곳에 많이 사용된다.

로프웨이는 높이의 차가 많거나 거리가 먼 곳을 왕래하는 수용 인원 20에서 100명 정도 또는 화물 전용의 캐빈을 흔히 지칭하는 말이니 비교적 규모가 큰 것을 뜻한다고 볼 수 있다. 승객이 타거나 안 타거나 일정한 간격을 두고 여러 개가 연속으로 움직이는 6인승 정도의 작은 선실을 곤돌라 또는 캐빈이라고 한다. 사람이 타는 선실 자체를 흔히 곤돌라 또는 캐빈이라 부르기도 하니 엄격한 정의는 없고 서로 혼동해서 쓰이는 듯하다. 노출된 의자에 두 사람이 앉아서 오르는 스키 전용의 체어리프트도 공중 이동의 다른 한 가지 수단이다.

클라인 마터호른의 케이블카 승강장인 슐루마텐(Schluhmatten)은 체르마트 외곽시내에 있는데 우리 호스텔에서는 중심가 반대쪽으로 마터 피스파 강을 따라 300m 정도 걷는 가까운 거리에 있다. 좁은 언덕길에는 거의 호텔과 주택의 샬레풍 건물이 이어진다. 길 왼편 좀 높은 곳에 승강장 건물이 있다.

슐루마텐에서 곤돌라를 타면 푸리(Furi, 1867m)까지 올라간 후 로프웨이로 갈아타고 트로케너 슈테크(Trockener Steg, 2939m)에 도착, 거기서 다시 환승한 세 번째 케이블카로 3883m 클라인 마터호른 정상 승강대에 내리게 된다.

08시35분, 시간이 이른 지 여기도 손님은 우리 뿐이다. 매표소에서 표를 사려고 하니 클라인 마터호른은 5월 말까지 폐쇄돼서 오를 수 없고 트로케너 슈테크까지만 운행하니 거기라도 가겠느냐고 인심 쓰듯 물어 온다. 5월의 알프스가 너무 이르다는 정보는 읽은 기억이 없으니 생각도 못했다. 두 달 후 동유럽 남쪽을 여행할 때 더위를 염려해서 잡은 일정인데 어쨌든 시기 선택이 잘못된 것은 분명해졌다. 한 달 정도를 늦춰 6월 초 출발했으면 적절했을 것인데 스스로 정한 일이니 감수하는 외에 별 도리가 없다. 트로케너 슈테크까지의 왕복표 두 장 92프랑을 반액 46프랑으로 구입한다.

08시45분, 2층 승강장에서 2002년부터 새로 운행한다는 마터호른 익스프레스(Matterhorn-Express) 8인승 곤돌라를 타고 출발한다. 밑으로 샬레, 하얀 교회, 창고가 산재한 초원 속 마을을 순식간에 통과하고 체르마트 거리를 뒤로 남기며 숲 위로 들어서더니 브라이트호른이 바라보이는 푸리에 도착한다.

8시50분, 표고 차 247m, 1720m의 거리를 5분 만에 올라온 것이다. 푸리에는 트로케너 슈테크 외에도 슈바르츠제(검은 호수, Schwarzsee)로 가는 발착장이 따로 있다고 해서 조심스럽게 살피는데, 복도에 직원이 막고서서 트로케너 슈테크 방향을 가리켜 알려준다. 금년(2006) 12월에는 고르너그라트의 리펠베르크까지 연결되는 새로운 곤돌라도 개통될 예정이라고 한다.

| 트로케너 슈테크를 오르는 로프웨이 |

발착장에는 붉은색과 흰색으로 단장한 깨끗한 로프웨이가 기다리고 있었다. 기사들이 한가하게 잡담하고 있을 뿐 손님은 달랑 우리 두 사람이다. 에귀유 뒤 미디에 올라 갈 때 설

| 트로케너 슈테크의 360도 알프스 파노라마 |

자리도 없이 꽉 찼던 것과는 대조적이다. 문 틀 옆에 붙어 있는 제원 스티커를 보니 정원 120명인 대형이다. 마터호른 파라다이스의 적백 로고가 그려진 창 밑 의자를 골라 앉는다.

08시56분, 소중한 귀빈 두 분을 모시고 출발한 널찍한 캐빈은 곧 수직으로 상승하면서 좌측 창밖으로 암벽 사이에 걸려있는 고르너 빙하의 장대한 모습을 보여주기 시작한다. 골짜기 높은 상공의 숨막히는 여행은 그러나 아쉬운 8분으로 끝이 나고 9시4분 트로케너 슈테크에 도착한다.

레스토랑도 닫혀있어 빈집 같은 건물 속에서 전망대를 찾아다니다 겨우 출구 하나를 발견하고 밖으로 나온다. 밤새 눈이 내린 듯 발자국 하나 없는 순백의 세계다.

바이스 호른 등 여러 봉우리가 흰옷을 걸치고 사열을 받고있다

겔렌데(Gelande)로 향하는 길인지 밑에서 제설차가 밀고 올라온다. 발이 푹 빠지는 눈 속을 걸어 옥상 전망 테라스로 계단을 올라간다. 브라이트호른이 뜻밖으로 낮게 바로 앞에 서 있고 능선을 거쳐 까만 작은 뿔 클라인 마터호른으로 연결된다. 그 사이를 흘러내리는 테오둘(Theodul) 빙하는 백설에 묻혀 잘 구별이 되지 않는다.

마터호른은 눈에 익지 않은 동측 얼굴을 보이며 테라스 서쪽 옆으로 크게 솟아있다. 맑게 갠 파란 하늘 아래 유독 산 정상만 가린 한아름의 구름이 삼각 굴뚝에서 피어난 연기가 바람에 날리듯 서쪽 하늘로 나부낀다. 날카로운 비위 절벽의 설신은 주변에 거느리는 위성 봉우리도 없이 우아하면서도 고고하다. 산 전면에 있다는 호수는 눈에 덮였는지 보이는 것은 하얀 들판 뿐이다.

발목까지 눈에 빠지며 옥상 건물을 돌아 북쪽으로 가니 숨이 막히도록 황홀한 경관이 눈앞에 펼쳐진다. 좌로부터 당블랑슈, 오베르 가벨호른, 치날로트호른, 바이스호른의 여러 봉우리가 흰 옷을 걸치고 사열을 받듯이 늘어섰다. 윔퍼가 항시 상찬해 마지않았다는 바이스호른은 정상을 구름에 내주고 오늘은 마터호른과 같은 운명이다.

하얀 세상 한가운데 짙은 갈색으로 깊게 패인 골짜기에 체르마트가 작게 내려다보이고 멀리 북쪽으로 베르너 오버란트의 산이 가물가물하다. 다시 동쪽으로는 마터 계곡(Mattertal)과 자스 계곡(Saastal) 사이에 솟은 미사벨 연봉 - 돔, 태슈호른, 알프후벨, 알라린호른, 림프피슈호른이 몬테로자까지

| 정상에 구름이 계속 매달려있는 마터호른 |

이어진다.

클라인 마터호른에서의 경관이 더 좋다 하겠지만 이 정도면 올라온 보람으로 모자람이 없지 않은가? 중국 관광객 일단이 우리가 만들어 놓은 발자국을 그대로 밟으며 올라오고 서양 사람도 몇 사람 끼어들어 옥상에는 생기가 돌고 웃음소리가 넘친다.

마터호른에는 여전히 구름 한 덩어리가 정상을 가리고 비켜주지를 않는다. '저것만 걷히면 사진을 찍을 텐데...' 벼르고 기다려도 그만한 구름이 항상 머물러 있다. 끝을 보면 바람에 날리며 흩어지는 듯한데 선제 모습은 그대로다. 한참 살피보니 뒤의 능선을 타고 위로 올라오는 엷은 구름이 산을 감싸고 계속 앞으로 나와 끊임없이 보충되고 있는 것이다. 어제, 오늘 새벽에도 이랬었구나 하는 생각이 든다. 구름과의 싸움, 누가 이기나 한번 버텨보려 했는데 도저히 승산이 없음을 깨닫고 퇴각하기로 결심한다.

10시15분에 출발한 하강 로프웨이도 우리 둘 뿐이다. 푸리에 가까워지면서 하얀 눈이 사라지고 푸른 초원과 샬레의 그림 같은 경치가 밑으로 전개된다. 순간 하이킹 생각이 불현듯 뇌리를 스친다. 고르너그라트의 계획이 허사가 돼버려 내내 서운했는데 그래 시간도 충분하겠다 과히 먼 길도 아닐 테니 천천히 걸어가 보자. 필 여사가 더 좋아한다. 푸리에 내려 직원에게 물으니 체르마트까지 도보 40분 정도의 산책길인데 날씨도 좋으니 걸

| 알프스 대자연에 누워 |

어가라며 적극적으로 권한다.

화장실을 다녀오고 10시30분, 홀가분한 마음으로 출발한다. 내리막 고개를 돌자 길은 두 갈래로 나뉘고 길목에 안내판이 서 있다. 지나가던 동네 아주머니가 오른쪽 넓은 길이 걷기는 좋지만 경치를 보려면 초원으로 난 좁은 길로 가라고 일러준다.

호젓한 오솔길로 층대를 내려가 작은 시내도 건너고 파란 목초의 완만한 언덕을 누비니 춤제(Zum See) 마을이 나타난다. 오래된 목조 주택과 교회가 있는 자그마한 촌락인데 얇은 자연석으로 이은 지붕과 바닥 밑에 쥐막이 돌(Rat guard)을 넣은 독특한 구조의 옛날 곡식창고가 눈길을 끈다. 땅과 바닥 사이 공간 기둥에 널찍한 돌을 끼어 쥐가 오르지 못하도록 한 장치다.

양지바른 언덕에 하얗고 노란 야생화가 막 피어나고, 멀리 마터 계곡을 배경으로 어울린 알프스 빙봉의 목가적 풍경이 하도 기가 막혀 어느덧 이끌려 들어가 풀밭에 눕는다. 구만리를 덮은 창천, 이렇게 쳐다보는 것이 얼

| 고르너 계곡의 하이킹 |

마만인가. 마음에 남는 고장을 다녀올 때 마다 대자연 속에 누워보지 못했음을 늘 탄식해왔는데 오늘 소원 성취를 하나보다. 산에 눕는다는 행위는 뜻밖에 새로운 세상의 경험이다.

앞에 두고 상대하던 산이 아니라 대지와 밀착한 그 일부분이 되어 뒤바뀐 위상, 산의 마음으로 밖을 본다.

의식은 점으로 작아지다 사라져 산의 일부가 된다. 검은 전나무 숲, 겹겹이 이어지는 설산 위에 펼쳐진 창공을 보며 그 깊은 속으로 차차 빨려들고 있으려니 70년 전 어린 시절 흙 밭에서 뒹굴다 밑에 깔려 보딘 파란 하늘이 거기 있다. 왜 이렇게 가까이 있는 고향을 미처 모르고 지내왔던가?

크게 누워 맑은 대기를 깊게 들이마신다. 찬란한 빛을 견디지 못하여 눈을 감는다. 홀연 인생은 간곳없고 구름과 하늘과 바람뿐이다. 산과 나무도 바람 따라 사라지고 무릇 형상이 순화되어 4차원 시공에서 존재의 흐름만 맥박으로 느낀다. 파우스트같이 멈춰라, 외칠 순간은 못 된다 해도 무아의 실체로 귀일할 수 있는 이런 시간이 평생을 통틀어 얼마나 될 것인가? 그동안 너무 오래 잊었던 세상으로 몸과 마음이 함께 떠올라간다.

세월은 흘러가는데 모든 것은 다 흩어지고 없어지는데 결국 남는 것은 무엇일까? 추억과 회한을 거친 그리움? 그것도 지나서 서글픔일까? 그나마

스러져버리는 인생 따라 영영 가고 말테지만.

지금 그사람 이름은 잊었지만 / 그 눈동자 입술은 /
내 가슴에 있네/ 바람이 불고 비가 올 때도 /
나는 저 유리창 밖 가로등 / 그늘의 밤을 잊지 못 하리 /
사랑은 가고 옛날은 남는 것 / 여름날의 호숫가, 가을의 공원 /
그 벤치 위에 / 나뭇잎은 떨어지고 /
나뭇잎은 흙이 되고 / 나뭇잎에 덮여서 /
우리들 사랑이 / 사라진다 해도 /
지금 그 사람 이름은 잊었지만 / 그 눈동자 입술은 /
내 가슴에 있네 / 내 서늘한 가슴에 있네 //

- 박인환 '세월이 가면' 중에서

알찬 여정을 맛보기 위해 지나는 나그네 길 마다 자신 속으로 드는 여행을 줄곧 원해왔는데... 그래서 오늘은 오전부터 즐겁다. 티끌 하나 없이 정화된 개운한 기분이다.

마터 계곡의 전나무 숲 위로 이어지는 능선에 날카롭게 보이는 설봉은 돔, 태슈호른, 알프후벨이다. 인기척 없는 초원을 내려가며 작은 동네 블라텐(Blatten)을 통과한다. 쥐막이 돌을 낀 검은 널벽의 곳간이 여기 저기 산재한다. 마을을 지나서 길은 숲으로 들어간다. 곧게 뻗은 낙엽송이 그림자를 드리운 서늘한 산길, 예수님 십자가상 옆에 긴 나무의자가 있다. 장소가 좋으니 점심을 먹자고 한다. 여부가 있나? 시계를 보니 열한시 반인데 필 여사 배꼽시계는 열두시를 넘은 모양이다.

빵에 소시지, 오이, 토마토, 머스터드에 케첩 본토식 핫도그 두개씩에 삶은 계란까지 곁들인다. 요구르트를 먹고 나니 배낭에서 바나나가 나오고 보온병의 커피로 마무리한다. 어제 못한 한풀이를 하는 모양이다.

든든한 성찬으로 하이킹이 알프스 피크닉으로 둔갑했다. 간혹 지나가는 서양 사람들이 웃으며 인사를 건넨다. 맛있겠다고 한다. 먹고 싶어서 그러겠나? 분위기가 부러웠던 모양이지. 일찍 내려가면 체크아웃하고 오늘 떠날 수 없겠냐 하던 필 여사가 대 만족으로 일어설 생각을 안 한다.

숲으로 난 오솔길을 잠시 내려가자 물소리가 들리면서 나무다리가 보이고 빙하에 깎인 고르너 계곡이 모습을 드러낸다. 제법 큰 개울에는 만년설에서 녹아내린 우윳빛 연두색 계류가 흐르고 있다. 마침 잘됐다고 내려가 음식 먹은 손을 씻는다. 얼음같이 찬 물 세 모금을 손바닥에 떠 마시니 뱃속 깊이 시원하게 내려간다. 물소리에 새소리, 설산의 자극으로 따가워진 눈은 푸른 초원이 식혀주고 목초 사이에는 새로 피어나는 희고 노란 들꽃들. 젊은 사람들은 미진타고 느낄지 모르지만 우리네 연배에는 안성맞춤의 산책길이다.

숲을 나서자 오른쪽 골짜기로 쏠린 경사면을 질러가는 내리막이다. 뒤를 돌아보니 협곡 중심에 마터호른이 정면에 솟아있다. 구름은 어느새 흩

| 체르마트에서 보는 마터호른 북동 능선 |

어져 없어지고 단정함에 위엄까지 더하여 서 있는 완벽한 자태, 이번 여행에서 본 가장 멋있는 마터호른이다.

체르마트의 끝자락 집들이 눈 밑에 와있다. 왼쪽 사면에는 햇빛을 받은 목초지에 민들레 노란 꽃이 무더기로 피어있다. 흰색과 보라색 꽃도 보여 들어가 사진을 찍고 있으니 필 여사가 옆에서 쌈을 뜯기 시작한다.

민들레 잎은 북유럽 여행 때부터 우리가 즐겨 섭취한 샐러드와 쌈의 재료이자 비타민 공급원이다. 오늘 저녁상에 오를 모양이니 쉽게 끝나지 않을 것 같다. 그래라. 한참 더 놀다 가자. 다시 풀밭에 들어가 눕는다. 아무것도 생각하지 않고 그냥 느끼고만 있겠다. 한번 지나가고는 다시 돌아오지 않을 또 하나의 아름다운 날을 위하여.

12시50분 호스텔에 도착한다. 40분 걸리는 길을 두 시간 반 걸려 내려왔다. 그리스도 십자가상이 있는 클라인 마터호른 위에 서서 사면팔방 둘러보고 빙하 15m 밑 얼음 궁전도 감상하고 싶었는데 정상에 다녀왔다면 흡족한 마음에 바로 내려왔을지도 모른다. 알프스의 곤돌라나 기차로 꼭 정상을 밟아야만 하나. 십보방초, 열 걸음마다 아름다운 꽃과 풀이 있는 세상이다.

침대에서 잠깐 잠을 청한 뒤 오후 세시 반 거리 산책에 나선다. 침대 수 13,500을 가졌다는 작은 시내는 온통 샬레풍의 호텔이다. 현지에 와서 찾으면 적당한 숙소 구하기는 어렵지 않을 듯하다. 일요일이라 상점, 슈퍼마켓이 전부 잠겨있다. 윔퍼 일행이 사용한 끊어진 자일과 피켈이 보고 싶어 닫힌 줄 알면서도 산악박물관 문을 다시 밀어보지만 역시 허탕이다.

미련을 접고 오베레 마텐(Obere Matten)으로 들어서 주말 운동에 열중하는 사람들을 구경하고 돌푸 광장을 지나 남쪽 끝까지 가 본 후 마터 피스파 강을 건너 호텔로 돌아온다. 궁금했던지 애들 세 집에서 잇달아 전화가 온다. 통화료 올라갈 생각에 마음을 졸이는데 필 여사는 미터호른 선진에 마냥 신이 났다. 알프스에 빠진 아버지를 건져냈다나 어쨌다나 하면서.

9일. 베르너 오버란트의 빌더스빌로

5월 15일 월요일

Zermatt-Täsch-31㎞-Visp-7㎞-Brig-(12㎞-Ganter Bridge-12㎞)-
Brig-18㎞-Fiesch-30㎞-Gletch-55㎞-Visp-22㎞-Gopenstein-
(Car train 17㎞)-Kandersteg-24㎞-Spiez-20㎞-Wilderswil
총231㎞(실 운행거리 239㎞, 보행 4.8㎞)

여행에서 시간을 버는 비결은 일찍 떠나는 것이다. 아침 여섯시와 열시 출발을 가정할 때 공짜로 생기는 네 시간이면 웬만한 곳 하나 정도 더 볼 수 있는 여유가 생긴다. 새벽에 빨리 일어나면 저녁 잠자리에 일찍 들게 되니 건강관리에도 유리하다. 오늘로 사흘째 아침 해에 붉게 빛날 마터호른의 사진을 좇아 나서는데 그 김에 아예 여장을 챙겨 기차역으로 직행할 생각이다. 호스텔 계산은 전날 미리 끝냈다. 아침 식사는 가다가 먹기로 하고 05시50분 배낭 메고 작은 트렁크 끌며 문을 나선다.

오늘이 마지막 기회, 서늘한 외기에 정신이 번쩍 든다. 삼고초려의 심정으로 피스파 강가를 내려가는 귓가를 뒤따르는 필 여사의 외마디 소리가 지나간 듯하다. 머리를 들고 보니 다리 위에 몰려 선 여남은 관광객이 저마다 카메라를 중천에 쳐들고 있는 것이다. 반사적으로 뒤를 돌아보니 바야흐로 마터호른의 끝머리가 분홍으로 물들기 시작하고 있다. 아뿔싸!

트렁크를 길에 버린 채 가슴에 매달린 캠코더를 껴안고 주머니의 디카를 움켜쥐며 뛰기 시작한다. 다리에 올라서자 사이를 비집고 들어가 조리개를 바꿔가며 연속으로 셔터를 눌러댄다. 새벽 첫 햇빛을 받은 산봉은 붉게 물들며 태동하는 생명의 광채를 뿜어낸다. 하얀 삼각봉에 피어난 꽃은 황금색으로 짙어지며 시시각각 밑으로 내려온다. 어스름 하늘에 신비롭게 불타는 자연의 조화여! 경건하게 차오른 위엄이 사주에 서린다.

무리지어 사진을 찍고 있는 사람은 일본 관광단이고 말소리를 들으니 중국 사람도 더러 섞여있다. 모르겐 로트는 여섯시부터 7분간 잠깐 화사한 빛의 제전을 연출하고는 그 무대를 평범한 산으로 돌려놓는다.

삼배설산의 지성이 감천한 것일까? 드디어 허락을 받고 노고의 보람을 받는다. 그런데 이 사람들은 무엇이란 말인가. 처음 나온 주제에 며칠씩 맡아 놓은 자리를 멋대로 점령하고 동동히게 사진 찍으며 주인 행세를 하다니 눈꼴사납다. 나이 보람도 없이 죄도 없는 사람들에게 공연히 부아가 난다. 사람이란 자기가 흡족한 것만으로는 만족할 수 없는 것이다. 다른 사람이 불운해야만 성에 차는 것이다. 아, 이 옹졸한 심사 몇 살이나 더 먹어야 벗어버릴 수 있단 말인가?

이웃 동네같이 익숙해진 반호프 거리를 내려가 06시20분 기차역에 도착한다. 이른 시간 한적한 광장에서 잠시 남은 정을 다독거린다. 왕복표를 개찰기에 넣었다 뽑고 올라 탄 기차에는 손님이 우리 합쳐 다섯 뿐이

| 마터호른의 모르겐 로트 |

| 체르마트의 중심가 반호프 거리 |

다. 샤모니를 떠나 사흘을 지냈을 뿐인데 오랜 날짜가 흐른 듯하다.

프랑스 샤모니에서 스위스 체르마트까지의 직선거리는 69㎞다. 그 사이에 걸친 알프스 동서 고지대를 스키로 횡단하는 150㎞의 오트 루트(Haute Route)는 거의 모든 스키어들이 동경하는 꿈의 행로라고 한다. 이 루트를 1911년 로제트(Roget)와 함께 최초로 완주한 마르셀 쿠르츠(Marcel Kurz)는 마터호른을 알프스의 오벨리스크라고 불렀다. 2006년 똑같은 구간을 푸조로 다녀가는 두 사람은 그 모습을 알프스의 하얀 피라미드라 가슴에 새기고 떠난다. 06시50분 체르마트가 뒤로 멀어진다.

핸들에 자물쇠를 채운 우리 푸조는 태슈 넓은 주차장에서 탈 없이 기다리고 있었다. 먼저 주차카드를 정산기에 삽입하여 표시된 요금을 확인한 후 현금이나 신용카드를 넣어 결제하고 기계에서 나온 주차카드를 가지고 출구 차단대 슬릿에 넣어주면 막대가 올라간다. 주차료는 사흘에 33프랑, 우리 돈으로 2만5천 원 정도다.

자동차의 연료 눈금이 반 아래로 내려가 있어 떠나기 전에 기름을 넣기로 한다. 스위스에서의 첫 번째 급유다. 유럽의 주유소는 거의 셀프서비스라고 보면 틀림없다. 우선 경유 승용차인 우리 푸조를 검은색 노즐이 달려 있는 디젤주유기 옆에 세우고 연료주입기 뚜껑과 연료탱크 캡을 연다. 주유기(Petrol pump) 게이지가 0인 것을 확인한 후 연료주입구에 노즐을 꽂고 방아쇠(trigger)를 잡아당겨 주유를 시작한다. 탱크가 차면 찰칵 소리가 나며 자동으로 노즐이 잠기고 급유가 끝나게 된다. 미리 종이와 펜을 준비하여 주유기 게이지에 표시된 급유량과 가격, 리터당 단가, 주유기 번호를 기록하면 자료정리에 도움이 된다. 차는 그대로 세워 둔 채 주유소 가게로 들어가 카운터에서 주유기 번호를 대고 신용카드나 현찰로 계산을 마친다. 1리터에 1.77프랑, 스위스는 디젤유가 가솔린보다 비싼 희한한 나라다.

7시30분, 교외로 나가자 헤어핀 고개를 내려가 피스 빙하를 보며 린다를 지나고 8시 자스페로 가는 갈림길을 통과한다. 스위스 두 번째의 고봉 돔을 비롯한 미샤벨 연봉으로 둘러싸인 자스페는 알프스에서 알려진 또 하나의 빙하 마을이다. 70㎞에 이르는 하이킹 코스가 있다는 이 알펜 리조트도 들르고 싶지만 머무르지 못할 곳, 지나만 가면 뭣할 것인가. 인연 없는 곳이라 생각하고 잡념을 지운다.

슈탈덴 마을에서 서너 번 회전하며 고개를 내려가 피스퍼 깊은 협곡에 걸린 다리를 지나고 노이브뤼크(Neubrück)를 통과할 때쯤 계곡은 편안하게 낮아진다. 피스프의 라운드어바우트에서 국도9호, E62호선을 만나 합류하면서 우회전, 8㎞ 앞의 브리크(Brig)로 향한다.

알프스에는 수도 없이 많은 고개가 있다. 자동차로 매년 알프스 고개만을 전문으로 찾아다니는 사람들도 있다. 그렇게는 못할지리도 목적지로 가는 도중의 이름난 고개는 몇 개 넘어야겠다는 생각을 하고 있다. 지금은 모두 새로 생긴 터널로 밑을 지나가지만 옛날부터 험준한 알프스를 넘어 이탈리아로 가던 고개들, 그랑 생 베르나르, 생플롱, 고타르도(Passo del St. Gottardo) 등은 오래 귀에 익은 유서 깊은 길이다. 또 국도 19호선의 글레츠(Gletsch)와 안데르마트(Andermatt)를 한 축으로 하여 바센(Wassen)과 인너트키르헨(Innertkirchen)을 연결하는 사각형 산간도로에는 푸르카(Furka-pass), 수스텐(Susten-pass), 그림젤(Grimsel-pass)이라는 큰 고개 세 개가 몰려 자리를 잡고 있다.

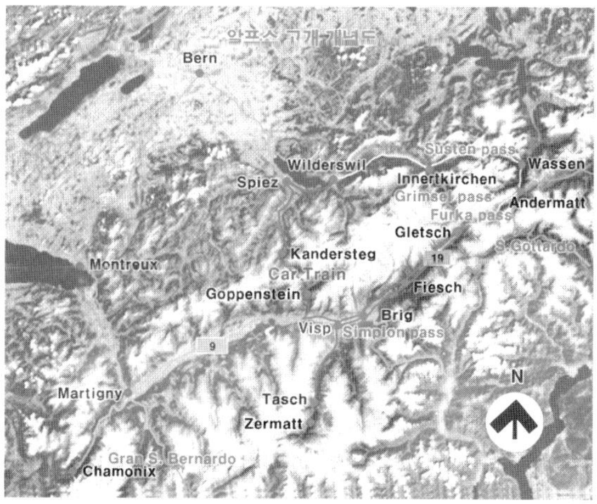

| 알프스 고개 개념도 |

오늘은 국도 19호선으로 브리크, 글레츠를 경유해 푸르카 고개를 넘고 안데르마트에서 좌회전, 바센에 이른 후 다시 좌로 돌아 수스텐 고개를 넘

어 아이거(Eiger, 3970m), 묀히(Mönch, 4107m), 융프라우(Jungfrau, 4159m) 등 4000m급 고봉이 솟아 있는 지역 베르너 오버란트(Berner Oberland)의 빌더스빌(Wilderswil)까지 약 220㎞의 거리를 주행하게 된다.

론 강 유역의 녹색전망이 망망하고 시원하다

도중 브리크에서 이탈리아로 넘어가는 생플롱 고개(Simplon-pass)를 잠깐 들러 나오고 피슈(Fiesch)에서는 로프웨이로 에기스호른(Eggishorn, 2926m)에 올라 유네스코 세계자연유산으로 지정돼 있는 알레치(Aletsch) 빙하를 구경하고 갈 생각이다.

빌더스빌에서 6일을 묵은 후 5월 21일, 스위스의 마지막 행로 마이엔펠트(Maienfeld)의 하이디 마을로 가는 길에 그림젤 고개를 넘는다. 도중 안데르마트에서 고타르도 고개를 다녀나온 후에 오버알프패스(Oberalppass)를 지나가겠다는 것이 지금 구상하고 있는 알프스 고개 순례의 개요다.

브리크 직전에서 국도 19호선과 갈라져 오른쪽으로 가는 9호선, E62호선을 따라 생플롱 고개로 향한다. 스위스 중남부 발레주의 브리크와 이탈리아 북동부 이셀레(Iselle) 사이에 있는 알프스의 고갯길 생플롱은 높이가 2006m다. 나폴레옹이 1900년에서 1907년까지 대포가 지날 수 있도록 마차도로를 닦고 고갯마루에 숙소를 세운 이래 스위스와 이탈리아 사이를 잇는 주요 교통로의 하나로 이용돼 왔다. 지금은 1905년 개통된 20㎞의 터널이 그 아래를 지난다.

시가를 왼쪽으로 내려다보며 동북으로 점점 올라가던 길은 5㎞ 정도 지난 후 급하게 남으로 유턴하여 고도를 높여간다. 이제 오른쪽으로 새까맣게 낮아진 브리크를 넘어 론(Rhone) 강 유역의 녹색 전망이 망망하고 시원하다. 산길을 돌지 않고 협곡에 높은 교각을 세워 거의 직선으로 귀가 멍하도록 올라간다. 짧은 터널을 몇 개 지나고 좌로 돌면서 고개 마루를 넘으니 샬베르크(Schallberg)라는 표지판이 서 있다.

내리막으로 돌아선 길은 오른편 깊은 계곡 높은 교각에 걸친 간터교(Ganterbridge)까지 바람을 가르고 내려간다. 그 길가 전망 좋은 곳에 만들어 놓은 석조 테이블을 공복에 예리해진 필 여사의 눈이 놓치지 않았다. 간터교는 150m의 높은 교각 위에 세워진 길이 678m의 조교 형태의 콘크리트 다리로 한번 볼만하다. 다리 옆에서 필 여사는 내려오다 본 식탁까지 돌아가 아침식사를 하자고 제의한다.

08시40분, 자동차 왕래도 드문 맑은 숲, 훌륭한 식탁에서 빵과 커피로 배를 채운다. 지도를 보니 뒤로 보이는 산은 바센호른(Wasenhorn, 3246m)인 듯하다.

생플롱 고개까지는 약 10㎞, 포장도로에 평범한 오르막이라 옛 기분도 느낄 수 없겠고 기왕 멈춰버린 행로니 시간을 아낄 겸 그만 돌려 나가기로 한다. 09시20분 출발, 브리크까지 협곡마다 높은 피어로 연결된 깨끗하고 곧은 도로를 일사천리 미끄러지듯 내려가는 기분은 비할 데 없이 상쾌하다. 필 여사의 스틱운전 솜씨는 이제 정상상태로 회복됐다.

브리크를 돌아 국도 19호로 진입하여 론 강을 따라 동쪽으로 달린다. 발레주 중심의 작은 마을 브리크는 금빛 양파 모양의 돔을 가진 바로크의 대저택, 스톡칼퍼 성(Stockalper Palace)으로 유명하다. 중정을 2, 3층의 아치식 주랑

| 생플롱 고갯길과 간터교 |

| 노란 꽃이 만발한 피슈 근방 |

으로 둘러싼 건물은 현재 행정기관과 교양시설, 박물관 등으로 사용되고 있다. 체르마트에서 이곳까지 달려 온 빙하 급행열차 BVZ는 브리크를 지나면서 동쪽으로 디젠티스(Disentis)까지 푸르카 오버알프철도(FO)로 관할이 바뀐다. 브리크에서 론 강을 따라가면서 평화로운 전원풍경이 양쪽으로 전개된다. 노란 꽃으로 장식된 초원을 지나며 탄성을 지르고 작은 마을이 나타나면 슈퍼마켓에 들러 쉬어간다.

리더알프(Riederalp)의 로프웨이 역 아래를 지나며 뫼렐(Mörel)을 통과하고 다시 베트머알프(Bettmeralp)의 로프웨이 발착장이 있는 베텐(Betten)을 거쳐 11시10분 피슈에 도착한다. 우리가 오르려는 에기스호른이나 금방 지나온 베트머알프, 리더알프 등은 모두 알레치(Aletsch) 빙하를 내려다보는 전망대가 설치된 곳이다. 알프스 최대의 빙하 알레치는 며칠 후 찾게 될 융프라우요흐(Jungfraujoch, 3454m)에서도 볼 수 있지만 전모를 관찰할 수 있다는 이곳에서 그 실체를 보고 가려는 것이다.

에기스호른까지는 퀴보덴(Kühboden, 2226m)에서 로프웨이를 한번 갈아타야 하며 왕복에 두 시간 정도를 예상하고 있다. 국도에서 벗어나 피슈 마을로 들어가 로프웨이 역을 찾아 주차한다. 기계에서 2프랑짜리 주차권을 끊어 대시보드에 놓고 언덕 위 발착장으로 올라간다.

매표소에는 사람하나 없고 쓸쓸한 분위기가 또 불길하다. 겨우 만난 뚱뚱한 할아버지가 에기스호른은 폐쇄 중이라며 베트머알프는 운행하고 있을 테니 그리 가보라고 한다. 천만 다행이다 생각하고 급히 내려오는데 등 뒤에서 한마디를 보탠다. 빙하를 볼 생각이면 종점에서 곤돌라를 갈아타야 하는데 그것은 아마 운휴 중일 것이라고 한다. 놀릴 뜻은 없었겠지만 이것은 '약주고 병 주는 격' 이다. 아무래도 5월 초의 알프스가 너무 빨랐던 것이다.

초봄의 알프스 마을은 연속해서 이어지는 그림엽서

주차료만 손해보고 피슈를 벗어난다. 곧 큰 고개를 구불구불 올라가는데 옆으로 론 강 협곡이 깊어지고 대안에는 산 중턱까지 목초와 노란 꽃, 샬레의 전형적 스위스 풍경이 펼쳐진다. 알맞게 배치된 전나무 숲이 절묘한 조화를 만들어 내는 초봄의 알프스 마을은 연속해서 이이지는 그림엽서다. 레킹겐(Reckingen)을 지나고 11시50분 뮌스터(Münster)를 통과한다. 그슬린 나무, 초콜릿색 목조 가옥 사이에 성당이 조용히 서 있다.

먼 설산을 배경으로 뾰족 지붕 예배당이 어울리는 울리헨(Ulrichen)에 들어서니 초원이 넓어지며 길가에 커다란 돌 십자가가 보인다. 그 옆을 빙하급행 빨간 FO열차가 따라와 우리 푸조와 어깨동무하듯 한참 같이 달린다. 얼마 전부터 졸음에 시달리던 필 여사가 오버발트(Oberwald)에 들어서자 참지 못하고 자그마한 은행 앞에 차를 세운다. 12시, 의자를 뒤로 눕히고 정신없이 잠에 빠져든다. 잠깐 눈을 붙였는가했는데 동시에 깨어난다. 사무실 앞 주차가 불안했던 것이다. 그래도 정신은 많이 맑아져서 자기는 못 잤다며 서로 상대 코골던 소리만 흉을 본다.

마을을 나서자 바로 지그재그 고갯길을 오르며 산이 깊어진다. 길가에 녹다 남은 눈이 이곳저곳 나타나며 산 전체가 정적에 싸인다. 얼마를 올랐는지 돌연 차단기가 도로를 가로막고 서 있다. 앞에 가 보니 열쇠로 채워놓은 것이 하루 이틀 된 상태가 아니다. 길옆에는 고장 난 빈 차가 하나 서 있고 마치 귀신에 홀린듯하지만 현실에 닥친 일임은 틀림없다. 그러고 보니 한동안 왕래하는 차를 못 봤다는 생각이 든다. 푸르카 고개가 폐쇄돼있는 것이다. 도로 정보를 알고 있는 현지사람들은 얼씬도 안하는데 물정모르는 우리만 엉금엉금 기어온 것이다. 그렇게 열심히 자료를 모았는데 가장 중요한 계제에서 이런 큰 실수를 하다니 땅을 칠 노릇이다. 체르마트 인포메이션에서 한번쯤 알아봤어야 했는데 꿈에도 상상을 못했으니 어찌하랴.

차 속에서 머리를 싸매고 지도와 씨름을 한다. 우선 보이는 길은 마르티니를 돌아 시용 성이 있는 몽트뢰와 베른(Bern)을 거쳐 인터라켄(Interlaken)으로 가는 것인데 대충 짚어보니 300㎞가 넘는다. 다른 경로가 없을까 모색하는 머리에 카 트레인(Car train) 생각이 번쩍 떠오른다.

피스프에서 북으로 슈피츠(Spiez)까지 질러가는 길이 있는데 그중 자동차 도로가 없는 고펜슈타인(Goppenstein)과 칸데르슈테크(Kandersteg) 사이에 기차로 자동차를 실어다 주는 카 트레인이 있었다는 기억이 난 것이다. 그렇지 않아도 기회가 되면 한번 타봐야겠다고 생각해서 마음에 두고 있던 길인데 오늘 그걸 이용하라는 운명인지도 모르겠다.

| 스위스 19번 도로의 봄 |

고펜슈타인까지 가서 또 허탕을 칠지도 모르지만 터널로 다니는 기차니 별일은 없을 것 같아 결행을 하기로 한다. 고개만 넘으면 글레츠, 한 3㎞ 남은 것 같은데 눈물을 머금고 12시30분 차를 돌린다. 우선 피스프까지 약 60㎞ 돌아 나가야 한다. 남서로 달리는 국도 19번 멀리 체르마트의 하얀 산들이 보인다. 뫼렐 부근에서 노란 들꽃이 하도 탐스러워 봄의 한복판

에 들어가 앉는다. 불현듯 고향의 초당, 꽃밭의 향내가 코끝을 스친다.

아! 어디로 가버렸는가. 그 봄날 황금의 나날이여!

점심도 먹고 잠도 자며 한 시간 넘겨 시간을 보낸다. 집에서는 10년 가까이 하루 두 끼 식사가 습성으로 굳었는데 여행하면서 세 끼를 다 먹는다.

13시50분 출발, 브리크에서 9, E62에 올라서고 아침에 돌아 나온 피스프를 통과한다. 그대로 서쪽으로 10여㎞를 진행한 후 라운드어바우트에서 9, E62호선과 헤어져 북쪽으로 방향을 돌리고 론 강을 건너 감펠스테크(Gampel Steg)를 지난다.

마을을 나서자 바로 커브를 반복하는 급한 고개를 오르고 긴 터널을 거치며 10㎞를 더 달린 후 룃체베르크 철도(Lötschebergbahn)의 고펜슈타인(Goppenstein) 역에 14시50분 도착한다. 여기서 도로는 끝나 더 이상 북쪽으로 갈 수 없다. 자동차는 룃체베르크 터널을 지나는 기차인 카 트레인에 실려 그 너머에 있는 칸데르슈테크(Kandersteg)까지 운반되는 것이다.

고펜슈타인 역 앞 두 군데 요금소에 자동차 행렬이 생기는 것을 보니 카 트레인은 무난히 탈 수 있을 것 같아 마음이 놓인다. 톨게이트에서 요금 20프랑을 내고 안내원 신호에 따라 두 줄이 하나로 줄면서 화물차 맨 뒤 칸 옆으로 올라타 서서히 앞으로 진행한다.

기차는 포장마차같이 하늘만 캔버스로 덮여 있는 짐칸이다. 두 칸에 걸치지 않게 앞차에 바짝 좁혀 세운 후 엔진을 끈다. 핸드브레이크를 채우고 기차의 속도변화에 대비해서 기어는 1단이나 파크(Park)에 놓는다. 자동차 밖으로 나가면 안 되고 안에 앉은 채 타고 간다. 이 터널은 원래 룃체베르크 철도용인데 일반열차가 통과하는 사이사이 평균 30분에 한대씩 터널 구간만을 카 트레인으로 이용한다는 것이다. 15시, 기차는 소리도 없이 움직이기 시작한다. 정작 소리를 지른 것은 필 여사다.

'아차, 반액표!'

'맞아!' 당연히 할인되는 반액카드를 못 써먹은 것이다. 10프랑 손해다.

억울하지만 할 수 없는 일, 거기까지 생각할 여유가 없었다.

기차는 바로 굴로 돌입하고 이따금 선로를 지키는 보안등이 도깨비불같이 휑하니 스쳐갈 뿐 요란한 굉음이 한동안 암흑세계를 지배한다. 터널은 17㎞, 통과하는데 20분 걸려 칸데르슈테크에 15시25분 도착한다. 기차가 서면 자동차는 차례대로 화차 맨 앞 칸 옆으로 내려 역 출구로 빠져나간다. 북유럽 여행 때 자주 이용한 페리와 흡사한 기분이다.

칸데르슈테크는 불름리스알프호른(Blumlisalphorn, 3663m), 외시넨호른(Oaschinenhorn, 3486m), 돌덴호른(Doldenhorn, 2583m) 등 설산을 비추는 아름다운 외시넨 호수(Oeschinensee)의 하이킹으로 이름 난 고장이다. 역에서 가까운 도보거리에 체어리프트 승강장이 있다.

칸데르슈테크를 떠나 북쪽으로 달린다. 칸데르 강을 옆에 끼고 헤어핀 고개를 내려가며 푸루티겐(Frutigen), 뮐레넨(Mülenen)을 지난다. 높은 산을 벗어난 이 일대는 풍부한 녹색 양지바른 동산에 노란꽃이 지천으로 피어있다. 16시 호반의 휴양지 슈피츠 부근에서 고속 A8호를 만나 우로 돌고 에메랄드빛이 눈부신 툰(Thunersee) 호숫가를 동쪽으로 달려 나간다. 터널과 인터라켄 베스트(Interlaken West) 출구를 통과하고 또 하나의 터널을 지나자 바로 빌더스빌의 표지가 보인다. 거기서 오른쪽으로 빠져나오고 드디어 나타난 융프라우의 위용을 보며 약 2㎞를 더 들어가 오늘의 숙소인 '하마의 집' 에 16시20분 도착한다.

한국 민박집으로 샬레풍 가옥에 태극기가 걸려있다. 주인은 집을 비웠고 채우지 않은 현관문에 메모가 붙어있다. 저녁에 돌아 올 테니 한국에서 온 두 분은 현관 옆방을 쓰시라는 내용이다. 반지하에 주차장이 있기에 차를 세우고 짐을 옮긴다. 우리는 이곳에 5월20일까지 6박을 예약해 두었다. 철이 일러 손님은 우리밖에 없다.

융프라우, 아이거로 유명한 베른주의 베르너 오버란트는 지리적으로 스위스의 거의 중심에 자리 잡고 있어 교통이 편리할 뿐 아니라 설산을 배경

| 한국 민박 '하마의 집' |

으로 한 푸른 초원과 빙하, 비취빛 호수 등 전형적인 알프스의 모습을 고루 갖추고 있어 관광객이 가장 많이 찾는 지방이다. 특히 이 나라의 주요 동양 고객인 일본 사람이나 스위스를 잠깐 거치는 우리나라 여행객이 거의 다녀가는 지역으로 돼있기 때문에 다른 곳에 비해 호텔이나 민박 등 숙소를 비교적 손쉽게 구할 수 있다. 또 일반간 저렴한 것이 사실이다.

융프라우요흐(Jungfraujoch, 3454m)로 가는 철도 베르너 오버란트 반(BOB)은 인터라켄 오스트(Interlaken Ost) 역을 출발, 빌더스빌을 경유하여 츠바이뤼치넨(Zweilütschinen)에서 둘로 갈라져 라우터브루넨(Lauterbrunnen)과 그린델발트(Grindelwalt)로 간다. 거기서 벤겐 알프 반(WAB, Wengen Alp Bahn)으로 갈아탄 후 동서 양쪽으로 각각 올라간 두 열차는 클라이네 샤이데크(Kleine Scheidegg)에서 다시 만나 융프라우 철도(JB, Jungfrau Bahn)로 합쳐지고 아이거 바위 밑으로 들어가 터널을 통해 정상인 유럽 최고 철도역에 닿게 된다.

적당한 숙소는 현관도시인 인터라켄에도 있지만 융프라우로 올라가는 전초역 라우터브루넨과 그린델발트 두 곳에 많이 모여 있다. 엄격하게 나뉘는 것은 아니지만 한국 사람은 주로 라우터브루넨에 숙박하고 일본 사람은 그린델발트를 본거지로 한다. 라우터브루넨에는 친절하고 깨끗해서 우리나라 배낭족이 주로 찾는 밸리 호스텔(Valley Hostel)과 경치가 훌륭한 캠핑사이트가 있고 샬레 민박집도 있다. 이곳을 다 검토했지만 숙소가 많지 않은 빌더스빌을 일주일의 보금자리로 결정한 데는 나름대로의 근거가 있다.

첫째, 이곳에서의 일정이 산행에만 있는 것이 아니고 흐리거나 비 오는 날에는 주변과 베른(Bern), 취리히(Zürich), 루체른(Luzern) 등 도시를 몇 번 다녀와야 하기 때문이다.

라우터브루넨에서 빌더스빌을 거쳐 나가는 편도 9㎞는 무시할 수 있는 거리가 아니다. 둘째 융프라우요흐를 올라갈 때 타는 기차는 대개 동과 서 중 한쪽으로 올라가 그 반대로 내려오는 것이 상식인데 라우터브루넨에서 시작하면 츠바이뤼치넨에서 한번 더 갈아 타야하는 불편이 있다. 셋째 빌더스빌이 더 한가하고 무료 주차가 편하다. 그 외에 질의에 대한 친절한 답변, 또 시니게플라테(Schynige Platte, 1967m) 전망대에 오르는 발착장이 빌더스빌에 있다는 것 등도 다른 이유가 됐다. 몇 번 메일을 주고받은 결과 조건도 유리하게 타결됐다. '하마의 집' 이란 동물원 이름이 아니고 젊은 여주인 하니와 그의 스위스인 남편 마르코(Hanny & Marco)를 합성한 명칭이다.

✓숙소

하마의 집, Mülenenstrasse No.14, 3812 Wilderswil, BE, Schweiz
T: 0041-33-821-6364 HP. 0041-79-215-8855 /2인실, CHF75/일, 6일분 CHF450
예약은 한화 반액을 한국서 입금, 잔액은 현지에서 지불. 취사가능, 무료주차
http://cafe.daum.net/hamahouse / ididforever@hanmail.net / (5/15일-20)

10일. 스위스 연방 수도 베른을 찾아

5월 16일 화요일
Wilderswil - 58㎞ - Bern - 58㎞ - Wilderswil
총116㎞(실 운행거리 141㎞, 보행 7.7㎞)

아침에 눈을 뜨니 비가 추적추적 내린다. 전망이 나쁠 테니 산행은 포기하고 오늘은 몸도 풀 겸 가장 가까운 베른을 다녀오기로 한다. 샤모니, 체르마트에서 맑은 날씨를 즐기고 대책이 마련된 이곳에서 비를 만나니 신기하게 계획이 맞아떨어져 일기가 나빠도 마음은 흐뭇하다. 매일 갤 수도 없는 일이니 이런 기회에 며칠 비를 맞아두는 것이 오히려 유리할 지도 모르겠다.

어제 저녁 돌아 온 젊은 아줌마 하니는 반갑게 첫 인사를 하고는 어학시험 준비 차 학원에 다니고 있어 매일 집을 비운다고 했다. 밥을 못해주는 대신 재료를 대주겠다며 부엌에 쌀과 라면을 꺼내 놓고 아침 일찍 집을 나간다. 저녁 여덟시 쯤 돌아오겠다며 오후 늦게 한국 손님 두 사람이 올 예정이니 숙박할 방을 일러주라고 부탁한다. 남편 마르코는 베른에 직장이 있어 며칠에 한번 돌아온다고 한다. 졸지에 우리가 집 주인 행세를 하게 생겼다.

식사를 직접 해 먹겠다는 것은 필 여사의 고소원이니 이론이 있을 리 없다. 집 떠난 지 열흘 만에 백반을 차려 먹는다. 주방에는 찬장과 식기가 깨끗하게 정리돼 있어 아줌마 성격이 깔끔한 모양이라고 칭찬이다. 한적한 거리 조용한 집에서 오붓하게 아침을 차려 먹고 09시 40분 출근하듯 집을 나선다.

도둑이 없는 곳이라 현관 열쇠가 없다는 말에 문을 잠그지 않고 가지만 그래도 마음이 놓이지 않아 우리 방문은 꼭 채우고 두 번 세 번 확인하는 필여사다. 여행하면서 문 안 잠그고 나가는 것은 이번이 처음이다. 부럽게 사는 나라에 와서도 의심을 떨쳐버리지 못하는 근성이 슬프고 한스럽지만 한평생의 습성이란 그리 쉽게 고칠 수 있는 일이 아니다. 예사롭게 지낸 세월에 대해서 뜻하지 않게 느끼는 열등의식이 과연 그 혼탁했던 세태를 살아온 우리에게 돌아올 타당한 책임이요 덮어써서 마땅한 죄책이란 말인가? 이럴 때 마다 심한 문화충격(Culture shock)으로 현기증이 일고 당혹감에 사로잡힌다.

빌더스빌은 인터라켄에서 남쪽으로 3㎞, 그린델발트와 라우터브루넨에서 흘러나오는 두개의 뤼치넨(Lütschine) 협곡이 모이는 입구에 자리한 고도 584m, 인구 2,200의 자그마한 전원 마을이다. 알프스의 빼어난 전망과 함께 고산 식물원과 테디 베어(Teddy Bear)의 대규모 전시장으로 잘 알려진 시니게플라테 등산열차는 기차역에서 출발하는데 이것도 역시 칠이 일러 운행을 하지 않는다고 한다. 집에서 북으로 약 500m 내려가니 빌더스빌 기차역이 있고, 그 앞에 슈퍼마켓 미그로스가 보인다. 잠깐 들러서 점심거리를 사고 저녁 먹을 시장은 돌아 올 때 다시 보기로 한다.

10시 출발. 북으로 1.5㎞ 지점에서 A8 자동차 도로를 만나 우로 한 바퀴 돌면서 진입하고 베른, 툰(Thun), 슈피츠 방면인 서쪽으로 향한다. 인터라켄 남쪽을 지나고 터널을 통과하자 짙은 비취색에 잠긴 툰 호수가 속이 탁 트이도록 시원하게 모습을 드러낸다. 차는 호숫가에 바짝 붙어 거의 수면 높이로 달린다. 물에 비치는 검푸른 산과 그 밑에 깔린 마을을 감상하며 20㎞ 지점에서 포도밭에 둘러싸인 슈피츠를 지난다.

어제 칸데르슈테크에서 나오던 길을 통과하자 곧 라팅겐(Lattingen) 삼거리에서 A8은 끝나고 녹색표지의 고속 A6호로 연결된다. 호수 끝에 있는 툰을 스치고 고속도로를 25㎞ 더 달린 11시, 베른 도심(Zentrum) 표지 따라 오스트링크(Ostring)에서 고속6호를 내려 시내로 진입한다. 길을 모르니 사람과 차가 붐비는 거리에서 전차와 버스 뒤를 쫓아 무조건 중심으로 찾아 들어간다. 천신만고 끝에 강을 건너고 가까운 주차장으로 들어가 청색 지하 3층에 차를 세운다. 11시20분, 지도로 확인한 장소는 카지노 광장이다.

세상에서 가장 매력적인 장애물

스위스 중앙부에 위치한 베른은 고도 542m, 면적 52㎢, 인구 12만의 스위스 연방정부 수도이자 베른주의 주도이며 스위스 제4의 도시다. 1191년 체링겐(Zähringen)가의 베르톨트(Berthold) 5세가 군사적 요새로 성벽을 쌓은 것이 그 기원이라 하며 도시의 명칭은 상징인 곰(뵈렌, Bären)에서 유래되었다. 시의 중심은 아레(Aare) 강 좌안에 있는 구시가이며 U자로 돌아가는 강과 숲 그리고 공원에 둘러싸인 거리전체가 유네스코 세계문화유산으로 지정(1983)된 현존하는 중세도시다. 구시가에는 연방의사당, 정부청사, 시청사, 대성당 등의 건조물 외에 만국우편연합과 철도 교통사무국 본부가 있어 국제적인 활동도 활발히 이루어진다.

구시가 구조의 특징은 약 6㎞의 석조 아케이드인 라우벤(Lauben)인데 비를 막을 수 있도록 1층 부분이 안으로 세트 백(setback)된 회랑 부분에 현대적 상점이 줄지어 들어서 있다. 주요 도로 곳곳에는 '세상에서 가장 매력적인 장애물' 이라는 11개의 조각 분수가 있어 베른에서만 볼 수 있는 특별한 분위기를 연출한다. 역사적 사실이나 영웅 이야기를 근거로 한 16세기의 이들 조각은 화려하게 채색된 기둥 위에 서 있다. 꽃으로 장식된 수도꼭지에서는 시원한 물이 줄줄 흘러나온다. 아레 강의 남부에는 스위스 산악박물관, 우편박물관, 자연 역사박물관 등이 한곳에 모여 있다. 1834년 창설된 베른 대학이 있으며 80만 권의 책을 소장하고 있다는 도서관으로 유명하다.

카지노 주차장에서 나와 엘리베이터로 지상에 올라온다. 북쪽으로 100m를 걸어 크람 거리(Kramgasse)에 이르니 베른의 상징 시계탑(Zeitglockenturm)이 길을 반쯤 막고 서 있다. 성이 조성될 초기부터 시의 서쪽 경계를 표시했던 문으로 한 때는 감옥으로도 사용됐다는 탑이다. 1405년의 화재로 수리를 거쳤지만 기반의 형태는 베른에서 가장 오래된 부분이라고 한다. 1530년 천문시계와 인형이 장착된 이래 400년이 넘도록 시민에게 시간을 알려주는 역할을 계속해 오고 있다.

| 시계탑 |

세월에 찌든 두툼한 돌탑에는 붉은 고깔지붕에 푸른 첨탑이 안정된 모습으로 얹혀있다. 그 사이로 뚫린 창안에는 황금색 종과 인형이 보인다. 탑 상부에는 금빛 찬란한 커다란 시계판이 자리를 잡고 있으며 중간에는 작은 천문시계와 정교한 세공의 인형장치가 양쪽으로 달려 있다. 하부는 사람이 통과하는 아치로 돼 있는데 그 앞 광장에 50명 정도의 관광객이 정오를 기해 작동하게 될 시계의 모습을 보고자 목을 길게 빼고 기다리고 있다.

12시까지는 시간이 남아있어 탑 동쪽에 있는 체링겐 분수(Zähringer-brunnen)를 구경한다. 야구팀 포수 같은 투구를 쓰고 갑옷 입은 곰 병사가 붉은 기를 들고 서 있다. 다리 사이에 새끼를 끼고 있는 모습이 베른의 창시자 체링겐공을 상징한 듯 하다. 시계탑 북쪽으로는 어린아이 머리를 물고 있는 식인귀의 분수(Kindlifresser-brunnen)가 보인다. 그 뒤로 옛날 곡물 창고였다는 레스토랑 코른하우스(Kornhauskeller)가 있다.

그 사이 시계탑에 사람은 더 많이 모여들었다. 시간이 가까워 올수록 모두 숨을 죽이고 한쪽으로 시선을 집중한다. 시계 바늘이 12시에 닿기 4분 전 작은 종소리 네 번이 울린다. 잠시 후 다시 종소리가 시작되면서 인형상자의 문이 열리고 닭, 백마 탄 임금, 기사, 광대, 곰 등 인형이 줄지어 걸어 나와 빙글 빙글 돌기 시작한다. 이윽고 지붕에 있는 종이 댕, 댕, 댕, 큰 소리로 시간 수만큼 울려 퍼진다. 흥미진진하던 끝은 의외로 싱겁게 막을 내린다. 마지막 종소리가 하늘로 울려 나가고 더 이상의 움직임이 없는 것을 확인한 손님들은 기대를 접고 흩어져간다. 그나마 열두 번이라도 울려줬으니 망정이지 다음 번 1시의 구경은 더 허전할 것 같다. 탑 내부 구경은 안내 투어로만 가능하다고 한다.

시계탑을 지나 마르크트 거리(Marktgasse)를 서쪽으로 400m 걸어 감옥탑(Käfigturm)에 이른다. 역시 큰 시계가 달려있는 후기 르네상스 양식의 이 탑은 13세기 이래 서쪽 성문의 기능을 담당해 왔으며 1897년까지 감옥으로 쓰인데서 그 이름이 유래됐다고 한다. 슈피탈(Spitalgasse)로 이름이 바뀐 돌 깔린 거리를 서쪽으로 걷는다. 산산이 비가 뿌리는 도로 양 옆에는 주기와 연방기가 펄럭이고 곰 모습을 한 쓰레기통도 놓여있다.

음악가를 위해 만들었다는 백파이프 연주자의 분수(Pfeiferbrunnen)를 지나고 상가를 구경하며 300m를 더 가니 많은 사람이 붐비는 역전 광장이 된다. 거기서 북으로 돌면 고풍스런 건물 가운데 유리로 된 중앙역이 있다. 구내에 있는 관광 안내소에 들러 지도 등 자료를 얻고 시내 버스 타는 법도 알아본다.

다음 목적지 장미 공원(Rosengarten)까지는 약 2.5㎞로 좀 부담이 되는 거리라 버스로 가서 걸어서 돌아올 생각이다. 일러준 대로 감옥탑 남쪽 베렌 광장까지 가서 12번 버스를 기다린다. 1.9프랑 짜리 버스표를 자판기에서 사려는데 아직도 돈의 식별이 어려워 주머니에 있는 스위스 동전을 다 꺼내 손바닥에 놓고 옆에 있는 할아버지에게 도움을 청했더니 전부 세어도

| 백파이프 연주자의 분수 |

| 장미 공원 |

| 곰 공원 |

모자란다고 자기 돈을 보태 두 장을 사 준다. 미안한 마음에 다른 주머니에 있던 유로 동전을 꺼내주자 끝내 사양하드니 마지못해 한 개를 집어 삿는다.

생각지 않던 창졸간의 행위가 서로의 마음에 비할 수 없이 값진 정분을 창출해 낸다. 아무 것도 없던 가슴에 정겨움을 일궈주고 우리에게 전해 준 따뜻함 만큼 할아버지도 틀림없이 소중한 보람을 느꼈을 것이다. 피차 간 얼마나 좋은 시간인가? 잔돈을 받지 않으려던 행위도 잔잔한 포만감을 더 키우고 싶었던 무의식적인 몸짓인지 모르겠다. 고마운 영감님이다. 빨간색 버스를 타고 구시가를 구경하며 동쪽 끝 니데크 다리(Nydeggbrücke)를 건너 가파른 언덕길을 북상한다. 강 너머 한산해진 거리를 몇 정거장 지난 후 미리 부탁해 둔 옆 사람의 손짓으로 버스를 내린다.

1984년 유럽 원예 콘테스트에서 '가장 꽃이 아름다운 도시' 로 뽑혔다는 베른에서도 소문난 장미 공원은 갖가지 꽃과 함께 220여 종의 화려한 장미로 꾸민 연못가 정원이 우선 볼거리다. 그와 함께 정연하게 늘어 선 옛 도시 베른의 참 모습을 한 눈에 바라볼 수 있는 최적의 장소로도 정평이 나있다. 잘 가꿔진 공원에는 노란 철쭉이 한창 좋게 피어있고, 나무 그늘 밑에서 보라색 등꽃의 신선한 향기가 은은히 풍겨온다. 그러나 정작 핵심인 장미는 아쉽게도 이제 겨우 몇 송이가 피었을 뿐 제철이 아니다.

당당한 도시의 면모가 마냥 있고싶도록 여정을 돋운다

파란 잔디에 의자를 모아놓고 오늘 점심은 꽃밭 소풍으로 마련한다. 놀이터에서 뛰어노는 애들을 소용히 시켜보는 가족 몇 사람이 있을 뿐 공원은 지극히 한산하다. 서쪽으로 면한 언덕 위에 서서 눈 밑의 구시가를 내려다본다. 반도 속에 세로로 난 도로를 따라 평행으로 서 있는 너덧 줄의 붉은 기와집 행렬은 다른 곳에서 볼 수 없는 인상깊은 경치다. 풍요로운 녹색 숲에 U자로 휜 알레 강 푸른 물이 굽이져 흐르고 양측에 높이 걸린 키르헨펠트(Kirchenfeldbrücke)와 코른하우스(Kornhausbrücke), 두 개 아치 다리를 수평으로 연장한 구심점에 대성당의 첨탑이 연직으로 솟아 입체적 균형을 이룬다. 오랜 세월과 어울려 구성된 이 중세 도시의 독특한 풍경은 장대하지 아니하되 세계 유산으로서의 당당한 면모가 뚜렷하여 마냥 있고 싶도록 여정을 돋우고도 남음이 있다.

오후 두시, 넝쿨장미 울타리를 따라 아르가우어(Aargauerstalden) 언덕을 내려가 니데크 다리 끝에 있는 곰 공원(Bärengraben)을 찾는다. 이 지역의 명칭이 아직 없었던 시절 사냥에서 처음 잡는 동물을 도시 이름으로 정하기로 한 결과 베른(곰)이라는 호칭이 태어났다고 전한다.

베른주의 깃발에도 붉고 노란 비탕에 혀를 길게 내민 검은 곰이 그려져 있다. 공원보다는 사육장이라는 이름이 더 적합한 깊이 3.5m, 두개의 반원

우리에서 커다란 붉은 곰 세 마리가 무엇이 바쁜지 쉬지 않고 서성거린다. 1513년부터 사육되기 시작했다는 곰들은 돌로 된 동산과 작은 못 그리고 나뭇가지로 꾸며진 우리에서 손님이 던져주는 빵을 받아먹고는 가끔 두 발로 일어나 재롱을 부린다. 옆에 있는 기념품 가게에서 먹이를 판다.

공원에서 나와 강을 건너고 청동 첨탑의 니데크 교회(Nydeggkirche)를 지날 무렵 다시 비가 내리기 시작하여 급히 라우벤으로 뛰어든다. 이 부근 크람 거리 끝에는 정의의 분수(Gerechtigkeits brunnen)가 서 있다. 오른 손에는 칼, 왼손에는 저울을 들고 있는 푸른 옷의 금발 여신이다. 이어 북쪽에 보이는 건물이 시청사(Rathaus)인데 중간 층에 직접 들어갈 수 있도록 외부계단을 붙인 특이한 구조를 하고 있다. 그 옆은 최초의 가톨릭 교회로 1864년에 세워진 성 베드로 바울 성당(St. Peter Paul Kirche)이다.

거기서 남쪽으로 돌면 대성당(Münster) 뒷마당인데 보수 중인지 눈앞에 솟아있는 높은 탑이 보호막에 싸여있다. 'Münster zu St. Vinzenz' 라는 정식명칭을 가지고 있는 이 성당은 1421년 착공된 후 오랜 중단을 겪고 1893년에야 완성된 후기 고딕 양식의 걸작이다.

| 베른 대성당 |

| 정문 '최후의 심판' 부조 |

첨탑의 높이가 100m, 스위스에서 가장 높은 교회 건물이다. 종교개혁 당시 제단과 성상이 모두 파괴되는 와중에서 수난을 모면했던 부조(Relief) '최후의 심판' 이 정문 상부에 그대로 남아있어 유명하다.

| 대성당 전망대에서 |

1495년 에르하르트 퀸크(Erhart Küng)의 작품인 이 릴리프는 근래 보수를 거친 듯 금빛이 찬란하고 채색이 선명하다. 파란 천국에 드는 흰 옷 입은 사람들과 붉은 지옥으로 떨어지는 벌거벗은 군상을 좌우로 나누어 배치하였다. 중간에는 정의의 여신과 미가엘을 비롯한 천사들의 모습이 보인다.

안으로 들어서지 먼저 화장실에 들리 준비를 마친 후 매표소가 눈에 안 띄는 것을 기회로 입구 옆 계단으로 재빨리 들어가 탑으로 향한다. 254단이라는 나선계단을 숨을 몰아쉬며 어지럽도록 돌아 올라간다. 점점 좁아지는 침침한 계단을 쉬엄쉬엄 전망대까지 당도했는데 격자 철문이 사이를 가로막고 서 있다. 길을 잘못 들었나 하며 두리번거리고 있었더니 나이든 아주머니가 머리를 내밀며 요금을 달라고 한다. 공짜 구경 하나보다 했다가 세상사가 그리 만만치 않은 것을 다시 한 번 깨닫는다. 요금은 한사람에 4프랑, 스위스 동전이 없다고 했더니 2.7유로를 받는다.

옥색 강으로 둘러싸인 거리에 벽돌색 지붕이 빽빽이 이어지고 양쪽으로 두개의 아치 다리가 시원하게 뻗어있다. 위에서 내려다보고 있으니 오래된 도시의 감각이 한층 짙게 느껴지는 듯하다. 붉게 덮인 중세의 거리를 둘러싸고 사방으로 녹색 숲이 멀리 퍼져나간다. 베르너 오버란트 쪽 알프스 연봉은 구름에 가렸는지 오늘은 보이지 않는다. 이곳이 중간 전망대다. 한동안 구경한 다음 더욱 좁아진 90개 계단을 밟고 위의 전망대로 올라간다. 두 곳의 경관은 거의 비슷하다. 거세게 부는 바람에 모자를 잡고 사방으로 돌아가다 첨탑에 달라붙은 돌기장식 크로켓(Crocket)이 바로 옆에 크게 보여 사진을 찍는다. 힘 들이고 올라왔으니 뜸 들여가며 충분히 즐기고 밑으로 내려와 성당 안으로 들어간다.

높은 천장에 어스름한 분위기가 장엄하다. 내부도 곳곳이 보수 중이라 어지러운 현장을 피해가며 돌아본다. 전면 제단 배경에는 신약성서 내용을 그렸다는 높이 12m의 커다란 스테인드글라스 세 개가 누부시게 서 있다. 등 뒤 2층에서는 5,404개 파이프로 만든 1726년제 은색 오르간이 금빛 장식 화사한 모습으로 내려다본다.

대성당에서 북쪽으로 나와 상대성 이론으로 유명한 아인슈타인이 1902년부터 3년간 살았다는 아파트(Einstein Haus)를 찾아 다시 크람 거리로 들어간다. 지도로 보아 근처에 온 것은 확실한데 시계, 초콜릿, 유리, 레스토랑 등 오색 쇼윈도만 계속될 뿐 우리 시대, 아니 모든 시대에 걸쳐 가장 위대한 이론 물리학자의 옛집은 어디에 숨었는지 보이지 않는다. 지나는 사람에게 물어봐도 이상하게 아인슈타인을 아는 사람이 별로 없다. 등잔 밑이 어두운 건지 발음이 시원치 않아선지 알 수가 없다. 오락가락 몇 번 만에 크람가 49번지, 보통 상점과 다름없는 자그마한 간판을 겨우 찾아낸다. 기념관이라 눈에 띄는 큰 간판이 있을 줄 알았는데 그게 아니었다.

1879년 독일 남부에서 유태인의 아들로 태어난 알버트 아인슈타인(Albert Einstein)은 16세 되던 1895년 중등학교에 입학하면서부터 20년 가까운 기간 스위스에 거주하는데 그 중 1902년부터 1909년까지 7년을 베른에서 보낸다. 1902년 스위스 특허국에의 취직, 1903년 밀레바 마리치(Mileva Maric)와의 결혼, 1904년 장남 한스 알버트(Hans Albert)의 출생, 1905년에 발표되는 6편의 논문과 특수상대성이론의 탄생 등 베른에서의 생활은 개인적 삶으로나 지적생활의 측면에서나 그에게 가장 결실이 많았던 시절로 볼 수 있다. 만년에 스스로도 베른에서 지낸 생활에 향수를 느껴, '평화로운 마을 크람, 정말 아름다운 세월이었지.' 하며 가끔 회상에 잠겼다고 한다.

2층으로 올라가니 세 개 정도 되는 아담한 방에 테이블이 놓여있고 벽과 진열대에 크고 작은 흑백 액자와 자료들이 적당히 자리를 잡고 있을 뿐, 전시품은 극히 간소하다.

논문 자료도 약간 있는 것 같지만 기념관으로는 한마디로 규모가 빈약하다. 그러나 자료가 풍부하다해서 그것이 우리에게 무슨 큰 상관인가? 너무 멀어 인연 없던 곳, 평소 좋았던 인물이 살고 있던 곳, 그곳을 찾아 남겨진 역사의 편린이나마 접할 수 있었으면 한 것 뿐이니 더 무엇을 바라겠느가 하는 생각이다. 장식장 한쪽에서 비디오 스크린이 조용히 돌아가고 벽난로 옆에는 삼각 독서대에 서서 책을 보는 젊은 날의 아인슈타인 사진이 크게 걸려있어 세월의 무게를 실감케 한다.

| 아인슈타인 기념관 |

그가 이곳에 머물던 때가 1905년 이니 정확히 100년이 지났다. 책상에 앉아 $E=mc^2$의 수식을 쓰고 있는 모습이 눈앞에 보이는 듯 하다. 지난 백년이 가다말고 돌아와 몸 가까이서 지켜봐 주는 듯 감미로운 분위기에 싸인다.

1905년 아인슈타인은 고전적 뉴턴역학과 맥스웰의 전자기학 사이에 존재하던 모순을 해결하기 위해 광속도는 일정불변하다는 원리와 상대속도를 가지는 모든 좌표계에서 물리법칙은 불변하다는 상대성 원리를 전제로 하여 특수상대성이론을 제창한다. 우주 어디에도 절대적인 시간과 공간은 존재하지 않고 각각 관찰자에 따라 정의될 뿐이며 그 속에서 빛의 속도는 항상 일정하다는 것이다. 쉽게 말해서 엄청나게 빠른 비행기 안에서 손전등을 켜도 그 빛의 속도는 땅 위에 서서 켠 전등 빛의 속도와 같다는 것이다.

예전에 상대성이론을 쉽게 풀이했다는 책을 들고 빛과 속도가 비슷한 기차를 탄 사람이 밖에서 켜진 전등을 차 안에서 봤을 때 어찌 어찌 된다는 해설을 이해하려고 무척 머리를 썩였던 생각이 난다. 알 듯 모를 듯하다가 결국 모르고 말았는데 서로 다른 운동 계통에 있는 관찰자들은 시간과 공간에 대하여 동일한 관측 결과를 얻을 수 없다는 결론만 기억하고 있다. 아인슈타인은 시간조차 범 우주적으로 일정한 속도로 흐르는 게 아니요 대상의 상대적 속도에 따라 서로 다르게 흘러가는 가변적인 것이라는 이론을 제시한 것이다.

물론 빛에 가까운 속도로 달린다는 것은 상상에 그칠 뿐, 당장 우리 생활과는 인연이 먼 이야기지만 장래 어느 시점에 빛에 가까운 속도로 우주여행을 하고 돌아온 아버지가 아들보다 젊어졌다는 과학적 현실을 당연한 상식으로 받아들일 날이 있을 수도 있다는 생각을 한다.

그러고 보니 이건 우리가 익히 알고 있는 야담의 세계다. 나무꾼이 신선들 바둑구경을 하다 정신을 차리고 보니 도끼자루는 썩고 얼굴 모르는 자손들만 집에 있었다든지 꿈 한 자락에 한평생을 살았다는 한단지몽(邯鄲之夢)이나 남가일몽(南柯一夢)의 이야기 등 우리가 흔히 듣던 익숙한 설화와 다름없다. 옛날 우리 조상들이 우주여행의 선구자인지도 모른다. 동양적 사고로는 한참 오래전에 이미 알고 있었던 것 아닌가 하고 자위를 해야 할지 꿈과 같은 야담을 현실로 끌어낸 과학의 위대한 업적을 찬양해야 할지 착잡하다.

아인슈타인은 1921년 노벨 물리학상을 받았으며 1933년에는 정치적 이유로 독일 시민권을 버리고 미국으로 이민하여 프린스턴으로 간다.

"사람이란, 태어날때 부터 고독한 것입니다" 아인슈타인

'베를린(Berlin)에서도 아무런 변화가 없었습니다. 그전, 스위스에서도... 사람이란, 태어날 때부터 고독한 것입니다.' 아인슈타인은 말한다. 여기서 과학자 꺼풀 안에 있는 인간의 참 얼굴을 보는 것 같다. 편력과 영광의 생애 내내 그는 고독했던 것이다.

인생이란 혼자서 태어나 혼자 죽어가는 것이다. 광야에 있어 고독한 것이 아니라 서사 속 많은 사람 사이에 섞여 친구와 가족 속에서 고독한 것이다. 그 누구도 우리를 대신해줄 수 없으며 이 사람 저 사람 다 혼자뿐이다. 고독, 서글픔이야 말로 인생의 본질이 아니겠는가? 우리는 상대성 이론을 찾아낸 위인 보다는 고독에 싸인 과학자의 풍모, 평범한 인간의 모습을 여기서 보고 싶었는지도 모른다. 그렇다. 과학적 원리에 진리가 있는 것은 아니다. 대우주의 질서란 본래부터 존재하는 것이요 이론이란 그것에 정의를 내린 것 뿐 한 조각의 성질조차 바꾸지 못한다. 뉴턴(Newton)이 만유인력을 발견하기 전에도 낙엽은 떨어졌고 산승은 홀로 가을이 왔음을 알았던 것이다.

벽 한쪽에 바이올린을 연주하는 아인슈타인의 사진이 걸려있다. 어렸을 때 배우다 중단했다는 악기에 미련이 있었던지 만년의 그는 모차르트의 바이올린 소나타에서 많은 위안을 받았다고 한다. 음악도 인생과 같이 종착역은 결국 구슬픔이 아니겠는가? 심야 흘러가는 가락에 젖어 눈을 감고 있노라면 적막함과 그리움에 싸여 포근히 안겨가는 정감, 영혼 속 상념이 어느덧 비몽사몽간 무념무상의 세계를 소요한다. 그래야만 진짜다.

모차르트가 흐르는 저녁, 의자에 앉아 구슬픔에 잠겨있는 노학자의 모습

| 키르헨펠트교 |

을 본다. 성성한 백발, 착하고 순하기만 한 눈빛, 친숙한 초상은 우리 옆에 보다 가까이 와 있다. 인간은 다 거기서 거기인 것이다. 엄숙한 과학 업적의 울안에서 우리와 멀지않은 인간적인 한 노인을 느끼며 위안을 받는다.

제2차 대전의 원자폭탄 제조를 두고 아인슈타인의 공과를 논하는 소리도 있다. 그러나 질량과 에너지의 등가성은 그대로 원리일 뿐 논리의 정식화가 필연적으로 핵폭탄 제조에 연결되는 것은 아니다. '제3차 세계대전에서 어떤 무기가 사용될지는 알 수 없지만 제4차 세계대전의 병기는 작대기와 돌팔매가 될 것이다' 하고 아인슈타인은 경고한다.

전시실을 돌아 나오는데 사무실에 앉아있던 중년 부인이 부르더니 요금을 내야한다고 말한다. 한 사람에 6프랑이다. 몰랐다고 사과하며 돈을 꺼내는데 어느 나라에서 왔냐고 묻는다. 알고 보니 상대성 이론의 산실인 이 기념관을 관리하는 아주머니가 한국 분이었던 것이다. 반가워 한참 얘기를 나누고는 우리말로 된 팸플릿도 받고 스위스 동전도 좀 바꾼 후 작별을 한다.

우리가 차를 세워 둔 카지노 건물은 도박장이 아니고 콘서트홀이다. 그 앞을 지나 아래 강 위에 50m 높이로 걸려있는 키르헨펠트교로 나가 주변을 전망한다. 푸른 물이 흐르는 아득한 밑 강 중간에는 세로로 콘크리트 수중

보가 설치돼있고 그 한가운데 실물 크기로 만들어 놓은 곰의 모습이 자그마하게 보인다. 곰을 무척 좋아하는 사람들이다. 입에는 연어인지 생선을 물고 있다. 다리 오른쪽으로는 좀 전에 올라갔던 대성당의 첨탑이 하늘을 뚫고 솟아있으며 왼편으로는 최고급 베르뷰 팔라스 호텔(Bellevue Palace Hotel)과 르네상스식 청동 돔의 연방의회 의사당(Bundeshaus)이 숲속 높은 곳에 앉아있다. 15시40분, 지하주차장에 내려가 차를 찾는다. 4시간 20분의 주차료가 16.2프랑이다.

15시50분 베른을 떠난다. 비에 젖은 산뜻한 도로를 타고 돌아오는 길은 순탄하다. 도중 슈피츠에 잠깐 들러 성을 찾아 돌아본다.

| 슈피츠 성 |

슈피츠는 툰 호수에 면한 인구 12,500의 아름다운 작은 마을이다. 부벤베르크(Bubenberg), 에르라흐(Erlach) 등 귀족이 살았던 11세기 고성이 볼만하다. 성의 석조 탑과 색색으로 핀 꽃밭이 로마네스크 양식의 교회와 함께 호수에 비치는 경치는 눈부신 한 폭의 그림이다. 그 옆에 요트 하버가 있어 한결 정취를 더 한다.

빌더스빌의 슈퍼마켓 미그로스에서 저녁거리를 장만하고 집에 돌아 온 시간은 17시40분이다. 피곤할 텐데 필 여사는 사온 고기로 육개장을 끓인다. 마침 돌아온 하니 아줌마도 국 한 그릇을 맛있다고 깨끗이 비운다. 잘 끝낸 일정과 함께 오랜만의 한식으로 오늘 저녁은 마음도 배도 흡족하다.

11일. 루체른과 취리히 관광

5월 17일 수요일

Wilderswil - 69㎞ - Luzern - 61㎞ -
Zürich - 180㎞ - Wilderswil
총310㎞(실 운행거리 323㎞, 보행 11.0㎞)

눈을 뜨자마자 창 밖의 날씨부터 살핀다. 비는 안 오는데 구름이 산 위를 가리고 있다. 빌더스빌에서 지내는 일주일 중 날씨가 맑으면 융프라우요흐의 등정부터 우선 나설 생각인데 오늘 같은 하늘 모습으로는 확신이 안 선다. 날은 개어도 정상이 안개에 가려 주변을 볼 수 없는 경우가 많기 때문이다. 하니 아줌마는 일기예보에서 맑겠다고 했으니 오늘 올라가라고 권한다.

어제 도착한 한국 손님 두 사람도 산행 채비를 서두르고 있다. 한동안 망설였지만 아직 며칠 여유가 있으니 활짝 맑은 날을 더 기다려보기로 하고 오늘은 루체른(Luzern)과 취리히(Zürich)를 다녀오기로 한다. 처음에는 이 두 곳을 이틀간 구경할 생각이었지만 비행기 사정으로 전체 일정이 1주일 줄어드는 단계에서 하루로 단축되었다.

하니 아줌마도 좀 벅차기는 하지만 큰 무리는 없을 것이라며 갈 때는 우리가 택한 브뤼니크 고개(Brünig pass)를 거치되 올 때는 베른 쪽 고속도로로 도는 것이 편할 것이라고 일러준다. 브뤼니크 고개를 넘는 길은 경치가 좋고 짧기는 하나 시간은 오히려 고속도로가 빠르다는 것이다.

백반으로 아침 식사를 마치고 08시15분, 집을 나선다. 먼저 기차역 옆 주유소에 들러 기름을 가득 채운 후 인터라켄 오른편에서 동쪽으로 돌아 브리엔츠 호수 북측을 따르는 국도 6/11호에 진입하고 린겐베르크(Ringgenberg), 브리엔츠(Brienz) 방면으로 향한다. 호수 남쪽으로 도는 고속8호선을 타면 시원하게 뻗은 길이라 얼마간 빠르겠지만 좀 늦더라도 자연과 어우러진 국도를 가고 싶었기 때문이다.

파란 하늘이 곳곳에 보이며 일기는 맑아지는 듯하다. 오른쪽으로 나타난 호수 위에 산 따라 내려온 엷은 구름이 낮게 깔리며 햇빛을 희게 반사한다. 린겐베르크 마을의 좁은 거리를 지나고 풍요로운 숲속 호수와 비슷한 높이로 난 길을 꼬불꼬불 달린다. 지난밤에도 비가 내린 듯 도로가 촉촉이 젖어있어 신선한 기운을 더해준다. 13㎞ 지점에서 오버리트(Oberried)를 통과하고 08시50분 브리엔츠로 들어선다. 옛날 목조 건물이 많이 남아 있는 작은 마을로 스위스에 단 하나 있다는 목각 공예 학교(Schnitzlerschule)로 유명하다. 브리엔츠와 인터라켄 사이에는 호수를 가로지르는 유람선이 다닌다. 브리엔츠 기차역에서는 뒤에 솟아있는 로트호른(Rothorn, 2298m) 전망대까지 빨간 증기 기관차가 운행되고 있어 정상에 올라 융프라우 일대와 호수의 뛰어난 경관을 감상할 수 있다고 한다.

제한속도 30㎞의 표지판이 서 있는 좁은 길로 마을을 벗어나면 바로 호수는 끝난다. 그 곳에서 남쪽을 돌아 온 고속도로를 만나 아직까지 달려온 국도 6/11호를 마이링겐(Meiringen)쪽으로 보내고 고속 A8호로 갈아탄다. 아레 강과 나란히 8㎞를 달린 A8은 브리엔츠빌러(Brienzwiler) 부근에서 몇 번 심하게 굴절한 후 국도 4호로 바뀐다. 기스빌(Giswil)까지의 약 18㎞는 아직 고속도로가 연결되지 않은 구간이다.

동북으로 향하는 길은 바야흐로 브뤼니크 고개로 들어서는 듯 가파른 경사를 올라간다. 인덕에 이어 터널을 지나고 급커브를 계속하며 큰 바위가 튀어 나온 길로 고도를 높이니 사주가 차차 안개로 덮인다. 그 사이 사이 멀

| 브뤼니크 고개 너머 전망 |

리 전개되는 호수와 폭포가 이 고개의 진가를 생생히 보여주기 시작한다. 급한 사면 중간을 가로지르는 도로 양쪽으로 곧게 뻗은 나무가 풍부한 숲을 이룬다. 다시 몇 고비를 더 돌아 브뤼니크 고개(1007m)를 지나고 신록의 낙엽송 길, 내리막으로 접어들며 가스층을 벗어난다. 대안에는 갈라진 절벽 사이로 줄줄이 떨어지는 폭포수가 푸른 연기처럼 안개에 젖어있다. 좌로 전망이 터지고 먼 밑으로 파란 호수가 나타난다.

호텔 레스토랑 옆, 넓어진 도로에 주차장이 보여 차를 세우고 시원하게 열린 전면을 내려다본다. 낮게 깔린 구름과 함께 아득히 퍼져나간 하늘, 좁은 협곡에 담긴 룬게른(Lungern) 호수에는 산그림자가 검푸르게 비치고, 녹색 초원에 붉은 지붕이 옹기종기 모여선 마을은 꿈을 꾸듯 조용하다. 지나던 관광버스에서 한 무리 서양 할아버지 할머니들이 내려 경치를 감상한다. 한참 시끄럽게 사진을 찍더니 가이드 재촉으로 차에 올라 떠나고 조용한 산 속에 다시 둘만 남는다. 보온병을 꺼내 뜨거운 커피를 한 잔씩 마신다.

09시30분 출발, 창공에 솔개 선회하듯 구절양장 고갯길을 맴돌며 호수와 마을이 있는 하계로 강림한다. 룬게른 호수를 왼쪽으로 보며 통과하고 이어 긴 터널로 기스빌을 지나니 바로 눈앞에 또 호수가 보인다. 사르넬 호수(Sarnersee)다. 이곳에서 도로는 다시 고속A8호로 바뀐다.

수면 우측 평탄한 길을 10여㎞ 달려 알프나흐슈타트(Alpnachstad)를 지나면 이제는 오른쪽으로 알프나흐 호가 나온다. 작은 호수가 연달아 좌우로 나타나는 고장이다.

스위스 전설적 영웅 빌헬름 텔이 활약했던 본 무대

곧이어 큰 호수 피어발트슈테터(Vierwaldstättersee)가 오른편으로 보이는 헤르기스빌(Hergiswil) 부근에서 안데르마트에서 오는 고속도로와 합류하며 A2/E35에 올라선다. 피어발트슈테터는 '네 개의 숲 나라'라는 뜻을 가진 호수로 손가락 네 개를 펼친 모습을 하고 있으며 스위스의 전설적 영웅 빌헬름 텔(Wilhelm Tell)이 활약했던 본 무대다. 그와 연관된 이야기가 곳곳에 산재한 이 호수 또 하나의 이름은 루체른 호, 오늘 첫 번째 목적지에 거의 다가온 것이다.

남은 거리는 8㎞ 국도 10호를 거쳐 10시35분, 루체른 젠트럼을 향해 복잡한 거리로 진입한다. 길을 물어가며 줄을 잇는 차를 좇아 어렵사리 다리를 건너니 구시가에 들어선 모양이다. 좁은 길을 몇 번 돌아 찾아 든 주차장에서도 몇 바퀴를 돈 후 겨우 오렌지색 4층에 자리를 찾아 차를 세운다. 10시55분. 나와 보니 미그로스 백화점 지하 주차장이다.

피어발트슈테터(루체른) 호반, 맑은 로이스(Reuss) 강이 흐르기 시작하는 곳에 위치한 루체른은 표고 436m, 인구 5만 8천명, 루체른주의 주도로서 리기(Rigi, 1800m), 필라투스(Pilatus, 2120m) 등 알프스 산으로 둘러싸인 중세 모습의 아름다운 도시다. 8세기경 베네딕트파 수도원이 세워지면서 터전을 잡았고 13세기 고타르도 고개가 개통된 후 라인 강 상류와 이탈리아를 연결하는 상업과 교통의 요지로 급성장하였다.

시가는 로이스 강을 경계로 남북으로 나눠지는데 남쪽에 중앙역과 신시가지가 있으며 북쪽으로는 코른마르크트(곡물 광장, Kornmarkt), 히르센플라츠(사슴 광장, Hirschenplatz), 바인마르크트(와인 광장, Weinmarkt) 등 구시가 3대 광장이 펼쳐진다. 중세 분위기를 간직한 구시가에 볼거리가 많

| 지붕 덮인 목조 다리 카펠교 |

| 카펠교 지붕 밑의 판화 |

다. 화려한 상점과 부티크가 모여 있는 좁은 골목과 광장에는 16세기 기법으로 채색된 프레스코벽화가 여러 곳에 남아있다. 시가 동쪽에도 라이온 기념비(Löwendenkmal), 호프 교회(Hofkirche) 등 명소가 있다.

루체른은 1994년 10월 한 번 방문한 적이 있어 이번이 두 번째다. 그때는 이 부근에 있는 중앙 스위스의 최고봉 티틀리스(Titlis, 3239m)에 올라갔었다. 그새 12년이 지났다. 가까운 카펠 광장(Kapellplatz)에 들러 베른을 연상시키는 화려한 색채의 프리치 분수(Fritsch Brunnen)를 감상한 뒤 슈바넨 광장(Schwanen Platz)을 지나 이 고장 첫번 째 어트랙션이라 할 카펠교(Kapellbrücke)로 향한다.

멀리 필라투스가 보인다. 물속에 나무기둥을 박고 세운 이 교량의 이름은 근처 성 피터 교회에서 유래된 것이며 길이가 204m로 지붕 덮인 목조로는 유럽에서 가장 길고 또 오래됐다. 호수로 침입하는 적을 감시하기 위한 순찰통로로 로이스 강에 비스듬히 놓여 졌으며 1333년 건조 당시에는 285m의 길이였다고 한다.

지붕 용마루 밑 들보에 하인리히 베그만(Heinrich Wägmann)의 그림을 포함한 17세기의 삼각형 판화 111장이 걸려 있는 것으로 유명한데 루체른의 역사와 수호성인 레오데가르(Leodegar), 마우리티우스(Mauritius)의 전기를 묘사한 것이라고 한다. 1993년 8월 취객 보트의 모닥불로 인한 화재로 다리의 2/3가 소실되고, 그림도 81매가 타버렸지만 이듬해에 재건이 이뤄지면서 기록을 참고하여 25매의 그림이 복원됐다고 한다.

다리 중간쯤 꺾이는 부분 옆으로 고풍스런 붉은 지붕의 둔중한 탑이 하나 서 있다. 물의 탑(Wassertrum)으로 불리는 높이 34m의 이 8각 석탑은 기다란 나무 다리와 절묘하게 어울리는 구도를 이뤄 여정에 들뜬 나그네의 더 없이 좋은 카메라 표적이 된다. 원래 외적 침입에 대비한 감시탑으로 다리보다 이른 13세기에 세워졌으며 기록보관소, 보물창고, 감옥, 고문실 등 여러 용도로 사용됐다고 한다.

다리 외부 창밑으로는 긴 화분대에 빨간 피튜니아가 실게 놓여있나. 내부의 폭은 3m 조금 넘을까, 화재 후 재건된 부분이 눈에 띄게 구별되고 널바닥을 걸을 때마다 뚜벅뚜벅 신발소리가 공허하게 울린다. 짙은 남색 틀에 들어있는 삼각형 그림들은 전투를 묘사한 장면이 많다. 도시의 역사란 곧 남아있는 전쟁의 흔적인지 모르겠다.

다리를 건너 밖으로 나온다. 검푸른 물에 백조와 몇 마리 오리가 한가롭게 노닐고 붉은 지붕에 간간히 비가 내린다. 나무다리와 그 너머 무제크 성벽의 고탑은 12년 전과 다름이 없다.

광장에 인파는 여전하건만 같은 사람은 아니리라. 강 모습도 그대로되 떠내려가는 것은 옛날 그 물이 아니다. 100년 후 다시 와도 이 풍광은 변함 없겠지. 다만 그 실체만 바뀌는 것이다. 흐르는 물결을 무심히 보고 있자니 어떻게 보냈는지 속절없는 연월이 허탈하기만 하다. 시간이 지나가는 것이 아니다. 우리가 지나가는 것이다. 어딘지도 모르고, 아무것도 모르는 체….

라트하우스 다리(Rathaus Steg)로 다시 강을 건너고 구 시청 오른쪽을 지나 곡물광장으로 들어간다. 세월에 그슬린 시 청사(Town Hall) 높은 탑에 적색, 청색으로 꾸민 커다란 시계가 인상적이다. 1606년 세워진 건물 밑 오픈 아케이드에서는 지금도 시장이 매주 열린다고 한다. 그 옆은 피카소 미술관이다. 이 부근에는 곳곳에 프레스코 벽화가 그려진 집들이 있다. 글씨를 모르는 사람들을 위해 벽화를 그린 가게도 있는 듯 거리 전체가 작은 미술관이다. 상점도 천천히 구경하며 사슴 광장을 지나 와인 광장으로 발을 옮긴다.

광장 중앙에는 무장한 군인들이 조각된 1481년의 고딕 분수가 있다. 맞은편 6층 의상점에는 3개 층에 걸쳐 1928년 에두아르드 렌글리(Eduard Renggli)가 그렸다는 프레스코화 '가나의 혼례' 가 보인다. 가나마을 혼례에 초대된 그리스도가 물을 포도주로 만들어 최초의 기적을 행한 요한복음 2장의 내용을 묘사한 것이다. 와인의 광장임을 표상하기 위한 그림인지, 그림에서 이름이 유래됐는지는 모르지만 지나는 길손에게 와인 한 잔씩 베푼다면 그 이름과 그림에 딱 어울리는 광장이 될 것 이련만…. 싱거운 상상을 해본다.

다시 크람 거리(Kramgasse)로 로이스 강을 따라 올라가면 오래된 집들로 둘러싸인 뮐렌 광장(제분광장, Mühlenplatz)에 도착한다. 그 중에는 부근 다리의 모습을 그린 벽화의 집도 보인다. 광장 끝에는 루체른 또 하나의 하아라이트 슈프로이어 다리(Spreuerbrücke)가 한결 좁아진 로이스 강 위에 놓여있다. 1408년 요새의 일부로 건조된 길이 80m의 이 다리도 카펠교와 같은 지붕이 덮인 목재 다리로 역시 들보에 삼각

| 프레스코화 가나의 혼례 |

| 슈프로이어 나무다리 |

형 그림이 걸려있다.

해골이 사람을 희롱하는 모습 등 67개의 이 연작은 1626년 만연하던 페스트와 죽음을 소재로 하여 카스파 메그린거(Kaspar Meglinger)가 그린 '죽음의 춤' 이라는 목판화다. 지붕에 파란 이끼가 낀 다리는 옛날 밀기울을 버리던 곳이다. 중간에 17세기에 설치한 작은 예배당도 있어 한결 고풍스럽다. 이 부근이 중세거리의 끝자락쯤 된다.

되돌아 나가는 길, 필 여사가 봐둔 스웨터가 있다며 세일 중인 쇼핑몰로 들어간다. 한참 시간이 걸릴 테니 마침 잘 됐다. 와인광장에서 만나기로 하고 무제크 성벽(Museggmauer)을 잠깐 다녀오기로 한다.

루체른에는 예전에 시가지를 감싸고 있던 성벽의 북쪽 부분 약 900m가 아홉 개의 탑과 함께 아직도 남아 있다. 여름에는 그중 세 개의 탑을 개방한다는데 그걸 돌아 볼 시간은 없고 가까운 성벽까지만 부지런히 올라간다.

숲 사이 산책로에서 호수와 구시가를 내려다보며 한동안 숨을 돌린다. 강 건너 신시가의 전망도 볼만하다.

루체른을 상징하는 문화 컨벤션센터와 빈사의 사자상

필 여사를 다시 만나 로이스교(Reussbrücke)를 건너고 청록색 양파 돔의 예수 교회와 카펠교를 지나 널찍한 제 다리(Seebrücke)까지 걸어 나온다. 오른쪽, 호수에 붙은 위치에 기차역(Luzern Haupt Bahnhof)이 있다. 옛날 건물은 1971년 화재로 타버렸다. 스페인 건축가 산티아고 칼라트라바(Santiago Calatrava)에 의해 설계된 새 역사는 투명한 유리와 우아한 곡선 지붕으로 매우 독특한 형태를 하고 있다. 그 앞 광장에 화재에서 살아남은 아치 모양의 옛날 정문이 기념비처럼 보존돼있다.

기차역 바로 오른쪽에 위치한 루체른의 새로운 랜드마크, 문화 컨벤션 센터(Kultur-und Kongresszentrum Luzern/KKL)는 최근 스위스에서 건축된 가장 뛰어난 건물의 하나라는 평을 받고 있다. 프랑스 건축가 장 누벨(Jean Nouvel)이 설계한 이 참신한 건물은 콘서트 홀, 다기능 홀, 컨벤션 센터가 복합된 종합 문화시설이다.

13시, 미그로스 주차장으로 돌아가 차를 찾아 나온다. 두 시간의 주차료가 7프랑이다. 시간을 절약하기 위해 차를 타고 라이온 기념비를 들른 후 바로 취리히로 출발할 생각이다. 동쪽으로 나가 두 개의 첨탑이 휘어 올라간 호프 교회를 바라보며 북으로 돌아 뢰벤 거리를 약 400m 간 곳에 루체른을 상징하는 또 하나의 기념비 빈사의 사자상이 있다.

뚜렷한 산업이 없던 옛날, 산에서 자란 건장한 스위스 젊은이들은 유럽 각국에 용병으로 나가 돈을 벌었다. 1792년 8월 10일 프랑스 혁명 당시 스위스 병사 786명은 파리 튈르리(Tuileries) 왕궁에서 루이 16세와 마리 앙투아네트를 최후까지 몸으로 보호하다 전멸한다. 그 비극적 충성심을 기리기 위한 위령비가 숲 속 소공원 내 석회암벽을 뚫고 약 5m 크기로 조각돼있다. 등에 부러진 창이 꽂힌 채 용병을 상징하는 사자가 십자가 방패 위에 누워 괴로워하며 죽어간다.

이를 악물고 있는 비장한 표정의 사자상은 덴마크 조각가 토르발센(Bertel Thorvaldsen)의 1821년 작품으로 슬픈 눈을 가만히 보고 있노라면 저도 모르게 애절한 느낌을 갖게 하는 호소력이 있다. 미국의 작가 마크 트웨인이 "세계에서 가장 슬프고 비통한 바위 조각"이라는 말을 남겼다 한다. 암벽 밑에는 작은 못이 있어 방문객이 동전을 던져 추억을 남기고 간다.

라이온 기념비 뒤에는 빙하에 의해 형성된 구덩이, 바위 등을 전시한 빙하 공원(Gletschergarten)과 박물관이 있다. 또 한쪽에는 1871년 보불전쟁에서 패하여 스위스로 퇴각한 부르바키 장군과 프랑스군의 모습을 그린 둘레 110m, 높이 10m의 360도 원형 캔버스를 구경할 수 있는 부르바키 파노라마관(Bourbaki-Panorama)이 있다.

13시30분, 국도 4번을 북으로 올라가며 루체른을 뒤로한다. 양쪽에 노란 꽃이 곱게 핀 도로에서 운 좋게 취리히행 방향표지가 바로 눈에 들어온다. 20㎞ 정도 간 곳에서 E41을 만나 고속도로로 올라서고 다시 A14와 합쳐 A4/E41이 되어 일로 북으로 달린다. 고속도로는 특별히 눈에 띄는 것 없는 평범한 길이다. 추크(Zug) 호 북단에서 동쪽으로 돌며 바르(Baar)를 지난다. 도로공사가 자주 있어 가다 보면 국도로 바뀌기도 한다. E41로 북상, 강과 철도를 오른쪽으로 보며 아드리스빌(Adliswil)을 통과하고 고속A3에 합쳐지면서 드디어 취리히로 들어서는지 늘어나는 차가 줄을 짓기 시작한다.

긴 자동차 행렬 뒤를 따라 직감에 의존하며 구심력에 끌리듯 젠트럼으로 빨려든다. 낯선 도시에 드는 길은 날이 선 불안과 미지에 대한 기대가 뒤섞인 이상심리로 매번 숙취에 마비된 듯 속이 울렁거린다. 생면하는 도회에 겸허하게 바치는 텃세요, 색다른 경계에서 치르는 공경의 의식이다. 그러면서도 첫 소풍날 보물찾기로 헤매던 신비의 세계가 꼭 그 너머에 있을 것만 같은 것이다. 네거리 한쪽이 훤하게 트여 재빨리 돌았더니 길 가던 사람이 차는 안 된다고 황급히 막아선다. 뒤를 잇는 차와 엉켜 돌아 나오느라 또 한 번 진땀을 뺀다. 어쨌든 도심에는 진입한 모양이라 주차장 표지가 보이는 대로 우선 들어가 차를 세운다. 14시40분, 글로부스(Globus) 백화점 지하의 적색 4층이다.

밖으로 나오니 빌딩가 가운데 있는 파란 잔디밭, 젊은 남녀가 삼삼오오 모여 앉았고 한쪽에 소년을 돌보고 있는 점잖은 신사의 청동상이 보인다. 가까이 가서 이름 판을 살피니 하인리히 페스탈로치(Heinrich Pestalozzi). 전인교육 실천을 위해 일생을 보낸 취리히 출신의 위대한 교육가다. 우리가 도착한 곳은 19세기까지 처형장이었다는 반호프 거리(Bahnhof strasse)의 페스탈로치 공원(Pestalozzi anlage)이었다. 필 여사는 급한 대로 잔디 위에 점심을 차린다.

취리히는 약 37만, 대도시권으로는 130만의 인구를 가지고 있는 스위스 최대의 도시이자 취리히주의 주도다. 취리히 호(Zürichsee) 북안에서 흘러나오는 리마트(Limmat) 강과 그 지류인 질(Sihl) 강에 둘러싸인 곳, 중세부터 이탈리아, 프랑스, 독일을 연결했던 교통의 요지다. 상업과 공업, 금융업이 크게 발달하여 1848년까지 스위스의 수도였던 고장으로 경제의 중심지이자 2천년 이상의 역사를 지닌 문화 예술의 도시다.

도심에서 11㎞ 북쪽에 있는 클로텐(Kloten) 비행장은 유럽에서도 손꼽히는 스위스 최대의 국제공항으로 세계 각지와 밀접히 연결된다. 대도시이면서도 잘 보존된 중세의 건물이 많아 구시가의 매력을 즐길 수 있다. 오랜 역사를 지녔으면서도 종교개혁가 츠빙글리(Ulrich Zwingli), 교육개혁가 페스탈로치와 같은 인물이 활동한 진취적 기상의 특이한 관광도시다.

15시 공원을 출발, 2량짜리 청색 트램이 빈번히 오가는 반호프 거리를 북쪽으로 약 200m 걸어 중앙역(Haupt Bahnhof)에 들른다. 개선문 비슷한 전면에 커다란 아치가 이색적인 건물로 앞의 도로는 자동차 출입이 금지돼 있다.

지도를 얻은 후 동쪽으로 나가 반호프 다리(Bahnhofbrücke)로 리마트 강을 건너고 센트랄 광장(Central Platz)을 거쳐 젊은이들이 많이 모이는 니더도르프 거리(Nirderdorf strasse)에 들어선다. 작은 가게로 번화한 뒷골목을 남으로 내려가면 프레디거 교회(Predigerkirche)가 보인다. 취리히 최고라는 청록색 첨탑이 97m로 바늘 같이 예리한 1614년의 건물이다. 옆에 있는 큰 건물은 중앙 도서관(Zentralbibliothek)이다.

서쪽으로 돌아 루돌프 브룬 다리(Rudolf Brun Brücke)로 다시 리마트 강을 건너고 우라니아 거리(Urania strasse) 중간쯤에서 좌로 돌아 약 150m, 남쪽으로 난 비탈과 좁은 계단을 오르면 취리히의 발상지, 린덴호프(Lindenhof) 언덕이 된다. 옛날 로마인이 강을 오가는 선박으로부터 세금을 받았다는 세관(Turicum) 자리로 이로부터 취리히의 이름이 유래되었다고 전한다.

린덴호프는 보리수로 덮인 녹음 짙은 소공원으로 시민들 마음의 고향이자 안식처요 시원한 전망대다. 돌아가며 곳곳에 벤치가 놓여있다. 나무 그늘 땅 위에는 커다란 체스판이 있어 노인들이 게임을 즐기며 시간을 보낸다.

동쪽으로 가니 리마트 강과 구시가의 모습이 한눈에 들어온다. 리마트 부두(Limmatquay)의 도로 판이 강 따라 깨끗하게 경계를 그리고 있으며 그 위로 다

| 리마트 강의 프레디거 교회 |

니는 자동차의 소음이 도시의 호흡을 느끼게 한다. 파란 물에는 다리 밑으로 다닐 수 있게 만든 납작한 페리가 떠다니고 5, 6층 정도의 옛날 집이 강 쪽으로 얼굴을 보이며 나란히 서 있는 구시가 중간쯤에 프레디거 교회의 첨탑이 보인다.

| 린덴호프 공원 여군의 청동상 |

오른편으로는 대사원의 쌍 탑이 건물 사이로 삐죽이 솟아있고, 그 옆부터 취리히 호수가 전개된다. 베른의 시가가 통일된 색조와 정연한 질서로 빈틈없는데 비해 이 곳 구시가는 여러 색깔과 모양이 뒤섞여 무질서하지만 그만큼 자유롭고 편안한 분위기다. 공원 한쪽 보리수 아래에는 8각형 분수가 있고, 그 돌탑 위에 깃대를 들고 서 있는 한 여인의 청동상이 있다.

| 성 페터 교회 |

1292년 합스부르크의 침공으로부터 취리히를 구한 부녀부대의 활약을 기념하기 위해 1971년에 건립한 것이라고 한다. 패전의 벼랑에 선 결정적 순간, 여인들이 무장 궐기하여 린덴호프 언덕으로 진군하게 되는데 이것을 멀리서 본 적군이 수 불리를 느껴 황급히 후퇴하였다는 이야기가 전해진다. 가히 스위스 판 행주대첩이라 할 것이다.

언덕에서 프팔츠 거리(Pfalz gasse)를 남쪽으로 내려가면 슐루셀 거리(Schulussel gasse)에서 성 페터 교회(St. Peterskirche)를 만난다. 9세기에서 10세기에 걸쳐 세워진 베이지와 엷은 청색의 이 프로테스탄트 교회는 취리히에서 가장 오래된 교회당이다.

| 프라우뮌스터 성당 |

후기 로마네스크와 고딕 양식이 섞인 뾰족탑에는 지름 8.7m, 긴 바늘 4m, 짧은 바늘 3m인 금빛 시계가 유럽 최대의 크기를 자랑하고 있다. 내부는 오렌지색 대리석 기둥과 크리스털 샹들리에 등 아름다운 바로크 양식으로 치장돼있다. 시계탑은 1911년까지 화재 감시대로도 사용됐다고 하며 1880년 제작된 다섯 개의 종이 달려있다. 페터 교회에서 동쪽으로 계단과 언덕을 내려가면 가장 오래된 시장터라는 바인 광장(Weinplatz)이 나타나고 그곳에서 라트하우스 다리(Rathausbrücke) 너머로 바로크 양식의 시청(Rathaus) 건물이 보인다. 1698년 세워진 반듯한 4층 백색의 건물로 마치 물 위에 떠있는 듯한 모습이다.

다시 남쪽 청록색 첨탑의 성모 성당(Fraumünster)을 향하여 걸어간다. 853년 동프랑크 왕국의 루드비히(Ludwig) 2세가 그의 딸 힐데가르트(Hildegard)를 위해 세운 수녀원을 13세기경 바로크 양식으로 개수한 성당으로 안뜰 회랑에는 그 설립과정을 그린 프레스코 벽화가 남아있다. 당초 두개였던 뾰족탑 중 하나는 1728년 없어졌다고 하며 현존하는 우아한 형태의 첨탑에는 페터 교회와 흡사한 금빛 시계가 달려있다.

내부로 들어서자 기다란 유리의 화사한 광채가 바로 눈길을 사로잡는다. 80세의 샤갈(Marc Chagall)이 1967년에 제작했다는 높이 10m의 유명한 스테인드글라스는 정면으로 청·녹·황의 세줄, 양옆으로 적과 청의 두 줄이 있으며 남쪽 복도에 장미창이 있다. 가운데 있는 녹색 창 상부에 그리스도, 중간에 마리아의 상이 보인다.

| 대성당 그로스뮌스터 |

5,793개의 파이프로 구성된 주 최대의 오르간과 아름다운 로마네스크풍의 성가대도 균형 잡힌 내부에 구성미를 더해주고 있다. 입장료는 무료다.

성당을 나와 동쪽을 향해 뮌스터 다리(Münsterbrücke)를 건너면 츠빙글리의 동상이 있는 바서 교회(Wasserkirche)를 지나 구시가 정면으로 장엄한 대성당(Grossmünster)을 마주하게 된다. 샤를마뉴(Charlemagne, 카를) 대제가 창건한 수도원 자리에 1100년 착공하여 1220년경 완공했다는 스위스 최대의 로마네스크 건축물이자 취리히 최고의 랜드마크다. 츠빙글리가 1519년부터 죽을 때까지 제1 설교사로 근무하며 개혁운동을 펼쳐 종교개혁의 중추적 장소로 알려져 있다. 높이 60m인 15세기 고딕 쌍 탑의 둥근 정상부는 18세기 돔으로 독특한 형태를 하고 있다.

프랑스 작가 빅토르 위고(Victor Marie Hugo)가 '후춧가루 통'이라고 불렀다는데 영락없이 바로 그 모습이다. 독일의 작곡가 리하르트 바그너(Richard Wagner)가 그 말을 했다는 설도 있다.

내부는 호화로운 장식을 금했던 전통으로 검소한 분위기고, 1932년도 아우구스토 자코메티(Augusto Giacometti)의 스테인드글라스 정도가 눈에 띄는 장식이다. 아우구스토는 많이 알려진 스위스의 초현실주의 조각가 알베르토(Alberto) 자코메티의 조카다. 입장료는 무료다.

밀크초콜릿을 발명한 나라…네슬레, 슈사드 등 초콜릿 종주국 자부

남탑 위에는 2프랑을 내고 올라가는 전망대가 있어 구시가와 호수의 탁월한 경치를 볼 수 있다지만 돌아갈 시간이 염려스러워 생략하기로 한다. 지하에 내려가면 샤를마뉴 대제의 오래된 15세기 석제 좌상이 놓여 있다. 남탑 중간에 그 복제품을 설치해 놓았는데 걸어나오며 돌아보는 눈에 금빛 왕관이 유난히 반짝거린다. 리미트 부두로 가는 길가에 부르고뉴의 전투를 승리로 이끈 스위스의 장수이자 1489년 정적에게 잡혀 참수당한 취리히 시장 발트만(Hans Waldmann)의 기마상이 있다

리마트 강 동안을 따라 남쪽으로 300m를 더 걸으면 벨뷰 광장(Bellevue platz)에서 취리히 호를 만나게 되고 수많은 보트, 유람선과 함께 백조와 오리를 볼수 있다. 호수의 물이 강으로 흘러드는 하구에 걸린 널찍한 케 다리(Quaibrücke)를 서쪽 뷔르클리 광장(Bürkliplatz)으로 건넌다. 이 광장에서 중앙역까지 뻗은 약 1.4㎞의 반호프 거리는 아름다운 가로수와 함께 은행, 백화점, 시계, 보석상, 일류 디자이너의 의상실 등이 양쪽으로 늘어선 스위스에서 가장 세련된 고급 상점가다.

북쪽으로 걸어가는 도중 파라데 광장(Paradeplatz)에 초콜릿으로 유명한 슈프룽글리(Sprungli) 본점이 있어 잠깐 들어가 본다. 밀크초콜릿을 발명한 나라, 네슬레(Nestle)와 슈샤드(Suchard), 린트(Lindt) 등 유명 회사로 초콜릿 종주국을 자부하는 스위스의 상점인지라 구경삼아 들러본 것인데 주로 선물용인데다 꽃밭같이 화려한 매대 곳곳에 반사 거울이 놓여있다. 감시하는 점원들 시선이 줄곧 따라다녀 시식용 몇 개 사려던 생각을 접고 불편한

마음으로 나와 버린다.

중앙역 방향으로 북상하면서 에르메스(Hermes), 샤넬(Chanel), 카르티에(Cartier) 등 일류 상점이 줄줄이 나타난다. 반호프가 66번지에는 세계적 제화점 발리(Bally)의 본점인 6층 건물이 있다. 우리 여행과는 인연이 먼 곳, 시간도 넉넉지 않겠다 그냥 지나쳐 17시에 자동차를 주차시킨 페스탈로치 공원 옆 글로부스 백화점에 도착한다. 2시간 20분 주차에 요금이 9프랑이다.

숙소로 돌아오는 길은 하니 아줌마의 조언대로 베른 옆을 거치는 고속도로를 이용하기로 하고 서북으로 방향을 잡는다. 시내를 벗어나며 베른, 바젤(Basel) 표지 따라 올라선 고속A3은 디에티콘(Dietikon) 부근에서 A1으로 이름을 바꾼다.

바덴(Baden) 옆을 지나며 남서로 방향을 돌리자 곧 분기점을 만나 바젤로 가는 길을 오른쪽으로 보내고 계속 A1을 따라 베른까지 약 90㎞를 더 달린다. 필 여사는 속도를 내지 않고 3차선을 천천히 간다. 조금만 빨라져도 속도 줄이라고 옆의 조수석에서 자꾸 간섭하기 때문이다. 모든 차가 우리를 앞지른다. 그래도 "신경 쓰지 말자. 안전이 최우선 아닌가?" 하며 다짐한다. 공사 중인 도로가 여러 곳 있어 더 지체된다.

이곳 고속도로에는 매점, 레스토랑이 딸린 넓은 주차시설의 휴게소가 없고 적당한 거리마다 네모진 녹색 판에 흰색 'P' 자가 표시된 간소한 휴식처가 나타난다. 물론 주유소와 식당이 달려있는 곳도 있기는 하지만 매우 드물다. 그것도 우리나라 같이 승용차가 몰리고 고속버스가 손님을 쏟아내는 큰 규모의 휴게소가 아니다. 대부분 바이패스 하는 길에 소규모 주차장과 조금은 냄새나는 무료화장실이 있을 뿐이다. 나무 그늘이나 식사용 테이블이 마련돼 있으면 그나마 좋은 편에 속한다. 화장실이 없는 경우도 있다.

보기에는 빈약한 시설이지만 자동차로 여행하는 사람들에게 이 'P' 표시가 사막의 오아시스만큼이나 절실하게 느껴지는 경우가 자주 생긴다. 운행 중 생리현상이 급해지거나 졸음을 밀어내기 힘든 경우가 수시로 발생하기 때문이다.

아침부터 자동차 운전에 두 도시를 걸어 다닌 필 여사가 당연히 피곤할 테니 졸음이 올 수밖에 없다. 참다못해 화살표 따라 'P' 에 들어가서는 차를 세우기 무섭게 의자를 눕히고 잠에 떨어진다. 얼마나 지났을까, 기척을 느껴 일어나니 코고는 소리때문에 못 잤다며 불평이 대단하다. 시계를 보니 30분이 지났다.

출발하고 좀 가더니 다시 졸음을 못 이겨 두 번째로 휴게소에 들어간다. 딱한 마음에 "운전 교대 좀 하면 어떨까?" 조심스레 말을 꺼냈더니 펄쩍 뛴다. 갑작스런 몸의 이상으로 사고가 생기면 우리만으로 끝날 일이 아니라 남에게 피해를 입히니 강요할 일도 아니다. 여행 떠나기 전에 핸들은 잡지 않기로 약속을 했으니 도리가 없다. 할 수 없이 숨을 죽이고 시간을 보낸다. 이번은 좀 잠이 든 것 같다. 40분을 보내고 다시 출발한다.

베른을 통과하고는 어제 다닌 길이니 마음이 놓인다. 조는 듯 천천히 몰던 필 여사가 어느 순간 기속을 하면서 1차신으로 들어서더니 추월을 한다. 시원스럽게 달리니 기분이 나는 모양이다. 긴장을 하니 졸음도 달아나고 시간도 단축된다.

그런 줄 알았으면 고속도로는 고속도로답게 진작 이렇게 왔으면 좋았을 걸! 외국이라 조심할 일이 아니라 모든 것은 역시 관행대로 따라 해야 옳은 것이다. 이 기회에 제 실력 나온다고 아부도 좀 해 둔다. 신이 난 필 여사는 150㎞를 넘기며 추월해간 차까지 다시 추월을 한다. 제발 좀 늦췄으면 좋으련만 아첨한 끝이니 벙어리같이 속만 태운다. 덕분에 오늘의 여행은 시원하게 마무리한다.

20시50분 빌더스빌 우리 보금자리에 도착한다. 융프라우요흐에 올라갔던 옆방 손님은 산 위의 날씨가 좋았다고 한다. 내일도 맑아야 할 텐데.

12일. 트뤼멜바흐 폭포와 마이링겐의 아레슐루흐트

5월 18일 목요일

Wilderswil-9㎞-Lauterbrunnen-3㎞-Trümmelbach fälle-15㎞-Interlaken-31㎞-Meiringen-2㎞-Aareschlucht-32㎞-Wilderswil

총92㎞ (실 운행거리 98㎞, 보행 6.5㎞)

염려했던 쪽으로 날씨가 기울어 아침부터 침침하게 하늘이 흐렸다. 어제 갔다왔어야 하는 건데 하는 생각이 든다. 일기예보에서도 비가 온다고 했다니 융프라우요흐는 다시 내일로 미루고 오늘 오전은 라우터브루넨으로 들어가 소문난 경관을 둘러보면서 슈타우프바흐(Staubbach fall)와 트뤼멜바흐(Trümmelbach fälle) 등 폭포를 구경하기로 한다. 오후에는 마이링겐으로 운행하여 아레슐루흐트(Aareschlucht)를 비롯한 부근 명소를 다녀오기로 계획을 잡는다.

바쁜 일정이 아니니 오래간 만에 늑장을 부리며 10시15분, 집을 나선다. 파란 목초 들판을 지나 베르너 오버란트 철도(BOB)와 뤼치네(Lütschine) 강을 왼쪽으로 보며 남쪽 깊은 골짜기로 들어선다. 우윳빛 섞인 연두색 개울이 두 쪽으로 갈라지자 곧 길도 두 갈래로 나뉘는 츠바이뤼치넨(Zweilütschinen)을 지난다. 츠바이뤼치넨은 두 개의 뤼치네 강이 모이는 곳이라는 뜻으로 왼쪽은 검은 강인 슈바르체 뤼치나(Schwarze Lütschina), 오른쪽은 흰 강인 바이세 뤼치나(Weisse Lütschina)다.

그린델발트(Grindelwald)로 가는 왼쪽 길과 갈라서 곧게 난 오른편 길을 라우터브루넨으로 계속 들어간다. 글자 그대로 흰 거품으로 하얗게 흐린 바이세 뤼치나와 두 줄기 철로는 숲을 뚫고 도로와 평행을 이루며 깊어지는 협곡으로 누비듯 진입한다. 어느덧 양쪽에는 수백 미터의 대 절벽이 소스라치도록 높게 자리를 잡았다. 차는 라우터브루넨으로 들어서고 기차역을 지나 호텔, 선물가게, 레스토랑이 늘어 선 자그마한 중심가를 통과한다. 마을은 오랜 옛날 빙하가 깎고 지나간 U자형 골짜기 밑에 누워있다. 오른쪽 깎아지른 절벽 위에서 쏟아지는 하얀 물줄기가 보인다. 이 고장의 상징 슈타우프바흐(Staubbach) 폭포다.

'큰 소리' 라는 뜻의 라우터와 '샘' 을 의미하는 브루넨이 합성된 이름의 라우터브루넨은 고도 796m에 인구는 약 3천명, 인터라켄에서 융프라우요흐나 실트호른(Schilthorn)으로 가는 중계역이며 경치가 아름나워 많은 관광객이 묵어가는 마을이다. 독일의 문호 괴테(Johann Wolfgang von Goethe)가 한때 체류하면서 작품을 썼던 곳으로도 알려져 있다.

이 지방을 찾는 관광객 중 일본 사람들이 동쪽 그린델발트에 많이 묵는데 비하여 우리 한국 사람들은 대부분 이곳 라우터브루넨을 숙소로 잡는다. 이곳에는 경관이 빼어난 캠핑장 두 곳이 있다. 숙소를 물색하다 캠핑 쉬첸바흐(Camping Schüzenbach, www.schutzenbach-retreat.ch) 사이트에 들어가 360도로 돌아가는 파노라마 동영상을 보고 눈부신 경치에 넋을 잃었던 기억이 새로운데 지금 현실로 그 곳에 와 있는 것이다.

72개에 이른다는 폭포 중 가장 대표적인 슈타우프바흐로 가까이 간다. 낙차 300m, 유럽 제2의 높이를 가진 폭포는 수직 암벽을 타고 쏟아져 내린다. 수량이 많지 않기 때문에 아래에 와서는 작은 물방울이 바람에 날린다.

시인 바이런은 폭포를 보고 '죽음의 신이 탄 창백한 말의 꼬리' 같다고 했으며 부근 교회에 묵었다는 괴테는 '물위에 흐르는 귀신의 노래' (Gesang der Geister über den Wassern)라는 시를 썼다고 한다. 영국 시인 워즈워드(William Wordsworth)도 감탄하며 한수를 읊었다는데 시구는 알려져 있지 않다. 밑이 굵은 빗자루같이 나부끼는 물줄기를 바라보다가 쟁쟁한 시인들 사이에 낄 주제는 못 되지만 우리끼리니 필 여사 귀에 대고 가만히 한마디 한다.

'죽음의 신이 탄 창백한 말의 꼬리' 같은 슈타우프바흐

"어때? 바람에 흩날리는 마고할미의 하얀 머리채!"

"당신이 무슨 시인이라고, 저게 어째 머리챈고. 빙수 같구먼." 필 여사의 모든 길은 식도로 통한다.

밤에는 조명으로 장관이 더해진다고 하며 밑에는 가보지 않았지만 폭포 뒤로도 돌아갈 수 있는 모양이다. 사진을 찍으며 가다보니 역에서 700m정도에서 시가는 끝나고 도로가 좌로 돌며 S자 내리막으로 바이세 뤼치나 강의 다리를 만난다.

꼬부라진 길 안에 까만 뾰족지붕, 붉은 시계의 하얀 교회가 서 있다. 괴테가 묵었다는 그곳인지도 모르겠다. 이 지점이 슈타우프바흐 폭포와 교회를 씩는 훌륭한 촬영 포인트다. 폭포 높이가 짧아지는 것이 불만이지만 다리 부근에서 자세를 낮추고 교회를 찍는다. 폭포 크기를 제대로 표현하려면 다리건너 멀리 있는 집 뒤로 올라가 교회를 작게 잡아야 될 것 같은데 길 가에 주차한 필 여사의 독촉으로 마지못해 차에 오른다.

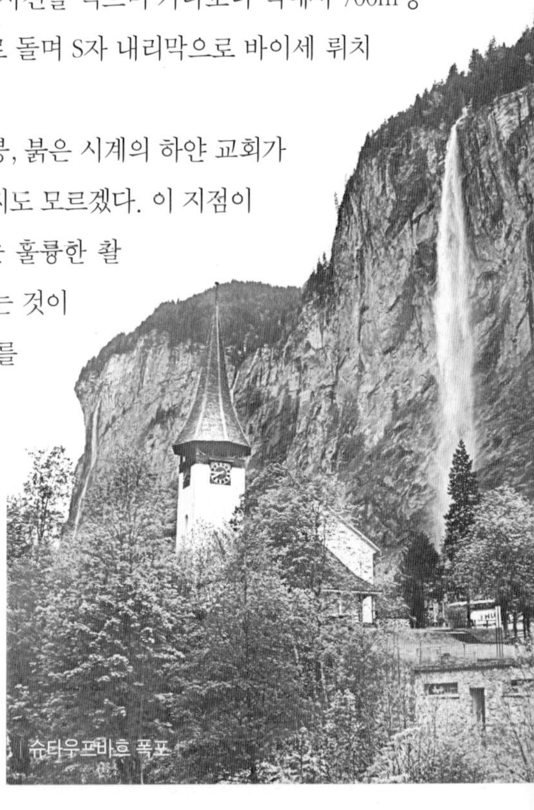
슈타우프바흐 폭포

다시 뤼치나 강을 오른쪽에

보며 트뤼멜바흐 폭포를 향해 좌우 절벽 사이 폭 1㎞ 정도의 U자 계곡을 진행한다. 말로만 듣던 15㎞의 라우터브루넨 협곡(Lauterbrunnental)에 높이 300~500m의 대 암벽이 양쪽으로 계속 이어진다. 오른쪽에 뮈렌(Mürren, 1650m), 왼쪽으로 벤겐(Wengen, 1274m) 마을이 위치한 절벽 위에는 이마에 난 머리같이 짙은 숲이 얹혀있고, 엷은 살색과 회색의 바위 얼굴에는 검은 줄이 세로로 수도 없이 나있다. 띄엄띄엄 가늘고 긴 하얀 폭포가 멀리까지 걸려있으며 전면에는 정상이 구름에 가린 하얀 알프스가 희미하게 보인다. 넓게 퍼진 풀밭에 노란 꽃이 만발하였고 짙은 녹색의 이름 모를 나무에는 하얀 꽃이 활짝 피어 있다. 그야말로 일대 장관이다.

11시 트뤼멜바흐 폭포에 도착, 자갈 깔린 텅 빈 주차장에 차를 세운다. 라우터브루넨 역에서 약 3㎞의 거리다. 주변에 아무것도 없는 것을 보니 주차료는 안 받는 모양이다. 사진으로 꾸민 큰 안내판의 화살표를 따라 목초 사이로 난 오솔길을 걸어가면 얼음이 녹아 흐르는 하얀 개울이 보이고 어디선가 먼 천둥같이 물소리가 울려오기 시작한다.

트뤼멜바흐는 지상 절벽에서 떨어지는 동상석인 폭포가 아니고 밖에서는 보이지 않는 동굴 속 골짜기를 휘돌며 낙하하는 일련의 물줄기다. 1만 5천

| 라우터브루넨 협곡의 절경 |

| 트뤼멜바흐 폭포 |

년 전 라우터브루넨 협곡을 형성했던 빙하가 녹아 계곡이 깊어지면서 바위로 침투한 물이 오랜 세월 연한 곳을 뚫고 지나며 단단한 곳만 남겨 지금과 같은 기이한 굴과 폭포를 만들었다는 것이다.

트뤼멜바흐는 '북처럼 울리는 물줄기' 를 뜻한다고 한다.

아이거, 묀히, 융프라우 북서사면에 있는 일곱 개 빙하에서 녹은 물이 초당 20톤의 격류가 되어 동굴 속 기기묘묘한 바위로 파고들면서 낙차 약 300m, 무섭게 휘어 떨어지는 천태만변의 격동을 치른 후 바이세 뤼치나 강으로 조용히 흘러나가는 것이 이 폭포의 불가사의한 모습이다.

30m의 교량, 다섯 개의 터널로 이루어진 어둡고 깊은 동굴 통로에는 10층의 좁은 계단이 마련돼 있으며, 16개의 투광기(floodlight)와 32개의 스포트라이트(spotlight)로 조명된다.

입구로 가다보면 길가에 유리케이스로 만든 엘리베이터의 모형 게시판이 있다. 동굴의 중간까지 경사져 올라가는 일종의 푸니쿨라로 수용인원 40명, 100m 높이를 60초에 올라간다고 적혀있다. 1912년 처음 운행을 시작했으며 천장에 유리가 설치된 현재의 엘리베이터는 1983년에 개조된 것이라고 한다. 조금 더 걸으면 매표소가 나온다. 입장권은 한사람에 11프랑이다. 차고같이 생긴 승강장에서 육중한 쇠문을 통해 엘리베이터를 타니 유리창 너머 레일이 보인다.

조명이 없는 어두운 실내, 천장의 투명유리를 통한 흐릿한 빛으로 비스듬히 올라가는 것을 느낄 수 있다. 5층에 도착 엘리베이터에서 내리면 일단 외부로 나오게 되는데 그 곳에 동굴 층계의 구조를 눈 모양으로 설명한 안내판이 있다. 내용을 대강 살핀 다음 굴 밖으로 난 계단을 걸어 올라가면 6층 내부에서 비로소 소용돌이치는 물줄기를 만나게 된다.

| 트뤼멜바흐 폭포 내부 |

철제 손잡이를 잡고 바위를 돌며 동굴 안으로 들어서는 찰나 귀를 때리는 우렛소리와 함께 들끓는 물이 포말을 날리며 순식간에 넋을 빼산다. 별어지는 물보라로 흥건하게 젖은 협소한 계단을 따라 조심조심 어두운 공간을 위로 올라간다. 미끄러지면 난리다. 동굴 가득한 굉음 속에서 격류는 수도 없는 단계로 크고 짧게 바위에 충돌하며 절벽의 나락으로 떨어져간다. 흡사 몸을 비틀고 거품을 토하며 생동하는 용의 모습이다. 밑으로 내달리니 용틀임보다는 승천에 실패하고 굴로 파고드는 이무기라고나 할까? 흐릿한 오렌지색 나트륨 전등은 분위기를 한층 침침하게 만들고 있다. 그 빛을 벗어나 암흑의 심연으로 함몰하는 물을 보고 있으면 가슴이 서늘하도록 공포에 빨려든다.

| 트뤼멜바흐 폭포 중간 |

통로는 몸을 굽히도록 낮아지기도 하고 겨우 빠질 만

큼 좁아지는가 하면 갑자기 광장으로 변해가는데 볼만한 장소에 뷰포인트(viewpoint)를 마련해 놓았다. 세차게 휘어지는 물기둥과 비말, 현기증 나게 돌아가는 소용돌이는 기괴하게 생긴 바위틈을 비집고 끊임없이 뒤틀리며 방대한 에너지를 토해낸다. 알프스의 몸속 혈관을 흐르는 격정의 맥동이라고나 할까 공포를 수반한 놀라움의 현장이다. 고씨동굴을 수직으로 세우고 종유석 사이를 비집으며 세찬 물줄기가 떨어진다면 비슷하지 않을까 하는 생각이 든다.

이곳에서 카메라는 거의 무용지물이나 다름없다. 플래시를 써봐야 거리가 미치지 않고 위치도 잡기 힘들지만 그 보다는 연속적인 물줄기의 흐름을 도저히 표현할 길이 없는 것이다. 튀어 오르는 물보라로 온몸을 적시며 맨 위까지 올라간다. 골짜기 사이에 좁게 하늘이 보이고 옆으로 뚫린 바위틈으로 폭포가 계속 맴돌며 쏟아져 내린다. 비가 오면 더 장관이라고 한다.

11시30분 정상에서 잠깐 쉰 다음 손잡이를 잡고 미끄러운 계단을 천천히 6층까지 내려온다. 10여명 되는 손님 속에 한국 아가씨도 몇 명 있어 서로 인사를 나눈다. 6층에는 바위를 돌아 외부로 나있는 폭포가 있어 잠시 구경한다. 밖에는 예보대로 가늘게 비가 내리고

| 폭포 상층 일부 |

있다. 오늘은 안팎에서 젖게 돼있는 운명인가 보다.

하얀 탁류가 소리없이 흘러 나간다

5층부터 밑으로는 외부 계단을 내려가며 수시로 동굴로 들어가 폭포를 구경한다. 주변에 보이는 라우터브루넨 협곡은 이슬비에 촉촉이 젖어 환상적 선경이다. 4층인가 다시 들어간 굴속에서 뱃속까지 울려대는 천둥소리와 급류의 격동은 여전히 계속되고 있다.

빠른 유속으로 줄기차게 바위를 침식하는 물의 세력은 단단한 방어에 걸려 좁은 틈으로 물기둥을 뿜어 올리고는 포말로 부서져 힘을 잃고 흩날린다. 무모하기 짝이 없는 도전이다. 그러니 수십 년, 수백 년, 우리가 가고 난 먼 훗날, 저 단단한 돌도 가루가 되어 흔적 없이 사라지겠지.

이 오묘한 형태를 애써 만들었다가는 다시 무로 돌리는 자연의 이치에 어떤 뜻이 숨어있는 것일까? 계란보다도 연약한 '물로 바위치기' 를 한동안 바라보며 어느새 허무하다할까, 바위돌이 측은해지는 감상에 젖어든다. 형체가 없는 물보다는 모양을 가진 돌 편이 더 가깝다는 뜻인지 모르겠다. 생자필멸이라 했던가? 생물이건 아니건 필멸이란 단어에서는 영겁의 막막한 시공간으로 이어지는 운명적이고도 필연적인 비애를 느끼게 된다. 컴컴한 암흑 속에서 들끓는 물을 나트륨 전등이 침침하게 비춰준다.

아래층 입구까지 내려오면 옆으로 돌아 관람하는 2번 폭포가 있다. 내부에서 위치 에너지를 몽땅 소진한 계류는 맨 아래 1번 폭포에서 언제 그랬냐는 듯 얌전하게 옆으로 쏟아져 들판을 흐르는 작은 개천이 된다. 물이 어는 12월부터 3월까지는 동굴이 폐쇄된다고 한다.

12시10분 폭포를 떠난다. 왼쪽으로 우유를 탄 듯 하얀 탁류가 소리 없이 흘러나간다. 안에서 어떤 난동을 피었는지, 만취에서 깨어난 다음날 아침 같은 멀쩡한 딴 얼굴이다. 이 개울은 약 800m를 흘러 바이세 뤼치나 강에 합류한다.

주차장에서 차를 타고 12시30분 인터라켄을 향해 출발한다. 라우터브루넨 시내 중간쯤 한눈에 한국 사람으로 보이는 아가씨 서너 명이 얘기를 나누고 있다. 옆의 건물에는 우리나라 사람이 많이 묵는 밸리 호스텔의 이름이 보인다. 통과하면서 언뜻 보니 맞은편에 꽤 넓은 전용주차장도 있는 듯하다.

오락가락하는 비속에 빌더스빌을 지나며 슈퍼마켓 미그로스에 들른다. 점심거리를 사려했는데 13시30분까지 식사시간이라는 메모와 함께 문이 잠겨있다. 대규모 점포가 아니면 슈퍼도 점심시간에 문을 닫는 모양이다. 빌더스빌에서 북으로 3㎞, 루겐 거리(Rugenstrasse)를 거쳐 인터라켄에 들어선다.

툰과 브리엔츠 두 호수에 끼어있어 '호수 사이' 라는 뜻의 인터라켄으로 불리는 이 도시는 고도 568m, 베른주 남동부에 있는 인구 5,700명의 관광휴양지다. 섬유와 시계공업으로 성장했지만 현재는 융프라우, 아이거, 묀히 등 명산의 고장 베르너 오버란트을 찾는 등산기지로 더 알려져 있다. 남쪽으로 융프라우가 반듯하게 바라보이는 시내에 아레(Aare) 강을 따라 중심도로가 나 있으며 그 양쪽 끝 부분에 도보 20분 거리로 동(Ost)과 서(West), 두개의 기차역이 있다.

융프라우요흐로 올라가는 등산열차 BOB는 오스트역에서 출발한다. 널찍한 회에 거리(Höheweg)를 지나 베스트역 일대를 둘러보고 메트로폴(Metropole) 호텔 옆의 관광안내소에 들러 비치된 자료를 챙긴다. 맞은편이 시민들의 쉼터 회에마테(Höhematte) 공원이다. 빅토리아 융프라우 호텔 길가에 차를 세우고 공원 벤치에 앉아 잠시 쉬어간다. 넓은 잔디에 잘 가꿔진 꽃밭, 그리고 길 건너 보이는 카지노 쿠르잘(Casino Kursaal)의 이국적 건물이 눈을 즐겁게 한다. 잘 보인다는 융프라우는 애석하게 구름에 가렸고 미안하다는 듯 다시 빗방울이 하나 둘 듣기 시작한다.

서둘러 차에 올라 오후의 목적지 마이링겐을 향해 출발한다. 어제 갔던 국도 6/11호로 브리엔츠 호수 북쪽을 순조롭게 달리는데 오버리트를 지날 무렵 굵어진 빗줄기가 본격적으로 앞창을 두드리기 시작한다. 브리엔츠를 지나 브리엔츠빌러에서 고속 A8호와 엇갈리며 아레 강을 건너고 그 오른쪽을 따라 8㎞를 더 동진한다. 도중에 마침 란디(Landi) 슈퍼가 눈에 띄어 점심거리를 구입한다.

마이링겐의 남쪽을 통과하면서 만나는 라운드어바우트에서 우로 돌자 바로 교차로가 나오는데 거기서 국도 6/11호와 작별하고 좌로 회전하면 아레슐루흐트 거리(Aareschluchtstrasse)로 들어서게 된다. 아레슐루흐트의 서쪽 입구(West)는 1㎞ 앞에 있다. 이 부근은 한적한 시골이기 때문에 길을 찾느라 조급할 필요가 없다. 안내표지 따라 창밖 구경하며 모르면 묻고 천천히 가면 된다. 비는 이제 더 굵게 댓줄기처럼 쏟아지기 시작한다. 엊그제 미리 비를 맞아두는 게 좋겠다고 방정맞게 군 것이 화를 부른 모양이다.

넓은 주차장에 차를 세우고 아레슐루흐트 입구라고 쓰여 있는 'ㅆ' 자 지붕의 유리 건물을 바라보니 세찬 빗줄기에 뛰어갈 엄두가 나지 않는다. 차 안에서 점심을 먹으며 기다리자는 필 여사 제의를 따르기로 한다. 비는 점점 심해져 땅을 튀기는 물로 앞이 잘 안 보인다.

슐루흐트란 오랜 세월의 급류 침식으로 바위산에 형성된 좁은 협곡을 말한다. 마이링겐과 이너트키르헨(Innertkirchen) 사이는 키르혯트(Kirchet)라는 바위층으로 막혀 있었는데 수천 년에 걸친 아레 강의 침식으로 길이 1.4㎞, 깊이 180m의 협곡이 만들어졌다. 지금은 산 고개를 넘는 훌륭한 도로가 생겼지만 백년이 넘는 기간 이 골짜기가 두 마을을 연결하는 통로 역할을 해왔다고 한다.

마이링겐의 대표적 명소인 아레슐루흐트는 폭이 200m가 넘는 지점도 있지만 좁은 곳은 1m에 불과하고 절벽의 높이는 180m에 달한다. 벼랑을 따라 폭이 1m에서 2m되는 1650m의 인공 통로를 만들었는데 암벽에 철제

| 아레슐루흐트와 널길 |

| 절벽에 매달린 좁은 통로 |

도리를 박아 1000m의 널길을 매달았으며 400m의 터널을 뚫었다. 나머지 250m는 자갈과 아스팔트다. 그 3m 밑으로는 무서운 기세로 아레 강의 급류가 흘러간다.

15시, 점심을 마치고 마냥 기다릴 수도 없어 비옷으로 무장한 후 쏟아지는 장대비를 뚫고 앞의 건물로 뛰어 들어간다. 넓은 레스토랑 한쪽 매점에서 표를 파는데 오늘 같은 궂은 날 손님이 오겠느냐 생각했는지 매표원도 없다. 식당에 보여 삽남하고 있던 직원이 달려와 입장권과 함께 팸플릿을 내준다. 한사람에 7프랑, 시니어 할인이 있어 6프랑씩 두 장을 산다. 옆으로 난 문을 통해서 밖으로 나가 언덕길을 잠시 걸으니 빙하 녹은 우윳빛 연두색의 아레 강이 어지럽게 맴돌며 도도하게 흘러간다. 가까이서 속을 보면 깊은 푸른색이다.

포장길이 어느새 바위에 달라붙은 판자길로 이어지더니 굴을 들락거리며 점점 좁아지는 절벽 사이로 들어간다. 밑으로는 거품을 날리며 급하게 흐르는 격류, 위를 쳐다보면 마음대로 뒤틀린 암벽이 서로 물리며 아득히 솟아있다. 그 사이로 이리저리 좁게 찢긴 하늘이 실오라기만큼 보일 뿐인데 빗방울이 사정없이 얼굴로 떨어진다. 세찬 빗줄기가 분위기를 더욱 처절하게 몰아가는 듯하다. 오늘은 정말 푸짐하게 젖게 돼있는 숙명인가 보다.

굴은 강 쪽을 크게 뚫고 난간을 달아놓아 계속 흐르는 물을 보며 걷게 돼 있다. 바위 살은 젖어 번들거리고 바닥 물기에 붉은 네온 등이 어둡게 반사한다. 동굴 안도 낙수가 줄줄이 떨어져 젖는 것은 마찬가지나 한쪽으로 비켜서서 렌즈 구멍만 트고 카메라를 비닐로 싸서 비옷 속에 준비한다. 캠코더와 디카를 번갈아 꺼내기가 힘들어 갈 때와 돌아 나올 때 한 가지씩 찍기로 한다. 한참 만에 한 번씩 어렵게 끄집어내는데 어두운 날씨에 감도 조절을 못해 화상이 흔들리지만 그것을 맞출 여유가 없다.

쏟아지는 비로 더욱 요란한 폭포 소리, 굴을 벗어나면 절벽에 매달린 잔교가 붙었다 떨어졌다 지그재그로 이어진다. 난간을 잡고 무섭게 흐르는 강물을 보며 조심조심 디딤판을 걷다 다시 굴로 들어간다.

빙하에 찢긴 탁마와 물실에 의한 연마를 겪어 고초의 흔적이 역력한 바위를 들락날락하면서 1m 폭인 비좁은 골목을 돌아 나간다. 양 벽이 거의 붙은 듯한 형상인데 그 협소한 골짜기를 물은 쏜살같이 빠져나간다.

직립한 암벽 한가운데 보이지도 않는 구멍에서 호스같이 뿜어져 나오는 폭포 슈레이바흐(Schräybach)가 신기하다. 비는 점점 심해진다. 비닐로 된

| 아레슐루흐트 동쪽 부분 |

| 굴속에 크게 뚫린 바위 창 |

비옷을 입고 필 여사가 머리에 큰 비닐을 덧씌워주면 비닐에 싼 카메라를 꺼내 사진을 찍는다. 기계를 비에서 막으려는 생각이지만 그래도 젖지 않을 도리가 없으니 촬영횟수가 줄어들 수밖에 없다.

500m정도나 왔을까 하늘이 넓어지면서 강바닥에 자갈이 깔린다. 붉은색을 띤 절벽은 여전히 높이 솟아 있다. 슬레이트 모양으로 덮인 바위를 지나 오른쪽으로 휘어나가면서 계곡은 점점 여유로워진다.

마이링겐 입구쪽에서 반 정도가 좁은 협곡, 동쪽 이너트키르헨 방향으로 갈수록 넓어진다. 가도 가도 손님은 우리뿐이다. 40분 정도 왔으니 이일 저일로 지체했다 쳐도 동쪽 입구(Ost)까지 3분의 2는 지난 듯하다. 이제는 협곡이 넓어져 볼만한 것이 없으니 돌아가기로 한다.

당초에는 아레슐루흐트 동쪽 끝에 있다는 출렁다리를 넘어 오스트역을 본 다음 숲을 지나는 약 한 시간 거리의 람미(Lammi) 산책로로 베스트 입구까지 걸어 보려고 했는데 이 빗속에서는 무리다. 16시 20분 서쪽 입구 레스토랑으로 돌아온다. 들고 있던 설명서가 비에 젖어 걸레가 됐다. 표 파는 아가씨에게 보이니 웃음을 터뜨리며 새것을 몇 장 집어준다.

아레슐루흐트는 기차를 타고도 갈 수 있다. 동서 양쪽 입구에 역이 다 있는데 베스트 역에서는 도보로 10분, 오스트 역에서는 5분 걸린다고 한다. 특히 오스트의 정거장은 암벽에 달린 엘리베이터 입구같이 돼 있는데 버튼을 누르고 기다리다 문이 열리면 지하 터널에 기차가 와있어 바로 타게 된다는 것이다. 지하철의 스크린도어 비슷한 모양이다. 기차 안이나 밖에서 버튼을 누르지 않으면 차가 서지 않고 통과한다고 한다. 아레슐루흐트는 4월부터 11월까지만 문을 연다.

마이링겐은 브리엔츠호 동쪽에 발달한 교통의 요충지로 많은 고개를 넘어가는 포스트 버스의 발착 마을이다. 이 부근을 여행하던 영국의 작가 코난 도일(Arthur Conan Doyle)이 웅장한 경관에 감동한 나머지 '셜록홈즈(Sherlock Holmes) 최후의 사건' 에서 라이헨바흐 폭포(Reichenbach fall)를 홈즈 죽음의 장소로 결정했다는 사실은 유명한 이야기다.

60년 전 추억이 깃든 '빌헬름 텔 서곡'

역에서 중심가 키르히 거리(Kirchgasse)를 지나 아레 강을 건너면 오른쪽으로 20분 거리에 라이헨바흐 폭포로 오르는 케이블카 승강장이 있다. 폭포의 왼쪽 암벽에는 홈즈가 악한 모리아티(Moriarty) 교수와 격투하다 떨어졌다는 가상의 장소에 하얀 별이 표시돼 있다고 한다.

소설을 읽다 뜻밖에 홈즈가 죽었다는 사실이 믿어지지 않아 몇 번이고 되풀이 확인했던 생각이 난다. 그의 죽음은 전 세계 팬들의 끈질긴 슬픔으로 이어져 도일은 급기야 홈즈를 소설에서 부활시키는데 그것은 10년이 지난 후일담이다. 부근에는 홈즈의 서재를 충실히 재현한 박물관도 있다. 라이헨바흐 폭포를 들렀다 가고 싶은 마음은 굴뚝같으나 이 비를 뚫고 폭포를 가야 제대로 볼수도 없을 것 같아 포기한다.

마이링겐에서 수스텐 고개를 지나 동북쪽으로 한 시간 거리의 알트도르프(Altdorf)에는 스위스 건국의 전설적 영웅 빌헬름 텔 박물관이 있다. 1291년 독립 당시의 역사와 전설 등 자료와 보우 건으로 머리 위 사과를 쏘는 그들 부자의 동상을 볼 수 있다 하여 시간이 허락하면 방문하고 싶었는데 이것도 큰 고개를 넘는 것이 무리라고 판단해 단념한다.

빌헬름 텔이라면 애착을 갖게 되는 사연이 있다.

해방 이듬해쯤, 유성기도 귀하던 시절, 아버지가 소형냉장고 만한 중고 전축을 들여오셨다. 거기 10여 장의 레코드판이 딸려왔다. 1946년이면 중학교 2학년, 처음 접하는 클래식에 빠져 판이 닳도록 돌려대 결국은 픽업(Pickup) 바늘의 연결나사가 헛돌게 된다. 수도 없이 뜯어서는 머리카락보다 가는 코일을 연결하느라 애를 먹었던 그때 이득히 60년이 넘는 옛날의 이야기다.

그 판 중에서도 마음에 드는 하나가 바로 로시니(Gioacchino Rossini) 작곡, 빌헬름 텔 서곡이었던 것이다. 소나기가 지난 후의 평화롭고 목가적인 스위스의 산 풍경을 묘사한 제3부가 특히 좋다. 그 뒤에도 곡을 들을 때 마다 그 시절의 애틋한 정은 꾸준히 명맥을 유지해왔다.

지금은 고급 카트리지를 몇 개씩 가지고 바꿔 끼는 세상이지만 그 때는 성냥갑만 한 상자에 들어 있는 쇠바늘이 무척 귀해서 닳으면 숫돌로 갈아 썼다. 그 나마 귀해져 나중에는 대나무 바늘까지 시중에 나와 칼로 수십 번 깎아 쓴 기억이 난다. 아는 사람만 아는 궁색하기 짝이 없던 그래서 더욱 그리운 추억이다.

16시30분 아레슐루흐트를 떠난다. 돌아오는 길은 브리엔츠 호수 남쪽을 도는 길을 이용하기로 한다. 마이링겐을 지나 브리엔츠빌러 부근에서 고속 A8호에 올라 호숫가로 들어서자 곧 긴 터널로 기스바흐(Giessbach) 옆을 지난다. 깨끗하게 젖은 길을 기분 좋게 달리는데 어느새 비가 그치고 호수에는 낮게 깔린 안개가 위로 걷혀간다. 폭우는 지나갔지만 아직도 나무에서는 물방울이 떨어지고 온 천지에 싱그러운 기운이 충만하다. 비온 뒤의 알프스 호반, 스위스 들판의 정취는 말할 수 없이 상쾌하다. 그 간 잊었던 음반 생각이 난다. 집에서 준비해 간 CD에서 서둘러 빌헬름 텔 서곡을 골라 플레이어에 넣는다.

조용한 첼로의 새벽과 팀파니 휘몰아치는 광란의 폭풍우를 거쳐 기다리던 3부, 청아한 안단테가 흐르기 시작한다. 어지럽던 비바람이 지난 고요 속에서 목동이 부는 피리소리가 맑디맑게 들려온다. 솔로로 흐르는 잉글리시호른과 플루트의 가락은 높게 낮게 베르너 오버란트의 하늘로 평화롭게 울려나간다.

고속 8호선에서 좌로 돌아 빌더스빌로 내려서니 라우터브루넨 협곡의 절벽사이로 융프라우의 설산이 보이고, 서늘한 바람과 멜로디에 실려 구름이 정상으로 말려 올라간다. 빌헬름 텔 서곡과의 60년, 헤아릴 수 없는 만남에서 가장 결정적인 감격을 영접하는 순간이다. 그간의 상봉이 오늘을 위함이 아니었던가?

한 송이 국화꽃을 피우기 위해 봄부터 소쩍새는 그렇게 울었나보다.
한 송이 국화꽃을 피우기 위해 천둥은 먹구름 속에서 또 그렇게 울었나보다.

그립고 아쉬움에 가슴 조이던 머언 먼 젊음의 뒤안길에서
인제는 돌아와 거울 앞에 선 내 누님같이 생긴 꽃이여

노오란 네 꽃잎이 피려고 간밤에 무서리가 저리 내리고,
내게는 잠도 오지 않았나 보나.

- '국화 옆에서' 서정주

17시, 슈퍼마켓 미그로스에 들러 식품을 산다. 필 여사의 식단은 일견 즉흥적인 것 같지만 기실 원대한 구상아래 실행되고 있음이 틀림없다. 옆 사람 의견을 전혀 듣지 않는 것이 그 증거다. 저녁상에는 훈제 제육이 올라올 모양이다. 자동차 계기판 온도계에 붉은 경고등이 들어오고 마침 푸조 서비스가 옆에 있어 들러봤더니 이상은 없다고 한다.

저녁을 먹고 쉬고 있는데 집주인 마르코가 돌아와 인사를 한다. 인상 좋은 호 청년이다. 컴퓨터에 앉아 부탁해 두었던 푸르카, 그림젤 등 폐쇄된 고개의 정보를 검색해 준다. 지난번 구경을 못해 이곳을 떠나 마이엔펠트(Maienfeld)로 가는 길에 거칠 생각인데 아직도 풀리지 않았다고 한다. 출발 전날쯤 인터라켄의 관광안내소에 들러 확실한 정보를 알아보라며 조언해 준다. 오늘 비가 몰아쳤으니 기분에 내일은 틀림없이 갤 것 같다.

13일. 스핑크스 전망대에서 본 융프라우

5월 19일 금요일
융프라우요흐(Jungfraujoch)
(보행 6.3㎞)

눈을 뜨면서 먼저 날씨가 걱정된다. 마음 조리며 김 서린 유리창을 손바닥으로 문지르니 낮게 깔린 구름 몇 점이 보이고 흐렸는지 개었는지 미명의 하늘은 분명치 않다. 열심히 아래위로 살피는데 검은 산 위로 잔광을 띤 반달이 빛을 내고 있다. 시계를 보니 05시50분, 맑게 갠 날이다.

융프라우요흐(Jungfraujoch, 3454m)는 한 번 왕복에 1인당 우리 돈 약13만원, 국내 동신항운(www.Jungfrau.co.kr)에서 구할 수 있는 할인권을 이용해도 125프랑이니 근 10만원 꼴이다. 엄청 비싸지만 예까지 와서 안 오를 수도 없다. 그렇다고 금값내고 올라간 상봉이 안개에 싸여 아무것도 안 보인다면 그 억울한 심사를 어디다 호소할 것인가? 해서 이 며칠을 기다려왔던 것이다. 하루쯤은 맑아 주리라는 믿음이 있었다.

내 집같이 편안하게 아침을 해 먹는다. 한국 민박집에 있을 때 체력 보충해야 한다며 필 여사는 매일 쌀밥에 영양 풍부한 고깃국이다.

08시40분, 든든히 차려입고 카메라와 점심이 든 배낭 하나씩 둘러멘 가벼운 기분으로 꽃이 핀 들판을 빌더스빌 기차역으로 걸어간다. 아홉시 도착한 자그마한 역사에는 꽤 많은 사람이 모여 있다. 궤도를 보니 아직 톱니

바퀴는 아니다. 경사가 급한 일부에서만 랙레일을 사용하는 모양이다. 옆에 운휴중인 시니게 플라테로 올라가는 예쁜 기차가 보인다.

| 빌더스빌 기차역 |

이중할인이 되지 않는다는 것을 알면서도 준비한 융프라우철도 할인쿠폰을 반액표와 함께 무식한 노인처럼 창구에 디밀어본다. 혹시나 했는데 역시 빋전노 못 건지고 퇴짜다. 승차권은 반액으로 일인당 84.3프랑, 두 사람치가 168.6프랑이다.

융프라우요흐로 가는 열차는 세 개의 영업구간으로 나뉜다. 인터라켄 오스트에서 그린델발트 또는 라우터브루넨까지가 베르너 오버란트 철도(BOB, Berner Oberland Bahn), 다음 그린델발트나와 라우터브루넨부터 클라이네 샤이데크(Kleine Scheidegg, 2061m)까지가 연속된 톱니바퀴 철로로는 세계 최장이라는 벤게른알프 철도(WAB, Wengernalpbahn), 그리고 클라이네 샤이데크에서 융프라우요흐까지의 마지막 구간이 융프라우 철도(JB, Jungfraubahn)다.

인터라켄에서 떠난 열차는 츠바이뤼치넨에서 그린델발트와 라우터브루넨 양 방향으로 갈라지지만 어느 쪽으로 가든 클라이네 샤이데크에서 다시 만나 융프라우요흐까지 가게 되므로 결국 도착시간은 같게 된다. 따라서 특별한 이유가 없는 한 한쪽으로 올라가 다른 편으로 내려오는 것이 일반적인 관례다. 오늘 융프라우요흐는 그린델발트로 올라갔다 라우터브루넨으로 내려올 계획이다. 돌아오는 길, 경치 좋은 두 역 간의 한 곳을 하이킹으로 걸을 생각인데 하니 아줌마가 벤겐에서 내려오는 구간을 추천하기에 그 방향으로 결정을 한 것이다.

09시25분 인터라켄 오스트에서 들어온 베르너 오버란트 철도(BOB, Berner Oberland Bahn)에 올라탄다. 위는 노란색, 아래는 청색(또는 갈색)의 전동차 10량으로 편성됐는데 츠바이뤼치넨에서 5량씩 분할돼 앞부분은 라우터브루넨으로 뒷부분은 그린델발트로 가게 된다. 우리는 당연히 뒤쪽으로 탄다. BOB철도는 총연장 23㎞, 노선 폭이 1000㎜, 최고 물매 120/1000, 아침 저녁은 30분, 낮에는 한 시간 정도의 간격으로 운행하는 소규모의 사설철도다. 차안 창밑에는 지도가 있어 주변일대의 철도노선과 로프웨이 등을 쉽게 살펴볼 수 있다.

09시30분 출발한 열차는 10분 후 츠바이뤼치넨에서 잠깐 정차한 후 갈라서는데 앞의 반쪽이 먼저 떠나가고 이어 우리가 탄 후반부가 움직이며 좌로 돈다. 반으로 줄어든 차는 노란 꽃, 흰 꽃이 핀 초원을 경쾌하게 달리며 강을 두어 번 건너간다. 이름 그대로 원래 검은 강인지 어제 비가 와서 검은 것인지 슈바르체 뤼치나에는 흙탕물이 세차게 흘러내린다.

승무원이 한가하게 차표를 검사하며 지나가고 뤼첸탈(Lütschental) 역에서는 밑으로 내려가는 열차와 교차한다. 양쪽에 산이 높아지면서 다리 아래로 흐르는 물은 더욱 거세지고 경사가 급해지는지 기차에 톱니 물리는 소리가 들려온다.

협곡이 모습을 갖춰가며 라우터브루넨 만큼이나 높아진 절벽에 일여덟 개의 폭포가 줄줄이 매달려 노르웨이의 경치를 연상시킨다. 시간이 지나면서 트이기 시작한 시야가 점점 넓어지더니 주변이 완만한 언덕의 목초지로 바뀐다. 울긋불긋 꽃이 보이고 샬레 모습의 주택이 여기 저기 흩어지며 전형적인 스위스 전원 풍경이 모습을 드러낸다. 오른편으로 커다란 괴물 같은 바위 봉우리가 나타난다. 중간 위로는 나무가 없는 완전한 암벽에 드문드문 눈이 묻은 검은 산, 아이거의 북벽이다.

뒤쪽 높은 부분은 구름에 가려 보이지 않고 오스테크(Ostegg) 산장이 있는 낮은 사면만 가깝게 보인다. 그 모습에 정신이 팔려있는 사이 차는 10시 그린델발트에 도착한다. 빌더스빌에서 17㎞다. 표고 1034m, 인구 약 3,800의 그린델발트는 아이거와 베터호른(Wetterhorn, 3701m)의 기슭, 두 빙하가 어울리며 형성한 넓은 사면에 자리를 잡은 대표적 산악 휴양지다. 완만하게 높아지는 초원은 호텔, 상점, 샬레가 산재한 그림 같은 마을을 이루어 사시사철 관광객으로 붐비고 융프라우 지구 등반과 하이킹의 거점이 된다.

| 상부가 구름에 가린 아이거의 북동 부분 |

우리는 여기서 벤게른알프 철도(WAB)로 옮겨 탄다. 위는 노란색 아래는 녹색에 노란줄이 들어있는 전동차 4량으로 편성된 WAB는 역 건물 건너 맞은편 홈에 대기하고 있다. 그린델발트에서 클라이네 샤이데크, 벤겐을 거쳐 라우터브루넨까지 연결되는 WAB는 총연장이 19.1㎞, 최고 물매 250/1000, 노선 폭이 한결 좁아진 800㎜인 사설 협궤 철도다.

높이가 796m인 라우터브루넨에서 2061m인 클라이네 샤이데크까지 표고차 1265m를 오르내리기 때문에 선로 대부분이 중앙 사다리 모양에 톱니가 물리는 세 가닥의 리겐바흐(Riggenbach)식 랙레일로 돼있으며 전동차가 뒤에서 밀고 올라간다. 그러나 역 구내는 평탄하기 때문인지 간단한 슈트루프식 선로만 눈에 보인다. 양편 두 개씩인 좌석도 고르너그라트 철도같이 등을 맞댄 좌석의 앞뒤 높이를 다르게 만들어 경사가 급해져도 미끄러지지 않도록 되어있다.

그린델발트를 10시05분 출발한 열차는 일단 급경사로 표고 797m인 그룬트(Grund) 역까지 약 5분 내려가더니 스위치백으로 방향을 돌려 클라이네 샤이데크를 향해 8.6㎞의 본격적인 오르막으로 들어간다. 손님은 한적

| 클라이네 샤이데크 기차역 |

| 융프라우 철도(JB)의 열차 |

한데 이곳을 여행하는 한국 젊은이는 다른 곳보다 많아 한 칸에 한 쌍씩은 모습이 보인다. 새파란 양탄자를 깔아 놓은 듯 싱그러운 천지, 뒤로 젖혀질 듯 기울어진 열차 속에 규칙적으로 울리는 톱니 소리는 쫀쫀하게 돈 같은 것 신경 쓰지 말고 그냥 풍경이나 즐기라는 뜻으로 들린다. 노란 꽃이 한창인 목초지대에 소떼, 양떼가 여기저기 풀을 뜯고 있는 화창하고 평화로운 봄날이다.

브란데크(Brandegg) 역을 서지 않고 통과하자 앞으로 바위산이 몸체를 드러낸다. 하늘까지 검게 덮치는 산, 울퉁불퉁 선머슴 버리통 같은 아이거다. 차는 오른쪽으로 돌고 한참 밑으로 낮아신 그린델발트의 초원이 저만치 내려다보인다. 10시25분 알피그렌(Alpiglen)을 지난다. 검표원이 차표를 조사할 때쯤 주변 사방에 눈이 나타나기 시작하더니 좌측은 돌 벽, 우측은 전나무 숲이 보이는 반 터널의 기다란 스노쉐드를 통과한다. 이 부근이 수목한계선인지 나무의 모습은 거의 사라지고 건초와 눈 덮인 바위산의 메마른 풍경으로 차차 변해간다. 10시40분 열차는 클라이네 샤이데크 역으로 진입한다. 베르너 오버란트를 대표하는 아이거, 묀히, 융프라우 세 개의 웅대한 산이 장엄하게 시선을 압도한다.

클라이네 샤이데크는 벤게른알프 철도와 융프라우요흐로 가는 융프라우 철도를 연결하는 환승역일 뿐 아니라 여름에는 하이킹, 겨울에는 스키 활동의 중심 마을로 잘 알려져 있으며 동시에 아이거 북벽 등반의 베이스

캠프가 되는 곳이다.

총연장이 9.3㎞, 최고 물매 250/1000, 노선 폭이 1000㎜인 융프라우 철도는 벤게른알프 철도와 같은 회사가 운영하는 사설 철도다. 높이가 2061m인 클라이네 샤이데크를 출발, 아이거와 묀히 두 산 속을 터널로 통과하고 3454m인 유럽 최고의 철도역 융프라우요흐까지 표고차 1393m를 오르내린다. 전 노선의 80%가 터널이다. 그런 탓인지 랙레일은 단선인 슈트루프식이며 7,122m의 가장 긴 굴에는 기차역 두 개가 있어 각각 5분씩 정차한다.

클라이네 샤이데크 역 북쪽 플랫폼에 도착한 벤게른알프 철도에서 내리니 남쪽 융프라우 철도(JB) 홈에 붉은색과 노란 줄의 4량 편성 열차가 대기하고 있다. 구내를 대강 훑어보며 치로 걸어가는데 라우터브루넨에서 차가 도착했는지 손님이 많이 늘어난다. 겨우 자리를 잡고 앉기는 했지만 갑자기 나타난 수십 명의 인도와 중국 관광단으로 차 안이 설 자리도 없이 혼잡하다.

차 밖에 역무원이 몇 명 나다나 손짓으로 내리라고 한나. 서 있던 사람이 밖으로 나가고 앉은 사람만 남아 이제 정리가 되나보다 했더니 차 안으로 올라온 역무원이 전부 내리라는 것이다.

전방 굴속에 기술적 장애(technical problem)가 생겨 시간이 지체된다고 한다. 모처럼 날씨가 개어 행운이다 했는데 뜻하지 않은 복병을 만난 것이다. 차에서 내려 사무소에 물어보니 아이스메아(Eismeer, 3160m) 부근에서 전차가 고장인데 단선이라 차를 교체하는데 두 시간은 걸려야 된다는 것이다. 견인차같이 생긴 전동 작업차 두 대가 위를 향해 출발한다.

할 일을 잃어 주변을 천천히 걸어본다. 도툼한 언덕이 분수령인 듯 가스가 낮게 깔리며 오른쪽으로만 빨리듯 내려가고 뒤로 솟은 아이거, 묀히, 융프라우의 웅대한 산정은 번갈아 안개에 숨었다 나오기를 되풀이한다. 잠시도 쉬지 않고 흘러 다니는 높은 산 속 구름의 조화, 그 무대 한가운데에 서 있다.

하러가 쓴 아이거 북벽 초등기의 '하얀거미'는 어디쯤 있을까

1930년대 알프스 등반의 황금기를 맞이하면서 3대 북벽으로 일컬어진 마터호른, 그랑드조라스, 아이거의 암벽은 끈질긴 도전의 표적이 되었고 1931년 독일의 프란츠(Franz)와 토니(Toni), 두 슈미트(Schmid) 형제에 의해 수직 표고 차 1100m인 마터호른 북벽의 등반이 최초로 이루어진다.

1935년에는 이탈리아의 루돌프 패터스(Rudolf Peters)와 마틴 마이어(Martin Maier)에 의해 그랑드 죠라스 북벽의 중앙 버트레스(크로, Croz)가 초등되었고 이어 1938년에 등반이 불가능하다고 여겨졌던 표고 차 1800m의 난벽 아이거 북벽이 독일의 안데를 헤크마이어(Anderl Heckmair), 루드비히 푀르크(Ludwig Vörg)와 오스트리아의 프리츠 카스파레크(Fritz Kasparek), 하인리히 하러(Heinrich Harrer)에 의해 정복된다.

그리고 같은 1938년 마지막 큰 과제였던 표고 차 1200m인 그랑드 죠라스의 워커(Walker) 스퍼도 이탈리아의 리카르도 캐신(Riccardo Cassin), 지노 에스포지토(Gino Esposito) 그리고 우고 티조니(Ugo Tizzoni)에 의해 초등이 이루어진다. 한국인의 아이거 북벽 초등은 1979년 악우회의 윤대표와 허욱에 의해 이루어졌다.

몽블랑, 마터호른, 융프라우 3대 명봉의 정상을 바라보며 파노라마 속 영감에 잠겨보겠다는 이번 알프스 여행의 밑바닥에는 실은 그랑드조라스, 마터호른, 아이거의 삼대 북벽을 비록 오르지는 못할망정 가까이서 느껴봤으면 하는 소망이 잠재했던 것이다. 지금 그 현장에 서서 마음은 보람으로 가득하다. 하러가 쓴 아이거 북벽 초등기의 '하얀 거미'가 어디쯤 있을까 어림으로 가늠해본다. 밖에서 서성대니 한기가 느껴져 건물 안 적당한 방을 찾아 들어간다. 매표실인 듯 넓지 않은 방에 사람들이 잔뜩 모여 있다.

중국 사람들이 시끄러운 것은 익히 알고 있었는데 이제 보니 인도 사람들 실력도 절대 뒤지지 않는다.

한동안 서 있던 중 긴 의자 한쪽에 자리가 나서 앉으며 옆의 인도 남자와 자연이 말길이 트인다. 자기들은 45명 단체여행이라고 한다. 두 사람 뿐인 우리보고 어떻게 왔냐고 묻기에 렌터카 한다니까 직접 운전하느냐 확인하고는 눈이 둥글해져 옆 사람에게 설명을 한다. 인도에서는 자가운전이 아직 흔치 않은 모양이다. 다시 돌아앉아 나이를 묻고는 아예 일어나 돌아다니면서 일행에게 광고를 한다. 이쪽을 가리키는 손가락을 감으로 느끼며 졸지에 유명인사가 된 듯 얼굴이 근질거린다.

옆의 작은 테이블에서는 중국 사람 대여섯이 앉아 서양 카드를 화투같이 치며 게임을 한다. 우리 고스톱 비슷한지 성냥조각을 주고받으며 계산을 하는데 뚱뚱한 중년여인이 타짜 모양으로 계속 패를 놓치지 않고 끝날 때마다 점수를 일러주며 판돈을 챙겨간다. 중국 사람들이 노름을 즐긴다더니 시간만 나면 판을 벌이는 것 같다. 그렇게 지낸지 한참 만에 우리나라 50대 부부가 옆에 와서 앉는다. 대구 사람으로 3개월간 유레일패스로 유럽을 돌고 있다고 한다. 필 여사도 같은 고향이라 여행 얘기, 고향 얘기로 시간을 보낸다.

13시10분 4량 편성의 열차 두 대가 홈에 진입하더니 손님을 태우기 시작한다. 랙레일이라 길게 한 열차로 묶기는 힘든 모양이다. 지친 관광객이 한꺼번에 모여들어 난장판이다. 필 여사가 체면불구 뚫고 올라가 배낭을 놓고 두 자리를 확보, 한국식 실력을 유감없이 발휘한다. 잔뜩 서 있는 사람 속에서 좌석을 잡아 마음이 놓이는지 한마디 한다.

"아이거, 그놈의 융프라우 한번 힘드네. 정교한 스위스도 별 수 없구먼."

"13만 원짜리야. 만만하겠어? 고생 좀 해야지."

"어차피 내려올 거 올라가야 하나?" 두 시간 반 동안 열 받은 모양이다.

"어차피 죽을 거 뭣 때문에 사노."

13시20분 출발한 열차는 곧 5분 쯤 되는 굴을 통과하고 나무가 보이지 않는 깨끗한 목초의 언덕을 올라간다. 우로 검은 암벽에 빙하를 안은 묀히가 크게 보이고 스노쉐드를 지나자 융프라우가 나타난다.

차는 좌우로 돌아가며 아이거벽을 향해 차차 고도를 높이더니 아이거글레처(Eigergletscher, 2320m)역에 도착한다. 아이거와 묀히 사이에서 흘러내린 아이거 빙하가 정면으로 하얗게 빛을 내고 있다. 다시 출발한 열차는 바로 터널로 진입하고 그대로 달리는 것이 종착역까지 어둠 속을 갈 태세다. 차창 밖에 거친 바위 살이 재빨리 흘러갈 뿐 아무것도 보이지 않는다. 각 나라말로 안내방송이 나오는데 맨 마지막에 우리말도 한 몫 끼어있다.

터널 속의 첫째 역 아이거반트(Eigerwand, 2865m)는 '아이거의 벽' 이라는 뜻으로 구내에 북벽을 파서 만든 창이 있어 클라이네 샤이데크와 그린델발트 일대를 내려다 볼 수 있다. 공사 중 파낸 바위를 처리하기 위해 만든 구멍으로 가끔 조난 구조용으로도 쓰이는 창이다. 역은 사람이 타고내리는 목적이 아니라 단선으로 주행하는 열차가 엇갈릴 수 있게 만든 곳으로 5분 정도 정차하는데 그 시간을 이용해서 밖의 경치를 구경할 수 있다. 차 안이 복삽하니 미리 자리에서 일어나 서 있는 사람을 헤치고 빠져나가 출입구 부근에서 대기한다.

| 아이거반트 기차역의 창 |

13시45분 아이거반트에 도착한다. 문이 열리자 뛰어내려 창 쪽으로 달려간다. 그러나 푸른 초원과 빙하가 보여야 할 창 밖에는 애석하게도 어느새 끼어들었는지 안개만 잔뜩 있을 뿐이다. 냉기가 도는 텅 빈 굴속에 가로로 길게 세 칸으로 된 약 1m 높이의 유리창이 노

출된 바위 사이 세 곳에 설치돼있다. 영화 아이거 빙벽(Eiger sanction)에서 천길 나락 외줄에 매달려 기진맥진 절망적 상황에 몰린 클린트 이스트우드가 바로 밑의 창으로 구조되는 라스트신, 기상천외의 반전을 연출하는 바로 그 창이다. 둘러보니 만원열차에서 사진을 찍으러 내린 사람은 단 두 사람뿐이다. 무색하게 된 카메라로 열차를 몇 장 찍고 다시 올라탄다.

다음 역 아이스메아에도 창이 있어 다시 내릴 생각으로 자리에 돌아가지 않고 출입구 옆에 서 있기로 한다. 차가 출발하니 필 여사가 자리에서 일어나 두리번거리며 찾는 기색이다. 사람들에 가려 알릴 수도 없는데 중간에서 있던 인도 사람들이 이쪽을 가리키며 필 여사에게 안심을 시킨다. 유명인사가 어떤 것인지 돼보지 않고는 그 기분을 이해하지 못한다.

다시 출발한 차는 점점 경사가 급해지면서 몸을 가누기 힘들 정도로 기울어진다. 남서쪽으로 방향을 돌리고 막바지 아이거 내벽을 오르며 제꺽제꺽 톱니 소리 가쁘게 거의 걷는 속도로 진행한다. 아이스메아의 창틀이 스쳐 지나간 듯한데 차는 서지 않고 서서히 역을 통과한다. 정비차가 서 있는 것을 보니 고장의 현장이라 그냥 지나는 모양이다. 아이스메아란 '얼음의 바다' 라는 뜻으로 아이거 뒤쪽으로 난 창밖에 빙하의 조각이 널려있다는데 보지 못하고 간다. 아이거를 등반하는 사람은 아이거반트나 이곳에서 출발하는 경우가 많다고 한다.

속도가 차차 빨라지면서 내리막으로 접어든 듯 묀히 산속을 가로지르며 가볍게 달려 14시10분 융프라우 철도의 종착역 융프라우요흐에 도착한다. 클라이네 샤이데크에서 출발한 지 50분 만이다. 역은 여전히 터널 속이다.

융프라우요흐는 유럽 최고 지점에 있는 철도역이다. 1893년 스위스의 기업가이자 엔지니어 아돌프 구에르첼러(Adolf Guyer-Zeller)는 바위 속 터널을 지나는 톱니바퀴 철로로 융프라우 턱까지 열차를 연결해 보겠다는 웅대한 포부를 품게 된다. 그는 당시의 종착역 해발 2061m인 클라이네 사이데크를 출발 아이거와 묀히 속의 암반을 뚫고 융프라우와 묀히 사이에 말

안장처럼 앉아 있는 3454m의 융프라우요흐까지 오르는 코스를 설계한다.

스위스 의회의 결의를 거쳐 1896년 7월27일 역사적인 철도건설이 시작됐으나 혹독한 자연조건과 공사비 조달의 지연, 붕괴사고 등으로 인하여 당초 7년으로 계획했던 공기는 16년으로 늘어났다. 1908년에 일어난 30톤의 다이너마이트 폭발은 60마일 떨어진 독일에서도 들릴 만큼 큰 사고였다고 한다.

사업을 시작한 지 3년 만에 구에르첼러는 뜻을 펴지 못한 채 세상을 뜨지만 공사는 고난을 겪으며 계속 이어졌다. 1912년 8월1일 유럽 최고의 철도는 스위스 독립기념일을 기해 마침내 융프라우요흐까지의 역사적 개통을 실현시켰다. 1924년에 건설된 산정 휴게소는 화재로 불타고 현재의 정상 구조물은 1970년 재건된 것이다. 건설 중에는 융프라우 정상까지 연결하려는 구상도 있었던 모양이나 자금의 한계나 고산병의 위험 등을 고려하여 현 상태로 정착되었다고 한다. 산속 터널에서 밖의 경치를 내다볼 수 있게 전망 창을 설치한 것은 구에르첼러의 착상이라고 한다.

융프라우 지구는 스위스 나아가 전 유럽 관광의 하이라이트다. 처녀라는 뜻인 융프라우, 수도승을 의미하는 묀히, 귀신(Ogre)을 뜻하는 아이거 등 명봉 군과 알레치 빙하를 포함하는 총면적 539㎢의 융프라우, 알레치, 비에츠호른(Bietschhorn) 지역은 2001년 유네스코 자연유산으로 등록됐다.

융프라우요흐의 요흐는 어깨라는 의미인데 융프라우의 어깨쯤에 있다는 뜻일까? 이 역의 또 다른 이름은 'Top of Europe' 이다. 이것은 유럽에서 가장 높다는 말이 아니라 유럽에서 가장 높은 기차역이라는 뜻이며 산정까지 철길을 끌어올린 자긍심의 표현이라 할 것이다. 전망대의 높이는 3571m로 3883m인 클라인 마터호른이나 3842m인 에기유 뒤 미디보다도 낮다. 유럽에서 가장 높은 곳은 몽블랑이다. 참고로 세계에서 가장 높은 기차역은 중국의 칭창철도에 있으며 그 높이는 5072m라고 한다.

'Top of Europe' 은 단순한 관광 명소일 뿐 아니라 높은 고도, 깨끗한 공

| 눈앞에 서 있는 것은 암봉 융프라우 |

기, 쉬운 접근성으로 인하여 천문 · 지질 · 물리 · 기상 등 다양한 연구 계획 단지로서의 역할도 담당하고 있다. 이곳에서는 천연자원도 효율적으로 이용된다. 낮에 모은 태양열은 밤까지 저장되고, 전구 · 전기용품 심지어 방문객의 체온까지 난방을 위해 활용되며 야간 난방을 제외하고는 방열기구의 사용이 필요치 않다고 한다. 공업용수는 눈을 녹여 쓰고 하수는 그린델발트까지 9.4km에 이르는 하수관을 통해 완벽하게 위생 처리된다.

열차에서 내리니 냉랭한 공기에 정신이 번쩍 든다. 홈에서 앞으로 걸으면 기념품 가게가 있는 로비가 된다. 식당이 있어 커피를 한잔 마시며 숨을 돌린다. 점심은 내려갈 때 하이킹하며 먹을 생각이다. 셀프서비스 식당인 듯 여러 나라 사람이 뒤섞여 매우 복잡하다.

한국 여행객은 흔히 컵라면을 가져와 먹는 모양인데 물 값으로 3프랑을 받는다고 한다. 옆에는 유럽에서 가장 높은 우체국이 있고 옛날에 보던 일본식 빨간 우체통이 놓여있다. 로비에 앉아 그림엽서를 적어 붙이는 사람이 많다. 카운터에는 'Top of Europe, Jungfraujoch 3454m' 라는 스탬프가 있어 기념으로 찍어 보낸다.

레스토랑이 있는 계단과 엘리베이터를 오르고 다시 동굴을 거쳐 14시30분 능선에 있는 전망대 플라토(Plateau) 테라스로 나간다. 눈이 따갑도록 강력한 햇살아래 넓은 눈밭 너머로 알레치 빙하가 뻗어 내린다. 북해와 지중해의 분수령인 설원에 바람은 세차게 불고 굳게 밟힌 눈은 반들반들 어름같이 미끄럽다. 엉금엉금 기다시피 목책을 잡고 사방을 돌아본다.

서쪽으로 두 개의 뿔이 달린 검은 상봉 융프라우(4158m)가 손에 잡힐 듯 솟아있다. 직선으로 2㎞정도 거리가 있으며 숙련된 산악인이 4시간이면 등정할 수 있다고 한다. 멀리 밑에서 볼 때 품위가 느껴지는 우아한 산이었는데 정상부만 가까이 대하고 보니 순진한 소녀의 이미지와는 거리가 먼 거친 인상이다. 1811년 아라우 출신의 마이어(Meyer) 형제에 의해 초등이 이루어졌다.

전망대의 북쪽 한 가운데에는 붉은 바탕 흰 십자의 스위스 국기가 창공 높이 휘날리고 있다. 그 너머로 클라이네 샤이데크, 그린델발트 일대의 원경이 아득히 전개되는데 구름 사이로 펼쳐지는 푸른 세계가 그림같이 조용

| 플라토 전망대에서 서북쪽 180도(上)와 동남쪽 180도(下) |

하고 평화롭다.

연간 180m의 속도로 쉬지않고 이동하는 알레치 빙하

동으로 시선을 돌리면 백설에 싸인 갈색 묀히(4107m)가 덮칠 듯 지척에 있다. 조금 전 걸어 나온 융프라우요흐의 봉우리가 매끈하게 눈을 얹은 채 범선 같은 모습으로 앞을 막고 서 있다. 그 꼭대기에 살짝 머리를 내민 은색 돔이 스핑크스(Sphinx, 3571m) 전망대다. 묀히는 1857년 알머(Christian Almer) 등 네 사람에 의해 초등이 이루어졌다.

남쪽으로는 이곳의 하이라이트 알레치 빙하가 은세계 한복판으로 멀리 흘러내린다. 나흘 전 체르마트에서 오는 길에 에기스호른이 운휴 중이라 구경 못한 알레치를 그 반대 방향에서나마 보게 되니 천만 다행이다. 그러나 장대한 빙하의 전모를 실감하기에는 시점이 낮아선지 어딘가 미진한 느낌이 든다. 아무래도 스핑크스(Sphinx, 3751m) 전망대에 올라가야 제대로 볼 수 있을 것 같다.

사람들은 여기저기서 눈 위에 엉덩방아를 찧고는 비명과 웃음꽃으로 마냥 즐겁다. 차가운 바람 속에서 15분 정도 지나니 속이 떨려오기 시작한다. 사방으로 돌려가며 두어 바퀴 전경을 찍고 후퇴하기로 한다. 파노라마 사진은 주변 위치의 상관관계를 설명하는데 도움이 돼서 자주 사용하지만 광대한 범위를 작은 화면에 넣다보니 실체 크기나 거리가 지나치게 축소되는 폐단이 있어 합성시마다 불만을 느끼게 된다. 실제로는 대상이 훨씬 크며 간격이 멀다고 봐야한다.

다시 돌아온 동굴에서 옆의 계단을 내려가면 빙하의 얼음궁전 아이스팰리스(Ice Palace)가 있다. 1934년 벵겐과 그린델발트 출신의 두 안내인이 만들었다는 이 얼음 진시정은 융프라우요흐를 거치는 관광객이 한 번씩은 들러 가는 곳이다. 알레치 빙하 20m 아래에 자리를 잡고 있는 궁전의 면적

| 얼음궁전 아이스팰리스 |

| 빙하의 얼음궁전 |

은 약 1000㎡로 희미하게 빛나는 푸른 불빛 아래 얼음을 깎아 만든 곰, 펭귄, 사슴, 독수리 등 동물과 그밖의 여러 조각을 전시하고 있다.

아치형의 빙하 속은 벽과 바닥이 온통 미끄러운 얼음이다. 넘어지지 않게 손잡이를 잡고 발을 바닥에 끌며 청과 백으로 반짝이는 동화의 나라를 돌아본다. 빙하가 매년 50㎝ 정도 흘러가기 때문에 철도회사 전문가에 의해 정기적으로 보수가 이루어진다고 한다. 수많은 방문객의 체온으로부터 항상 영하 2도 이하를 유지하기 위하여 특수 장치가 설치돼 있다. 인체에서 발생하는 온기는 레스토랑 난방에 보태서 에너지를 절약한다는 것이다.

15시, 기차역 반대쪽으로 어둡고 긴 터널을 걸어 3년 공사 끝에 1996년 완공했다는 스핑크스 전망대 엘리베이터에 도착한다. 시간 당 1200명을 운송할 수 있다는 신설된 2대의 초고속 승강기가 있으며 정상 테라스까지 108m의 거리를 25초 만에 올라간다. 전기에너지가 순식간에 퍼텐셜에너지로 바뀌는 것이다.

엘리베이터에서 내려 한 층 더 오른 곳, 해발 3571m에 알프스 파노라마를 360도 즐길 수 있도록 지붕까지 유리와 철골로 꾸민 원형의 스핑크스 전

| 스핑크스 전망대의 동남쪽 파노라마 |

망대가 있다. 우선 내부를 일주하며 사방을 구경한 다음 피뢰 와이어로 보호된 옥외 테라스로 나가 눈바람 싸늘한 노천에서 마음껏 사진을 찍는다. 위치가 높아지니 알레치 빙하가 후련하게 제대로 보인다. 전장 23㎞, 얼음의 최대 두께 900m, 폭이 1.5㎞에 유역면적 120㎢인 장대한 빙하는 연간 180m의 속도로 쉬지 않고 이동한다.

남서쪽에 의연히 자리를 잡은 융프라우부터 왼쪽으로 시선을 돌려가며 관찰한다. 바로 옆 정남에는 하얀 삼각으로 뚜렷이 돌출한 베르너 오버란트 제2의 고봉 알레치호른(Aletschhorn, 4195m)이 단정하게 서 있다. 다음으로 드라이에크호른(Dreieckhorn, 3811m)의 여유 있는 모습이 보인다. 다시 그 왼쪽 한가운데 벌판같이 남쪽으로 흘러내리는 하얀 띠가 유럽 최장의 알레치 빙하다. 빙하가 돌아나가는 끝 늘어선 산봉들 중간 높이에 하얀 피라미드로 에기스호른(Eggishorn, 2927m)이 아스라이 바라다 보인다.

빙하를 넘어 동남쪽에 우뚝 솟은 봉우리는 피셔 가벨호른(Fiescher Gabelhorn, 3876m)과 반넨호른(Wannenhorn, 3906m), 그 앞에서 왼쪽으로 이어지는 번데기 모양의 기다란 산줄기가 트루크베르크(Trugberg, 3880m)이며 동쪽 끝에 둔중한 모습의 묀히가 서 있다. 그 뒤에 있을 아이거는 묀히에 가려 보이지 않는다.

한마디로 알레치 빙하라고 불리지만 실제로는 묀히에서 흘러드는 에비히슈네펠트(Ewigschneerfeld)와 융프라우에서 이어지는 융프라우피른

(Jungfraufirn), 알레치호른의 북쪽에서 내려오는 알레치피른(Aletschfirn) 등 세 줄기의 빙하가 콩코르디아플라츠(Konkordiaplatz)에서 하나로 합류하여 대빙하(Grosser Aletschgletscher)의 뿌리를 형성한 것이다.

각 지류의 경계를 이루는 부분에는 얼음에 떠밀려온 빙퇴석(moraine)이 기찻길같이 검은 두 개의 평행선을 만들고 빙하와 함께 커브를 그리며 흘러 내려간다. 그 모레인에도 이름이 붙어있다. 서쪽이 크란츠베르크(Kranzbergmoräne), 동쪽이 트루크베르크(Trugbergmoräne)다.

평온하게 보이는 하나의 큰 줄기 속에 보이지 않는 세 개의 흐름이 있는 것이다. 알프스에서 소리 없이 이뤄지는 대자연의 이합집산 그리고 상극과 조화는 티끌만 한 기미도 안 보인 채 태연하고 평화롭게 진행된다. 얼음 강을 덮은 만년빙, 900m나 깊은 밑에서는 어떤 일이 벌어지고 있을까? 억만 근 짓눌림에 협곡 속 신음이 들릴 듯도 한데 며칠 내린 백설에 덮여 검은 두 길조차 자취 없고 보이느니 무심한 눈밭 뿐이다.

15시30분 스핑크스를 나선다. 엘리베이터로 내려오면 앞 광장에 아이거 북벽의 미니어처를 만들어놓은 유료 클라이밍이 있다. 로프를 이용해 정상까지 오르는 사람은 등반증명서를 받을 수 있다고 한다.

기차역 반대쪽으로 좀 더 걸어 밖으로 나가면 눈썰매장(스노 디스크), 시베리안 허스키가 끄는 개 썰매장 등 일련의 놀이시설이 있고 스키 겔렌데가 설치돼있는 순백의 설원을 만나게 된다. 파란 하늘 아래 트루크베르크가 정면으로 보인다.

16시 융프라우 철도에 올라 Top of Europe을 떠난다. 근 3500m의 능선까지 열차로 다녀간다는 체험은 로프웨이 왕복과는 또 다른 감회를 갖게 한다. 자연관광이라는 관점에 더하여 산속을 뚫고 오른 인간 의지의 현장을 누벼봤다는 흐뭇함이 보태지는 것이다. 그것이 비싼 값에 대한 보상인 모양이다. 사실 융프라우요흐의 주변 전망은 삐죽삐죽 솟아오른 알프스 설산의 장관에 있어 마터호른이나 몽블랑의 파노라마에는 미치지 못한다는 것이 솔직한 느낌이다.

올 때와는 달리 좌석이 많이 빈다. 내려갈 때에는 아이스메아와 아이거반트에 서 있는 상행열차를 스쳐지나면서 세워주지를 않는다. 점심도 못 먹고 애들에게 엽서도 못 붙일 만큼 서둘렀는데 아무래도 시간이 늦어 하이킹은 무리인 듯하다. 창밖이 차차 밝아지면서 터널을 빠져나온 차가 아이거글레처를 거쳐 16시40분 클라이네 샤이데크에 도착한다.

라우터브루넨으로 내려가는 벤게른알프 철도로 갈아타고 손님이 많지 않은 한산한 열차 안에서 도시락을 꺼내 때늦은 점심을 먹는다. 17시가 다 되오니 하이킹은 포기하기로 결정한 것이다. 연도에는 밥알을 뿌려 놓은 듯 하얀 꽃과 노란 꽃이 섞여가며 계속 이어진다. 흰 것은 블라더 캄피온(실레네 불가리스), 노란 것은 민들레나. 벤게른알프 역에서 상행 차와 교차하고 내려가는 길 뒤로 아이거, 묀히, 융프라우의 모습이 뒤로 차차 멀어져간다. 협곡의 서쪽 대안 절벽에 아슬아슬하게 매달린 뮈렌 마을이 보인다. 좌로 우로 초원과 숲을 누비듯 달려 17시20분 벤겐(1274m)에 도착한다.

라우터브루넨의 U자 계곡 위에 앉아있는 벤겐은 가솔린 자동차의 출입이 금지돼있는 청정마을이다. 두 시간 반의 열차 고장이 없었으면 여기서 내려 하이킹으로 돌아갈 계획이었는데 아쉬운 마음을 안고 그대로 출발한다. 굴을 지나자 엄청나게 큰 규모의 협곡이 드러난다. 슈타우프바흐의 기다란 폭포가 눈에 들어오고 라우터브루넨 계곡의 급한 절벽 밑에 마을 집들이 자그마하게 깔려있다. 500m 가까운 표고 차, 앞으로 넘어질 듯 기우는 차안에서 문에 기댄 채 걸어 내리는 기분으로 밖을 내다본다.

폭포가 줄줄이 매달린 암벽 밑으로 융단 깔아 놓은 듯 녹색의 세계가 차츰 밀도를 더해온다. 얼마 안 있어 낮아지는 차창 밖으로 어제 본 낯익은 거리가 다가온다. 라우터브루넨까지 15분의 장쾌한 여행은 17시45분에 끝을 맺는다. 베르너 오버란트 철도로 갈아타고 어제 자동차로 가던 길을 따라 북으로 달려 빌더스빌 기차역에 내려서니 18시10분이다. 슈퍼마켓 미그로스에 들러 식품을 장만하고 조용한 교외 꽃이 핀 들판을 걸어 집으로 돌아온다.

저녁을 마친 후 하니 아줌마에게 부탁하여 그 동안 찍은 사진을 메모리카드(CF Card)에서 CD로 옮겨 굽는다. 깨질 경우에 대비하여 두 장을 만들어 각각 다른 곳에 보관하기로 한다. 하니 아줌마가 귀국 후 연락이 올 때까지 하드디스크에 남아있는 사진을 지우지 않겠다고 한다. 고마운 일이다. 하마의 집 숙박비의 잔금을 지불한다. 내일은 빌더스빌의 마지막 날이다. 아침 일찍 인터라켄 관광안내소에 들러 모래 그림젤, 프루카의 고갯길을 갈 수 있는지 알아볼 생각이다.

| 라우터브루넨 계곡의 장관 |

14일. 라우터브루넨의 실트호른과 그린델발트의 피르스트

5월 20일 토요일
Wilderswil-4㎞-Interlaken-19㎞-Stechelberg-22㎞-Grindelwald-17㎞-Wilderswil
총62㎞(실 운행거리 68㎞, 보행 5.5㎞)

아침부터 검은 구름이 덮인 흐린 날씨다. 5월은 비가 많은 달인지 어제 아니면 융프라우요흐의 관광도 기회를 놓칠 뻔 했다. 아침을 마치고 07시 40분, 집을 나선다. 오늘은 근처에 있는 또 다른 두 곳의 전망대 실트호른(Schilthorn, 2970m)과 피르스트(First, 2167m)를 오를 예정이다.

그 전에 잠깐 인터라켄에 들러 간다. 회에마테 앞에 차를 세우고 관광안내소에 이르니 여덟시 5분 전, 셔터가 닫혀 있다. 잠시 후 직원 아줌마가 아침 인사를 하며 들어가더니 08시 정각에 현관을 열어 준다. 푸르카, 그림젤 등 고개는 아직 폐쇄 중인데 다시 확인해 보겠다며 컴퓨터로 검색을 하더니 내일도 통과가 불가능하다고 알려준다. 고개를 넘어 19번 국도로 마이엔펠트까지 가려던 계획은 포기하고 베른과 취리히를 거치는 고속도로를 이용하는 수밖에 없게 됐다.

엊그제 다니던 길을 다시 달려 라우터브루넨으로 향한다. 흙탕이던 뤼치네 강은 다시 유백색으로 맑아졌지만 흐르는 물줄기는 여전히 기운차다. 몇 번을 보아도 웅장한 절벽 사이 골짜기는 오늘도 푸른 기운 속에 싱그럽다. 08시 30분 라우터브루넨 기차역에 도착한다. 주차장은 베르너 오버란트 철도(BOB) 밑으로 경사로를 돌아 내려간 역 건물 아래층에 있었다. 표지 따라 무인 차단기를 지나 사람이 하나도 보이지 않는 주차 빌딩 2층에 차를 세운다.

스위스의 수많은 관광명소 중에서도 널리 알려진 전망대의 하나인 실트호른에 오르는데는 두 가지 루트가 있다. 첫째 방법은 라우터브루넨에서 출발한다. 기차역에서 BLM(Bergbahn Lauterbrunnen-Mürren)표를 구입하고 맞은편 승강장에서 출발하는 푸니쿨라를 탄다. 서쪽 절벽 위의 그뤼치알프(Grütschalp, 1487m)까지 표고 차 691m를 오른 후 등산열차로 옮겨 타고 절벽 따라 남쪽 뮈렌까지 4.2km를 간다. 기차에서 내려 뮈렌 마을을 지나 로프웨이 승강장 까지 15분 정도의 거리를 걷게 되고 거기서 로프웨이를 타면 중계역 비르크(Birg, 2677m)에서 한번 갈아탄 후 실트호른에 도착하게 된다.

두 번째 방법은 라우터브루넨 협곡, 자동차 도로의 끝 동네인 슈테헬베르크(Stechelberg, 910m)에서 시작한다. 매표소(Schilthornbahn)에서 실트호른행 표를 구입한 후 로프웨이로 김멜발트(Gimmelwald, 1367m)에 오르고 한번 환승하여 뮈렌 승강장에 도착한다. 그 이후는 첫째 방법과 같이 비르크를 거쳐 실트호른에 이르게 된다. 아이거, 묀히, 융프라우의 설봉을 바라보며 700m 높이의 절벽을 달리는 등산열차와 뮈렌 마을의 산책에 매력을 느껴 우리는 첫째 루트를 따라가기로 했다.

라우터브루넨 역 주차장에 차를 세운 후 매표소로 올라가려는데 텅 빈 주차장에서 출구를 찾을 수가 없다. 몇 번을 헤매다가 마침 도착한 중년 부부를 만나 물어 보았더니 따라 오라며 앞장을 선다. 쉽게 눈에 안 띄는 곳에 엘리베이터가 있다. 안에 타더니 7층을 누른다. 역이 7층에 있는 모양이다.

엘리베이터에서 내리자 주차 정산소가 보인다. 복도를 건너 매표소로 걸어가며 어디를 가느냐고 묻는다. 실트호른을 오른다는 말에 두 부부가 걸음을 멈추더니 뮈렌으로 올라가는 푸니쿨라는 지금 운휴 중이라 갈 수 없다고 한다. 얼음이 얼면 미끄러워 푸니쿨라를 움직일 수 없는데 2006년 12월부터는 새로 100인승 로프웨이를 개통하게 되어 겨울에도 지장없이 운행할 수 있을 것이라고 친절히 설명을 한다.

실트호른에 올라가려면 밖에 나가 버스를 타고 슈테헬베르크까지 가야 한다며 둘째 루트를 가르쳐 준다. 자동차가 있다는 말에 주차료 오르기 전에 빨리 나가보라며 정산소를 가리킨다. 인사도 하는 둥 마는 둥 급히 달려가 주차카드와 신용카드를 내 밀었더니 기계에 카드를 꽂아 본 직원이 30분간은 무료라며 돈을 받지 않고 카드를 돌려준다. 엘리베이터로 밑으로 내려와 차를 찾아 밖으로 나온다.

이틀 전에 갔던 트뤼멜바흐 폭포에서 약 2㎞를 더 들어간 슈테헬베르크 못 미처에 실트호른 승강장(Schilthornbahn)이 있다. 텅빈 주차장에 차를 세우고 매표소에서 승차권을 구입한다. 한 사람에 96프랑, 반액표를 제시하고 그 가격에 두 사람 표를 받는다. 바로 옆 암벽

| 뮈렌바흐 폭포 |

| 뮈렌 대안의 바위 슈바르츠묀히 |

에서는 뮈렌바흐(Mürrenbach) 폭포가 세차게 물을 쏟아내고 있다.

09시45분 출발한 100인승 회색 로프웨이는 깎아지른 바위와 수많은 폭포로 이뤄진 절경을 보여주며 서쪽 암벽 500m를 수직으로 올라 3분 후 한적한 전원 마을 김멜발트에 도착한다. 동시에 내려온 맞은편 로프웨이로 갈아타고 이번에는 북쪽으로 방향을 돌려 계곡과 평행으로 완만하게 올라간다. 점점 멀어지는 트뤼멜바흐의 골짜기와 800m 밑 협곡의 뛰어난 경치를 감상하며 3분 뒤 뮈렌에 도착한다.

벤겐과 마찬가지로 가솔린 자동차의 통행이 금지돼있는 뮈렌은 융프라우 지구의 휴양지 중 가장 서쪽에 위치한 인구 약 600명의 아늑한 마을이며 실트호른, 알멘트후벨(Allmendhubel, 1912m) 등 케이블카의 출발지점이 된다. 실트호른에 오르는 로프웨이 승강장은 마을 남쪽 끝에 있다. 대안의 험상궂은 바위 슈바르츠묀히(Schwarzmönch)에 가려 융프라우와 묀히는 보이지 않고 아이거만 간신이 왼편 뒤로 모습을 드러난다.

10시, 세 번째로 75인 승 로프웨이를 타고 비르크를 향한다. 사람이 많지 않아 전망이 좋은 후면 창 앞에 쉽게 자리를 잡는다. 멀어지는 베르너 알프스 세 개의 명산을 뒤로 보며 '꽃 피는 골짜기' 라는 이름을 가진 부루멘탈(Blumental)의 긴 사면, 1000m가 넘는 표고차를 힘차게 올라간다. 뮈렌 마을이 점점 작아지며 융프라우의 정상이 드러나더니 8분 후 빙하가 깍은 급한 암벽 위 비르크 터미널에 도착한다. 실트호른이 생기기전 종점이었다는 큰 바위 위에 레스토

| 비르크 터미널에서 보는 실트호른 |

랑이 있다. 테라스에서는 밑으로 뛰어난 전망이 내려다보인다. 이곳 경치는 돌아 갈 때 감상하기로 하고 통로를 걸어 승강장에서 로프웨이를 갈아탄다. 위로 멀리 보이던 실트호른의 원형 레스토랑이 점점 가까이 접근해온다.

| 실트호른 정상의 레스토랑 피츠 글로리아 |

비르크와 실트호른 사이 큰 골짜기에는 중간에 지주가 없고 피크와 피크를 케이블이 직접 연결하고 있다. 정상 부분을 구름에 내준 채 동쪽에서 남으로 눈 덮인 검은 산줄기가 어두운 하늘 아래 장관을 이룬다. 로프웨이는 4분 만인 10시20분 실트호른에 도착한다. 계단을 통해 전망테라스로 올라간다. '007 여왕폐하의 대작전' (On Her Majesty' s Secret Service)에서 보던 눈에 익은 피즈 글로리아(Piz Gloria), 영화에서 폭파됐던 그 건물이 멀쩡히 살아 있다.

1967년 실트호른에 로프웨이가 개통된 시점에서 정상에 회전 레스토랑을 건설하겠다는 구상이 실현단계에 들어서지만 회사 예산은 케이블공사로 이미 바닥을 드러냈고 3000m 고봉에 파노라마 식당을 세우겠다는 넋 나간 계획에 투자하려는 사람도 좀처럼 찾을 수 없었다. 그해 겨울 새 영화의 무대를 구하려고 유럽의 높은 봉우리를 찾아다니던 007 로케이션팀이 이 소문을 듣고 실트호른을 방문, 완벽한 환경에 매료되어 일주일 만에 계약을 성사시키고 사업에 착수하게 된다.

이미 세워진 레스토랑을 빌려 007 여왕폐하를 찍은 것이라 생각했는데 그게 아니고 영국의 영화회사가 자금을 부담하여 시나리오 속의 아지트를 신축한 것이다. 공사가 완료되자 먼저 촬영 팀이 3개월간 로프웨이와 건물

| 실트호른에서 보는 동남쪽 파노라마 |

을 독점 사용하여 로케이션을 끝냈으며 그 후 실트호른반 회사에서 시설을 돌려받아 회전 레스토랑으로 기능을 갖췄다는 것이다.

'007 여왕폐하 대작전'은 숀 코넬리에 이은 2대 제임스본드, 호주 출신의 조지 레젠비가 주연한 1969년 작품이며 유명한 스키와 썰매 추격 장면은 디즈니 촬영 팀의 지원을 받아 찍었다는 설이 있다. 전 007 영화를 통틀어 최고의 스턴트로 평가되는 박력 넘치는 액션이다. 죠지 레젠비가 007역을 맡게 된 것도 스키장면이 많기 때문이었다는 것이다.

알프스를 배경으로 한 스릴 넘치는 활극으로 영화는 흥행에 크게 성공하였고, 007로 인하여 일약 세계적으로 각광을 받게 된 피츠 글로리아는 지금까지도 선전의 효과를 십분 누리고 있다. 피차 좋은 장사를 한 것이다.

실트호른 전망대에서는 주변으로 펼쳐지는 알프스의 파노라마, 대자연의 장엄한 모습을 둘러볼 수 있다.

베르너 오버란트를 비롯하여 티트리스, 리기, 필라투스 등 중앙 스위스의 산과 쥐라(Jura) 산맥, 몽블랑 그리고 독일의 흑림까지 200개 이상의 산들이 사방으로 바라다 보인다.

먼저 식당 앞의 원형 전망테라스에서 베르너 오버란트 4000m급 고봉의 장관을 우러르며 사진을 찍는다. 동쪽 좌로부터 베터호른, 아이거, 묀히, 융프라우, 글레쳐호른(Gletscherhorn, 3983m), 에베네플루(Ebenefluh, 3960m) 등 쟁쟁한 설봉이 검은 밑 부분을 위압적으로 들어낸 채 동남쪽으로 늘어서 있다.

납빛 구름이 4000m 선에 걸쳐 있는 듯 산봉들이 살짝 보였다 숨었다하며 이어진다.

고봉 정상에 세워진 세계 최초 회전레스토랑 '피츠 글로리아'

그간 재수가 좋았는지 알프스 고봉 전망대에서 구름에 가린 산을 보기는 오늘이 처음인데 음랭한 기운으로 위엄이 가중된 모습에서 오한에 가까운 몸서리를 느끼게 된다. 남쪽으로는 미타크호른(Mittaghorn, 3897m), 브라이트호른(Lauterbrunnen Breithorn, 3782m), 친겔호른(Tschingelhorn, 3577m) 등이 이어질 테지만 구름에 가려 보이지 않는다. 북쪽으로는 비에텐호른(Bietenhorn, 2756m)에서 이어지는 2000m급 길색 임봉과 멀리 툰 호수의 끝이 내려다 보일뿐 위는 구름 속이다. 유리와 알루미늄으로 된 둥근 2층 식당에 들어간다.

베른의 건축가 콘라트 볼프(Konrad Wolf)에 의해 대부분 조립식으로 설계된 피츠 글로리아는 고봉 정상에 세워진 세계 최초의 회전레스토랑이다. 400명을 수용하는 식당에는 태양열로 움직이는 두 개의 플랫폼이 있어 중심 12m의 코어 주위를 3m의 둥근 테가 55분에 걸쳐 360도 1회전한다. 커피, 맥주 또는 아이스크림을 즐길 수 있으며 제임스본드 브렉퍼스트라는 샴페인 딸린 아침식사를 특별메뉴로 내놓고 있다.

| 회전 레스토랑 피츠 글로리아 내부 |

손님이 몇 사람 없는 식당 창가에 앉아 커피를 두잔 시킨다. 웅대한 파노라마, 천천히 돌아가는 알프스의 산 한가운데 앉아 한모금의 카페인은 마

음을 포근히 진정시켜준다. 아무것도 생각하지 않고 그냥 보고만 있다. 그것으로 충분한 값진 시간이다. 커피는 한잔에 3.7프랑, 우리 돈 3천원도 안 된다.

테라스 바로 아래에 있는 커다란 홀 투리스토라마(Touristorama)에서는 실트호른 사계절의 환상적인 모습을 소개하는 15분의 멀티비전과 007영화를 편집한 10분 정도의 하이라이트를 볼 수 있다. 160도의 와이드스크린이라기에 들러 봤더니 중앙 부분만 사용한 작은 화면에서 조지 레젠비가 열심히 뛰어다니고 있다. 사람이 적어 전체 스크린을 사용하지 않는 모양이다. 채워지지 않은 아쉬움으로 전망대를 다시 한 바퀴 돌고 귀로에 오른다. 실트호른에서는 뮈렌, 라우터브루넨까지 12㎞에 이르는 스키 슬로프도 있다.

11시20분, 급경사의 로프웨이를 타고 내림 길로 들어선다. 첫 번째 환승장 비르크는 뮈렌과 실트호른 사이 불쑥 튀어나온 커다란 바위에 만들어진 전망대로 주위에 널려있는 소용돌이 무늬의 암석이 특이하게 시선을 끈다. 멀리 뒤쪽으로 수직절벽에 뾰족봉 베터호른의 특색 있는 모습이 보인다. 007 영화에서는 이곳이 일반 손님이 올라오는 한계선으로 돼 있다. 한산한 테라스로 나가 융프라우 일대와 뮈렌의 경치를 한동안 즐긴다. 골짜기 건너 마주 보이는 구름 섞인 설

| 환승장 비르크 전망대 |

봉의 군센 자태가 피츠 글로리아에서 보는 전망에 전혀 뒤지지 않는다.

11시50분 뮈렌으로 내려온다. 발착장 밖으로 나가 마을에 잠깐 들어가 구경을 한다. 집집마다 화단 경치가 화려하다던데 철이 일러선지 꽃은 아직 창가에 보이지 않는다. 절벽쪽 조망이 일품인 아름다운 마을이다. 다시 세 번째, 100인승으로 갈아타고 4분 후 김멜발트에 도착하니 동시에 맞은편 승강장에 내려갈 로프웨이가 올라온다.

순조롭게 바로 환승하여 슈테헬베르크에 내려선 시간이 12시20분, 주차카드를 정산기에 넣어 나온 주차료가 3프랑이다. 계산을 마치고 카드를 뽑은 후 사진을 몇 장 찍었을 뿐인데 차에 와서 찾아보니 주차카드가 행방불명, 아무리 찾아도 없다. 금액은 얼마 되지 않지만 이런 경우 어떻게 해야 할지 막막하다. 궁리 끝에 승차권 사무소에 찾아가 아주머니 직원에게 사정을 이야기 했더니 주차료가 얼마더냐 묻고는 새로 카드를 한 장 발행해 준다. 출구 차단기에 카드를 넣고 무난히 해방돼 나온다.

하늘은 흐렸지만 다행이 비는 오지 않는다. 오늘도 산뜻한 절승의 협곡, 싱그러운 풀밭을 달려 나오다 그 중에서도 경치 좋은 나무 밑 그늘을 골라 점심 자리를 벌인다. 이 좋은 천지에 눈 닿는 끝까지 사람 하나 없고 풀을 뜯고 있는 소 떼와 우리만의 세상이다.

13시, 시간도 마침 맞다. 필 여사는 준비한 식사 외에 주변에 지천으로 자란 민들레를 뜯어 냇물에 씻고 상추, 토마토, 오이, 양파, 요구르트, 마요네즈를 무작정 섞어 즉석 샐러드를 만든다. 알프스의 지력과 자양을 흠뻑 빨아들인 민들레다. 빵을 갈라 샐러드 소를 넣고 머스터드 바른 소시지를 곁들여 쓴 맛이 단물 되도록 오래 오래 씹는다. 흰 꽃 노란 꽃 수놓인 초록 양탄자에 앉아 높은 절벽, 길게 걸린 폭포의 대열을 바라보며 두서없는 생각에 잠긴다.

세상을 살아가면서 뚜렷한 목표를 세우고 가는 사람은 존경 받아 마땅할 것이다. 그러나 그 표적이 무엇이냐에 문제가 있다. 10년 20년이 아니라 백

년을 두고 옳았던 목표라 할지라도 그 시대를 지나 생명을 다하는 가치라면 아무것도 아니함과 다를 바 없다.

자신의 존재, 살아있는 시간은 너무나 짧다

가령 무진의 부와 무궁한 권력을 가졌다한들 그리고 무한의 시간을 걸고 좇는다 한들 과연 무엇을 얻고 무엇을 이룩할 수 있단 말인가. 영겁을 꿰뚫고 상존하는 근본 도리라는 것이 있기는 한 것인가? 뭇 성현 군자가 찾아 헤매던 과제, 그 같은 어려운 철리를 알 수는 없다. 다만 아무도 없는 이 산야에서 자그마한 즐거움에 취해있는 이 순간을 그 거창한 이치에 갖다 대고 싶은 어리석음을 부려보고 싶은 것이다. 자신의 존재, 살아있는 시간은 너무나 짧다. 비록 하찮다 할지라도 성취된 이 얻음이 그만큼 소중하게 느껴지는 것이다.

카우벨 소리가 삽상한 바람에 실려 한가하게 들려온다.

"여보, 스위스의 향기가 뭔지 알아?" 필 어사가 말을 걸어온다.

"글쎄? 샤넬은 프랑스고, 장미? 자스민? 뭘까?" 아는 것은 다 대본다.

"이것 말이야. 이것... 못 맡아?"

"당신 요새 향수 안 쓰던데."

"지금 은은히 풍겨 오는 것, 이거 말이야."

" ...? 아? 아! 이거, 그래 맞아."

가는 곳 마다 산 위에까지도 줄곧 따라다니는 스위스의 냄새다. 티 하나 없이 아름다운 이 강산에 좀 어울리지 않지만 소의 배설물, 이게 이 나라의 향기다. 도시를 빼고는 어디를 가나 세지 않게 은은히 공기에 배어 있다. 안 어울리는 것이 아니라 오히려 더 어울리는지도 모르겠다. 그러고 보니 좀 구수한 게 순수한 자연의 향기다.

"그러면 당신, 알프스 샐러드는 뭔지 알아?"
"그런 게 있나?"
"이것 말이야, 이거..." 젓가락으로 맛을 보인다.
"아! 맞다. 맞아. 달콤 새콤 쌉쌀한 게 딱 알프스 맛이네."

산고수청에 소 방울 소리, 알프스 샐러드로 포식한 뱃속으로 스위스의 향기를 깊게 호흡한다. 떠나기 싫고 더 있고 싶다. 참다운 삶이란 무엇이란 말인가. 더 연장하고 싶은 시간이 아니겠는가? 마냥 앉아있는 그것만으로 행복하다. 요들(Yodel) '베르네 산골' 의 신율이 귓가를 감돈다.

아름다운 베르네 맑은 시냇물이 넘쳐흐르네.
새빨간 알핀로제스 이슬 먹고 피어 있는 곳,
다스 오버란야 오버란 베르네산골 아름답구나,
다스 오버란야 오버란 나의 사랑 베르네.
- 아름다운 베르네 산골

13시50분, 그린델발트를 향해 출발한다. 츠바이뤼치넨에서 우로 돌아 어제 기차로 간 길을 따라 간다. 오른쪽으로 멘리헨(Männlichen, 2230m)으로 이어지는 절벽이 높이를 더해 가고 계곡으로 부는 바람이 싱싱하다. 멘리헨은 그린델발트와 라우터브룬넨 사이에 있는 산으로 양쪽에서 오르는 곤돌라 리프트의 중계 전망대가 있어 융프라우와 아이거, 묀히 3산을 정면에서 바라 볼 수 있다. 지금 가고 있는 피르스트와 멘리헨 두 곳을 놓고 어느 곳을 올라갈 것인지 망설이다 하니 아줌마의 조언을 들어 피르스트로 결정한 것이다.

14시20분, 그린델발트에 들어선다. 라우터브룬넨보다 좀 규모가 큰 마을에는 4, 5층 호텔이 눈에 띄고 일본 관광안내소도 보인다. 흐린 하늘 밑에 경사진 초원이 높이 올라가며 스위스의 전원 풍경이 전개된다.

라우터브룬넨 같이 웅장한 표상은 없지만 완만하게 교차하는 들판에 산재한 샬레 촌락이 더없이 평화로운 정취를 풍긴다. 기차역을 통과하고 일본어 간판이 자주 보이는 하우프트 거리를 거쳐 피르스트의 곤돌라 리프트 발착장에 도착한다. 주변 주차장에 차를 세우고 두 시간짜리 주차권을 3프랑에 끊어 창안에 놓아둔다. 유럽 최장이라는 4354m, 피르스트까지의 왕복 승차권은 1인당 50프랑, 반액표를 제시하고 25프랑씩 두 장을 구입한다.

승강장에서는 세 사람씩 마주 앉는 6인승 곤돌라가 연이어 내려와서는 돌아 올라간다. 손님이 없어 거의 비어있다. 서서히 움직이는 차에 날쌔게 올라타고 14시30분 흔들흔들 매달려 허공으로 상승한다. 눈 아래 푸른 잔디가 점점 넓게 퍼져 나가고 크리스마스트리로 썼으면 좋을 만한 전나무 사이로 노란 꽃이 무더기로 피어있다.

오른쪽에 보이는 큰 바위산 베터호른과 메텐베르크(Mettenberg, 3104m)의 윗부분이 구름으로 덮여있다. 독일어로 '베터'는 일기란 뜻이다. 베터호른에 구름이 끼면 날씨가 나빠진다는데 실증이라도 하듯 빗방울

| 피르스트에서 보는 동남쪽 전망 |

이 후드득 떨어지기 시작한다. 숲과 목초지 사이 철탑을 지나며 북동으로 방향을 튼다. 일정한 거리를 두고 뒤를 잇는 곤돌라가 차례차례 돌며 따라오는 것이 군대 행진을 보듯 재미있다.

14시45분, 첫 번째 승강역 보르트(Bort, 1563m)에 도착한다. 땅으로 내려와 속도를 줄인 곤돌라가 문을 열며 천천히 움직이는 동안 내릴 사람은 재빨리 내리되 그대로 앉아 있으면 문이 닫히면서 다시 공중으로 떠올라 다음 역을 향해 행진을 계속한다. 작은 곤돌라의 여행은 편안하고 한가롭고 자유롭다. 환승장에서 내려 하이킹, 휴식 등 기분내키는 대로 즐기다가 아무 때나 다시 타고 이동할 수 있다는 점에서 100인, 200인승 로프웨이에 비해 한결 융통성이 있다.

조톡 일색이 자자 살색으로 변하고 여기서기 목재 스노쉐드가 자리를 잡기 시작한 비탈을 10분 더 올라 두 번째 승강장 슈레크펠트(Schreckfeld, 1955m)에 도착한다. 케이블 진로가 90도 꺾여 서북으로 바뀐다. 빗줄기가 유리를 때리고 일진 바람소리가 귓가를 서늘하게 지나간다. 불식간에 푸른 기운, 생기는 간데없고 건조와 검은 바위뿐인 고원에 크고 작은 눈무더기가 쓸쓸한 풍경을 이루었다. 귀밑머리 겨울바람에 나부끼어 가슴에 번지는 적막한 그리움, 오늘 알프스 마지막 여정의 탄식이 아닐런가? 어느덧 산 위는 눈에 덮였다.

15시02분 피르스트에 내린다. 베르크 레스토랑(Bergrestaurant) 전망대에는 사람 그림자 하나 없고 홍건히 비에 젖은 긴 탁자, 긴 의자만 적적하다. 동남방을 바라다본다. 왼쪽에 큰 바위산 베터호른의 웅장한 모습이 보인다. 하얀 빙하 오버러 글레처(Oberer Gletscher)를 거쳐 메텐베르크(Mettenberg, 3104m) 그리고 그 오른편 아이거로 이어진다.

녹색 바닥에는 그린델발트의 집들이 깔려 있으며 산의 윗부분은 구름에 가려 보이지 않는다. 슈레그호른(Schreckhorn, 4078m)의 첨봉이 있어야 할 메텐베르크 위도 온통 구름 세상이다. 메텐베르크와 아이거 사이에 있는

| 피르스트의 베르크 레스토랑 |

운터러 글레처(Unterer Gletscher)도 잘 보이지 않는다.

피르스트에 오른 사람은 왕복 두 시간 정도의 하이킹으로 작은 호수 바흐알프제(Bachalpsee, 2265m)를 다녀오는 것이 통례라 날씨가 좋으면 얼마 쯤 걸어 볼 생각이었는데 거세지는 빗줄기로 단념한다. 선물 매점에서 시간을 보내다 애들 티셔츠 몇 장을 고르고 15시40분 피르스트를 출발한다.

곧장 내려가기가 아쉬워 슈레크펠트에 멈춰 주변을 돌아보지만 비 오는 산중에서 더는 할 일이 없어 미련을 버리고 그린델발트까지 직행, 16시10분 발착장에 내려선다. 기념품 상점과 호텔이 들어 선 거리를 잠시 기웃거리다 안개에 싸인 작은 마을과 작별하고 검은 물이 흐르는 슈바르체 뤼치나를 따라 습기 찬 계곡을 벗어난다.

집에 돌아오니 17시, 빌더스빌 마지막 저녁밥을 차려 먹는다. 옆방에는 네 사람의 젊은 학생이 새로 들어왔다. 아침 일찍 나갈 하니 아줌마하고는 미리 작별인사를 나누고 내일 떠날 짐을 정리한다. 몇 가지 차질은 있었지만 빌더스빌에서의 6박이 계획에서 크게 벗어나지 않았음이 무엇보다 다행스럽다. 내일은 '알프스 소녀 하이디' 의 고향 마이엔펠트로 떠난다.

15일. 하이디 마을과 밀짚 침대의 하룻밤

5월 21일 일요일

Wilderswil-55km-Bern-120km-Zürich-104km-Maienfeld
총279km(실 운행거리 294km, 보행 5.5km)

오늘은 스위스의 마지막 날, 하이디의 마을을 찾아보고 내일은 오스트리아로 들어간다. 아침을 먹고 07시30분 일주일 정든 집을 떠난다. 푸르카를 비롯한 고개의 폐쇄가 여전히 안 풀려 오버알프패스와 국도 19호선을 거쳐 마이엔펠트로 가려던 계획이 허사로 끝나니 시기를 잘 못 선택한 스스로를 탓하면서도 실망스러운 마음은 추스르기 힘들다. 7월 말 더위에 고생 좀 하더라도 여행을 한 달 늦춰 6월 초에 시작했어야 옳았다는 생각이다.

하지만 한곳에 1년을 머문다 해서 또 열 번 같은 곳을 찾는다 해서 어차피 다 볼 수는 없는 것이다. 인생에 완벽이란 것이 어디 있겠나. 여행도 인생과 같아 80% 만족이면 과분한 것 아니겠는가 하며 자위해 본다. 그래! 놓고 가자. 남기지 않으려 억지를 써도 결국은 놓치고 마는 것. 한 도시 한둘씩 모자람을 남기고 가자. 이숍의 신포도 짝인지 모르지만 완벽이란 숨쉬기도 갑갑한 여유 없는 세상이다. 채우지 못하는 것, 그 틈새에 맛이 있는 것. 아쉬움이란 그리움의 고향 아닌가?

빌더스빌을 나서기 전 미그로스 주유소에서 기름을 보충한다. 디젤 주유기 옆에 차를 대고 막 기름을 넣으려는데 주유소 아주머니가 급히 막더니 그것은 비싼 디젤(V. Power Diesel)이라며 싼 쪽을 가르쳐 준다. 보통 디젤하고 리터 당 1.5프랑의 가격차가 있다. 무척 고맙게 생각하면서도 비싼 기름 못 넣는 쪽으로 당연지사 분류된 것에 한편 마뜩찮은 기분이 든다. 작은 차에 고급기름 넣는 사람은 흔치 않은 듯하다.

오늘도 다시 비가 내린다. 지금이 비가 잦은 시절인 듯 빌더스빌의 5일 중 이틀이 갠 날, 흐리고 비 온 날이 사흘이다. 인터라켄 남쪽을 지나 에메랄드빛 툰 호숫가를 베른으로 달린다. 슈피츠를 거쳐 고속 A6호로 진행하는 이 길은 벌써 몇 번째 통과하는 익숙한 경로다. 차량 왕래가 드문 아침의 도로, 빗방울 속으로 필 여사는 주행선을 추월선 같이 달려간다. 뮌진겐(Münsingen), 무리(Muri)를 통과 08시30분 베른 우측을 지나며 A1, E25 공용도로로 진입 이번에는 취리히쪽 북동으로 향한다. 이 길도 며칠 전에 지나 본 도로다.

여행 비수기라는 것이 한가해서 좋기는 한데 반면 전망대, 성당 등 폐쇄된 곳과 보수공사 많은 것이 탈이다. 오늘도 도로 곳곳에 개수 작업이 널려 있다. 공사구간에는 차량유도시설도 해 놓았지만 기존의 백색차선을 지우지 않고 그 위에 오렌지색으로 새로운 선을 그려 놓았다.

처음에는 복잡한 차선에 혼란을 일으켜 당황하지만 무조건 오렌지 우선으로 따라가다 보면 차차 익숙해진다. 09시 다이틴겐(Deitingen)을 지나고 아레강을 건너며 방겐(Wangen)을 통과한다. 시간은 충분하겠다, 'P' 표시 휴게소에서 쉬어가며 서둘지 않고 간다. 계속되는 목초 푸른색에 가끔 네모진 유채꽃밭 노란 빛깔이 눈을 따갑게 자극한다. 필 여사는 노란 꽃이 나올 때마다 정신이 든다고 반가워한다. 유채에 졸음 각성 기능도 추가해야 할 모양이다.

올텐(Olten)에서 북쪽 바젤 방향으로 가는 E25와 분기, A2와 합치며 동쪽으로 방향을 틀고 09시20분에는 조핑겐(Zofingen) 부근에서 다시 남쪽 루체른, 고타르도 방향으로 가는 A2와 갈라서 계속 A1을 따라 동진한다.

황사가 없는 깨끗한 공기라 이곳에서는 비를 맞으면 세차가 된다. 그동안 얹힌 먼지를 시원히 씻어주는 빗속에서 필 여사는 어제 하마네 집에 투숙한 대학생들 융프라우 못가겠다며 내내 걱정을 하더니 다시 졸음에 쫓기는지 휴게소에 세우고 눈을 붙인다. 그 시간을 이용해 미처 살피지 못했던 푸조 매뉴얼을 꺼내 사이드미러와 뒤창 클리너의 조작법을 익힌다.

간이휴게소에는 허술하지만 화장실이 거의 마련돼 있다. 떠나기 전 소변을 보러 갔는데 인기척 없는 대변 칸에서 서양 젊은 남자가 변기 위에 올라서서 칸막이 너머 이쪽저쪽을 살피다가 눈길이 마주치자 어색한 표정으로 급히 나가버린다. 별난 변태가 다 있는 세상이다.

다시 출발한 차는 10시15분 A1, A3, E60의 넓어진 도로로 바덴을 통과하고 동남으로 방향을 돌리며 A1이 끝나는 디에디콘에서 대규모 보수 현장을 지난다. 오렌지색 페인트를 무척 많이 소비했을 긴 공사장이 끝나면서 A3을 따라 10시25분 취리히를 지난다. 시의 변두리를 통과하는지 5, 6층의 건물이 이어지고 네거리에 신호등이 자주 나타난다. FM에서는 귀에 익은 음악을 들을 수 없어 가져간 CD를 듣기 시작한다.

다시 도시를 벗어나 창밖에 완만한 언덕의 전원 풍경이 나타나고 차 안에 익숙한 음악이 흐르니 사람 사는 동네에 온 듯 마음이 편해진다. 푸조에 차차 정이 들어가는 징조인 듯하다. 기다란 취리히 호수를 좌로 보며 남쪽으로 내려가다 볼레라우(Wollerau)에서 동으로 방향을 바꾸고 여전히 A3을 좇아 쿠어(Chur) 방면으로 진행한다. 호수 건너 멀리 도시의 집들이 보인다. 어떤 인생들이 숨 쉬고 있을까? 저마다 다른 근심 서로 모르는 걱정을 지닌 채 살아가겠지. 잠시 막연한 여수에 젖는다.

라헨(Lachen)을 지나고 11시10분 마르셰(Marche) 휴게소에 들어가 차를 멈춘다. 고속도로에 드문 레스토랑이 있어 슈퍼마켓이 다 쉬는 일요일인데도 장사를 한다. 휴일에 식사 장만을 못한 여행객은 마르셰를 찾으면 될 듯하다. 가끔 눈에 띄는 식당이다. 화장실을 찾아갔더니 지하철 검표기

| 북쪽에 보이는 뢰티콘 산맥의 팔크니스 |

같은 회전바를 만들어 놓고 동전을 넣게 돼있다. 고속도로 화장실은 대개 무료인데 야박한 식당이다.

11시45분 출발, A3으로 아주 긴 케렌첼(Kerenzer) 터널을 들러 나오자 좌로 발렌 호수(Walensee)가 잠시 보이고는 다시 두세 개 짧은 터널을 통과한다. 비취빛 서늘한 물색에 눈을 식히며 터널을 몇 개 더 지나자 발렌슈타트(Walenstadt)에서 호수는 끝나고 마이엔펠트가 가까워 오는 모양이다. 비가 그치며 햇빛이 반기듯 젖은 산야를 비추기 시작한다. 자르간스(Sargans)를 지나면서 파두츠(Vaduz), 뮌헨(München)으로 가는 도로와 갈라선다.

A13, E43으로 바뀐 길로 6km를 더 신행한 후 하이디랜드(Heidiland)의 표지를 보며 마이엔펠트 출구(Ausfahrt)로 나와 12시15분 바로 옆에 있는 휴게소에 주차한다. 필 여사의 제의를 받아들여 오랜 운전으로 소모한 체력을 보충키 위해 점심을 들기로 한 것이다. 잔디밭에 앉아 북쪽, 팔크니스(Falknis, 2562m)에서 이어지는 뢰티콘(Rätikon) 산맥의 어쩐지 쇠약해진 산세를 바라보며 위치로도 날짜로도 이제 스위스 관광 끝판에 와있음을 서글피 실감한다.

스위스 동북부 그라우뷘덴(Graubünden)주 국경 근처에 자리 잡은 마이엔펠트는 푸른 초원과 포도밭에 둘러싸인 인구 2400 정도의 풍광 수려한 작은 마을이다.

1870년대 후반 요양 차 이곳에 온 스위스 작가 요한나 슈피리(Johanna Spyri, 1827~1901)는 평화롭고 푸른 초원을 산책하면서 아름다운 한 편의 동화를 구상하여 1880년 '알프스 소녀 하이디'로 알려진 '하이디의 교육과 편력시기'라는 책을 세상에 내놓는다.

하이디, 어린이 마음 속에 꿈을 심어준 순정이야기

1870년대 스위스가 무대. 어려서 부모를 잃고 알름 할아버지에게 맡겨져 알프스 산중에서 살고 있던 하이디는 얼마 후 몸이 약해 걸을 수 없는 부잣집 딸 클라라의 이야기 상대를 하기 위해 프랑크푸르트로 간다. 하이디의 영향으로 클라라는 점차 성격이 밝아지지만, 반대로 도시에 적응하지 못하는 하이디는 산속 생활을 그리워하다 병을 얻어 힘을 잃어간다. 결국 할아버지에게 돌아와 건강을 회복하고, 그 후 알프스를 찾아온 클라라도 하이디와 목동 피터의 도움으로 스스로 걸을 수 있게 된다는 내용으로 수많은 어린이 마음속에 아름다운 꿈을 심어준 순정 이야기다.

소설은 출판되자마자 세계 30개 나라에서 번역돼 베스트셀러에 올랐고 하이디를 주인공으로 한 여러 편의 영화가 만들어지면서 마이엔펠트는 알프스 동화의 본고장으로 각광을 받게 된다.

그 중에서도 1974년 일본의 즈이요 영상과 후지 TV는 마이엔펠트 현지 로케이션을 통하여 이 작품을 영상화했고 알프스의 사계절과 주민들 일상생활을 곁들여 52편의 시리즈로 방영하여 일본에서 대대적인 하이디 붐을 조성하는 계기를 만들었다.

하이디에 쏟는 일본 사람들의 관심은 상상을 넘는 것으로 이 고장을 찾는 관광객의 절반 이상을 차지한다고 한다. 유럽, 미국, 일본 등 세계 각지에서 소설의 고향을 찾아온 관광객은 줄을 이어 하이디와 알름 할아버지, 소년 피터 등 소설 속 인물이 산책하던 마을 뒷동산을 거닐고 할아버지의 오두막집을 둘러보면서 어린 시절 향수 속 동화의 주인공이 되어본다.

하이디가 유명해지면서 마이엔펠트 사람들은 이곳을 진짜 하이디 마을

| 포스트 광장의 마이엔펠트 시청 |

| 하이디의 샘 |

로 꾸미기 시작, 어린이들은 용돈을 모아 마을 중앙에 하이디 분수를 세웠고 관광 철이 되면 하이디와 피터 복장을 한 소년 소녀들이 거리를 거닐며 관광객을 맞는다. 마이엔펠트는 실제 이야기가 아닌 가공의 소설을 바탕으로 재현한 관광지다.

처음에는 하이니 브랜드의 기획적 상업주의에 도매금으로 놀아나는 것 같아 저항삼이 없지 않았으나 동화의 무대가 될 만한 충분한 개연성이 있을 것이라 생각하고 이번 여행에 포함시킨 것인데 찬란한 신록의 목가적 환경이 우선 실망하지는 않겠다는 징조를 느끼게 한다.

12시50분, 마이엔펠트 시내로 진입하면서 시골 간이정거장 만한 기차역에 잠깐 들른 후 북으로 올라가 마을의 중심인 포스트 광장에 차를 세운다. 거리에도 인기척이 없더니 시골집 마당만한 좁은 광장에서도 사람 모습은 찾을 수 없고 주변을 싸고 있는 건물마다 문이 잠겨있다. 그러고 보니 오늘이 일요일, 흡사 유령의 도시 한복판에 서 있는 기분이다.

북쪽에는 육각탑에 붉은 고깔모자를 쓴 4층 시청이 서 있다. 그 왼편은 관광안내소, 길 건너 오른쪽은 선물 매점 하이디 숍이다. 마당 한쪽에 분수가 보이고 베이지색 시 청사에는 옛날 복장을 한 시민들의 벽화가 그려져 있다. 지도를 구해야겠는데 안내소는 물론 매점까지 닫혀있으니 갑자기 소경이 된 듯 막막하다. 생각해 봐야 별 수 없어 일단 움직여 보기로 하고 좁은 골목을 북쪽으로 빠져 나온다.

완만한 경사를 올라 마을을 벗어나면서 시야가 터지고 일대가 온통 포도밭으로 변한다. 지도가 없으니 육감에 의존, 포도밭 사이로 난 오른쪽 언덕길로 한참 들어가는데 왼편으로 숲과 잔디로 된 널찍한 광장이 나타난다. 바위위에 소녀가 엎드려 있는 분수가 보인다. 1953년 어린이들이 용돈을 모아서 만들었다는 '하이디의 샘' (Heidibrunnen)이다. 주위에는 방목한 양떼가 풀을 뜯고 여기저기 피크닉 나온 가족 사이로 애들이 뛰어다닌다.

13시30분, 차를 세워 물을 받아 마시고 게시판 지도 옆에 서 있는 젊은 아버지에게 '하이디의 집' (Heididorf, Heidi Haus) 가는 길을 물어본다. 옆 동네에 살고 있지만 자기들도 가보지를 못했다며 대충 짐작되는 쪽을 손가락으로 일러준다. 남은 외국에서도 보러왔는데 본고장 사람들은 그만큼 관심이 없다는 얘기다. 우리가 한강 유람선을 못 타본 것이나 마찬가지다.

대략적인 방향만 믿고 다시 출발, 곧바로 가디 오른쪽으로 돌아 울창한 숲 속으로 들어간다. 흙과 자갈이 섞인 길은 점점 좁아지고 나중에는 차를 돌리기도 힘든 진짜 스위스의 산중 막다른 끝에 이르러 후진으로 빠져 나온다. 점점 깊어지는 숲길은 원하는 방향으로 가주지를 않고 자꾸 다른쪽으로 돌더니 이번에는 좀 넓은 공터에서 한 가족을 만난다. 자기들도 하이디의 집을 가는 길인데 바로 옆이긴 하나 자동차 길은 없다며 돌아가는 길을 일러준다.

오래된 짙은 숲을 겨우 벗어나 14시20분 드디어 호텔 하이디호프(Heidihof)의 넓은 주차장에 도착한다. 큰 버스가 몇 대 서 있어 기사에게 물으니 하이디의 집까지 차는 들어가지 못하고 10분 정도 걸어야 한다는 것이다. 주차료는 받는 데가 없으니 무료인 듯하다. 기차역에서 약 40분 걸린다는 이 곳 까지 하이킹으로 걷는 관광객이 제법 많다. 셔틀버스를 타면

| 하이디 하우스로 가는 길 |

| 하이디의 집 |

| 거실에서 공부하는 하이디와 피터 인형 |

5분에 올 수 있다고 한다.

하이디하우스 표지를 따라 걸어가는 길이 그렇게 좋을 수가 없다. 경사진 둔덕에는 들꽃이 만발하고 관광객이 둘 셋 인사를 건네며 스쳐간다. 길가에는 가축의 목각이 세월에 퇴색한 채 우직하게 서 있다. 풀 뜯는 소의 카우벨이 이따금 생각난 듯 덩그렁 뎅그렁 포도밭 너머로 한가하게 울려나간다. 스위스의 맑은 농촌 동화의 이미지 그대로의 풍경이다. 민들레를 뜯으며 걷는 필 여사는 이곳 잎이 제일 부드럽다고 한다.

할아버지와 함께 산에서 내려와 겨울을 지냈다는 소설 속 되르플리(Dörfli) 마을의 하이디하우스는 예전 생활을 재현한 소규모의 박물관으로 꾸며져 있다. 그 앞 선물매점에서 5프랑짜리 입장권을 사가지고 들어가 구경을 한다.

오래된 3층 농가, 좁고 어두운 계단을 올라가면 하이디와 피터의 인형이 거실에 앉아 공부를 하고 있다. 여름 방학 때는 어린 학생이 앉아 있기도 한다는 것이다. 헛간,

부엌, 할아버지의 큰 방, 클라라와 하이디가 함께 누워 별을 보던 다락방 등에는 난로 주방기구 같은 비품 집기와 신기한 생활용품이 옛날 그대로의 모습으로 놓여있다.

클라라가 타던 바퀴의자도 보이고 세계 각국에서 출판된 하이디 소설도 비치돼있다. 알름 할아버지 인형은 어김없이 구부러진 파이프를 물고 있다. 창 밖으로는 푸른 목초지 너머 포도밭과 마이엔펠트의 거리 그리고 알프스의 산이 내다보인다. 뜰로 내려와 매점 앞으로 나오니 네모진 시원한 분수 주위에 닭과 염소가 한가롭게 노닐고 먼 나라에서 온 관광객들이 삼삼오오 섞여 앉아 그동안 좇던 동화 세계의 막간을 즐기고 있다.

마이엔펠트에는 하이디의 세계를 둘러보는, 한 시간 반짜리 붉은색과 네 시간 걸리는 푸른색, 두개의 하이킹 코스가 마련돼 있다. 할아버지와 살던 여름 오두막인 하이디알프(Heidialp, 1111m)에는 한 시간 반 정도 가파른 언덕을 오르면 가볼 수 있다.

숨을 돌리고 15시30분 주차장을 향해 길을 나선다. 사실이건 픽션이건, 평화로운 하이디의 세계가 신록의 농장, 알프스의 목가적 분위기임은 분명하다. 장삿속이라고 회의적으로 볼 것이 아니라 일본 사람처럼 당초부터 의식하지 않는 것이 순수한지 모르겠다. 들길은 여전히 낙원을 거닐 듯 즐겁다. 청초한 들꽃 포근한 풀밭이 하도 너그러워 또 한 번 그 품에 누워 대지에 안긴다. 팔크니스 산, 깎아지른 매봉이 눈 끝에 와 있다. 하이디가 보았던 석양에 불타는 산이 저게 아니었을까?

스위스의 향기, 건강한 공기가 천지간에 가득하다. 필 여사도 꽃밭에 누워 하늘을 본다. 남보라 꽃은 엔치안(Enzian), 노란 것은 금매화, 하얀 꽃은 알프스 마거리트다. 피폐한 속세의 스트레스를 벗고 깊게 숨을 쉰다. 열 번 심호흡이면 길지 않을 여생 끝까지 기가 버텨줄 것만 같은 느낌이다. 서양 사람 한 가족이 얼굴 가득 웃어주며 지나간다. 풀꽃에 누운 노인들이 장난스러웠을까? 지금 이 순간만은 더 바랄 것이 없다. 이것이 즐겁지 않다면 틀림없이 마음 한쪽 어딘가 수상쩍은 구석이 있는 사람이다. 애들이 든 카세트에서 흘러나오는 요들이 차차 꿈속같이 멀어져간다.

요들이라는 선율을 처음 접해 본 것도 60년 전의 옛날이다. 요새같이 외국영화가 흔치 않던 해방 공간의 어수선한 시절, 디아너 더빈(Deanna Durbin)이나 다니엘 다류(Danielle Darrieux)는 다른곳은 몰라도 적어도 우리 고향 우리 또래에서는 불멸의 히로인이었다. 열댓 소년시절에 벌써 브로마이드를 모으는 친구들도 있었다. 나이 들어 TV에서 재방되는 '오케스트라의 소녀' 를 보면서 어릴 적만큼 예뻐 보이지 않아 조금은 안타까웠지만 그 디아너 더빈이 1940년대에 주연했던 흑백영화 '매드 어바우트 뮤직'(Mad about Music)에서 여학생들이 함께 자전거를 타며 부르는 노래 'I love to whistle' 에 요들 가락이 나온다. 신기했던 그 선율이 알프스와 관계가 있다는 사실을 안 것은 나중이지만 그 후에도 요들의 이미지에는 늘 하얀 산 뒤에 휘파람 소리가 따라다녔다.

요들은 자연의 힘을 빌려 액운을 쫓으려는 주술적 의도에서 비롯됐다는 설도 있지만 목동들이 알프스 초원에 흩어진 가축을 부르는 소리로 해석하는 것이 더 자연스럽고 서정적이다. 해질녘 소떼를 부르는 다섯 음계 요들이 이 골짝 저 골짜기 메아리쳐 나가면 먼 이웃에 소식으로 전해져 외로움을 달래주고 차차 몇 가닥 곡조로 틀이 잡혀갔을 것이다.

알프스 높은 봉우리에서 계곡으로 울려 퍼지는 요들의 신비한 음조를 듣고 있으면 산천초목과 하나가 되어 온몸 구석구석이 시원하게 정화되는 느낌을 갖게 된다. 자연 깊은 곳에서 우러나와 오랜 세월을 두고 정제된 요들의 가락은 이렇게 목동의 음성을 통해 다시 나무와 바위 속 자연으로 되돌아가는 것이다. 메아리, 산울림, 거기 더 하나 휘파람을 어울려 요들은 티없이 맑은 스위스 천생의 소리이자 더없이 정결한 영혼의 소리라는 생각을 한다.

스위스 또 하나의 상징으로 뺄 수 없는 것이 알프혼(Alphorn)이다. 요행으로 어느 순간 먼 산에서 흘러나오는 청아하고도 묵직한 울림을 들을 수 있을까 기대했는데 아쉽게도 그 기회는 잡지 못하고 갈 모양이다.

목동이 골짜기로 불어대는 알프혼 소리…소와 양떼가 귀를 세운다

목동이 골짜기로 불어대는 알프혼 소리에 멀리 흩어진 소와 양떼, 양몰이 개는 귀를 곤두세운다. 저녁을 알리는 곡조와 젖 짤 때 가축을 진정시키는 음색을 이들은 용케 구별해낸다. 악기보다는 생활에 필요한 도구로 오랜 세대를 이어 온 것이다. 그 기원이 2000년 전이라고도 하지만 악기로서 기능한 것은 19세기 후반부터라고 한다.

알프혼의 끝이 구부러진 독특한 모양은 대자연이 스위스에게 준 특별한 선물이다. 급경사에서 자라는 전나무는 어릴 때 눈 무게 때문에 밑둥치가 구부러진다. 이런 나무를 잘라 반으로 쪼개 속을 파낸 다음 다시 붙여 부드러운 버드나무로 빈틈없이 감고 방수용 바니시를 칠한 후 마우스피스를 달아 완성한다. 길이가 짧은 것이 2m 정도, 긴 것은 5m 이상이 되기 때문에 체력이 세고 폐활량이 큰 알프스 산사람들에게 적합한 악기다.

알프혼은 다른 관악기와 달리 소리를 조절하는 밸브나 구멍, 피스톤이 없어 자연배음만 만들기 때문에 가장 원초적 소리를 낸다. 길이에 따라 음의 높이와 음색이 달라지지만 한 자루에서 열개의 음만 가능한 탓에 솔로보다는 합주로 연주를 하는 것이 기본이다. 이 악기는 클래식 음악에도 그 영향을 미쳤다. 1868년 9월 요하네스 브람스(Johannes Brahms)는 알프스 산간에서 들려오는 알프혼의 소리에 끌려 멜로디를 메모해 두었다가 8년 후 베토벤의 제10교향곡이라고도 일컬어지는 그의 심포니 제1번 제4악장에 혼 파트가 연주하는 장중한 테마로 도입한 것이다.

이 대형 악기를 보면 늘 연상되는 것이 티베트의 둥첸(Dung Chen)이다. 끝이 나팔같이 생기고 놋쇠로 만드는 등 상이한 점도 많지만 별개 고산지대에서 장중한 울림을 가진 유사한 크기와 모양의 악기가 태어난 데에는 그럴만한 근거가 있지 않을까 홍미를 갖게 한다.

시간은 충분하지만 오늘은 예약한 숙소가 없어 약간 불안하다. 16시 건물이 많은 마을 중심을 향해 나가보기로 한다. 하이디 샘으로 내려가 포도밭 옆을 지나다가 4층 레스토랑에 '빈방 있음' (Zimmer frei) 간판을 발견한다. 마침 눈을 밝히고 이 표지를 찾던 길이라 반갑게 들어가 값을 알아보니 더블 룸에 120프랑이다. 시간 여유가 있어 더 좀 찾아보겠는데 싼 곳이 없느냐 웃으며 묻는 말에 주인아주머니는 벽에 붙은 광고를 가리킨다. 이 사람들은 자기 집에 묵지 않더라도 싫은 기색 없이 친절히 정보를 준다.

| 슐라프 임 스트로흐 숙소표시 |

파란 바탕에 집과 그믐달, 별 그림에 'Schlaf im Stroh' 라고 적혀있는 좀 유별난 로고의 광고지다. 약도를 보니 방금 다녀온 하이디호프로 가다 좌측으로 갈라진 길가에 간략한 위치표시가 돼있다. 막연하지만 일단 찾아보기로 하고 오던 길을 다시 돌아간다. 서너 번 왼쪽 길을 들락날락 헛걸음하며 결국은 하이디호프 주차장 부근까지 오고 만다. 이제는 마지막 못 찾으면 레스토랑 빈방으로 가리라 작심하고 들어간 동네 끝, 농가 문 위에 달과 별 좀 전의 그 마크가 붙어 있는 것이 아닌가? 기적적으로 찾아낸 것이다. 하이디의 집에서 15분 정도의 가까운 거리다.

트랙터를 운전하며 작업하던 주인아저씨가 헛간 같은 2층 목조 건물에 안내를 한다. 넓은 마루방에 2층 침대가 두 대, 지붕 밑에 별도로 또 두 개,

| 밀짚 침대의 하룻밤 |

도합 여섯 개의 침대가 있다. 아저씨는 방 한쪽에 달린 계단을 올라 다락같이 생긴 중2층으로 데려가더니 거기 놓여있는 두 개 큼식한 침상을 가리키며 밀짚침대(straw bed)라고 한다. 정말 양쪽 침대에 수북이 지푸라기가 깔려있다. 상상치도 못한 밀짚침대, 일부러라도 찾아 올 농가를 요행으로 찾아 든 것이다. 이런 행운이 있나. 손님이 없으니 둘이서 골라잡아 맘대로 자면 된다. 요금은 아침 포함 한 사람에 26프랑이다. 밖으로 나와 내일 식사를 할 깨끗한 식당과 샤워 딸린 화장실의 위치를 확인한다.

짐을 풀고 포근한 마음으로 방안을 살펴본다. 옷장에는 담요가 가득 쌓여 있으며 문 옆에 손전등이 여러 개 매달려 있다. 벽에 붙어있는 안내는 독일 말이라 알아볼 수 없는데 댓 권 놓여있는 방명록을 펼쳐보면서 이 집 내력을 대강 파악하게 된다. 반 이상 일본 사람이 쓴 글이다. 이들은 이곳 밀짚침대를 목표로 찾아 온 것이다.

슐라프 임 스트로흐(Schlaf im Stroh)는 '짚에서 잠자자' (Sleep in Straw)

는 독일 말이었다. 우리가 몰랐을 뿐 스위스에는 '슐라프 임 스트로흐' 협회가 있다. 전국에서 이와 같은 농가 200여 개가 가입돼 있다고 한다.

초여름에 소나 양을 알프스 산으로 올려 보낸 농가는 빈 축사를 간소한 숙소로 꾸며 신선한 아침식사와 함께 자연을 찾는 여행객에게 싼 값으로 제공하게 되었다는 것이다. 이 집의 명칭, Max and Dorli Just는 주인 부부의 이름인 모양이고 밀짚 침대 한 곳에 다섯 명이 잘 수 있다고 돼있다. 짚이 싫은 사람은 일반 침대를 사용하면 된다. 전국 밀짚 침대 농가의 정보를 알고 싶으면 www.abenteuer-stroh.ch를 찾아보면 된다.

필 여사가 채집한 가장 연한 민들레로 장만한 알프스샐러드에 햄, 계란을 곁들여 누룽지 밥 따끈히 먹고 밖으로 나가 하이디 마을의 황혼에 잠긴다. 풀밭에서 울리는 댕그랑 소리, 내일 아침은 그 우유를 대접 받을지 모르겠다. 창가에 빨갛게 핀 제라늄을 보며 어떤 대상이건 막연하게 감사를 드리고 싶다.

우리 방 밑층, 깨끗한 화장실에서 샤워를 하고 21시30분 자리에 든다. 맑은 별이 보인다. 동화의 나라 꿈속 이야기 같은 진짜 알프스 농촌의 1박, 스위스의 마지막 밤을 짚 위에 누웠다. 부드럽고 편안한 감촉, 그리고 코에 간질간질 마른 풀의 구수한 냄새! 세월가도 지울 수 없는 얼룩같이 또 한 켜 그리움이 쌓여 가는가? 가물가물 졸음에 잦아드는데 밀짚이 등을 찌르기 시작한다. 담요를 가져와 깔고 덮는다. 잠이 들 듯 하더니 이번에는 추위가 몸을 감싼다. 다시 요를 서너 장 갖다 수북이 덮는다. 역시 모든 것이 다 좋을 수는 없는 것인가 보다.

✓숙소

Familie Max und Dorli Just, Bovelgasse 26, 7304 Maienfeld
T/Fax: 0041 (0)81 302 3841 Natel: 079 403 7943 아침식사 포함, CHF52/일
e-mail : dorlijust@hotmail.com

오스트리아

Austria

16일. 오스트리아 입국, 인스브루크로

5월 22일 월요일
Maienfeld-22km-Vaduz(Liechtenstein)-169km-Innsbruck
총191km(실 운행거리 231km, 보행 8.4km)

| 스위스 농가의 아침식사 |

온갖 새소리에 잠을 깬다. 싱싱한 새벽 공기를 흔드는 카우벨 소리는 꿈속에서도 한참 들렸던 것 같다. 어둠이 걷히기 시작한 알프스의 전원, 끌어당긴듯 기다란 구름이 아침 해를 받아 분홍으로 물든다. 맑은 대기가 감미로워 잠시 풀밭을 거닐다 서늘한 바람에 쫓겨 안으로 들어온다.

식사는 좀 이른 듯 했지만 가능하다해서 07시30분으로 요청해 두었다. 넓고 정결한 식탁에 간소하게 상을 차려주고 도를리 아줌마는 밖으로 나간다. 우유, 버터, 치즈에서 잼까지 전부 집에서 생산한 듯 신선한 식품이다.

08시30분 출발, 마이엔펠트를 나서자 곧 고속도로 A13/E43에 진입하고 북서쪽으로 진행한다. 6.5km를 지나며 어제 취리히에서 달려 온 도로 A3과 작별하고 뮌헨(München)으로 가는 오른쪽 길로 들어선다. 국경선인 라인(Rhein) 강을 따라 약 12㎞ 올라간 지점에서 첫 번째 경유지 리히텐슈타인(Liechtenstein)에 입국한다.

공식 영어명칭이 Principality of Liechtenstein(리히텐슈타인 공국)인 이 나라의 수도는 파두츠, 독일계 국민이 95%를 차지하며 독일어를 공용어로 사용한다. 공국이라는 명칭은 왕이 아닌 공작이 다스린다는 뜻을 내포하고 있다. 서쪽 스위스와 동쪽 오스트리아 사이에 끼어있는 남북 길이 24.6㎞, 동서 최대 폭이 12.4㎞인 세로로 긴 국토를 가지고 있으며 인구 약 34,000명, 면적은 160.4㎢, 세계에서 여섯 번째로 작은 나라다.

리히텐슈타인은 1719년 셸렌베르크(Schellenberg) 공국과 파두츠 공국이 합병하여 만들어졌다. 1719년부터 1806년까지는 신성로마제국의 일부였으나 그 후 라인동맹에 가입하여 그 지배를 벗어났다. 1815년과 1866년 사이에는 독일연맹에 참가하지만 1866년 독립이 이뤄지고 이어 1967년에 영세중립국이 된다. 제1차 세계대전까지는 오스트리아와 관세 통화동맹을 맺고 있었으나 대전 후 스위스 보호 하에 들어가게 되었으며 현재 전화, 우편, 화폐는 공용하고 외교, 국방, 관세도 스위스 정부에 위탁하여 수행하고 있다.

1921년에 현대적인 헌법을 제정한 후 오늘날까지 입헌 세습의 군주제를 채택하고 있는데 1989년 최장의 통치기간을 기록한 프란츠 요제프 2세의 사망 후 그의 아들 한스 아담 2세가 국가수반을 계승하고 있다.

현대유럽 한복판에서 어떻게 절대군주제를 유지할 수 있는가에 대해서는 리히텐슈타인 일가가 엄청난 부를 소유하고 있어 나라로부터 세비를 지급받지 않으며 경제적으로도 완전히 자립하고 있다는데서 그 근거를 찾을 수 있다. 리히텐슈타인 일가는 국토의 몇 배나 되는 땅을 국외에 갖고 있어 그 재원을 기초로 하여 18세기 이래 문화 예술의 보호자로 활동하고 있다. 그 재산도 공국과는 관계없이 과거 합스부르크가 밑에서 축적한 것이어서 오히려 국가가 리히텐슈타인 일가에게 의지하고 있는 경향마저 있다는 것이다. 의회는 단원제로 임기 4년의 의원 25명이 있으며 의회 발의에 따라 국가원수가 총리를 임명한다. 소규모의 군대가 있었으나 1868년에 해산되었고, 150여 명의 경찰만 유지하고 있는 상태로 국민은 병역과 납세의 의무가 없다.

'조세 회피지' 리히텐슈타인, 절대군주제 유지

소위 조세 회피지(Tax haven)의 한 곳으로서 실체 활동 없이 단지 세금 면제를 목적으로 한 외국의 페이퍼 컴퍼니가 몰려든 결과 그 법인세가 세수의 40%에 달해 일반 국민의 소득, 상속, 증여 등 직접세를 면세하고 있는 것이다. 무엇보다 부러운 것은 역사상 파업이 없었다는 것으로 특수한 조건이 만들어낸 환경 탓이기도 하지만 사회적 메커니즘을 선순환시킬 수 있는 그만한 가치를 가진 국민이라는 생각을 하게 된다.

리히텐슈타인의 소득은 약 45%가 역외 거주자에 의해 발생하고 있어 국민소득을 인구수로 나누는 방식으로는 산출하기 힘든 모양이나 2000년의 1인당 국민소득이 35,000US$로 추계된 바 있다고 하니 생활정도가 최고수준에 도달했음을 알 수 있다.

세계적으로 유명한 우표 발행국으로 그 판매가 국고의 중요한 수입원임은 주지된 사실이나 그 밖에도 목축과 같은 1차 산업에서부터 정밀기계, 의료기기, 가죽제품과 관광, 국제금융 등 각종 산업이 고루 발달돼 있다. 역사적으로 볼 때 주변 유럽 국가의 영향을 크게 받지 않고 조용한 전원지역으로 남아있었으나 제2차 세계대전 후 급격하게 산업화가 이루어졌다. 잘 알려진 포첼란(Porzellan)이라는 인공치아나 건축용 공구 힐티(Hilti)도 알고 보면 이 나라에서 생산되는 제품이다.

09시10분, 국경인 라인 다리(Rhein Brücke)를 넘자 바로 수도인 파두츠

| 리히텐슈타인의 파두츠 성 |

로 들어선다. 스위스 측에서 국경을 넘으면 여권 검사도 없다.

파두츠는 표고 455m, 면적 17.3㎢에 2004년 인구가 5000명 정도인 작은 도시다. 먼저 눈에 들어오는 것이 슈테틀레(Städtle) 거리 너머 높고 푸른 언덕 위에 그 모습을 드러내는 파두츠 성(Schloss Vaduz)이다. 넓지 않은 중심도로를 따라 성 플로린(Florin) 성당에서 북으로 약 1㎞, 번화한 거리를 구경하며 천천히 달린 후 오른 쪽 길로 들어서 파두츠 성을 찾아간다. 포도밭을 지나 짙은 숲과 조용한 주거지 사이로 S자 커브를 돌며 급한 비탈을 올라가면 잠깐 사이에 성 앞에 다다른다.

12세기에 세워졌다는 리히텐슈타인 공의 거성은 가운데 탑을 중심으로 한 석조의 탄탄한 구조로 중세의 위엄 있는 모습이 돋보인다. 국기가 게양되지 않은 것을 보니 한스 아담 2세는 오늘 부재중인 모양이다. 성내는 공개되지 않지만 차를 도로에 세우고 문 안을 기웃거려도 인기척 하나 없이 고요하다. 절벽 위에서 내려다보는 크지 않는 거리에는 안정된 분위기가 흐르고 산과 숲에 어울린 전망이 볼만하다.

밑으로 내려와 몇 번을 물어보며 시청 앞 버스 터미널에 있는 안내데스크를 찾아 지도도 한 장 얻고 여권에 입국 기념 스탬프를 받는다. 국기에 있는 것과 같은 왕관이 표시된 스탬프는 한 사람에 2프랑씩 받는다. 굳이 해야 될 일 같지도 않지만 남들 한다니 후회할까봐 따라하는 짓이다. 우편국 길 건너에는 유명한 우표박물관이 있어 무료로 구경할 수 있는데 오후의 일정이 걱정돼 그대로 떠나기로 한다. 리히텐슈타인가의 소장품이 전시된 미술 전시장도 생략하고 10시 북쪽을 향해 출발한다.

좌측으로 이어지는 높은 바위산을 보며 샨(Schaan)을 지나 오스트리아 국경을 별 절차 없이 여권을 보이는 정도로 통과한다. 서쪽 현관 펠트키르히(Feldkirch) 부근에서 고속도로 A14/E60에 올라 동쪽으로 진로를 잡는다. 고속도로의 제한속도는 시속 130㎞, 기분 탓일까 주변 시설이 스위스에 비해 좀 뒤쳐지는 느낌을 받는다.

| 기념 스탬프 |

졸음을 참지 못해 P표시 휴게소에 들어가 40분 눈을 붙인 후 떠나려던 필 여사의 밝아진 기분이 앞으로 150㎞는 가야 된다는 말에 갑자기 저기압으로 바뀐다. 오늘은 30분 정도만 운전하면 된다고 들었다는 것이다. 그럴 리가 있나? 리히텐슈타인까지 그 정도 걸린다는 말을 잘못 해석한 모양이지. 세상에 하루 30분 운행하는 렌터카 여행이 어디 있나? 해명을 해도 막무가내다. 이 증세의 특효처방은 옷가게나 식품점에 모시고 가는 것인데 고속도로를 운행 중이니 그도 못하고 고스란히 불만을 감수하는 도리 밖에 없다.

오스트리아는 중앙 유럽 약간 남쪽 위치에 여덟 나라와 국경을 맞대고 있는 영세중립의 내륙국가다. 국토의 2/3가 알프스로 서쪽에는 3,000m가 넘는 고봉이 허다하지만 동쪽으로 가면서 산세가 꺾이고 구릉, 호수, 계곡이 풍부한 변화를 보이며 도나우 강 유역으로 흘러내려 국경 가까운 비엔나

(Vienna)로 이어진다. 2005년도 기준으로 인구 약 830만, 면적 83,800㎢, 1인당 국민소득 33,600US$로 세계 12위의 경제국이다.

무관심한 기질로 유명한 오스트리아 사람들

유럽의 정치 · 경제 · 문화가 교류, 충돌하는 지리적 요충지에 위치하고 있어 기원전 부터 수많은 민족의 지배와 흥망의 역사를 거쳤지만 13세기 합스부르크가가 터전을 잡으면서 세력을 넓혔고 신성로마제국의 지배자로서 여러 민족으로 이뤄진 중앙 유럽을 그 세력 하에 두고 약 650년간 번영을 누렸다.

1차 세계대전 패배로 1917년까지 유럽정치의 중심으로 군림했던 오스트리아는 제국이 해체되고 영토가 축소된다. 이후 나치독일과의 합병, 2차 대전의 패전, 미 · 영 · 불 · 소의 공동점령, 신탁통치 등 일련의 비운이 계속됐지만 1955년 연합국 승인 하에 마침내 주권을 회복했으며 영세중립의 독립국으로 탄생, 새로운 출발을 맞게 되었다. 현재 수도 비엔나를 중심으로 동서 유럽의 가교역할을 원만히 수행하고 있으며 UN, OECD, OPEC 등 국제기구를 적극적으로 유치하여 다시금 세계정치 무대에 등장하는 계기를 마련하고 있다.

오랜 기간 유럽 예술 문화의 중심으로 자임했던 이 나라는 세계적인 음악의 나라로 독보적인 지위를 차지하고 있다. 특히 18, 19세기에 걸쳐 하이든, 모차르트, 베토벤, 슈베르트, 요한 슈트라우스 부자, 브루크너, 쇤베르크 등 쟁쟁한 거장을 배출하여 유례를 찾기 힘든 황금시대를 이룩했던 무대가 이곳이다. 지금도 비엔나 소년합창단, 비엔나 필하모닉오케스트라, 비엔나 심포니오케스트라 등 세계적 연주단체가 그 전통을 계승하고 있다.

오스트리아는 또 커피, 케이크, 음식이 맛있는 나라로도 유명하다. 국민성은 게르만계열의 고지식한 성격에다 독일 사람과는 또 다른 명랑하고 소탈한 경향이 있어 이질적 요소가 공존하는 특성을 가지고 있다. 오스트리아 사람의 무신경 또는 무관심(Gemütlichkeit) 기질은 세상에 정평이 나있다고 한다.

제3차 십자군 원정에서 아크레(Acre) 전투에 참가한 오스트리아 공 레오폴드 5세의 흰 군복이 적의 피에 물들어 옷을 벗고 보니 허리띠 부분만 희게 남았다고 한다. 이 고사로부터 적-백-적의 국기가 생겨났다는 이야기가 전해진다. 오스트리아라는 국명은 동쪽 제국(Eastern empire)이라는 뜻의 독일 말인 'Osterreich' 에서 유래됐다고 한다.

11시30분 불루덴츠(Bludenz)를 통과하고 S16/E60을 계속 동진한다. 첫 번째 만나는 주유소에서 자동차 연료를 보충하고 오스트리아의 고속도로 통행권 비그넷(Bignet) 10일짜리를 8.6유로로 구입하여 창에 붙인다. 다시 출발한 도로 좌우에 아직도 위엄있게 알프스 산줄기가 계속되고 자주 나타나는 터널 사이사이 라우터브루넨을 방불케 하는 절벽과 폭포가 보인다. 티롤(Tirol)의 바위산들이다.

계속되는 짧은 터널에 익숙해질 즈음 랑겐(Langen)을 지나며 돌입한 굴이 가도 가도 끝이 없이 계속된다. 유명한 아를베르크(Arlberg) 터널에 들어선 모양이다. 알펜스키의 원조 하네스 슈나이더(Hannes Schneider)가 1909년에 개설한 스키학교가 있는 장크트안톤(Sankt Anton)까지 13.976㎞의 긴 터널이다. 무심히 선글라스를 쓴 채 굴로 들어선 필 여사가 어둠을 버티다 못해 안경을 바꿔 쓰느라 운전 중 법석을 떤다. 굴을 벗어나자 바로 톨게이트가 나온다.

오스트리아의 고속도로는 비그넷으로 요금을 받기 때문에 톨게이트가 없는 것이 원칙이지만 이 터널만은 별도로 8.5유로의 요금을 받는다. 장크트안톤을 지나서도 굴은 계속 나타난다. 5.9㎞, 3㎞ 등 꽤 긴 것도 있어 이 부근의 험준한 지형을 짐작할 수 있게 한다. 란데크(Landeck) 북쪽으로 보이는 높은 산은 지도에 나와 있는 라이텔슈피체(Leiterspitze, 2750m)가 아

| 산봉 위의 성채 같은 건물 |

닌가 생각된다. 참스(Zams)를 통과하자 오른쪽 산봉 위에 성채 비슷한 재미있는 구조물이 하나 보인다.

인(Inn) 강을 따라 A12/E60을 계속 동쪽으로 진행하며 임스트(Imst)옆을 통과하고 12시45분 스탐스(Stams) 부근 휴게소에 들어가 점심식사를 한다.

지도를 보면 이 부근이 독일 국경과 가장 근접한 부분이며 북쪽으로 둘러선 고봉 가운데 독일의 최고봉 추크슈피체(Zugspitze, 2962m)가 있을테지만 어느 것인지는 분간할수 없다. 애들한테서 전화가 온다. 자주 하다보니 이제는 동네 전화같이 자잘한 일까지 화제에 오른다. 남미 여행 때같이 PC방을 찾지 않아도 되니 편해서 좋기는 한데 통화료가 얼마나 나올는지 걱정이다.

13시30분 출발, 치를(Zirl)을 지나 20분 후 우측으로 빠져 인스브루크에 진입하며 고속도로를 벗어난다. 출구를 나와 막 커브를 돌아 시내로 들어서려는데 길목을 지키던 교통경찰 서너 명이 차를 세운다. 앞으로 다가오더니 창에 붙은 통행권, 비그넷을 조사한다. 오전에 깜빡하고 안 샀으면 꼼짝없이 걸릴 뻔했다. 적발된 차량 두 대가 길옆에 서있다. 고속도로 주행 중 순찰차로 단속을 하는 줄 알았는데 그게 아니고 출구로 나오는 차를 잡는 것이다. 고속 주행 중인 차량을 세우는 데는 문제가 생길 수 있으므로 밖으로 나온 차를 변명의 여지가 없는 길목에서 잡는 이런 방법이 합리적인지 모르겠다.

그렇다면 다른 국가 간을 운행하면서 중간에 오스트리아 고속도로를 경유만 하는 경우는 비그넷을 사지 않아도 될 것 같다. 단 이것은 잠깐 머릿속에 떠오른 책임질 수 없는 사건일 뿐이다.

어찌되었든 오늘 재수 좋아 벌금을 건졌다 생각하고 그 몇 분의 일이면 되는 돈으로 가는 곳 마다 규정된 통행권은 다 사서 붙여야겠다는 다짐을 한다.

눈에 띄는 슈퍼마켓에 들러 식품을 장만하고 인스브루크 시내로 들어서서 예약된 숙소를 찾아간다. 시가를 서북쪽으로 빠지면 왕궁 공원(Hofgarten) 못 미쳐서 인 강과 만나게 되고 다리를 건너 몇 블록 북진한 곳에 유스호스텔 장크트 니콜라우스(St. Nikolaus)가 있다. 크지 않은 도시라 지도를 보며 머릿속에 정리해 둔대로 14시30분 어렵지 않게 찾아든다.

유스호스텔의 돔(Dorm)은 1인당 14.8유로다. 우리가 숙박할 곳은 그 유스호스텔이 별동으로 운영하는 펜션 글로켄하우스(Pension Glockenhaus)인데 주차 무료에 화장실 딸린 더블 룸이 아침포함 52유로로 조건이 좋아 인터넷으로 예약을 해 둔 것이다. 담장이 쳐진 넓은 뜰 안, 창고 같이 생긴 유스호스텔 리셉션에 갔더니 17시부터 체크인을 받는다기에 먼저 시내관광을 하기로 한다.

인스부르크라는 지명은 '인(Inn) 강에 걸린 다리' 라는 뜻이다. 만년설이 녹은 우윳빛 물이 세차게 흐르는 인 강 변을 따라 터전을 잡은 인스부르크는 오스트리아 서부 티롤주의 주도로 표고 570m, 면적 104.9㎡, 2005년도 인구 약 14만5천명의 작은 도시다. 3000m 급 눈 덮인 티롤의 산들로 둘러싸인 경관이 빼어나 '알프스의 장미' 라고 불리는 관광지이자 1964, 1976년 두 번의 동계 올림픽이 개최된 바 있는 겨울 스포츠의 중심 도시다.

로마시대부터 이탈리아와 독일을 연결하는 주요 길목으로 교통의 거점이 되어 왔다. 합스부르크 황제 막시밀리안(Maximilian) 1세와 마리아테레지아(Maria Theresia)가 각별히 애정을 지녔던 도시이며 바벤베르크(Babenberg)와 합스부르크 왕가의 문화적 유산이 많이 남아 있다. 파란 하늘과 눈부신 설산의 콘트라스트, 푸른 숲속 강가에 피는 들꽃의 향연, 알프스의 심장 티롤 왕국의 낭만이 숨 쉬는 아담한 고장이다.

인 강 서안을 따라 녹음 짙은 발터 공원을 걸어 남쪽으로 내려간다. 어떤 연고가 있는지 모르겠으나 낙엽송 사이에 12세기 독일의 음유시인 발터 폰 데어 포겔바이데(Walther von der Vogelweide)의 동상이 서 있다. 대안의 왕궁을 바라보며 한참을 걸어 이 고장 이름의 연원이 된, 1180년에 만들어진 '인 강에 걸린 다리'(Innbrücke)를 건넌다.

알프스에서 내려 온 얼음 녹은 잿빛 물은 50m 정도의 강폭을 가득 메우고 생각 밖의 급류로 흘러내린다. 중간쯤에서 돌아 본 강 너머 북쪽에 도시를 내려다보는 위압적인 바위산이 하늘 높이 병풍으로 둘러섰다.

카민슈피첸(Kaminspitzen, 2480m), 하펠레칼슈피츠(Hafelekarspitz, 2334m), 만들슈피츠(Mandlspitz, 2366), 루메르슈피츠(Rumerspitz, 2454m) 등 티롤의 카르벤델(Karwendel) 산맥이 첫 인사를 보내고 있다. 하늘을 다 차지할 듯 익숙지 않은 높이로 다가오는 암봉의 대열은 어딘가 섬뜩함마저 거느린 준엄한 모습이다. 산의 압도적 위력 아래 고풍스런 가옥, 엎드린 듯 순종의 시붕들, 그 고저의 대조가 인상적이다.

| 인 강에 걸친 다리 뒤에 솟은 노르드케테 |

1994년에 인스부르크는 한번 다녀간 적이 있다. 그 때도 경험한 비슷한 감정이다. 작고 만만해서 그래서 생겨나는 따스하고 사랑스런 정서와 하얀 산에서 불어오는 서늘한 전율의 걸맞지 않은 구성이 이 도시에서 받는 이국적 감각이다.

이 산들을 '북쪽산맥'이라는 뜻의 노르드케테(Nordkette)로 흔히 부르는데 로프웨이 노르드케테반을 타고 올라가는 봉우리는 하펠레칼슈피츠가 정식 이름이다.

다리를 건너면 맞은편 모서리에 각이 두드러진 하얀 건물 오토부르크(Ottoburg)가 보인다. 막시밀리안 1세가 소유했던 1494년의 건물로 오스트리아 국기 색깔로 칠한 덧창이 잘 어울린다. 입구 옆에 자유를 위하여 싸운 티롤 전투의 기념비가 있으며 현재는 전통요리의 레스토랑으로 사용되고 있다.

| 황금 지붕과 난간 부조 |

그 앞 프리드리히 거리(Herzog Friedrich Strasse)로 걸어가면 선물매점, 음식점, 노점상으로 혼잡한 구시가의 좁은 도로로 들어선다. 가게 앞까지 탁자 의자를 내놓은 레스토랑이 계속되고 그 너머에 수십 명의 관광객이 둘러 서있다. 시선을 좇아가니 왼쪽 원색 파라솔 위 하얀 건물 사이에서 이 도시 최고의 랜드마크인 골데네스 다흘(Goldenes Dachl), 이른바 황금지붕의 찬란한 노란 빛이 눈에 들어온다.

'무일푼 프리드리히' (Fredrich Penniless)라고 불렸던 프리드리히 공작은 가난하다는 소문에 맞서 1420년에 완성된 그의 집 지붕을 금으로 덮으려다 이루지 못했다는데 그 시도는 공작이 죽은 60년 후에 실현된다. 16세기 초, 두번째 결혼을 앞둔 막시밀리안 1세가 건물을 티롤 공관으로 개축하는 과정에서 광장에서 벌어지는 마상경기나 무도회를 구경하기 위하여 3층에 로

열박스를 만들었으며 발코니 위 작은 지붕에 2,657장의 동판을 얹고 금박을 입혀 권력을 과시했다는 것이다.

인스부르크를 대표하는 '성 안나 기념탑'

1층 난간 정면에 있는 6개의 조각은 여러 해석이 있지만 오스트리아, 헝가리로 대표되는 신성 로마제국, 그리고 부루군디(Burgundy)와 밀란(Milan), 티롤, 스티리아(Styria) 등 막시밀리안 1세가 통치했던 영토의 문장이라는 말에 신빙성이 있어 보인다. 부루군디는 막시밀리안 1세의 첫째 부인 마리아(Maria)의 출신지고 밀란은 둘째 부인 비앙카 마리아 조포르자(Bianca Maria Sforza)의 출신지다. 두 부인 연고지에 고루 신경을 쓴 자취를 읽을 수 있다.

2층 난간의 전면 6개 부조 중 중앙 두 개에는 막시밀리안 1세가 들어 있는데 그 중 왼쪽 것은 두 명의 부인과 함께 있는 작품이다. 좌측에 있는 막시밀리안이 다소곳이 머리를 기울인 두 번째 부인 비앙카 마리아에게 눈길을 주고 있는 것과는 대조적으로 첫째 부인 마리아가 맨 오른쪽에 쏫쏫이 서 있는데 그 싸늘한 표정이 매우 흥미롭다. 막강한 권력을 가진 봉건 군주라 하더라도 여러 부인을 거느리는 생활이 수월치만은 않았음을 잘 표현하고 있다. 나머지 네 장은 춤 경연대회를 묘사한 아라베스크 무용의 모습들이다. 이곳 조각들은 복제품이고 진품은 파손을 막기 위해 티롤주 박물관에 보관돼 있다고 한다.

내부는 막시밀리안의 보물과 동계 올림픽 관련 자료를 전시한 기념박물관으로, 일부는 혼인 · 출생 신고를 받는 관공서로 운영되고 있다는데 오늘은 월요일이라 대부분 관광시설의 문이 닫혀 구경할 수 없다.

고딕 양식의 풍부한 장식을 가진 황금지붕이 인스부르크의 빼놓을 수 없는 관광명소인 것은 분명하다. 그러나 자자한 명성에 비해 그 규모가 좀 빈약하지 않은가 하는 느낌도 숨길 수 없는 사실이다.

황금지붕을 감상하고 있는 군중 사이에 중년 남자가 인솔한 5, 6명의 젊은 남녀가 있다. 우리를 보고 자꾸 웃더니 그 중 한국 사람으로 보이는 한 아가씨가 다가와서 인사를 한다.

이곳 가이드 학교 학생으로 지금 현장 학습중인데 마침 한국에서 온 손님 같으니 가서 가이드 실습을 해 보라며 선생님이 권했다는 것이다. 덕분에 우리는 부근 일대에 관한 무료 해설을 차분히 들을 수 있는 행운을 얻었다. 예쁘장한 한국 아가씨로부터 남쪽으로 뻗은 마리아테레지아 거리(Maria Theresien Strasse)와 안나의 기념탑(Annasäule), 개선문(Triumphpforte)까지 길을 묻지 않고도 다녀올 수 있는 충분한 설명을 들은 것이다.

| 시의 탑과 헬블링하우스 |

황금지붕 길 건너 오른쪽 모서리에 정교하고 화려한 장식으로 눈길을 끄는 엷은 핑크색 건물이 있다.

15세기 귀족관으로 세워진 헬블링하우스(Helblinghaus)로 원래는 고딕식 건물이었으나 1730년 베소브루너(Wessobrunner) 학교의 장인들에 의하여 로코코 양식으로 장식돼 새로운 모습으로 탈바꿈했다. 1800년대 이 곳 카페 소유주에서 그 이름을 따왔

| 마리아테레지아 거리와 안나 기념탑 |

다고 하며 지나가다 걸음을 멈출 만큼 이질적인 아름다움을 풍기고 있다. 외관만으로도 감상 할만한 가치가 있다. 현재 주거와 사무실, 1층은 선물매점으로 사용되고 있으며 내부는 공개되지 않는다.

그 옆 건물이 골데너 아드러(Goldener Adler, 황금 독수리)라는 이름의 1390년 창설된 호텔로 외벽에는 간단한 벽화가 그려져 있다. 16세기부터 이곳에 머물고 산 유명 인사의 이름이 대리석 판에 새겨져 있는데 괴테의 이름도 그 안에 있다.

황금지붕에서 남쪽, 마리아테레지아 거리를 바라보면 바로 왼편에 사방으로 시계가 달린 청동 돔의 네모진 석탑이 솟아 있다. 1450년 건설된 높이 51m인 시의 탑(Stadtturm)으로 적의 침입이나 화재 감시용으로 사용돼 왔다고 한다. 고딕 양식으로 된 탑의 31m 부분에 전망대가 있어 2.5유로를 내고 계단을 올라가면 시내와 노르드케테의 훌륭한 경관을 즐길 수 있다. 시의 탑 좀 더 남편에 있는 붉은색 상점이 크리스털로 유명한 스와로브스키의 세계최대라는 매장이다. 내일 본사를 구경할 계획이 있기 때문에 이 가게는 그냥 지나친다.

프리드리히 거리를 남쪽으로 걸어가면 인스부르크 중앙을 관통하는 주요도로인 마리아테레지아 거리로 들어서고 150m 전방 길 한가운데 성 안나 기념탑(Annasaule)이 서 있다.

스페인 왕위 계승전쟁 때 침입해온 바이에른 군을 물리친 날이자 성 안나의 생일인 1703년 7월 26일을 기념하기 위하여 1706년에 세운 것이다. 13m의 흰 대리석 기둥 꼭대기에는 머리 주위에 둥글게 별을 두른 성모 마리아가 서 있다. 밑에는 안나를 비롯하여 티롤의 수호성인 게오르게(George) 그리고 비길리우스(Vigilius), 카시아누스(Cassianus) 등 네 명의 성인이 각각 다른 포즈로 둘러 서 있는데 성 안나는 독일쪽을 향하여 손으로 제지하고 있는 자세다. 티롤 산맥을 배경으로 한 이 탑의 사진은 인스부르크를 선전하는 대표적 경치의 하나로 눈에 익숙하다.

다시 300m 남쪽으로 내려가면 마리아테레지아 거리 끝에서 박시밀리안(Maximillian) 거리와 만나는데 네거리 중앙에 1765년에 세워진 또 하나의 바로크 건조물 개선문(Triumphforte)이 서 있다. 프란츠(Franz) 1세와 마리

| 개선문 |

아 테레지아의 둘째 아들이자 훗날 레오폴트 2세가 되는 투스카니공(Tuscany)이 스페인 왕녀 마리아 루도비카(Maria Ludovica)와 결혼하게 된 것을 기념하여 세운 것인데 공교롭게도 결혼 당일 프란츠 1세가 사망하는 바람에 경축과 애도의 의미를 동시에 지니게 된 묘한 내력을 가진 문이다.

남쪽 면은 기쁨의 얼굴이며 왼쪽에 혼인한 두 사람의 조각상, 오른쪽에 왕녀 자매의 조각상 등 결혼을 축하하는 모티프로 돼있다. 북쪽은 슬픔의 얼굴로 프란츠 1세와 마리아 테레지아의 부조 등 죽음을 비탄하는 조각으로 꾸며져 있다. 세 개 있는 문 중 중앙의 큰 문으로 전차가 통행하고 양쪽 작은 문으로는 사람들이 지나 다닌다.

| 성 야콥 대성당 |

마리아테레지아 거리로 발길을 돌려 오래된 철제 간판이 달려있는 라우벤(Lauben) 상가를 구경한다. 황금지붕까지 돌아와 우측 골목으로 들어서면 북쪽에 화사한 모습의 성 야콥 대성당(Dom zu St. Jakob)이 나타난다.

약 650년 전에 세워진 고딕성당을 1717년에서 1724년 사이 요한 야콥 헤르코머(Jojann Jakob Herkomer)가 바로크 양식으로 개축한 것이며 로마가톨릭 티롤 지방의 총본산이다.

큰 시계가 달린 두 개의 종탑과 다섯 개의 둥근 창이 독특한 외관을 형성하고 있다. 중앙제단에는 루카스 크라나흐(Lucas Cranach)가 그린 유명한 작품 '마돈나와 아기예수'가 있으며 아삼(Asam) 형제가 그렸다는 천장의 프레스코화는 원근법에 의한 입체 기법으로 평평한 면에 옴폭 들어간 돔의 효과를 내고 있다.

| 야콥 성당의 르네상스 오르간 |

내부 왼쪽 앞에 튜톤 기사단(Teutonic Order)의 대표기사인 대공 막시밀리안(Maximilian) 3세의 무덤이 있는데 1620년 카스피 그리스(Caspai Gras)가 제작한 것으로 청동으로 만든 거대한 관이 곤충, 도마뱀, 과일 같은 화려하고 섬세한 조각으로 장식돼 있다. 후면 2층에 있는 르네상스 오르간은 지금도 사용되는데 이와 같은 양식으로는 현존 유일한 것으로 전 세계 다섯 개의 유명 오르간 중 하나로 꼽힌다는 것이다. 성당은 미사 때를 제외하고 언제나 자유롭게 출입 할 수 있다. 필 여사가 촛불을 바치고 한참 기도를 올린다. 여행 중의 기원은 늘 경건하기 마련이고 마음을 포근하게 안정시켜 준다.

성당 남쪽에 붙어 있는 건물이 왕궁(Hofburg)이다. 양쪽에 초록색 둥근 지붕을 가진 백아의 궁전은 1460년 지크문트(Siegmund) 대공과 막시밀리안 1세에 의해 세워졌으며 고딕 양식이던 건물은 1766년부터 1770년 사이 마리아테레지아에 의해 바로크로 개보수 되었다. 화려한 천장화, 샹들리에, 그림, 가구, 집기 등 구경거리가 많다는데 오늘은 쉬는 날이라 옆에 있는 궁정 교회(Hofkirche), 민속 박물관(Volkskunstmuscum)과 함께 본의 아니게 관람을 단념한다. 깃털 달린 티롤리안 해트(Tyrolean Hat)를 쓰고 민속의상을 입은 사람들이 눈에 띄고 왕궁 앞에 줄지어 심어놓은 원뿔대 모양의 상록수가 볼만하다. 왕궁 길 건너 큰 나무 옆의 광장에는 레오폴드의 분수(Leopoldsbrunnen)가 있다. 앞발을 들고 선 기마상으로는 알프스 이북에서 가장 오래된 것이라고 하며 1625년경에 설치된 작품이다. 마상의 인물은 1619년부터 32년까지 티롤을 통치한 레오폴드 5세(Leopold V)의 모습이다. 분수 네 모퉁이에는 바다의 여신들이 앉아 있는데 이 역시 카스파 그라스의 조각으로 진품은 티롤 박물관에 보관돼 있다고 한다.

구시가(Altstadt) 일대는 대략 돌아본 듯 하여 숙소로 돌아간다. 의사당 앞을 지나 왕궁공원 서면을 따라가다 그 북단에서 인 강에 걸린 좁은 다리를 건넌다. 그대로 서쪽으로 주거 사이의 골목을 빠져나가 자동차 도로와 만나는 곳이 바로 유스호스텔 성 니콜라우스다.

18시 프런트에서 체크인 하니 여권을 받아 보관하면서 열쇠를 내주고 엉성하게 숙소의 약도를 그려준다. 우리가 묵을 펜션 글로켄하우스는 담장 밖으로 나가 북쪽 성당에서 100여 m 언덕을 오른 곳에 있었다. 그 일대가 노란색 건물로 성당과 관련이 있는 듯하고 유스호스텔도 이름으로 보아 성당 재단에서 운영하는 것이 아닌가 하는 느낌을 받는다. 펜션은 오래된 건물이지만 그런대로 지낼만한 방이다. 내일 아침은 08시부터 뷔페로 식사를 하고 09시에 체크아웃 할 예정이다.

√숙소

Pension Glockenhaus (Youth Hostel St. Nikolaus)
Weiherburggasse 3, A-6020 Innsbruck, Tirol, Austria
T: +43 (0)512 286515 더블 룸, 아침식사포함, Euro52/일,
http://www.hostelnikolaus.at / innsbruck@hostelnikolaus.at

17일. 스와로브스키 크리스털 월드를 거쳐 잘츠부르크로

5월 23일 화요일
Innsbruck-17km-Wattens-164km-Salzburg
총181km(실 운행거리 181km, 보행 5.2km)

전날 잠을 설친 것이 약이 됐을 까, 밤새 푹 자고나니 몸이 개운하다. 가볍고 두터운 캐시밀론 이불이 보금자리 같이 따뜻하다. 새벽 일곱시 2층 창에서 밖을 내다본다. 언덕길 나무 그늘을 남녀가 배낭을 메고 지나간다. 어디로 가는 것일까? 이 아침 가야만 할 곳이 있는 것일까, 아님 가고 싶은 길을 나선 것일까? 엷은 애수에 젖는다.

새삼스럽게 지금 여행을 하고 있구나 하는 안도의 느낌이 포근히 마음을 가라앉힌다. 왜 기분이 편해지는 것일까? 옴짝달싹 못하던 세속적 규범과 체면, 숨 막히던 대인관계의 애증과 의리에서 한 발 비켜선 자유로움일까? 낯선 이국 한구석, 얼키설키 매인 세상 밖으로 나와 아무도 모르게 꼭꼭 숨어버린 방심 탓일까? 어찌 생각하면 여행이라는 구실을 빌린 어설픈 현실도피인지도 모르겠다. 그러나 어차피 태초의 평화로 돌아가지 못할 바에야 이런 방식의 순수경험이라도 느껴 볼만한 가치는 충분하지 않겠는가?

여행의 참맛이란 아름다운 경치보다는 어쩌다 자각하는 신비로운 생존의 원시회기, 생소하면서도 낯익은 그 정서를 깨우치는 과정에서 더 강하게 체험한다는 생각을 한다.

08시10분 유스호스텔로 내려가 식사를 한다. 이렇게 간소한 아침식사는 처음이다. 빵, 버터, 치즈에 햄 몇 조각이 전부. 그래도 뷔페라고 커피, 우유가 있다.

식사 후 다시 숙소에서 짐을 들고 내려와 키를 반납하고 여권을 받다보니 시간이 늦어져 09시50분에야 겨우 출발을 한다. 오늘은 크리스털로 유명한 스와로브스키(Swarovski) 본부가 있는 바텐즈(Wattens)에 들러 회사를 구경하고 목적지 잘츠부르크(Salzburg)까지 간다.

B174를 통해 동쪽으로 시가를 벗어나 고속도로 A12/E45/E60에 오르고 할 인 티롤(Hall in Tirol)을 지나 바텐즈 출구까지 이르는 17㎞는 한달음이다. 왼쪽으로는 줄곧 인 강과 카르벤델 높은 산줄기가 따라오고 오른쪽은 눈에 익은 목초의 전원 풍경이다. 오스트리아도 도로 공사가 많다. 공사 중의 노선 구획은 스위스와 같은데 이곳은 페인트를 칠하지 않고 일정 간격으로 오렌지색 쇠못을 박아 차선을 표시하고 있다. 이 방법이 비용이 적게 들 듯 하다.

고속도로를 내려서사 곧 스와로브스키 크리스탈벨텐(Kristallwelten, Crystalworlds)의 초콜릿색 표시판이 나타나고 계속 따라가다 보면 10시10분, 넓은 초원에 자리 잡은 주차장에 어렵지 않게 도착한다. 관광객을 태운 대형버스가 여러 대 주차하고 있다.

투명하고도 강렬한 색채로 빛나는 유리 공예품, 그중에서도 숨막히도록 눈부신 크리스털은 인간이 만들어낸 오브제 중에서 아마도 가장 아름다운 제품이 아닐까 하는 생각을 늘 갖고 있다.

티 없이 맑은 살갗에는 범접할 수 없는 기품이 있고, 빛을 휘어 꺾는 조화에서는 불가사의를 넘는 예지가 엿보인다. 풍화나 부식이 없는 깨끗함은 부정을 거부하는 고고함이요 일그러지기보다는 차라리 부서짐을 택하니 영속불변 순결의 상징이 아니겠는가? 어둠속에서 차디차게 발산하는 광휘는 보고만 있어도 황홀하다.

필 여사 따라 어쩌다 백화점에 들를 때가 있으면 크리스털 매장에 서성대는 일이 정례 행사가 됐는데 스와로브스키는 세일 때도 할인 판매를 하지 않는다. 몇 번에 걸쳐 나비, 백조, 장미 등 손톱만한 장식품 서너 개를 샀더니 다음에는 애들이 생일 선물로 보태주기 시작, 이제는 소품으로 헤아릴 만큼의 숫자가 된다. 이번 여행에서 바텐즈의 스와로브스키 본사는 벼르고 찾아온 목적지다. 여비가 빠듯하여 살 여유는 없으나 눈요기만 해도 행복해 질듯한 예감이 든다.

연간 60만 명이 찾는 스와로브스키 '크리스털 월드'

주차장에 차를 세우고 옆에 있는 큰 버스 기사 아저씨에게 'Swarovski'라고 쓴 쪽지를 보이며 어떻게 읽느냐고 물어 보았다. 본토에서도 영어식으로 발음하는지 궁금했던 것이다. 아저씨는 '스와로브스키' 라고 대답한다. 아무래도 수상해서 어디서 왔냐고 다시 물으니 암스테르담에서 왔다는 것이다. 그러면 소용이 없다. 이번에는 오스트리아 사람임을 확인하고 지나가는 부부에게 같은 쪽지를 보였다. 두 사람은 동시에 '스바로프스키' 하며 이구동성 의기양양하게 응답한다. 그러면 그렇지. 당연한 대답이 오히려 신기하다.

나랏말씀이 서로 맞지 아니할 새 호칭의 통일이란 그리 쉬운일이 아닌 듯하다. 건축가 마르셀 브로이어(Marcel Breuer)가 디자인한 유명한 의자 'Wassily' 는 러시아의 화가 바실리 칸딘스키(Wassily Kandinsky)를 기리기 위해 이름을 붙였다는데 와실리라는 명칭으로 흔히 통용되는 것이 비슷한 예다.

스페인의 초현실파 화가 조안 미로(Joan Miro)의 사연도 재미있다. 'Joan' 은 영어식 발음 '조안' 이 아니라 당연히 스페인식 '호안' 으로 불러야 하는 줄 알았는데 미로의 전기를 읽다 보니 스페인에서도 출생지인 카

탈루냐(Catalunya) 지방에서는 '조안'이 옳은 호칭이라고 미로 스스로 밝히고 있는 것이다. 이후 남 앞에서 미로를 말할 때는 당혹감으로 갈등을 느낀다. 틀린 것을 알면서 '호안'이라고 하기도 우습고 그렇다고 무식하다는 말을 듣기 십상인 '조안'은 더구나 사용하기 힘들다. 지금 쓰는 '조안'은 첫 번째가 아니고 호안을 거친 두 번째 '조안'이라 토를 달수도 없고….

각설하고. 티롤주 바텐즈의 크리스털 회사는 1895년 다니엘 스와로브스키(1862-1956)가 설립한 패밀리 컴퍼니로서 눈부신 무지갯빛 스펙트럼으로 전 세계에 알려진 백조표 크리스털 커트스톤의 제조와 판매를 총괄하고 있는 스와로브스키의 본사다.

보통 유리는 석영성분인 실리카(모래의 성분인 산화규소)와 탄산칼슘(석회석), 탄산나트륨(소다회)을 고온으로 녹여 생산하는데 그 과정에 다시 산화염(Pbo)을 첨가함으로써 다이아몬드 광택으로 예리하게 빛을 발산하는 크리스털이 만들어진다. 산화염이 5% 정도 섞인 제품이 하프 크리스털이고 함유량이 많아질수록 투명도와 굴절률이 높아지면서 맑은 소리가 난다. 산화염이 24% 이상 되면 풀크리스탈이라고 하는데 스와로브스키 크리스털 비즈에는 최저 32%가 포함돼 있으며 그런 물건은 무색의 두명 제품이라노 빛의 반사를 따라 무지갯빛을 띄게 된다.

1892년 다니엘 스와로브스키는 고도로 정밀한 머신커트 공법을 개발하여 수작업의 1만 배라는 경이적 속도로 천연 보석에 뒤지지 않는 최고의 크리스털 주얼리 스톤(Jewelry stone)을 생산하기 시작했다. 제 아무리 훌륭한 물건이라도 더 좋게 만들 수 있다는 끈질긴 신념으로 특수 기계의 개발과 개량을 중단없이 추진했다.

현재 세계 40개국 이상에 거점을 둔 이 회사는 나비, 백조, 부엉이 같은 동물 미니어처부터 브로치, 팔찌, 귀걸이, 샹들리에 등 패션 · 장식 제품까지 10만 개 이상을 생산하여 크리스털 업계를 주도하고 있다. 창의성과 다양성 그리고 품질 전반에 걸쳐 타의 추종을 허락하지 않는다.

| 크리스털 월드의 상징 알프스 거인 |

1995년, 창설 100주년을 맞아 회사는 안드레 헬러(Andre Heller)를 비롯한 저명한 예술가의 참신한 디자인으로 전시장 포함 2000㎡에 이르는 기념 테마파크, '크리스털 월드'를 바텐 구내에 완성한다. 반짝이는 환상적 분위기의 지하 세계를 실현하기 위하여 동굴을 파고 그 위에 인공 동산을 조성하여 잔디를 입혔다. 동산의 북쪽 입구에는 기괴한 둥근 얼굴의 알프스 거인(Giant)을 만들어 놓았는데 엎드린 듯 커다란 푸른 얼굴은 입에서 폭포처럼 분수를 쏟아내며 1년에 60만의 방문객을 맞이한다.

손님이 많아 입장권 매장에는 여러 개 있는 창구 마다 줄이 생긴다. 차례가 되니 나라 이름을 물어보고 표와 함께 한국말로 된 팸플릿을 내 준다. 한 사람에 8유로인 입장권 뒤에는 8유로 이상 물품 구입 시 2유로를 환불한다고 적혀 있다. 무척 짠 회사다. 표를 들고 넝쿨로 덮인 거인 얼굴로 접근하다보면 커다란 수정으로 만든 두 눈에서 반짝이는 빛이 시시각각 색을 바꿔가며 사방으로 방출된다. 원형 연못을 돌아 방문객은 폭포 밑 양쪽으로 난 입구로 지하에 들어가 별개 취향의 여섯개 전시실을 향해 순례를 시작한다.

크리스털 월드의 푸른 빛 현관 로비에 들어선 사람들은 순식간에 색다른 낯선 세계가 시작됐음을 느끼게 된다. 옷걸이에 걸린 녹아내린 시계가 암시하는 살바도르달리(Salvador Dali)의 3차원 모티프인 '흐르는 시간', 오페라 아이다의 사하라 초연을 위해 키스 하링(Keith Haring)이 만든 미라

| 크리스털 월드의 현관 로비 |

모양의 십자 벽걸이, 앤디 워홀(Andy Warhol)의 하얀 보석 종마 등 크리스털로 만든 작품이 어스름한 빛 속에서 눈부신 광채를 내고 있다.

중앙 진열대에는 지름 40㎝, 무게 62kg, 30만 캐럿의 세계최대 커트 크리스털 '센테날'(Centenar)이 지름 0.8㎜에 완벽한 17면을 갖춘 세계 최소의 제품과 대비되게 나란히 놓여 있다. 길이 42m, 높이 11m, 반짝이는 12톤의 크리스털로 장식된 벽을 따라 통로는 안드레 헬러가 설계한 유토피아 우주로 인도한다. 3차원 입체 영상에서는 크리스털 행성이 만들어졌다 서서히 사라지고는 다시 모습을 드러낸다.

다음 공간은 크리스털 돔이다. 590개의 거울을 붙인 둥근 지붕이 독특하고 환상적인 분위기를 조성히여 안에 시 있으면 마치 커다란 크리스털 동굴 한 가운데 갇혀있는 느낌을 받는다. 기하학적 추상적 광선이 브라이언 에노(Brian Eno)의 음악에 맞춰 수천 번 반사와 굴절을 반복하며 멀티미디어의 향연을 베푼다.

다음 순서인 세계 최대의 만화경 크리스탈로스코프(Crystaloscope)에서는 색과 이미지가 끊임없이 현란하게 변환하며 명상적 분위기를 연출해 정신적 치유 효과를 기대할 수 있다. 크리스털 연구로 잘 알려진 독일의 치료사 페터 만델(Peter Mandel)은 의료용으로 이 장치를 사용했다. 쉬지 않고 전개되는 다양한 이미지는 체크포인트 미디어 기술을 사용하여 크리스털 형상을 재창조해 내는 것이라 한다.

8유로 받을 만하다. 필 여사가 정말 볼만한 구경한다고 감탄하다. 전시장

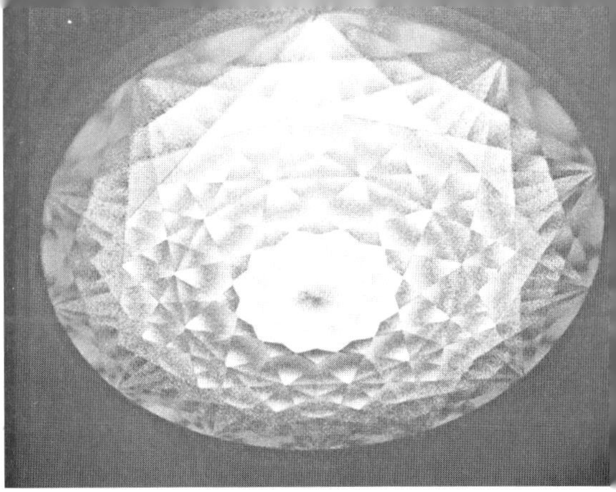

| 크리스털 돔과 크리스탈로스코프 |

은 전체적으로 어두운 공간이다. 빛을 강조하기 위하여 지하실에 장소를 마련한 것이다. 디지털카메라의 감도를 400, 스트로보를 발광금지에 놓고 정신없이 사진을 찍는다. 캠코더도 덩달아 바쁘다.

줄을 지어 밀려드는 여러 인종의 단체 손님은 바쁘게 옆을 스쳐 지나간다. 우리는 오늘 잘츠부르크까지만 가면 되고 숙소는 예약이 돼있겠다 충분한 시간을 들여 구경한다. 방에 놓인 의자나 소파에 앉아 쉬어가면서 단체가 몇 차례 지나가도록 철저히 관람한다.

다음 주제는 겨울날의 소망(Winter' s Dream)이다. 패션 디자이너 알렉산더 맥퀸(Alexander Mcqueen)과 토로드 본티에(Tord Boontje)가 만든 하얀 겨울나무에서는 수천 개의 크리스털이 서리에 싸인 나무같이 반짝인다. 다음 공간 크리스털 극장(Crystal Theatre)에서는 화가이자 무대 디자이너인 수잔네 슈뭬그너(Susanne Schmögner)가 설치한 초현실 동화의 나라, 움직이는 그림이 다채로운 형상과 색상으로 감상을 기다린다.

계속해서 청록색 수정 글씨가 네온같이 떠다니는 크리스털 서체(Crystal Calligraphy), 샤갈 · 미로 등 유명 작가의 그림이 걸린 갤러리(Gallery), 발길의 울림 따라 색이 변하는 얼음 통로(Ice Passage), 빛과 음악이 교차하는 에노의 방(Eno Room), 동심의 상상력을 자극하는 거인의 소유물(The Giant' s Belongings), 끝없이 공중을 유영하는 시의 영상(Floating Poem), 조명으로 탈바꿈을 시도한 변형(Metamorphoses), 4m 높이의 지구본이 돌

| 크리스털 극장 |

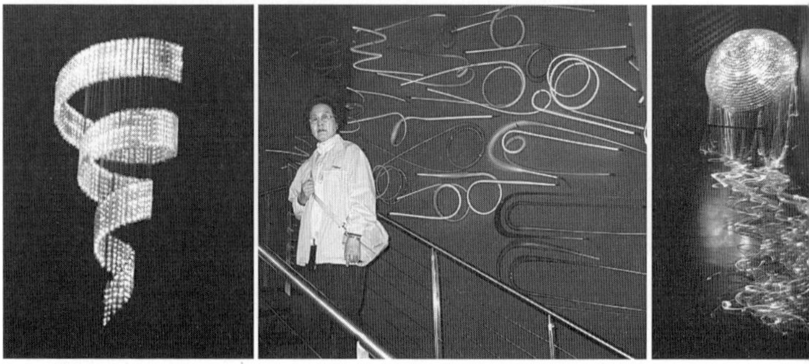

| 유영하는 시의 영상과 크리스털 서체, 변형 |

아가는 월드 네트워킹(Global Network), 자연과 인공의 절묘한 구성인 크리스털 숲(Crystal Forest) 등 여러 창작물을 차례로 감상하며 전시실을 돌아간다. 하나같이 인공 수정의 가능성을 궁극적으로 추궁하여 빛의 메시지를 만들어 낸 역작 들이다.

12시40분 두 시간 반에 걸친 구경을 마치고 휘황찬란한 직영 판매소로 들어선다. 800m^2에 이르는 넓은 방 진열장에는 실버 크리스털을 비롯한 기념품, 선물용 제품이 일제히 무수한 무지갯빛을 발산하고 있다.

다른 한쪽에는 버드워처가 탐낸다는 쌍안경 등 광학 제품과 보석 가공 절삭 공구가 전시돼 있다. 특히 오색으로 빛나는 큼직한 새나 동물의 조각 작품은 눈이 부시게 황홀하여 혼을 뺏는다. 비싸고 좋은 것이 너무 많으니 소품은 눈에 차지도 않는다. 맨 끝, 출구 가까이 비교적 값이 싼 선물매장이 있어 손님이 모여 바글거린다. 빈손으로 나가기가 서운해 애들 선물로 보라색 팔찌 몇 개와 필 여사의 네크리스를 골라 산다. 직매장이라 좀 쌀 줄 알았더니 세일도 없거니와 정가에서 할인도 안 해준다. 카드로 계산을 하며 몇 번 깎아보려 시도하다 뜻을 이루지 못한 필 여사가 한마디 한다.

"스와로브스킨지 스파로프시킨지 되게 짜네." 어쩐지 ㅅ발음이 된소리로 들린다. 점잖은 처지에 설마 상말을 한 것은 아니겠지. 저쪽 발성기관이 아니라 이쪽 청각에 문제가 있는 모양이다. 영수증을 보니 두 사람 입장료만 공제돼 있다.

밖으로 나오는 길에 '화이트아웃'(Whiteout) 현상을 체험하는 백색 세계의 방이 있다. 천장, 벽, 바닥이 모두 하얀 색으로 그 가운데 몇 분 동안 서 있으면 설산 등반에서 방향과 거리감을 상실하게 되는 이상 감각을 느껴볼 수 있다. 출구 근처 바닥에 발자국을 그려 놓은 곳이 있어 그 위에 서 봤더니 아무 기구도 없는데 키 높이가 앞의 화면에 표시된다. 레이저를 이용한 장치인 모양이다.

| 직영 판매소의 크리스털 제품 |

지하실 순례를 마치고 밝은 세상으로 나오니 13시20분이다. 잔디동산 위는 토착식물의 소공원으로 꾸며져 있고 어린이 놀이터와 미로가 마련돼 있어 쉬기에 알맞다. 북과 남, 양쪽으로 벽을 두른 알프스의 준령을 바라보며 준비해간 점심식사를 들고 편하게 시간을 보낸다.

14시 바텐즈를 출발, 약 1㎞ 북진하다 인 강과 맞닿는 라운드어바우트에서 잘츠부르크 표시 따라 고속 A12/E45/E60에 올라 동쪽으로 진로를 잡는다. 북쪽으로 인 강을 계속 따라가며 은광이 있는 슈바츠(Schwaz)를 지난다. 20분을 더 달려 뵈르글(Wörgl)에서 멀리 남동쪽 산줄기에 있을 오스트리아 최고봉 그로스글로크너(Grossglockner, 3798m)의 모습을 찾아본다. 북으로 방향을 돌려 쿠프슈타인(Kufstein)에 이른 후 잠시 독일을 거치게 되는 지름길 A93/E45, 60을 따라 국경을 넘는다.

25㎞를 더 북쪽으로 달려 로젠하임(Rosenheim)에서 A8/E52, 60을 만나 합류하면서 동쪽으로 진로를 바꾼다.

졸음에 쫓기는지 필 여사가 P표시 휴게소에 들어가 화장실을 사용하고 눈을 붙인다. 간이휴게소는 적당한 간격을 두고 나타난다.

| 크리스털 월드의 출입구 |

우리의 렌터카 여행은 소경이 앉은뱅이를 업고 다니는 형국이다. 한편은 부정맥으로 핸들을 못 잡는 형편이라 흡사 걷지 못하는 좌객이요 다른 한쪽 필 여사는 타고난 방향치다. 집에서도 입으로는 공원쪽 하면서 손가락은 늘 그 반대 방향을 가리키니 지도를 봐야 백지와 다를 것이 없다.

두 사람 중 어느 한편이 없으면 여행이 불가능한 것으로 보아서는 천생연분인지도 모르겠다. 귀머거리 남편과 눈먼 마누라는 평생 편안한 부부가 된다던데 장님과 앉은뱅이도 그에 못지않을 듯하다. 둘이 교대로 운전을 한다면 오전, 오후 휴게소에서 잠깐씩 자는 한 시간 반은 절약할 수 있겠는데 쫓기는 여행이 아닌 것을 다행스럽게 여기며 늦어지는 시간을 감수한다.

40분 정도 쉰 다음 출발한다. 베르나우(Bernau)를 지나며 완만한 초원에 무리무리 숲이 어울린 좋은 풍경이 전개된다. 킴 호수(Chiemsee)를 좌로 보며 통과하고 16시10분 지그스도르프(Siegsdorf)를 지나도록 도로 주변에는 수려한 전원풍경이 계속된다. 선명한 색채, 공기 자체가 반짝이는 듯하다.

컴퓨터를 통해 체크인 하는 이탭(Etap) 호텔

훌륭한 도로에서 필 여사는 속도에 재미를 붙인 듯 연신 깜빡이를 켜며 추월선에 들어갔다 나오기를 되풀이한다. 그것으로 졸음이 풀린다면 다행이지만 한쪽 마음속은 불안하다. 로이탈(Loithal)에서 다리를 건너니 노란 꽃 아름다운 마을이 나타나고 오른쪽으로 높은 산이 모습을 드러낸다.

16시20분 피딩크(Piding) 부근을 지니며 국경을 통과 잠시 질리온 독일에서 다시 오스트리아로 입국하고 A1/E60으로 바뀐 도로를 따라 약 2㎞, A10/E55의 분기점에서 북으로 방향을 돌린다. 이 부근부터 정신을 바짝 차려 도로 표지를 살펴가다 발스(Wals)에 이르러 잘츠부르크 서쪽 출구로 고속도로를 벗이니고 B1을 띠라 북으로 500m, 지도를 대조하며 볼프강 아마데우스 모차르트라는 이름의 비행장으로 접근한다.

오늘 숙소는 잘츠부르크의 이탭(Etap) 호텔이다. 인터넷에서 이탭 사이트에 들어가면 호텔 위치의 약도를 구할 수 있다. 그러나 이 지도에는 호텔 인근 좁은 구역만 표시돼 있으므로 고속도로에서 찾아가는 경로를 알려면 미쉘랭 등 루트 검색 프로그램의 지도를 고속도로 출구로부터 추적 확대해 나가면서 약도에 이르는 노선을 규명할 필요가 있다. 그런 후에 복사한 약도 옆에 자세한 경로를 스케치해 두고 길을 찾을 때 참고로 한다. 이번 여행에서 예약한 호텔이나 민박집에 이르는 노선은 전부 이와 같은 작업을 거쳐 자세한 스케치를 준비해 왔다.

B1을 따라 공항 쪽으로 가다보면 관광안내소가 나타난다. 잠깐 들러 이탭 호텔을 물어보니 약 400m, 가까운 거리에 있다. 정확히 찾아 온 것이다.

| 잘츠부르크의 이탭 호텔 |

이탭 주변은 도로가 복잡하게 얽혀 접근하기가 수월치 않았지만 16시50분 청색, 황색으로 깨끗하게 칠해진 호텔에 안착, 슈퍼마켓 앞 노상주차장에 차를 세운다.

특이하게도 건물 중앙에 엘리베이터 입구가 도로를 향해 외부 벽체에 바로 붙어있다. 2층 리셉션에 올라가니 엘리베이터의 문이 반대쪽 내부로 열리고 로비로 나서게 된다. 17시에 오픈한다는 메모와 함께 안으로 들어가는 현관문이 잠겨있고 한쪽 벽에 자동 체크인 기계(Automatic reader)가 보인다. 듣던 대로라 무인 체크인 시스템을 활용해 보기로 한다.

먼저 모니터 화면에서 영국 국기를 눌러 사용 언어로 영어를 선택한 후 인터넷으로 예약할 때 부여 받은 예약번호를 입력한다. 다음 지시에 따라 신용카드를 슬롯에 넣으면 숙박할 방의 번호와 암호인 키 번호(Lock Code)가 모니터에 표시되며 프린트(Print out)가 필요하냐고 물어 온다. 필요하다고 대답하면 방 번호와 암호가 찍힌 쪽지가 기계에서 집어 던지듯 튀어나온다.

2층 현관에 달려있는 번호판에 암호인 키 번호를 입력하면 문이 열리고 해당 호실을 찾아가 문에 붙어있는 키패드에 또 한 번 암호를 쳐 넣으면 방문이 열려 입실하게 된다. 한마디로 이탭이란 컴퓨터를 이용하여 체크인, 아우트와 키 관리 등 최대 문제를 혁신적으로 개선하는데 성공한 호텔인 것이다. 주위에 신경 안 쓰고 출입하니 편리하고 거기다 잘 만든 제도에 적응하여 익숙하게 시스템을 이용한다는 즐거움이 첨가된다.

깨끗하게 정돈된 내부는 포뮬원과 비슷한 구조인데 화장실과 에어컨이 달려 있어 값도 적당하고 마음에 쏙 드는 분위기다.

17시 직원이 출근한 리셉션에 찾아가 등록을 하니 오늘 내일 이틀을 묵는데 기계로는 오늘 하루만 등록돼 있다며 신용카드로 내일 것까지 계산 해준다. 차를 노상에 세워 놓은 것이 불안 했는데 지하에 주차장이 따로 있지만 노상에 세워 놓아도 무방하다고 한다.

내일 관광차 잘츠부르크 시내로 나갈 버스의 정류장과 승차 요령을 문의해 익혀두고 지도도 한 장 받는다. 방을 대강 정리하고 1층 슈퍼마켓에 내려가 저녁 식품을 장만한다. 포도주도 한 병 산다.

침대 옆 의자에 필 여사는 푸짐한 저녁상을 준비한다. 민들레를 첨가한 알프스 샐러드에 빵과 햄 소시지, 통조림 옥수수에 자두와 바나나 그리고 요구르트 오늘 보낸 일정에 만족하고 드는 저녁이라 정말 맛있게 먹는다. 레스토랑 음식의 반도 훨씬 못 미치는 값으로 배불리 편안히게 보내는 식사 시간에 포도주 한 병은 한껏 기분을 북돋아준다. 술이 약한 필 여사는 와인 반 잔에 하늘이 돌아간다고 한다. 그래 세상이 좀 혼란해야 피로를 풀지. 원래가 방향치라 돌아봤댔자 길 가는데 별 지장은 없을 테고.

20시, 밖은 아직 어스름한데 민지 샤워하겠다며 들어간 필 여사의 물뿔래 주무르는 소리가 취기 오른 머리에 자장가처럼 들려온다. 하루하루 떠도는 신세, 네온 밝아오는 먼 거리 소음조차 신묘한 음조로 들려오니 역마살에 살짝 물든 줄 알았더니 증세가 제법 위중한 모양이다.

✓숙소

ETAP HOTEL Salzburg Flughafen
Josef Lindner Str. 8 A-5073 Wals, Himmelreich, Austria
T: (+43)0662 85 70 36 더블 룸, Euro49/일, 2일분 Euro98 (5/23-24)
http://www.etaphotel.com/etaphotel/index.html

18일. 모차르트의 고향 잘츠부르크

5월 24일 수요일
Salzburg 시내 관광
(보행 11.9㎞)

잘츠부르크는 비엔나 서쪽 약 300㎞에 위치한 표고 424m, 면적 65,678㎢, 2007년도 인구가 150,000명인 오스트리아 제4의 도시로 독일의 국경 근처를 흐르는 잘차흐(Salzach) 강이 동남에서 북서로 시내를 관통한다.

잘츠부르크의 부르크라는 발음은 인스부르크와 비슷한데 인스 쪽이 다리(Bruck)를 의미하는 것이라면 잘츠 쪽은 성채(Burg)라는 말로 소금의 성이라는 뜻이 된다. 명칭 그대로 예로부터 소금의 산지로 알려졌고 지금도 이곳 소금이 전국에 공급 된다고 한다. 로마시대에 생겨난 도시이며, 8세기에 가톨릭 주교청이 설치된 후 소금 교역으로 발생하는 풍부한 재력을 바탕으로 주교가 통치하면서 가톨릭 문화의 중심지로 발전하였다.

시내에는 묀히스베르크(Mönchsberg), 라인베르크(Rainberg), 카프치너베르크(Kapuzinerberg) 등 세 개의 언덕이 있다. 묀히스베르크 동남쪽에는 잘 보존된 중앙유럽 최대의 중세 성채인 호엔 잘츠부르크 성(Hohen salzburg)이 있으며 거리 어느 곳에서도 쳐다보이는 상징적 존재로 높이 자리를 잡고있다.

오스트리아의 작가 헤르만 바르(Hermann Bahr)는 읊었다. "잘츠부르크는 영원이 아름답다. 사람들은 영원히 느낀다. 지금이 가장 아름답다고…" 특히 역사의 향기가 곳곳에 배어 있는 구시가는 온갖 양식을 망라한 건축물의 보고로서 중세에서부터 로마네스크, 르네상스, 바로크에 이르는 걸작이 게트라이데 거리(Getreidegasse)를 중심으로 인근 소로에 보기 좋게 자리 잡고 있어 1997년 유네스코 세계유산으로 지정을 받았다.

잘츠부르크가 지닌 다양한 문화적 명성은 1756년 이 땅에 태어난 불세출의 천재, 볼프강 아마데우스 모차르트(Wolfgang Amadeus Mozart)로 인하여 더욱 확고하다. 그의 기념축제가 열리는 매년 7월말부터 8월 한 달, 이 도시는 세계 음악계의 관심이 모이는 초점이 되고 1년을 통하여 4천건 이상의 문화 프로그램을 시내 도처에서 소화한다. 단순히 모차르트의 도시였던 잘츠부르크는 근년에 이르러 영화 사운드 오브 뮤직의 고장으로도 여러 나라의 관광객을 불러들인다.

시내 곳곳에 널려 있는 영화의 촬영장소를 돌아가며 구경하는 사운드 오브 뮤직 투어도 운영되고 있다. 그러나 세계적으로 잘 알려진 이 영화에 대해서 정작 많은 오스트리아 사람들이 예상외로 냉담하거나 의식적으로 관심을 보이지 않는 것이 현지에서 느낀 실감이다. 영화 속에 표현되는 자기 나라 역사가 왜곡됐다고 느끼는 것이다. 독일에게 병합되어 2차 대전을 함께 싸웠고 총통 아돌프 히틀러가 오스트리아 태생이라는 잠재의식이 은연중 작용한 행동이 아닌가 하는 생각을 갖게 된다.

오스트리아 민요로 생각했던 에델바이스도 알고 보면 미국 뮤지컬의 콤비 해머스타인(Hammerstein)의 작사와 로저스(Rodgers)의 작곡에 의해 태어난 것이다. 잘츠부르크는 또 지휘자 헤르베르트 폰 카라얀의 고향이기도 하다.

07시30분 잠을 깨고 누운 채로 한참 밖을 본다. 남쪽 운터스베르크(Untersberg, 1972m)의 뾰족한 능선이 내다보이는 창밖으로 간간이 비가 뿌린다. 어제 리셉션에서 알아 본 바에 의하면 시내까지는 버스를 한번 갈아타고 약 20분이 걸린다.

건물 스케치를 거꾸로 도배해 놓은 모차르트 생가

오늘 관광은 잘츠부르크 카드를 이용하기로 했다. 대부분 명소의 관광 입장료 뿐 아니라 버스, 유람선, 케이블카 등 대중교통이 무료로 처리되니 유리하리라는 계산에서다. 호텔에서는 카드를 취급하지 않는다기에 어제 인터체인지에서 들어오다 들른 관광안내소에 가서 한 사람에 20유로하는 24시간짜리 카드를 구입한다.

호텔 옆의 에어포트센터 버스 정류장에서 기다리다 10시20분 2번 버스를 타고 공항지구를 벗어나 변두리 시가지를 동쪽으로 달린다. 버스 요금은 1.8 유로, 물론 카드를 제시하고 무료다. 기사 아저씨에게 미리 부탁을 해 어제 배운 대로 아이그호프(Aighof)에서 내리고 길을 건너 4번 버스로 바꿔 탄다. 버스 손님들은 친절하다. 구시가의 복판 하누쉬 광장(Hanusch Platz)에 도착하니 몇 사람이 동시에 내리라고 일러준다. 10시40분이다.

잘차흐 강가에 위치한 하누쉬 광장은 시내 교통의 중심인 듯 버스와 사람이 바쁘게 붐빈다. 옆에 보이는 슈타츠 다리(Staats brücke) 밑으로 폭 100m 정도의 짙푸른 강물이 힘차게 흘러내린다. 버스에서 같이 내린 할머니가 모차르트의 집이 바로 옆에 있다며 가는 길을 통하지 않는 말로 열심히 설명해 준다. 길이야 지도를 보면 바로 알겠지만 그보다는 안쓰러울 정도로 정성을 다하는 그 순수한 마음이 따뜻하게 가슴에 와 닿는다. 요새 들어서는 이 같이 정을 주고받는 미묘한 인심의 기미가 경치 구경보다 더 소중한 여행의 보람으로 느껴진다.

일러준 길을 남쪽으로 꺾어 들어가자 바로 모차르트의 생가가 보인다. 길에서 배낭 여행하는 우리나라의 젊은 남녀를 만난다. 두 사람도 우연히 만나 잠시 동행하는 길이라고 한다. 짧은 시간이지만 걸어가면서 반갑게 대화를 나눈다. 나이를 묻더니 젊어 보인다고 한다. 젊게 보인다는 말은 뒤집으면 늙었다는 얘기다. 이럴 때일수록 서글퍼진다. 나이가 들었다는 사실 보다는 풋풋한 시절을 전쟁터에서 흘려버린 아쉬움 때문이다. 오늘을 지내는 시대는 온통 젊다. 세월에도 나이가 있는 것일까? 세월의 나이는 거꾸로 가는 것일까?

| 모차르트의 생가 |

모차르트의 생가(Geburtshaus)는 게트라이데가(Getreidegasse) 9번지. 마리아테레지아 옐로의 황색 6층 건물에 적, 백, 적의 오스트리아기가 길게 매달려 있다. 젊은 이들은 건물사진 몇 장 찍고는 달리듯 다음 목적지로 가버린다. 빡빡하게 잡힌 일정이 바쁜지 활기가 넘친다.

잘츠부르크의 젊은 궁정음악가 레오폴드 모차르트(Leopold Mozart)는 1747년 이 집 3층으로 이사 와 1773년까지 26년을 지내며 부인 안나와의 사이에 일곱 명의 자녀를 두는데 장성하는 것은 그 중 두 사람, 1756년 1월 27일 태어난 볼프강 아마데우스 모차르트와 난넬(Nannerl)이라고 불리는 5년 연상의 누이 마리아 안나(Maria Anna) 뿐이다.

모차르트가 요하네스 크리소스토무스 볼프강구스 테오필루스 모차르트(Johannes Chrysostomus Wolfgangus Theophilus Mozart)라는 긴 세례명을 받았다는 사실을 여기서 처음으로 알게 된다.

어린 볼프강의 음악적 재능은 빠르게 나타나 다섯 살 때 이미 작곡을 시작, 신동 소리를 들었으며 이 집에서 사는 17년 동안 다양한 장르의 많은 곡을 작곡했다. 현재 박물관으로 사용되는 건물에는 모차르트가 애용한 악기와 자필악보, 가족 초상화, 편지 등이 전시돼 있다.

건물 내부로 들어가면 1층에 카페와 모차르트 쿠겔른(Mozartkugeln)이라고 불리는 초콜릿 볼을 파는 가게가 있고 계단으로 올라간 2층에 입장권 발매장이 있다. 1인당 6유로하는 입장료는 잘츠부르크 카드를 보이고 통과한다. 2층에는 모차르트 오페라의 여러 가지 무대모형이 전시돼 있다. 일가가 살던 3층으로 올라가면 첫째 방 중앙에 놓인 작은 침대에 새로 태어난 모차르트를 본뜬 아기 인형이 아이네클라이네 나흐트무지크(Eine Kleine Nacht Musik)가 잔잔히 흐르는 속에서 형광등 조명 아래 말똥말똥 눈을 뜨고 누워있다.

실내는 전체가 촬영 금지다. 거실과 침실 서재에는 모차르트가 어려서 쓰던 바이올린, 빛바랜 비올라, 탁자같이 생긴 클라비코드(clavichord), 좁고 긴 초기의 피아노 등 악기와 자필 악보, 일가의 초상화, 편지가 전시돼 있다. 벽 속 작고 둥근 유리 안에 머리카락을 세 군데나 전시하고 있는 것이 좀 특이했으며 한쪽에는 비단으로 만든 지갑과 반지도 놓여있다.

| 모차르트 생가의 부엌 |

낮은 천장에 삐걱대는 마루를 밟고 불규칙한 옥내를 오르내려 구경하다보면 3층인지 4층인지 구별하기도 힘들게 된다. 안내인에게 물으니 여전히 3층이라고 한다. 대체로 그 시대 잘츠부르크의 생활 풍속을 엿볼 수 있는 의상이나 집기가 많이 보인다.

한쪽 작은 방에는 천장에 잘츠부

르크의 모형을 붙여놓고 4면 벽에 건물 스케치를 아래 위 거꾸로 도배해 놓았는데 무슨 뜻인지 한참을 생각해도 알 수가 없다. 천상에 있는 모차르트가 편하게 내려다보라는 뜻인지? 건물 뒤 남쪽 창으로는 하얀 교회가 서 있는 대학 광장(universitätsplatz)이 내다보인다. 부엌에는 사람의 모습이 보이지 않고 조용하여 몰래 사진을 한 장 찍고 밖으로 나온다.

| 게트라이데 거리와 철제 간판 |

모차르트 생가 앞을 동서로 지나는 길은 고급 상점이 즐비하고 관광객이 넘쳐흐르는 구시가의 중심 상가, 활기 가득한 게트라이데 거리다. 서쪽 묀히스베르크 인딕 밑으로부터 시청(Ratthaus)을 지나 동쪽 잘차흐 강까지 약 400m의 좁은 길 양 옆으로 5, 6층의 의류, 보석, 가죽제품, 향수를 비롯한 각종 점포와 제과점, 레스토랑이 빽빽이 들어서 있다. 이 거리가 갖는 우아하고 고풍스런 인상은 600년이 된다는 건물에 달려있는 복잡한 세공의 철제 간판에서 풍겨 나온다. 가게마다 걸려있는 정교한 수공 간판은 약 200년 전 글을 읽지 못하는 대부분 사람들에게 취급하는 상품을 알리기 위해 달기 시작했다고 한다.

사람들에 섞여 만국기가 휘날리는 보행자 전용의 번화가를 서쪽으로 걸어간다. 이따금 생각난 듯 비가 내린다. 머리 위 넝쿨같이 얽힌 검고 노란 문양의 간판 밑으로 가게를 기웃거리며 걷는 기분은 물건을 사지 않더라도 중세 분위기에 젖어보는 그 자체로 충분히 즐겁다. 거리 끝으로 성 블라시우스(St Blasius) 교회의 뾰족한 지붕과 그 뒤쪽 묀히스베르크로 올라가는

1890년 가설된 케이블카의 수직 통로가 보인다. 잘츠부르크만 해도 한국 사람이 많이 눈에 뜨인다. 단체 손님이 몇 팀 풀린 것 같다. 눈이 마주쳐 반갑게 인사를 하려면 그 순간 외면을 해버려 무안해지는 경우를 자주 경험한다. 한적한 장소에서는 모르는 사람끼리도 웃고 지나는 외국 사람에 비해 우리나라 사람은 확실히 인사에 인색한 측면을 가지고 있다. 국내에서는 쉽게 느끼지 못하지만 나라 밖으로 나가 며칠만 지나면 곧 알게 된다.

게트라이데 거리 서쪽 끝의 길을 넘으면 말의 석상이 있는 못이 나타나고, 그 뒤에 여러 마리의 말이 그려진 벽체가 서 있다. 1695년에 만들(Mandl) 설계로 건설된 시설로 대주교가 키우던 130마리 말에게 물을 먹이던 장소(Pferdeschwemme)라고 한다.

그 좌측 동남으로 길게 뻗어있는 베이지색 4층 건물이 매년 개최되는 잘츠부르크 음악제의 회장인 축제 극장(Festspielhaus)이다.

축제 극장은 마구간을 개조하여 1960년 카라얀에 의해 개설된 대축제 극장(Große Festspielhaus, 좌석2177), 1926년 완성한 소축제 극장(Kleine Festspielhaus, 좌석1324), 그리고 1693년 기마대 훈련소를 개조한 펠센라이트슐레(Felsenreitschule, 좌석1549) 등 세 곳의 공연장으로 이루어진다. 바로크 양식 마구간의 외관이 아직 보존돼 있는 극장 주변을 둘러보고 아침 버스에서 내린 하누쉬 광장으로 되돌아간다.

잘츠부르크 카드를 이용해 잘차흐 강의 유람선 크루즈를 할 생각인데 배를 타는 구시가(Altstadt) 선착장이 하누쉬 광장에 면한 마카르트 다리(Makart steg)옆 강가에 있는 것이다.

매표소에서 물어보니 라운드 트립으로 배만 타고 돌아 올 것인가 아니면 도중 배에서 내려 버스를 갈아타고 헬브룬(Hellbrunn) 궁전까지 갈 거냐고 묻는다. 예상을 못했던 선택지라 잠깐 당황했는데 아직 구경할 곳이 많이 남아 있어 헬브룬을 다녀오면 늦을 것 같아 배로 왕복만 하는 한 시간 정도의 크루즈를 선택하기로 했다. 카드를 내미니 11유로 짜리 표를 내준다. 잠시 후 4면이 유리로 된 깨끗한 유람보트가 들어온다. 배의 이름은 아마데우스, 68인승에 시속 50㎞까지 낼 수 있다고 적혀있다.

모차르트의 미사곡이 처음 연주된 성 페터 성당

12시55분 출발한 유람선은 흰 물방울을 튕기며 남쪽으로 강을 거슬러 올라간다. 100m는 넘을 강 양쪽으로 둑과 나무가 가려 시원한 전망은 볼 수 없으나 그런대로 오래된 건물들을 감상하며 슈타츠 다리와 모차르트 다리(Mozart steg)를 지난다. 오른쪽으로 올려다 보이는 호엔 잘츠부르크의 성채가 움직임 따라 서서히 회전하는 모습을 보고 있자니 전설의 속삭임같은 다정한 정취가 한잔 커피처럼 몸속 따끈히 흘러내린다.

배는 논탈러 다리(Nonntaler Brücke)를 자나 한동안 내려가다 헬브룬 선착장에 멈춰 선다. 많은 손님이 여기서 내려 헬브룬 궁으로 향한다. 1615년 대주교의 여름 별궁으로 건축된 이 궁전은 장난을 좋아했던 주교 마쿠스 시티쿠스(Markus Sittikus)가 정원 곳곳에 혼사만 아는 분수를 만들어 놓고 초대한 손님에게 물벼락을 안기며 즐겼다 해서 '물의 궁전' 이라고 불린다. 배는 거기서 되돌아 몇 명 안 되는 승객을 태우고 구시가 선착장으로 귀환한다.

13시50분, 배에서 내려 다시 모차르트 생가 남쪽을 지나 구시가 중심에 있는 대성당(Dom)으로 향한다. 잘츠부르크 대성당은 774년에 주교 성 비르길(St. Virgil)에 의해 창건된 후 수없는 화재를 겪으며 재건과 증축을 되풀이한다. 마지막은 제2차 세계대전의 폭격으로 인한 재해로 건물 대부분이 파괴되었으나 1959년 복원돼 현재에 이른다. 길이 101m, 폭 69m, 중심에 71m의 청동 돔이 있는 라틴 십자평면의 바로크식 대리석 성당으로 정면에 탑 두 개를 가지고 있다. 두 탑 사이 박공벽에 '그리스도의 지배', '모세와 엘리야' 의 조각상이 있고, 정면 입구 3개의 청동 대문에는 믿음, 소망,

| 마리아상 머리 위에 보이는 노란 왕관 |

사랑의 주제가 양각돼 있다.

입구에 있는 네 사람의 조각상은 베드로와 바울 그리고 잘츠부르크의 두 수호성인 루퍼트(Rupert)와 비르길이다. 왼쪽에서 두 번째 서있는 베드로는 천국에 이르는 금 · 은 두 개의 열쇠를 들고 있는데 은 열쇠는 고해성사를, 금은 죄의 회개를 뜻한다. 고해보다는 회개가 더 중요함을 나타낸 것이라고 한다.

대성당 앞의 돔 광장(Domplatz) 중앙에는 하게나우어(Hagenauer)에 의해 1771년 건립된 성모 마리아상이 있다. 상 밑에 둘러있는 네 개의 조상은 각각 천사와 악마, 진리와 교회를 상징한다. 대성당 정면 2단 째 중앙 창 위에는 두 명의 천사가 노랗게 빛을 내는 왕관을 받들고 있는 부조가 보인다. 광장의 마리아상 앞에서 성당 정면 쪽으로 계속 걸어가면 성모상이 점점 높아지다가 어느 지점에 이르러 위에서 내려온 천사가 마리아 머리에 금관을 씌워주는 구도가 완성된다. 대사원이 교묘하게 준비한 묘수풀이 같은 선물이다.

돔 광장은 매년 7월 말이 되면 잘츠부르크 음악제의 하이라이트인 연극 예더만(Jedermann-everyman)을 공연하는 무대가 설치되고 축제의 광장으로 변한다. 1920년 8월22일 후고 폰 호프만스탈 (Hugo von Hofmannsthal)의 희곡 '예더만' 이 상연됐는데 그것을 이 음악제의 효시로 본다. 또 성탄절이 가까워 오면 이 광장에 크리스마스 마켓이 들어선다고 한다.

내부는 무료입장이고 자발적인 기부만 받는다. 더구나 반가운 것은 유럽

| 내부 팔각형 돔과 파이프 오르간 |

성당에서는 드물게 사진 촬영이 자유롭다는 것이다. 출입구 가까이 로마네스크 양식의 세례반이 있는데 1756년 모차르드가 세례를 받았던 것이 이 직 그대로 남아 있다고 한다. 모차르트는 1779년부터 1781년까지 콘서트마스터이자 오르간 주자로 이 성당에서 근무했으며 '대관식 미사' 를 비롯한 여러 교회음악을 작곡했고 일부는 이곳에서 초연됐다고 한다. 1989년 명지휘자 카라얀의 장례도 이 성당에서 치러졌다.

내부에는 풍부한 대리석이 사용되었고 천장의 프레스코화는 그리스도의 고난을 묘사하고 있다. 71m 아득한 높이의 팔각형 돔 천장에는 오렌지색으로 구약성서의 이야기들이 그려져 있으며 그 정상에 황금빛으로 찬란한 천국의 별이 보인다.

장중한 중앙 제단의 그림 주제는 그리스도의 승천이다. 이들 그림 대부분은 이탈리아의 장인 아르세니오 마스카니(Arsenio Mascagni)와 그의 제자 소라리(Solari)에 의해 제작되었다고 한다. 복잡한 장식을 가진 이곳 오르간은 6,000개의 파이프로 이뤄져 유럽 최대를 자랑한다.

높은 종탑에 올라가 밑을 내려다보는 전망대가 이 성당에는 없다. 대신 차분하게 장내를 돌아 본 필 어사가 아기 예수를 안은 성모 마리아의 그림 앞에 촛불을 올리고 경건하게 기원을 드린다. 기도하는 모습은 항상 순결하고 깨끗하다. 온 정신이 한 곳으로 집중하는 희구의 일념이 주변을 정화시키는 모양이다.

대성당을 나와 바로 남쪽에 붙어있는 성 페터 성당(St.Peter Kirche)에 들른다. 696년 루퍼트 주교에 의해 터를 잡은 이 성당은 모차르트의 미사곡이 처음 연주된 곳으로 매년 모차르트 사망 전날에 레퀴엠 미사가 열린다고 한다. 부속 묘지에는 하이든의 동생, 모차르트 누이 등의 무덤이 있으며 산쪽으로 바위를 뚫은 카타콤베에는 철 세공으로 된 초기 그리스도 교도의 여러가지 묘비가 있어 색다른 분위기를 느끼게 한다. 영화 사운드 오브 뮤직에서 대령의 가족이 나치에 쫓겨 숨어들어간 장면으로 눈에 익은 곳이다. 그러나 허가를 받지 못해 실제 촬영은 세트장에서 이뤄졌다고 한다.

14시50분, 페스퉁 거리(Festungsgasse)에 있는 승강장에서 푸니쿨라를 타고 호엔 잘츠부르크 성(Festung Hohensalzburg)으로 올라간다. 1892년부터 운행되고 있는 푸니쿨라는 빠른 속도로 순식간에 성곽 위에 도착한다. 요금은 성채 내 관람료 일체를 포함해서 10유로, 잘츠부르크 카드로는 무료다. 걸어 올라가는 사람은 성 입구에서 7유로의 입장료를 낸다.

| 성모 마리아 앞의 촛불 |

석회암 위에 우뚝 솟은 호헨 잘츠부르크는 잘차흐 강 보다 120m 높은 묀히스베르크 언덕에 세워진 성으로 전쟁으로 파손되지 않고 잘 보존된 유럽 최대의 중세 성채다.

신성로마제국 황제와 로마 교황이 서임권으로 분쟁중이던 1077년 교황편에 섰던 대주교 게브하르트(Gebhard von Helffenstein)가 보신을 위해

| 호엔 잘츠부르크 성에서 내려다 본 대성당과 구시가 |

건설을 시작했다. 이후 15세기 말까지 대주교가 기거하면서 탑, 대포, 성문, 망루, 무기고 등의 증설과 확장이 계속 이뤄졌으며 16세기 레온하트 코이차흐(Leonhard von Keutschach) 주교에 의해 현재의 모습으로 완성됐다고 한다.

성벽을 따라 걸으며 주위를 내려다본다. 절벽 밑에는 바로 전에 거쳐 온 대성당을 중심으로 전형적인 중세 유럽의 구시가가 전개 되고 반짝이는 잘차흐 강 저쪽 신시가에는 미라벨(Mirabell) 궁전과 카프치너베르크의 숲이 보인다. 검은 지붕과 베이지색의 옛날 건물 사이로 여기저기 튀어나온 성당의 돔과 첨탑 그리고 녹음과 광장이 조화롭게 어울린 도시가 더 없이 정다운 모습으로 다가온다. 남쪽으로 시선을 돌리면 평화로운 전원 풍경 뒤로 운터스베르크의 알프스 산봉이 바라다 보인다.

성 안에 나무 그늘 드리운 자그마한 중정이 있어 벤치에 앉아 때늦은 점심을 먹는다. 여러 색깔 인종에 섞여 우리나라 관광단도 두 팀, 삼삼오오 바쁘게 스쳐 지나간다. 중국 사람같이 시끄럽지 않고 일본 사람처럼 뭉쳐 다니지 않아 말을 듣지 않아도 금방 분간할 수 있다.

중정에 면해 1501년 세워진 성 게오르그(St. Georg) 교회가 보인다. 일반에 공개는 안하는 모양인데 결혼식이 있었는지 문이 열려 있어 잠시 안을 둘러본다. 어두운 실내에 대리석 제단과 고딕식 장식이 볼만하다.

600년 동안 함락된 적 없는 호엔 잘츠부르크 성

15시30분 건물 내부 관람을 시작한다. 뜰과 연결된 지면에는 중세에 사용하던 대포 4문이 구시가를 향해 자갈로 다진 포대위에 놓여 있다. 주위는 전투시 많은 사람이 뛰어다닐 수 있을 만큼 충분히 넓다. 호엔 잘츠부르크 성은 600년의 오랜 역사 동안 적에게 함락된 일이 한 번도 없었다고 한다. 밑에 있는 방들은 거의 비어있고 엉성하다. 그러나 2층을 거쳐 위로 올라가면서 나무로 복잡하게 장식된 대주교의 황금 홀이나 문장, 박물관의 일용품과 가구, 화려한 색깔의 도자기 난로, 전쟁무기 등이 흥미롭게 눈길을 끈다.

특히 잔인하고 소름끼치는 기구들이 전시된 고문실에서는 실제로 저런 도구를 사용했을까 상상하며 섬뜩한 기분에 사로잡힌다. 1502년에 제작된 '잘츠부르크의 황소'라는 수동식 파이프 오르간은 하이든과 모차르트가 사용하던 것이라고 한다. 16시30분 푸니쿨라를 타고 밑으로 내려온다. 시간에 여유가 있으면 전망도 즐길 겸 걸어 내려와도 좋을 듯하다.

| 대포, 전쟁 무기와 고문도구 |

대성당 북쪽, 대주교의 집무실로 사용되던 구 레지덴츠(Residenz)와 주청사로 사용되는 신 레지덴츠 사이에 구시가 최대의 광장인 레지덴츠 광장(Residenz Platz)이 있다.

그 중앙에 1661년 토마소 가로나(Tommaso di Garona)가 제작한 바로크식 대분수가 있어 또 하나의 상징으로 관광객들에게 휴식 공간을 마련해준다. 물을 뿜어내는 네 마리 말에 둘러싸인 바위 위에 세 거인이 큰 접시를 메고 있으며 그 위에서 세 마리의 물고기가 떠받친 작은 접시에 바다의 신 트리톤(Triton)이 무릎을 꿇고 공중으로 물을 불어 올린다. 높이 15m의 이 분수는 이탈리아 밖의 바로크 분수로는 가장 크고 아름다운 것으로 평가된다고 한다.

광장 건너 신 레지덴츠 건물에 1702년 첨가된 종루에는 1689년 벨기에 앤트워프에서 만든 35개의 글로켄슈필(Glockenspiel)이 달려있으며 톱니바퀴의 힘으로 매일 07시, 11시, 18시에 하이든과 모차르트의 곡을 연주하

| 레지덴츠 광장의 대분수 |

| 미라벨 궁전과 중앙 분수 |

여 주변 분위기에 생기를 보태준다. 광장에는 구시가를 구경할 수 있는 마차가 항상 대기하고 있으며 한쪽 지면에는 대형 체스판이 마련돼 있어 게임에 열중하는 시민의 모습을 볼 수 있다.

성 미카엘(St. Michael) 교회를 지나 북쪽에 접한 모차르트 광장으로 발을 옮긴다. 1842년 사후 50년을 기념하여 두 아들이 참석한 가운데 모차르트 광장으로 명명됐다는 이곳에는 뮌헨의 조각가 슈반탈러(Schwanthaler)가 제작한 모차르트의 동상이 꽃에 싸여 서 있는데 실제 모습과 닮지 않았다는 논란이 이어진다고 한다.

제막식 때는 모차르트의 아들이 아버지에게 헌정하는 칸타타를 작곡하여 직접 지휘를 맡아 화제가 되었다. 온 도시가 그 없으면 잠시도 못 살듯 모차르트 일색인데 정작 당사자인 모차르트는 봉건과 인습의 도시라며 도망치듯 고향을 떠났다는 것이다. 역사의 묘한 아이러니를 느끼지 않을 수 없다.

광장 북쪽으로 나가면 시원하게 흐르는 잘차흐 강이 눈 앞에 나타나고 그 위에 세 개의 아치로 된 모차르트교가 걸려있다. 영화 사운드 오브 뮤직에서 마리아가 만든 옷을 똑같이 차려입은 애들이 노래를 부르며 건너는 보행 전용의 좁은 다리다.

경량철골로 된 다리를 건너 기젤라 거리(Giselakai)를 서쪽으로 걸으면 나타나는 카프치너 수도원(Kapuzinerkloster)과 모차르트의 집(Mozart Wohnhaus)을 지나 미라벨 궁전(Schloss Mirabell)으로 향한다. 1773년부터 1787년까지 모차르트 일가가 살고 있던 집은 시간이 늦어 들르지 못하고 그대로 통과한다.

미라벨 궁전은 1606년, 대주교 볼프 디트리히(Wolf Dietrich)가 사랑하는 여인 살로메 알트(Salome Alt)를 위해 세운 백아의 궁전으로 처음에는 알테나우(Altenau)라 불렸는데 주교의 사후 '아름다운 전망' 이라는 뜻의 미라벨로 이름이 바뀌었다. 모차르트가 대주교를 위하여 연주했던 대리석홀 마르모살(Marmorsaal)은 현재 세계적으로 아름다운 결혼 회관으로 이름이 나 있으며 입구에 있는 '천사의 계단' 은 당대 최고의 조각가 라파엘 도너(Raphael Donner)의 작품이다.

계단 손잡이를 장식한 귀여운 천사들의 조각이 유명한데 그중 큐피드의 머리를 만지면 자식 복을 얻게 된다는 이야기가 전해진다. 식이 끝나면 꽃마차로 시내를 일주하는 것이 관례로 돼 있다고 한다.

| 미라벨 정원 |

쇤부른 궁전을 설계한 건축의 대가 피셔 폰 에를라흐(Fischer von Erlach)가 1690년에 계획한 아름다운 바로크 정원은 많은 조각상과 계절 따라 달라지는 화사한 꽃으로 항상 황홀한 모습을 보여준다. 정원의 중앙 분수 모서리에는 1690년 모스토

(Ottavio Mosto)가 제작한 공기, 물, 흙, 불 4개 요소의 상징인 헤라클레스, 파리스, 플루토, 아이네이아스 등 그리스 신화에서 따온 네 개의 큰 석상이 서 있으며 그 주위는 파란 잔디에 높은음자리표를 연상시키는 유연한 곡선의 화단으로 꾸며져 있다. 궁전은 현재 시청사로 사용 중이며 예쁘게 잘 정돈된 정원은 무료로 개방돼 시민과 여행객의 둘도 없는 안식처가 되고 있다.

간간이 뿌리는 가는 비를 맞으며 중앙 분수와 정원을 감상하고 궁전에 들어가 정교한 천사상의 계단을 올라 마르모살을 구경한다. 샹들리에와 대리석 벽의 장식이 호화롭다. 페가수스 분수가 있는 밖으로 나와 정원의 계단을 지난다. 영화에서 마리아와 아이들이 도레미송을 부르는 장면이 촬영된 곳이다.

한 단 높게 상록수로 만든 미로 같은 정원이 있어 캠코더를 찍으며 헤쳐 들어갔더니 뚱뚱한 서양 할머니가 쭈그리고 앉아 소변을 보다가 질겁하고는 옷도 올리지 못한 채 엉금엉금 기면서 나무를 뚫고 옆으로 도망친다. 이쪽이 놀랐으니 그쪽은 얼마나 혼쭐이 났겠는가? 무안해서 뛰쳐나오니 옆에 보여 있던 일단의 할머니들이 박장대소, 한바탕 웃음바다가 된다. 미라벨 정원의 피날레를 장식한 한 토막의 소극이다.

정원에는 도처에 벤치가 있어 비가 잠잠한 틈을 타서 앉아 쉬어간다. 꽃밭 너머 멀리 호엔 잘츠부르크의 성채가 보인다. 오늘 하루 구시가의 순례도 무사히 끝내고 충족감이 섞인 엷은 피로 속에서 세계 어딘가에서 왔을 사람들을 시간과 함께 흘려 보낸다. 짙은 구름 탓인지 해가 일찍 저물어가는 느낌이다. 17시30분, 이제는 돌아가야 할 시간. 아침 버스에서 내린 하누쉬 광장으로 걸어 나와 4번 버스를 기다린다.

19일. 잘츠카머구트, 호수 사이의 보석 같은 마을들

5월 25일 목요일

Salzburg-34㎞-Montsee-16㎞-St.Gilgen-19㎞-St.Wolfgang-19㎞-Bad Ischl

총88㎞(실 운행거리 106㎞, 보행 7.3㎞)

오스트리아 중부 잘츠부르크에서 동남으로 50㎞, 잘츠부르크, 슈타이어마르크(Steiermark), 오버외스터라이히(Oberösterreich) 등 3개 주에 걸쳐 부채꼴로 전개되는 지역 잘츠카머구트(Salzkammergut)는 선사시대부터 암염을 생산한 곳으로 알려졌고, 부근 일대에 소금과 관계되는 고장이 많이 있다. 아프리카 대륙판이 유럽대륙 밑으로 파고들며 북상함에 따라 수백만 년 전 바다 속에 있었던 알프스 산맥은 계속해서 솟아오르고 있다.

지각 융기 후 바닷물이 증발하면서 남겨진 소금은 빙하 밑에서 암염으로 굳어졌고 빙하기가 물러난 후 소금 광산으로 개발되었다. 옛날부터 소금이 생산되는 광산은 그 지방에 부를 가져다주는 보물단지로 소중한 대접을 받았으며 로마 교황청은 주교들을 보내 이 지방을 관리토록 하여 사람이 차차 모여들게 되었다. 잘츠카머구트란 황제의 소금 보물창고를 뜻하는 말이었던 것이다.

교통이 발달하고 사람 왕래가 잦아지면서 이 지역은 빼어난 산수의 경치와 온천의 개발이 겹쳐 점차 이름난 관광지로 각광을 받게 된다. 빙하에 깎인 76개의 그림 같은 호수와 2000m급 알프스의 하얀 산, 숲과 목초와 작은 마을이 어울린 자연의 오묘한 조화는 흔치않은 경관으로 평가돼 1997년 할슈타트-다흐슈타인 잘츠카머구트 문화경관 (Hallstatt-Dachstein Salzkammergut Cultural Landscape)이란 이름으로 유네스코에 의해 세계문화유산으로 지정을 받는다. 18~19세기 독일의 대여행가였던 알렉산더 폰 훔볼트(Alexander von Humboldt)는 할슈타트를 세계에서 가장 아름다운 호반마을이라며 상찬해 마지않았다.

'사운드 오브 뮤직' 에서 결혼식장으로 등장한 몬트제 성당

트라운제(Traunsee), 아터제(Attersee), 몬트제(Mondsee), 볼프강제(Wolfgangsee), 푸슐제(Fuschlsee), 할슈퇴터제(Hallstättersee) 등 크고 작은 호수가 햇빛에 반짝이고 이들 사이에 장크트길겐(St, Gilgen), 장크트볼프강(St. Wolfgang), 그문덴(Gmunden), 바트이슐(Bad Ischl), 할슈타트(Hallstatt) 등 보석 같은 마을이 오밀조밀 박혀있다. 우리는 오늘 내일 이틀에 설쳐 꿈에나 그려보던 선경 잘츠카머구트를 유람할 생각이다.

07시 필 여사는 물을 끓여 어제 산 소시지를 삶아내고 라면을 준비한다. 오늘 점심에 먹으려고 슈퍼에서 1+1 세트, 큰 것 두 개를 한 개 값으로 산 것인데 어제 저녁 음식을 잘못 먹었는지 소화제 신세지고 밤새 고생했다며 점심도 생각이 없으니 혼자서 해결하라는 분부시다. 아침부터 큰 것 두 개를 처분하려고 무리할 필요는 없다. 애는 써봤지만 그예 천덕꾸러기 반 개를 남겨 폐기처분이 불가피하게 됐으니 당분간 소시지와는 가까워질 수 없는 숙명이 될 듯하다.

08시 호텔을 출발한다. 이탭은 체크아웃 절차가 필요 없어 마음 내킬 때 달랑 짐만 들고 나오면 되니 편리하다. 관광안내소에 들러 잘츠카머구트 정보를 얻으려 했는데 열시에 오픈한다고 문이 닫혀있다. 요일에 따라 개점시간이 다른 모양이다. 주유소에서 기름을 가득 채운 후 엊그제 나왔던 길을 되돌아 고속도로 A1/E55/E60에 진입하고 속도감을 즐기며 비엔나 린츠(Linz)의 방향표지를 따라 동쪽으로 잘츠부르크 북 출구를 지난다. 첫 목적지 몬트제까지는 31㎞, 탈가우(Thalgau)를 거쳐 잠깐 신세진 고속도로를 나와 154번 국도로 들어선다.

| 트라프 대령과 마리아가 결혼한 몬트제 성당 |

몬트제란 '달의 호수'라는 뜻의 호수 이름이지만 동시에 마을 이름이기도 하다.

몬트제가 관광의 대상으로 각광을 받게 된 것은 이곳에 있는 교구 성당(Pfarrkirche)이 영화 사운드 오브 뮤직에서 트라프 대령과 마리아의 결혼식장으로 사용됐기 때문이다.

인구 3천 명 정도인 작은 마을의 중앙 마르크트 광장(Marktplatz)에는 여러 색깔의 집들이 박공벽을 나란히 보이며 정연히 서있다. 파스텔조 색채가 풍부한 깨끗한 거리를 지나 길을 물어가며 우선 성당을 찾아간다. 근처에는 주차장이 없다기에 차를 세워놓고 10여분 걸어 들어간다.

15세기 고딕 양식으로 건설된 건물은 17세기에 화재로 파손된 후 바로크 양식으로 개수됐다고 한다. 안에는 양쪽으로 오스트리아 최대 규모라는 호화롭고 정교한 13개의 제단이 있다. 그중에서도 몬트제 출신 조각가 구벤비흘러(Meinrad Gubbenbichler)의 작품들은 금빛 찬란한 세공으로 잘 알려진 걸작이다.

성당 전면에 나 있는 도로가 광장같이 널찍하고 가까이 가면서 다가오는 황색 4층 쌍탑 건물의 단정한 모습이 인상적이다. 시간은 10시, 안으로 들어서니 마침 미사가 진행 중이다. 엄숙한 내부를 돌아다닐 수 없어 중앙제단을 플래시 없이 가만히 촬영하고 고색 장중한 장내와 측면 제단을 멀리서 한동안 감상한 후 물러 나온다.

성당에서 왼쪽으로 제 알레(See allee)라는 가로수 산책로가 있으며 길을 따라가면 파란 물 가득한 몬트 호수에 이르게 된다. 호반 따라 나있는 이 길은 영화에서 애들이 나무에 올라 놀던 곳이다. 달같이 생겼다는 호수 남서쪽에는 도끼로 깎아 낸 듯한 '용의 절벽'(Drachenwand)이라는 고도 1187m의 기암이 서 있어 수려한 경치에 운치를 더해준다.

마을을 떠나 B154번 국도로 몬트 호수 서안을 따라 남쪽 16km에 있는 장크트길겐으로 내려간다. 녹색 짙은 숲과 파란 호숫가의 언덕을 누비며 장크트로렌츠(St. Lorenz)를 지나고 샤프린크(Scharfling)에 이르면 몬트제를 벗어나는데 곧 그 남쪽에서 볼프강제의 창창한 호수를 만나 두 번째 목적지 장크트길겐으로 진입한다.

볼프강 호수 북서 끝에 위치한 인구 3,400 정도의 이 아담한 마을 성당에서는 결혼식이 끝났는지 밀려 나오는 하객에 섞여 하얀 옷을 입은 애기 들러리들이 뛰어 다닌다. 이중 양파 지붕의 종탑, 하얀 성당 주변에 삼삼오오 둘러서서 인사와 정담을 나누는 주민들의 한가한 모습은 그대로 유럽 시골, 평화로운 한 폭의 그림이다.

부근 적당한 공터에 차를 세우고 식이 끝난 성당에 들어가 구경을 한다. 크지 않은 규모인데도 윤기 흐르는 제단과 설교단에서 오래 쌓인 세월의 무게를 느낄 수 있다. 옆문을 통해 뒤로 나가니 돌아가며 넓은 뜰이 전부 꽃으로 장식된 해맑은 묘지. 우울한 기분과는 인연이 먼 화려한 분위기다. 어떻게 살다 간 사람들일까? 그 하나하나에 얽혀있을 애증은 간데없고 오직 정적과 평화 뿐이다.

성당 앞을 지나는 중심 도로인 이슐러 거리(Ischler Strasse)를 따라 내려가면 호수와 맞닿는 끝에 베이지색 2층의 기다란 건물이 보인다. 장크트길겐에서 시장과 판사를 지낸 모차르트의 할아버지가 살고 있던 이 집에서 1720년 모차르트의 어머니 마리아 페르틀(Maria Pertl)이 태어났다. 현재 지방재판소로 쓰인다는 이 건물은 또 모차르트의 누이 난넬이 조넨베르크(Sonnenberg) 남작과 결혼한 1784년에 옮겨와서 1801년 남편이 죽을 때까지 살았던 곳이기도 하다.

| 모차르트 어머니와 누이의 부조 |

내부에는 작은 선시실이 하나 있고 전면 외벽 중앙에 모차르트 어머니와 누이의 릴리프 흉상이 붙어있다. 그 밑에 돌로 만든 벤치까지 준비돼 있으니 그냥 지나칠 수는 없는 일이다. 구경하던 사람에게 부탁해 기념사진을 한 컷 장만한다. 집 옆은 바로 볼프강제의 호숫가, 동쪽으로 터진 푸른 물결을 넘어 대안 산봉에 오후에 찾아가려는 샤프베르크(Schafberg, 1783m)의 정상이 보인다.

이슐러 거리를 되돌아 올라가는데 한 골목 입구에 이사를 가는 집인지 탁자 몇 개를 꺼내놓고 차고세일을 벌이고 있다. 풍습 다른 타향에서 이런 행사는 보물찾기같이 호기심을 자극하는 구경거리다. 놓칠 수 없다.

유럽 가정의 이국적인 일용품이 많이 나와 있다. 부피가 있는 것은 여행길이라 안 되겠고 금빛 무늬의 에메랄드색 와인 잔이 욕심나는데 깨질 염려가 있어 망설이다 밑져야 본전, 값을 물었더니 옆에서 구경하던 일본 아가씨가 주인보다 먼저 대답을 한다. 네 개 한 세트에 10유로란다. 이 아가

| 장크트길겐 시청과 모차르트 광장 |

씨도 생각이 있어 가격을 알아본 것이 틀림없다. 그 순간 사기로 결론을 내린다. 경쟁자가 등장한 탓도 있지만 그 보다 살 만한 값어치는 있구나 하는 객관적 평가를 얻었기 때문이다.

돈을 지불하고 물건을 인수하면 그 때부터 관할권은 필 여사에게 넘어간다. 옷으로 몇 겹 싸서 배낭에 넣고 집에 도착할 때까지 신주 모시듯 써야 할 신경이 이만저만 아니다. 처음부터 사지 말라고 굳이 말리던 필 여사의 참 뜻은 거기 있는 것이었다.

성당을 지나 오른쪽으로 돌아가면 자그마한 모차르트 광장(Mozartplatz)과 아담한 3층의 주택같이 생긴 시청(Rathaus) 건물이 나온다. 너무 작아 찾느라 애를 먹은 시청 건물은 창과 덧문이 주렁주렁, 흡사 가슴의 훈장같이 매달린 사랑스런 건물이다. 정문 앞에는 1927년에 만들었다는 둥근 화단 분수가 있으며 그 위에 바이올린을 연주하고 있는 어린 모차르트의 동상이 있다. 건물이고 동상이고 허세 없이 너무 작고 겸허하여 절로 애착이 생겨나는 정다운 고장이다. 마을 입구에 있는 케이블카를 이용해서 서남쪽의 산봉 츠뵐퍼호른(Zwölferhorn, 1522m)에 오르면 볼프강 호수나 샤프베르크 등 전망이 볼만 하다는데 시간이 허락치 않아 오늘 계획에서는 제외했다.

12시10분 장크트길겐을 떠나 볼프강 호수의 서쪽을 따라 국도 B158호를 동남 방향으로 내려간다. 대안의 하얀 집과 산봉이 수면에 거꾸로 투영되어 바람에 잔잔히 흔들린다. 초원에 가득 핀 들꽃, 숲 사이로 드러나는 작은

| 초원과 마을의 전원 풍경 |

마을, 호수와 동산은 시종 싱그럽게 이어지며 연속된 산수화를 그려나간다. '빈방 있음' (Zimmer frei) 표지가 자주 나타나 마음을 든든하게 한다. 오늘은 예약한 곳이 없어 숙소를 현시에서 찾아야 하는 것이다. 10㎞를 달려 호수를 크게 둘로 나눈 반도를 통과하고 얼마 안 가서 볼프강 호수의 동쪽 끝 슈트로블(Strobl)을 지난다.

근처 삼거리에서 B158호와 갈라 서고 호수 동쪽 기슭을 감싸며 약 6㎞ 북쪽으로 돌아간 후 녹음 짙은 가로수 길을 동해 장크트볼프강의 거리로 들어선다. 볼프강 호수를 따라 동서로 길게 발달한 인구 4000명 정도의 마을이다. 호수 반대편으로 이어지는 경사면에는 집들이 보기 좋게 들어 서 있고 좁은 거리지만 오전에 지나온 마을과는 다르게 오가는 관광객으로 제법 혼잡하다.

마르크트 광장 부근에 있는 성당은 돌아 나올때 보기로 하고 그 앞을 통과 우선 샤프베르크를 오르는 등산열차 역으로 향한다.

13시, 마을의 서쪽 끝 부근에 있는 철도역을 약간 지나 비어있는 주차장을 겨우 찾아냈으나 차를 세우려고 하니 카드 뽑는 장치가 없고 차단막대가 입구를 막고 있어 어떻게 들어가야 할지 방법을 모르겠다. 사람 하나 보이시 않는데다 주변에 다른 주치장도 없어 별수 없이 차를 옆으로 세우고 기다려보기로 한다. 한참 만에 차가 한 대 다가와 차단막대에 코가 닿을 정도로 바짝 갔다대니 팔이 스르르 올라가 카드 없이 들어가는 것이었다. 무료 주차장인 모양이라는 생각이 들며 갑자기 기분이 좋아진다. 그러고 보니 우리나라에서도 이런 곳을 본 기억이 있는 듯하다. 바로 따라서 입장하여 빈자리에 차를 세운다.

기차역(Schafbergbahnhof)에는 조그맣고 까만 증기기관차에 빨간색 객차 2량이 달린 예쁘장한 관광열차가 대기하고 있다. 사운드 오브 뮤직에서 눈에 익은 바로 그 차다. 이 열차가 유명하게 된 것은 영화에 마리아와 아이들이 노래를 부르며 피크닉 가는 장면이 나오기 때문이다.

110년 전에 개통된 등산열차는 표고 1783m의 샤프베르크 산정 역(Schafbergspitze)까지 5.8㎞, 30도의 경사를 아프트식 톱니궤도를 타고 40분에 올라간다. 차량마다 10명이 앉을 수 있는 긴 의자로 막힌 여섯 개의 칸으로 돼있고 칸 마다 밖으로 문이 달려있다. 왕복 한 사람의 운임이 24유로다. 표를 사고 기차에 올라 14시 출발한다.

곧게 뻗은 울창한 숲을 벗어나니 환하게 시계가 터지면서 밑으로 볼프강 호수와 그 너머 산줄기가 점점 넓게 전개돼 나간다. 칙칙 폭폭 굴을 들락거리며 이제는 동화의 나라로 가는 새로운 여행의 시작이다. 앞에 앉은 파란 눈의 천사 같은 꼬마가 손뼉을 치며 좋아한다.

| 샤프베르크 등산 열차와 기차역 |

한 번에 기차 두 대씩이 움직이는지 뒤에 하나가 또 따라온다. 왼쪽은 호수와 초원 오른쪽은 가끔 목장의 나무 울타리가 나타나는 경사진 숲이며 둘레가 온통 풍성

| 샤프베르크 산정역과 등산 열차 |

한 녹색 세상이다. 출입문 위에 달린 가죽 끈을 잡아당기면 창이 아래위로 여닫혀 밖의 신선한 공기를 마음껏 들이 쉴 수 있다.

"진싸 그림 같다." 필 여사가 잘츠카미구트의 진수에 찬탄을 이끼지 못한다.

"이런 그림을 어디서 찾겠어?"

14시20분 중간에 있는 샤프베르크알페(Schafbergalpe)역에 잠깐 정차하여 하강하는 열차와 교차한다. 다시 출발한 기차가 우로 크게 회전하고 눈 밑의 세상이 오른쪽으로 바뀐다. 주변에 나무는 거의 사라지고 도처에 드러나는 바위 사이를 누비며 차가 다시 왼쪽으로 돌아가니 망망 시야에 가릴 것 없는 대자연이 전개된다. 먼 곳은 구름이 낮아 산세가 뚜렷하지 않지만 그래도 24유로 치고는 과분한 장관이다. 터널을 지나며 14시30분 구름다리가 있는 정상 역에 진입한다.

차에서 내리자 남쪽 눈 아래로 볼프강 호수와 츠뵐퍼호른이 마치 손에 잡힐 듯 하고 오전에 다녀온 장크트길겐의 집들이 좁쌀알처럼 내려다 보인다.

옆에 있는 전망 해설 판을 대조하여 멀리 다흐슈타인(Dachstein, 2996m)과 고사우캄(Gosaukamm, 2459m)의 톱니 같은 암봉군도 확인해 본다. 기차에서 내린 손님들은 계단을 올라 역 창구에 줄을 지어 하강 열차의 지정표를 받는다. 내려가는 기차는 매시10분에 있는데 15시10분 표는 우리 몇 사람 앞에서 마감되고 16시10분이 지정된 빨간 표를 받는다. 1시간30분의 여유가 있으니 차라리 잘 된 일이지만 시간이 급하다면 기차에서 내려 지체없이 개찰구에 줄을 서야 할 것이다.

| 정상 북쪽의 절벽 울타리 |

샤프베르크란 '양의 산' 이라는 뜻이나. 아터제 쪽에서 올려다보면 양의 모양으로 보인다는 것이다. 그 샤프베르크의 정상까지는 산정 역에서 약 100m, 바위와 초원 사이로 이리저리 갈지자로 나있는 꽤 급한 모래길을 올라야 한다.

정상 중앙에는 'Haus Schafbergspitze' 라고 크게 쓰인 호텔이 있고 서쪽 벼랑 끝에 작은 레스토랑의 모습이 보인다. 길가에는 철이 안 돼 많지는 않지만 민들레와 엔치안이 피어있고 곳곳에 벤치가 놓여있다. 쉬엄쉬엄 10여 분 걸려 올라선 정상 북쪽은 아득히 떨어져나간 절벽으로 벼랑 끝을 따라가며 나무 울타리가 길게 설치돼 있다. 일망천리 구름 위에서 내려다보는 듯 크고 작은 호수와 첩첩 엎드린 녹색의 산야가 아물아물 먼 안개 속으로 잦아들어간다.

바로 눈앞에 S자로 구부러진 몬트제, 북서쪽에는 푸슐제, 북동으로 아터

| 샤프베르크 정상에서 보는 파노라마 |

제가 길게 뻗어있다. 13개의 호수가 보인다지만 날씨 탓인지 그만한 수효는 눈에 들어오지 않는다. 스위스 고산의 전경이 천봉만학 높게 둘러싼 장관이라면 이곳은 낮고 광활한 또 다른 감각의 파노라마다. 호텔 뒤로 돌아 올라가면 한층 높아진 절벽의 정상이 된다. 둘러보고 사진을 찍다보니 웬만큼 시간이 지난 듯 차차 추위가 몸을 감싼다.

'새의 눈' 담장 아래서 비 맞으며 구경하는 관광객들

서쪽 레스토랑으로 후퇴하여 내친김에 점심을 해결하기로 했다. 아직 소화불량에서 회복되지 않은 필 여사가 식욕이 없다기에 간단하게 수프와 팬케이크를 주문한다.

기차역으로 내려오는 길, 풀밭 벤치에 누워 높은 산 하늘에 흐르는 구름을 보며 가족 생각 여행 생각, 남은 시간을 두서없는 공상으로 보낸다. 지금쯤 자고 있을 애들은 무슨 꿈을 꾸고 있을까? 가끔 한 번씩 빗방울이 얼굴에 떨어진다. 여행 중 시원하게 갠 날이 없고 매일 한두 번은 여우비를 만난다. 비가 잦은 철인지도 모르겠다는 생각이 든다.

정시에 정상을 출발 밑으로 내려오며 야생화 만발한 들판을 지나고 16시 45분 기차역에 도착한다. 주차장으로 가니 무료가 아니고 들어 올 때는 발견 못한 동전구멍이 있어 나가는 차 마다 돈을 넣는 것이었다. 마침 구내에 키오스크가 보여 가서 물어 보았더니 시간제한 없이 균일요금 3유로를 나갈 때 내야 한다며 2유로와 1유로의 동전을 바꿔준다.

| 장크트 볼프강 성당 |

차를 돌려 시내 선착장 옆에 있는 장크트볼프강 순례성당(Wallfahrtskirche)으로 향한다. 10세기 독일 3대 성인 중의 하나로 추앙받는 레겐스부르크(Regensburg)의 주교 성 볼프강이 기도 후 계시를 받아 산에서 도끼를 던져 떨어진 곳에 세운 것이 이 성당이라고 한다. 주교가 성인으로 모셔지는 동시에 성 볼프강이 마을의 이름으로 정착됐다는 이야기가 전해진다.

검은 종 모양의 지붕이 얹힌 하얀 사각 탑이 특징인 현재 건물은 1477년 후기 고딕 양식으로 건립됐으며 내부에 있는 많은 제단 중에서 목조로 정교하게 조각된 금빛 찬란한 두 개의 작품이 특히 유명하다. 전면에 있는 마리아의 주 제단은 높이가 12m인 후기 고딕을 대표하는 작품으로서 하나님 앞에 무릎을 꿇고 있는 마리아의 장중하고 정교한 모습은 목 조각 예술의 정수로 평가받고 있다. 오스트리아의 화가이자 조각가인 미하엘 파허(Michael Pacher)에 의해 1481년 제작된 것이다.

제단 날개 부위의 그림도 파허가 그린 것으로 북이탈리아 르네상스 회화의 영향이 드러난다고 한다. 또 하나의 유명한 작품은 성당 중앙에 위치한 바로크식 제단으로 17세기 오스트리아의 조각가 토마스 슈반탈러(Thomas Schwanthaler)에 의해 1676년 제작된 것이다.

빗줄기가 굵어지는 가운데 복잡한 거리 한구석에 잠시 차를 맡겨 두고 성당으로 뛰어 들어간다. 별로 크지 않은 어둑한 장내에서 두 곳 제단은 은은한 조명 속에 찬연히 빛을 내고 있다. 비길 데 없이 섬세한 파허의 '마리아 제단'은 빈틈없는 구성과 조화로 주변을 압도하고 있으며 투각 솜씨를 비롯하여 아직까지 보아온 작품 중 가장 뛰어난 걸작의 하나인 것은 틀림없다는 생각을 갖게 한다.

| 마하엘 파허 작품인 마리아의 주 제단 |

슈반탈러의 제단은 굴곡과 요철을 많이 사용한 보다 입체적인 경향으로 화려함이 돋보이는 작품이다. 성금을 기부한 사람들의 금박 이름표가 의자에 붙어있으며 다채로운 무늬로 복잡하게 장식된 격자 천장 한쪽에는 성당 건축을 방해하던 마귀가 도망쳤다는 전설의 구멍이 남아 있다.

밖으로 나가 북쪽으로 돌면 정자같이 생긴 지붕아래 조각으로 장식된 청동 분수가 있다. 볼프강 호수로 향한 경계 담장에는 수면을 내려다 볼 수 있도록 반원형으로 뚫린 '새의 눈'(Bird eye view)이라는 구멍이 있으며 관광객들이 비를 맞으며 수려한 경치를 구경하고 있다. 배가 떠다니는 맑은 호수 대안에 숲과 바위 위로 기이한 곡선을 그리는 돌출된 산봉이 내다보인다.

성당 옆에는 베나츠키(Benatzky)가 작곡한 오페레타 '백마정에서'(Im

Weissen Rössl)의 무대였다는 호텔 겸 레스토랑이 있어 이 거리 또 하나의 명물이 돼있다는데 백마정이라는 희가극에 대하여 아는 바가 없고 빗속에 맡겨둔 자동차가 불안하여 구경을 생략하고 그대로 돌아 나온다. 대성당을 떠나자 곧 교차로 왼편으로 터널 입구가 나타나는데 진로를 망설이다 뒷차에 쫓겨 굴속으로 들어갔더니 이 길이 복잡한 시내를 피해 교외로 빠지는 지름길이었다.

들어오던 길을 되돌아 슈트로블에서 다시 B158호에 올라 동쪽으로 달린다. 오늘의 숙박지 바트이슐까지는 20여분, 화사하게 변하는 경치를 즐길 여유도 없을 만큼 짧은 드라이브다.

17시40분, 입체로에서 갈라서며 비 내리는 거리로 진입한다. 물이 세차게 흐르는 작은 이슐천을 건너자 버스 터미널 근처에서 관광 안내소가 눈에 띄어 바로 들어가 하룻밤 쉬어갈 숙소의 알선을 부탁한다. 전화로 몇 곳을 알아본 직원이 시내 약도를 한 장 뜯더니 굵은 사인펜으로 찾아갈 노선을 그려주며 한 곳을 소개해 준다.

바트이슐 시북부에 있는 안내소에서 약 2㎞, 남서 끝에 대각선으로 떨어진 펜션이다. 이름난 온천 카이저 테르메(Kaisertherme)의 영업시간을 물어봤더니 저녁 아홉시에 문을 닫는다고 한다. 바트이슐은 '바트'라는 뜻 그대로 온천이 유명한 곳이다. 오늘의 잠자리를 이곳으로 정한 이유도 온천욕으로 심기일신, 여독을 풀어보자는 기대가 있었기 때문이다.

| 샬레풍의 깨끗한 펜션 |

다시 차를 타고 숙소로 향한다. 트라운(Traun) 천 따라 시내를 가로질러 교외로 벗어나고 두

어 번 헤맨 끝에 펜션을 찾아낸다. 숲 속에 위치한 샬레풍 4층의 예쁘장한 건물로 2층을 피자식당으로 사용하고 있다. 처음 식당에서 만난 젊은 주인은 잠깐 기다리라며 위층에 올라가더니 노인 한 사람을 데리고 내려온다. 숙박 손님은 은퇴한 아버지가 담당하고 있는 모양이다.

인상 좋은 할아버지는 산전수전 다 겪은 듯 이것저것 물어보고는 자기가 네 살 연장이라면서 식당은 아들에게 넘겨주고 이제는 가끔 여행이나 다닌다고 했다. 80이 다 된 나이인데 말끝마다 조크요 웃음이 떠나지 않는 얼굴에 서양노인 특유의 원숙한 인간미가 배여 있다.

지식이란 선인의 실적 위에 쌓아 간다지만 성품이란 항상 자기가 창조하는 것이다. 부드러운 유머에 여유 있는 감각, 평생 걸려 이룩한 멋이자 지적으로 세련된 교양이다. 타고 갈 열차가 조금이라도 늦게 도착하기를 바라며 황혼의 정거장에 앉아있는 같은 처지의 길동무로서 다른 무엇보다 갖고 싶고 닮고 싶은 인품이요 분위기다.

배당된 3층 방에서 밖을 내다보니 바로 옆은 오른쪽 산봉으로 올라가는 카트린(Katrin) 이라는 이름의 곤돌라 승강장으로 환영의 플래카드가 입구에 걸려있다. 비에 젖은 신록의 숲, 싱싱한 환경이 마음에 드는 펜션이다. 누룽지 끓여 저녁 먹고 침대에 누워 뜨거운 숭늉 구수하게 한잔 하니 19시 30분, 시내 가서 온천 찾을 생각과 목욕하고 돌아올 마음이 슬며시 사그라진다. 21시까지 여유없는 시간을 핑계로 그만 포기하기로 합의한다.

✓숙소

Pension Waldesruh

Kaltenbach Strasse 43, 4820 Bad Ischl

T: (+43) 6132 24558 더블 룸, 발코니, 아침식사 포함, Euro52/일,

http://www.pensionwaldesruh.at.tf ignaz.bruendl@gmx.at

20일. 비 내리는 할슈타트와 소금 광산

5월 26일 금요일
Bad Ischl-22㎞-Hallstatt
총22㎞(실 운행거리 40㎞, 보행 8.6㎞)

바트이슐은 트라운(Traun)과 이슐(Ischl) 두 강이 합류하는 곳에 위치한 고도 468m의 마을로 소금 광산으로 시작하여 온천으로 발전한 잘츠카머구트 중심의 가장 큰 도시다. 프란츠 요제프(Franz Joseph) 황제의 여름 저택을 비롯하여 왕후 귀족의 별장이 많이 있는 유명한 온천 휴양지다. 19세기 들어 브람스, 요한 슈트라우스, 브루크너 등 자곡가가 즐겨 찾아 음악의 중심지로도 각광을 받았으며 오페라 메리 위도우(Merry Widow)로 유명한 프란츠 레하르(Franz Lehár)가 만년을 보낸 집도 레하르 빌라라는 기념관으로 남아있다.

07시 눈을 뜨니 아침부터 비가 내린다. 식사는 여덟시부터 시작이라 그 전에 옆에 있는 케이블카 승강장으로 가 본다. 올라가는 곳은 1450m의 카트린(Katrin) 산으로 매시 정각에 출발한다는 운행표가 붙어있다. 상황이 맞으면 잠깐 정상에 다녀올 생각이었는데 손님은 커녕 직원도 한사람 보이지 않고 중턱부터 구름에 가린 산봉에서는 빗줄기만 처량하게 떨어져 생각을 접고 돌아 나온다. 2층 식당에서 직접 식사를 준비해 준 할아버지는 허풍스런 몸짓으로 우리 보고 밀리온에어(millionaire)냐고 묻는다. 동양의 작은 나라에서 왔으니 그렇게 생각한 모양인데 여전히 장난끼가 가득하다. 하기야 한국 돈으로 치면 백만 원 정도는 가지고 있으니 전혀 틀린 말은 아니다.

09시30분, 펜션을 체크아웃하고 할아버지의 따듯한 축복을 받으며 시가 중심인 철도역 부근의 아우뵈크 광장(Auböckplatz)으로 향한다. 잘츠카머구트에서는 제일 크다지만 인구가 14,000명(2004년)뿐인 이 작은 도시에는 옛날부터 왕가와 귀족의 사랑을 받아 온 거리답게 세월을 느끼게 하는 역사적인 건물이 많이 보인다. 광장에는 노란색의 우편국(Postamt) 건물이 정면에 서 있다. 기차나 자동차가 없던 시절 주요 교통수단이었던 우편마차의 정거장으로 숙박시설도 겸했던 모양이다.

그 옆, 둥근 열주의 오래된 건물이 '물 마시는 홀' 이라는 뜻을 가진 트링크할레(Trinkhalle)다. 1831년 부터 먹는 광천수를 펌프로 끌어올렸다는 장소다. 이른바 약수를 먹어 볼 생각으로 안으로 들어가 양편으로 달린 넓은 홀을 다 찾아봤는데 물 마실 만한 장소가 아무데도 없다.

| 바트이슐의 트링크할레 |

직원으로 보이는 아가씨에게 물어 봤더니 예전에 있었던 시설인데 없어진지 오래고 지금은 음악 연주회나 독서하는 장소로 사용된다며 크게 웃는다. 이 시대에 여기 와서 물 찾는 사람이 있다니 재밌다는 표정이다. 멋쩍은 김에 건물 이마에 붙어있는 '트링크할레' 라는 이름이 무슨 뜻이냐고 시침 떼고 농을 걸어 본다.

광장 북쪽 큰 네거리 모퉁이에 있는 성 니콜라스 교구 성당을 찾아간다.

| 브루크너의 흉상 릴리프 |

1780년 고딕 양식으로 세워진 이 성당은 저명한 음악가 요제프 안톤 브루크너(Anton Bruckner)가 한때 수석 오르간 주자로 있으면서 교향곡과 미사곡을 작곡했고 1890년에는 황제 딸의 결혼식을 축하하여 오르간을 연주했다는 곳이다. 내부는 별로 넓지 않은데 위엄 있는 천장화와 전면 주 제단에 모셔놓은 큰 왕관이 인상에 남는다.

필 여사는 아기 예수를 안은 성모 마리아상 앞에 촛불을 켜고 정성껏 기도를 올린다. 이층에 있는 납색 파이프 오르간은 1910년 개비한 것이라니 브루크너가 연주했던 것은 아닌 모양이다. 어딘가에 초상이 있다고 들었던지라 비오는 뜰을 한 바퀴 돌았더니 성당 입구 벽에 브루크너 얼굴이 부조된 네모 판이 붙어 있다.

안톤 브루크너는 19세기 후반의 낭만파로서 브람스에 버금가는 교향곡과 종교 음악의 대가다. 다소 생소한 이름이기도 한 브루크너는 생김새나 성격, 옷차림, 생활신조 등 모든 면에서 음악가 보다는 수도사에 더 가까운 사람이었다. 브람스처럼 평생을 독신으로 지낸 그는 나이가 들어도 천진난만한 어린 아이처럼 욕심 없이 소박했다고 한다.

그의 교향곡은 어느 것이나 금욕적 명상적인 깊은 울림이 바탕에 깔려있는데 그 장대하고도 신비스러운 분위기에 이끌리는 사람이 적지 않은 듯하다. 근래, 구스타프 말러에 이어 브루크너의 곡을 연주하는 교향악단이 늘고 있는 것을 보며 우리나라에도 새로운 추세가 흐르고 있음을 느끼게 된다.

성당 동쪽에 있는 건물이 바트이슐에서 제일 큰 온천 호텔인 카이저테르

| 카이저테르메의 실내와 뒤뜰의 온천 |

메(Kaiser Therme)다. 그동안 준비해간 자료를 읽고 있던 필 여사가 온천이 좋은 모양인데 눈앞에 두고 지나갈 수야 없지 않느냐며 잠깐이라도 들러가자고 제안한다. 불감청이언정 고소원이다. 지금이 11시, 카트린산 케이블카 탄 셈치고 12시까지 염수탕을 즐겨보기로 한다.

건물 앞 주차장에 차를 세우고 짐에서 수영복을 꺼낸다. 현관에 들어서서 홀에 있는 안내에서 물어보고 나선계단을 한층 밑으로 내려가 욕장 앞에서 입장료를 낸다. 탕 값은 한 사람에 10유로인데 펜션에서 받은 우대권을 제시하면 9.9유로로 할인된다. 목욕료에다 옷장 열쇠값 10유로를 합쳐 두 사람 분 29.8유로를 내고 탈의실에서 수영복으로 갈아입는다. 열쇠 값 10유로는 나중에 반납하면 돌려받는 예치요금이다.

온천은 동네의 실내 수영장만한 네모진 큰 풀장으로 남녀가 같이 사용한다. 우리나라와 같이 따끈하지는 않지만 몸을 담그는 욕탕 외에 물도 마실 수 있게 돼 있는 온천이다. 벽에 붙은 설명서에는 수온 30도 정도에 아드리아 해와 같은 염분 3%의 물이라고 적혀있다. 쉽게 말해 따뜻한 바다 속에 들어가 있는 상황인 것이다.

뒤쪽 2층으로 된 휴식공간에는 눕는 의자가 놓여있어 수영하고 나와 잠든 사람들이 여기 저기 보인다. 노인들 소일하기에는 더 이상 좋은 장소가 없을 듯하다. 실내의 큰 수용장은 뒤뜰에 있는 원형의 노천 풀과 연결돼 있으며 경계에 설치된 비닐 수직 블라인드를 통해 물길로 직접 왕래할 수 있다. 노천 온천은 중앙에 작은 동심원으로 수중 걸상을 만들어 놓았고 거기 물은 좀 더 따듯하다. 걸상에 앉아 다리를 뻗으면 몸이 둥둥 떠오르는데 목까지 잠겨 하늘을 쳐다보니 낮은 구름에서 가는 비가 떨어져 얼굴을 시원하게 적신다. 이러나 저러나 어차피 젖은 몸, 억수로 퍼부어도 별것 아니다. 노천탕의 비가 이렇게 편안하고 좋은 것인지 미처 몰랐다. 천하태평, 노래가 나올 듯 기분이 최상급이다.

세르비아와의 전쟁을 선포했던 '카이저 빌라'

풀 밖에는 음료수 꼭지가 마련돼 있으며 덜 먹으면 손해라는 기분에 몇 번이고 올라가 소금 녹은 물로 배를 채운다. 애써 찾던 '트링크할레'는 여기 있었던 것이나. 물이 뜨겁지 않다는 것과 사우나 시설이 별도라는 사실이 아쉬울 뿐 흡족한 시간이다.

남녀 공용이라 사진은 엄두도 못 내고 카메라를 탈의실에 두고 왔는데 가만히 보니 여러 사람이 사진을 찍고 있다. 그렇다면 망설일 필요가 있나? 탈의실에서 카메라를 가져와 당당히 셔터를 누른다. 그래도 젊은 아가씨 쪽으로 좀체 렌즈를 돌리지 못하는 것은 예의지국의 염치가 건재하다는 증좌일 것이다. 12시에 탕을 나와 10유로를 돌려받으며 주차비를 물어보니 카드에 펀치를 해주며 무료로 나갈 수 있다고 한다.

아우뵈크 광장에서 남쪽으로 트라운천을 건너면 프란츠 레하르가 살던 레하르 빌라가 있다. 1910년부터 그가 세상을 떠나는 1948년까지 여름마다 찾아왔다는 별장이 기념관으로 돼 있는데 할슈타트에서의 오후 계획이 늦어질까 염려스러워 생략하고 또 하나의 명소 프란츠 요제프 1세의 여름 별궁 카이저 빌라(Kaiservilla)를 향해 차를 돌린다.

구시가의 도로는 거의 일방통행 아니면 보행자 전용이다. 지도상으로는 이슐천을 북쪽으로 넘어 간단하게 찾을 것이라 생각했는데 다리를 건널 때마다 마을 밖으로 빠져 나가 쉽게 접근할 수가 없다. 지나가는 차에게 도움을 청했더니 젊은 아저씨가 앞서가며 가까운 주차장까지 인도해주고 다음 길을 친절히 일러준다.

| 황제의 여름별궁 카이저 빌라 |

12시30분 주차장을 나와 우산을 받쳐 들고 숲 사이로 난 언덕을 걸어 올라간다. 문을 지나 작은 다리를 건너면 울창한 나무로 둘러싸인 넓고 산뜻한 잔디 정원에 들어선다. 원주 네 개가 받쳐주는 박공벽에 하얀 사슴 부조가 새겨진 노란색 빌라는 황제 별궁치고는 뜻밖에 작은 희랍 신전풍의 건물이다. 전면 화단에는 애들 돌 조각으로 꾸민 분수에서 물이 가늘게 흘러내리고 그 건너 잔디밭 끝에 엽총을 겨드랑이에 끼고 사냥개를 거느린 청년 황제의 청동상이 반들반들 검은 빛을 반사하며 서 있다.

카이저 빌라는 1853년 황제의 어머니 소피(Sophie)가 프란츠 요제프 1세와 그의 신부 엘리자베스의 결혼을 축하해 선물로 사준 것이라며 현재 건물은 다음 해에 황제 스스로 사랑하는 황후를 위해 엘리자베스를 뜻하는 E자 평면으로 개축한 것이다. 황제는 이곳을 '지상의 천국' 이라 칭하며 60년간 매년 여름에 찾아와 사냥으로 소일했다고 한다.

즉위 초에는 별 특색 없이 서류에 도장만 찍던 그 였지만 후기로 가면서 국제정세에 적응하여 개혁적 · 민주적으로 돌아서 국민의 긍정적 평가를 받게 된다. 프란츠 요제프는 평생 변하지 않고 황후를 사랑했는데 정작 유럽 제일의 미모로 소문이 자자했던 엘리자베스는 시시(Sissie)라는 애칭으로 불리며 번거로운 궁정의 속박을 피해 자유로운 생활과 여행을 즐겼다고 한다.

실질적으로 합스부르크왕가 최후의 황제였던 프란츠 요제프 1세는 68년의 긴 재위기간 중 오스트리아 - 헝가리 제국의 통치자로서 상당한 공적을 인정받았으나 가족적으로는 비극이 되풀이되는 숙명을 벗어나지 못했다. 멕시코 황제로 간 동생 막시밀리안(Maximilian)이 공화군에 체포돼 1867년 총살을 당했으며 왕위 계승권이 있었던 아들 루돌프는 허락받지 못한 결혼을 비관하여 1889년 애인과 동반 자살한다.

1898년에는 가장 사랑하는 황후가 여행지 제네바에서 이탈리아 무정부주의자에게 살해되는 변을 당해 쓰라린 아픔을 겪어야했다. 1914년에는 정치적 알력이 심했던 왕위 계승자 프란츠 페르디난트(Franz-Ferdinand) 부부가 사라예보에서 암살돼 1차 세계대전의 도화선이 됐다.

1914년 8월1일 프란츠 요제프가 세르비아에 대한 전쟁선포에 서명하여 1차 대전이 시작된 장소가 바로 이곳 카이저 빌라의 한 사냥 파티장이었다

| 프란츠 요제프 1세 동상과 벽면의 사슴뿔 |

고 한다. 황제가 생애를 걸고 지키려했던 합스부르크 제국, 그 650년의 역사가 막을 내리는 종말로 운명의 수레는 서서히 굴러갔던 것이다. 백 년이 돼 오는 과거, 역사의 소용돌이 한구석을 차지했던 그 현장에서 막강한 권력을 가지고도 어쩔 수 없었던 인간의 숙명을 생각하며 착잡한 감개에 잠긴다.

기원전 3,000년부터 소금 캐던 '할슈타트'

정문 현관을 지나 넓은 홀로 들어간다. 입구에서 2층으로 통하는 벽면에 황제가 사냥한 사슴뿔이 질서정연하게 걸려있다. 목까지 달린 큰 사슴의 뿔도 있고 천장 쪽에 날아오르는 독수리의 박제도 보인다. 이 별장 안에 2000마리 정도의 곰, 멧돼지, 사슴 머리 등이 전시돼 있다고 한다. 벽면을 보고 있자니 대단하다는 느낌보다는 이 같은 잔인한 행위가 어떻게 취미가 될 수 있는가 하는 생각으로 심기가 불편해진다. 우주에 가득한 생명의 신비, 그에 대한 모독이 프란츠 요제프 일가의 비극적 운명과 전혀 무관치 않으리라는 자연의 이치를 믿고 싶다.

내부는 가이드에 인솔된 투어만 가능하고 13시에 시작해 40분이 걸린다고 한다. 시간에 여유가 없어 구경을 단념하고 발길을 돌린다. 주차비가 1유로다.

13시, 예상보다 알찬 시간을 보낸 바트이슐을 뒤로하고 국도 B145에 들어서서 할슈타트로 향한다. 한참을 달리다 대시보드에 달아놓은 나침반을 보니 남쪽으로 가야 할 차가 서쪽을 향하고 있다. 바트이슐을 벗어나는 교차로에서 B158로 잘못 진입한 모양이다. 즉시 차를 돌려 바트고이전(Bad Goisern)쪽, B166으로 진로를 잡는다. 소형 나침반은 정말 쓸모가 있다. 방향이 조금씩 굴곡 될 때도 참고가 되지만 오늘 같이 반대로 가는 치명적인 경우는 즉각 잘못을 깨닫게 해주는 도구가 된다. 출국 전 장만한 준비물 중에서 가장 요긴하게 쓰이는 장비가 나침반으로 자동차 여행에서 없어서는 안 될 필수품이라는 생각을 거듭 갖게 된다.

트라운 천을 따라 남쪽으로 10㎞를 내려가, 바트고이전을 지나고 2.5㎞ 더 간 스탐바흐(Stambach) 분기점에서 B145와 갈라서서 오른쪽 B166으로 들어간다. 할슈타트 표지가 나타나기 시작한 길로 다시 2㎞를 남하, 스테크(Steeg)에서 할슈퇴터제 북단을 만나 트라운천으로 흘러나가는 하구 위를 건넌다. 좁고 긴 호수가 숲 속으로 들락날락, 길을 따라 오더니 그 앞 멀리 교회의 뾰족탑과 산비탈 마을이 그림같이 모습을 드러낸다.

| 할슈타트 입구에서 |

유달리 보고싶던 할슈타트를 앞에 두고 산수 경치가 점점 무르익어 간다. 산 그림자를 가득 담은 녹색 호반, 마음에 꼭 드는 지점을 골라 차를 세우고 점심 식사를 마련한다. 샐러드 빵과 따끈한 커피, 조촐하지만 맛과 경치가 일품이다. 유네스코가 세계에 보증한 소풍 자리다.

할슈퇴터제의 서남부 에메랄드 호숫가, 알프스 산자락에 기대어 잘츠카머구트의 진주 할슈타트가 있다. 그 모습은 한없이 조용하고 신비하다.

켈트어로 'hal'은 소금을 뜻하고 'Statt'는 장소라는 독일 말이다. BC 3,000년부터 소금을 캐기 시작하여 BC 1,000년경 산업으로 발전하였고 2,000여 곳 남아있다는 암염 광산의 흔적에서는 소금 녹은 온천이 흘러나온다. 1734년에는 '소금인간'(Man in Salt)이라는 잘 보존된 선사시대 시신이 암염 갱에서 발견돼 독특한 매장 문화가 알려졌다. BC 800~BC 400년 사이의 철기가 발굴돼 '할슈타트기' (Hallstatt Period)라는 이름의 초기 철기 문명이 드러나기도 한 고대 유럽의 터전이 묻혀있는 곳이다.

그러나 그에 앞서 이곳이 각광받게 된 주된 사연은 호수와 산과 마을이 어울려 만들어낸 뛰어난 자연경관에 있다. 수심 125m, 할슈퇴터 호수는 다흐슈타인을 중심으로 병풍처럼 깍아지른 산명을 검게 비치고 가파른 비탈에 아슬아슬 터를 잡은 집들은 꿈속에 잠든 동화의 마을이다. 해발 511m에 인구는 1000명 정도, 한줌밖에 안 되는 작은 존재지만 세상에서 가장 아름다운 곳으로 명성이 자자한 공간이다.

마을 입구에는 주차장이 마련돼 있다. 그곳을 지나 동네로 들어가는 좁은 길이 있는데 주민 차가 아니면 들어갈 수 없도록 차단기가 설치돼있다. 할슈타트를 지나가는 자동차는 1966년에 개통된 뒷산으로 우회하는 상 하행 두개 터널로 바이패스 한다. 마을을 찾아오는 차량은 터널 내에 있는 큰 두 개의 주차장에 주차하고 방문객은 중앙광장까지 뮐바흐(Mühlbach) 폭포 옆으로 난 급한 계단을 걸어 내려온다.

마을에서 잠자리를 결정하면 해당 숙소에서 주는 게스트 카드를 받아 차를 가지고 들어올 수 있으며 부락 내 어느 곳이나 무료로 주차가 가능하다. 이 카드로 관광 명소의 할인도 받을 수 있다. 협소한 부락에서 주차문제를 해결하기 위해 고안해낸 특수 제도인 것이다. 기차로 방문하는 여행객은 호수 건너에 있는 철도역에서 내려 10분 정도 배를 타고 건너오게 된다.

할슈타트는 작은 고장이지만 숙박업소가 많은 곳이라 호수가 내려다보이는 경치 좋은 펜션을 골라 묵을 생각으로 예약을 하지 않을 작정이었다. 출발 임박해서 란(Lahn)이라는 유스호스텔의 요금이 워낙 싸기에 참고삼아 빈 방이 있는지 문의를 했더니 덜컥 예약이 됐다는 답신이 온 것이다. 취소를 해도 되겠지만 숙박비도 유리하거니와 출입하는 길 안내까지 자세히 해준 성의가 고마워 호수가 보이지는 않지만 하루를 지내기로 결정을 한 것이다.

13시50분, 뒷산으로 난 터널을 통과하여 란 거리(Lahnstrasse)로 내려선다. 우리는 호스텔로 직행하기 때문에 터널 안 주차장을 이용하지 않아도 된다. 주유소 앞에서 우회전하고 재차 오른쪽으로 돌아 소금 광산 매표소로 가는 길 왼편에 위치한 자그마한 2층 건물인 유스호스텔에 도착한다. 체크인 시간이 안됐는지 문이 잠겨있고 빈집같이 조용하다. 뜰에 차를 세워놓고 시간이 넉넉지 않으니 우선 소금 광산부터 구경하기 위해 길을 나선다.

Salzwelten(소금광산) 표시를 따라가니 곧 광산으로 올라가는 푸니쿨라 발착장이 나타나고 급한 비탈을 직선으로 뻗어 올라간 철길이 숲 사이로

| 광산으로 오르는 푸니쿨라 철길 |

숨가쁘게 쳐다보인다. 표고차가 325m에 거리가 548m이니 59.3%의 매우 가파른 경사도다. 매표소에서 광산 투어까지 포함된 콤비네이션 티켓을 구입한다.

엉덩이를 이중으로 덧댄 바지 입고 소금 광산 투어

유스호스텔에 체크인을 못해 할슈타트의 게스트 카드는 아직 없는데 바트이슐 펜션에서 받은 우대권이 있어 제시해 본다. 잘츠카머구트 내에서는 다 통용이 되는지 할인이 가능하다고 하더니 덧붙여 옆에서 필 여사가 물어본 시니어 할인도 오케이라고 한다. 원래 1인당 21유로인 표 두 장 값, 42유로를 37.8유로에 사고 나니 득의만면한 필 여사의 표정이 볼만하다.

14시30분 출발한 푸니쿨라는 톱니궤도를 타고 빠른 속도로 올라간다. 급속도로 작아지는 아래 마을을 보고 있는 중간쯤에서 내려가는 차가 순식간에 스쳐 지나가더니 이내 838m의 정상 역에 도착한다. 역 건물을 나오면 앞산으로 나있는 길을 10분 정도 걸어 올라간다.

좀 가파른 산길에는 로마시대 묘지의 유적이라는 비석, 광산에서 출토된 인골 모형, 광부들의 수호성인 성 바바라(St, Barbara)를 모신 정자 등이 차례로 나타난다. 길 오른쪽에는 선사시대의 켈트 유적 표시도 있다. 켈트인들은 로마사람들이 오기 훨씬 전인 기원전 800년경 이곳에 정착했으며 부근에는 4천 개 이상의 철기시대 묘지가 있다고 한다.

세계에서 가장 오래 됐다는 7,000년의 역사를 가진 할슈타트 소금 광산 투어의 출발지점은 광부피난처(Miners' refuge)로 사용되던 베이지색 2층의 방문객 센터다. 티켓을 보이고 팀 배정을 받아 일정 간격을 두고 들여보내는 우리 차례를 기다린다. 시간이 되면 옆방으로 들어가 짐을 맡기고 지급되는 아래 위의 덧옷을 껴입는다. 바지는 갱내에서 타게 되는 미끄럼에 대비하여 궁둥이 부분을 2중으로 덧댄 특수 작업복이다.

| 궁둥이를 이중으로 덧댄 작업복 |

준비를 끝낸 다음 15시에 줄을 지어 뒷마당으로 출발, 야외 계단을 걸어 내려가 표고 928m에 있는 크리스티나(Christina)라는 터널 입구를 통해 1719년에 개통됐다는 궤도 깔린 좁은 굴로 진입한다.

갱도차를 타는 줄 생각했는데 소금 결정이 반짝이는 갱도 안으로 상당한 거리를 걸어간다. 내부는 자연환기에 의해서 일년 중 섭씨 8도, 습도 65%로 유지된다고 한다. 전시된 굴착 공구 등을 구경하며 300m나 걸었을까 오른쪽으로 꺾이자 눈 아래로 기다란 나무 미끄럼틀이 나타난다.

길이는 27m, 옛날 광부들이 이동하며 사용했던 것과 같은 형식이라고 한다. 다리를 벌리고 몸을 뒤로 뉘어 미끄러지되 끝부분 수평거리가 충분하니 손이나 발로 브레이크를 걸지 않는 것이 좋다는 요령을 일러준다. 가이드는 앞에 걸린 신호등이 녹색으로 바뀔 때 마다 앉은 사람의 등을 쳐서 출발시킨다.

반들반들 길이 든 나무 위에 걸터앉은 일행은 궁둥이가 든든한 2중 바지 덕에 마음 놓고 동심으로 돌아간다. 무서워서 못하는 사람은 옆에 있는 계단으로 걸어 내려가면 된다. 다음 공간은 소금층에 있는 크리스털의 방이다. 암염을 뚫고 밝힌 색등이 있어 불빛 받은 소금 덩어리가 보석처럼 반짝여 어두운 속에서 환상적 분위기를 만들어 낸다. 벽에 액자를 만들어 조명

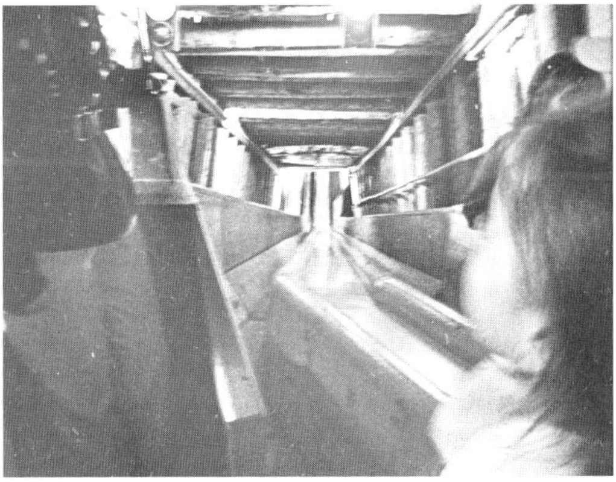

| 소금광산의 미끄럼틀 |

한 암염도 보인다.

이이 갱도에 걸린 사진을 구경하며 걸어가다 삐걱대는 나무계단을 내려가니 먼저보다 훨씬 긴 두 번째 나무 미끄럼틀이 나타난다. 유럽 최장이라는 42m 길이의 미끄럼으로 이곳 소금광산에서 가장 인기있는 장소라고 한다. 방문객은 혼자 또는 짝을 지어 차례로 한 레벨 깊숙한 땅속으로 빨리듯 내려간다. 우리는 일행 중에서 간격을 두고 기다린다. 한발 먼저 내려가 카메라를 준비한 후 뜸 들여 내려오는 필 여사를 찍으리라 작전을 세운 것인데 기도와는 달리 결과는 완전한 실패였다. 어두운 공간에서 움직임이 너무 빨라 셔터의 시간지체(Time lag)가 심한 디지털 카메라로는 도저히 따라잡을 수가 없었던 것이다. 할 수 없이 정지된 상태에서 한 장 찍고 만족한다.

이곳에서는 광산에서 사진을 대신 찍어준다. 레이더로 동조되는 카메라 플래시가 매번 정확히 작동하여 움직임을 잡을 뿐 아니라 그때의 속도가 시속으로 사진에 표시되는 것이다. 고속도로에서 과속 차량 단속하는 카메라와 같은 기능이다. 한편 위에 설치된 모니터에도 매번 내려오는 모습과 함께 속도가 나타나 경쟁이 붙고 신기록이 나올 때마다 환성이 터진다. 잠깐의 여흥이지만 한동안 시간을 잊고 초등학교 운동회 같이 순박한 분위기에 잠겨본다.

다음 공간은 들어가는 순간 가이드가 불을 꺼서 완전한 어둠을 만든다. 잠시 후 서서히 켜지는 조명 아래 갱도 깊게 조성된 검은 호수와 바위 섬의 모습이 신비롭게 떠오른다. 이어 건너편 바위에 켈트인들의 소금 캐는 장면부터 시작하여 광산이 변천해가는 과정을 해설한 영상이 비쳐진다. 충분히 알아듣지는 못했지만 단순히 소금 덩어리만 캐던 초기의 채굴 방법이 차차 물로 녹여 빨아내는 방식으로 발전했는데 그 과정에서 이 호수가 생성된 모양이다. 투어는 다음으로도 광부복을 입은 인형이 1734년 발굴된 '소금인간' 에 대한 이야기를 들려주기도 하고 철기시대와 청동기시대의 채굴 모형을 보여주기도 하며 끝을 맺는다.

| 땅굴에서 나오는 갱도차 |

격리됐던 시간과 공간, 180m 깊은 땅굴에서의 탈출은 대기하고 있는 갱도차를 타고 의외로 손쉽게 이루어진다. 굴이 좁은 탓인지 갱도 차는 긴 나무판자에 바퀴를 단 간단한 구조로 각자가 말을 타듯 한 줄로 길게 걸터앉는다.

벽과 천장이 닿을 듯 스쳐가는 아슬아슬한 기분을 견디고 있노라면 짧지 않은 거리를 달려 방문객 센터 밑을 지나는 마리아테레지아(Maria Theresia) 터널을 통해 광명의 세계로 귀환하게 된다. 지붕 달린 회랑, 급한 계단을 걸어올라 방문객 센터에 돌아온 시간은 16시30분, 한 시간 반이 걸렸다.

겹쳐 입은 작업복을 반납하고 짐을 찾다보니 미끄럼틀에서 찍힌 속도 들어간 사진이 나란히 붙어있다. 한 장에 5유로. 돈을 아끼려면 부부나 가족이 함께 타고 내려와 한 장에 찍히는 것이 경제적이다. 옆에 있는 매점을 대강 구경하고 귀로에 든다.

푸니쿨라 정거장까지 걸어오는 길에 다시 비가 떨어지기 시작한다. 밑으로 내려가기 전 할슈퇴터의 조용한 호수와 란 거리에 터 잡은 평화로운 마을을 전망하며 오늘 일정을 마친 홀가분한 시간을 즐긴다.

17시, 유스호스텔에 들어서니 배낭여행하는 한국 남녀 학생 여섯 명이 와 있어 저녁식사 준비에 한창 바쁘다. 취사를 자유롭게 할 수 있는 주방과 넓은 식당이 있고 우리나라 사람뿐이라 자유롭고 편안하다. 서로 반갑게 인사를 나눈다. 같은 말을 주고받을 수 있다는 사실만으로도 금방 가족과 같은 친밀감을 느끼게 된다.

메일을 주고받은 사비네(Sabine) 씨는 보이지 않고 젊은 아주머니가 2층에 방을 지정해 준다. 침구는 깨끗하고 공동 사용하는 화장실과 샤워가 복도에 마련돼 있다. 대강 짐을 풀고 동네 슈퍼마켓을 찾아 오늘 내일 장을 보러 나간다.

돌아와 보니 학생들이 친절하게도 우리 먹을 스파게티를 만들어놓고 기다리고 있었다. 필 여사의 수고도 덜었겠다 반가운 김에 소주를 꺼내 활기 넘치는 젊은이들과 축배를 든다. 창밖에 세게 내리는 빗소리를 들으며 소주 팩 세 개를 비워가며 피차 흥겨운 대화를 계속한다. 오래간만에 말벗이 생긴 필 여사가 알프스 이야기로 꽃을 피운다. 얼큰해지는 기분에 정다운 시간이 저물어간다. 내일 아침 식사를 아주머니가 물어와 07시30분으로 약속한다.

✓숙소

Jugendherberg Lahn
Salzbergstrasse 50, A4830 Hallstatt
T: (+43) 6134 8279 더블 룸, 공동화장실, 취사가능, 아침식사포함, Euro32/일,
http://www.jh-hallstatt.at.tf biene1005@aon.at

21일. 그문덴을 거쳐 비엔나로

5월 27일 토요일
Hallstatt-53㎞-Gmunden-240㎞-Wien
총293㎞(실 운행거리 303㎞, 보행 5.6㎞)

빗소리에 잠을 깬다. 매일 오가는 비를 요리조리 피하며 그런대로 구경을 다녔는데 오늘은 형세가 자못 줄기찬 것이 아침부터 어수선하다. 07시 30분 식탁에 앉으니 빵과 주스, 커피로 상을 차려 준 아주머니가 조용히 웃으며 빨간 유리 대접에 하얀 꽃을 놓고 붉은 초 두 개를 켜준다. 옆 자리에 있는 젊은 일본 부부 테이블에도 꽃과 촛불을 놓아준다. 기대하지 못했던 환대다. 장식하나 없이 허술한 유스호스텔의 식당, 새벽 비로 어두컴컴한 공간에 두 개 따스한 불빛이 조용히 흔들린다. 여로에서 받는 정성은 적더라도 짙은 감동을 느끼기 마련, 비로 편치 않던 마음의 구름이 어느덧 스르르 벗겨진다.

오늘은 할슈타트의 마을을 둘러보고 잘츠카머구트를 떠나 오스트리아의 수도 비엔나(Vienna)로 입성할 예정이다. 여행 중 거치는 도시는 그 나라 사람이 쓰는 이름으로 부르는 것이 원칙이겠지만 빈(Wien) 만큼은 왜 그런지 어감이 부드럽고 더 가슴에 와 닿는 영어식 호칭인 비엔나를 쓰고 싶다.

08시 40분, 비 오는 할슈타트, 무언가 다하지 못한 미련을 뒤에 놔두고 호숫가 제 거리(Seestrasse)를 따라 중앙광장으로 서서히 차를 움직인다. 여행도 인생길과 같다. 비가 와도 바람이 불어도 돌아 설 수 없는 길을 나서야 하는 것이다. 가라고 가랑비 오고, 있으라고 이슬비 온다는데 부슬부슬 가랑비가 길을 재촉한다. 왼쪽 급한 경사 짙은 숲에 들어선 샬레풍 산동네는 안개구름 속에 꿈꾸듯 속세를 벗어난 별천지다.

마르크트 광장과 삼위일체탑

사람하나 안 보이는 마르크트 광장(Marktplatz) 한쪽에 잠시 차를 세우고 주변을 돌아본다. 좁디 좁은 마을에 간신히 장만했다는 듯 시골집 마당만 한 잔돌 깔린 광장이 자리를 잡고 있다. 꽃으로 장식한 중세 모습의 주택, 레스토랑, 선물 매점이 모여 있는 중심에 페스트 퇴치를 기념하여 1744년에 세웠다는 삼각뿔 모양의 삼위일체 석탑이 서있다.

낮은 원형 분수대 주위에는 여러 개의 나무 벤치가 놓여 있다. 집 뒤쪽 터널로 올라가는 급한 경사 울창한 숲 속으로 시원하게 쏟아져 내리는 뮐바흐의 폭포가 보인다. 오랫동안 마을 사람들이 생명수로 사용해 왔으며 옛날 그대로의 방앗간이 아직도 물을 받아 돌아간다고 한다. 건물 사이에 끼어 자동차 한 대 겨우 지나갈 만한 좁은 길을 통해 1862년에 세워진 프로테스탄트(Evangelische) 교회를 찾아간다.

할슈타트를 찍은 사진에 거의 빠지지 않고 들어가는 상징적 뾰족 지붕, 세상에 이 만큼 경치에 어울리는 교회도 흔치 않을 것이다. 마을 어디서나 잘 조화되지만 특히 서북쪽에서 보는 구도는 잘츠카머구트를 대표하는 영상이라고 할 수 있다.

| 프로테스탄트 교회 |

할슈타트 핵심인 그 교회를 지척에서 쳐다보며 갖게 되는 첫인상은 당연할 수밖에 없는 평범한 모습을 발견하고 느끼는 일종의 상실감이다. 말쑥하게 뻗은 돌탑과 까만 지붕이 깎아 놓은 연필을 연상시키는 여느 교회와 조금도 다름없는 보통 건물이다. 갑자기 빗줄기가 거세져 쫓기듯 안으로 들어간다. 스테인드글라스를 통한 채광으로 제단 주변이 분홍색으로 물들어 있다. 네오고딕의 단아한 제단과 설교단이 있을 뿐 특별한 것이 눈에 띄지 않는 내부를 대충 보고 돌아 나온다. 입장료는 받지 않고 자유롭게 출입이 가능하다.

작은 마을의 예사로운 교회가 산속 호숫가 가늘게 하늘을 찌르는 완벽한 구성의 중심이 된 것은 한 두 사람의 의도적인 발상보다는 긴 세월 자연과의 조화를 통해 만들어진 전통의 산물일 것이다. 인간의 손을 거친 작품도 오랜 기간 풍상에 견디다 보면 산천의 일부로 돌아가는 것이 아닌가 하는 생각을 해 본다. 할슈타트 호수와 집들은 항상 사진작가의 모델이 되지만 서쪽 산이 높아 해가 일찍 넘어가기 때문에 프로가 아닌 한 오전에 찍어야 좋은 사진을 얻을 수 있을 것 같다.

이 마을에는 가파른 경사면을 약간 올라간 조용한 바위 위에 가장 오래된 건물인 가톨릭의 교구 성당이 있다. 1181년에 세워지고 1505년 현재의 모습을 갖추게 된 후기 고딕 양식의 성 미가엘(St. Michael) 성당으로 마을 집 사이를 누비며 좁고 급한 길이 연결돼 있다. 좀 뜸해진 비를 틈 타 돌이 깔린 경사진 골목을 숨차게 올라간다. 평지라고는 거의 찾아볼 수 없는 비탈,

| 성 미가엘 성당의 두 제단 |

높이와 모양이 서로 다른 땅 위에 하나도 같지 않은 집들이 미로 같은 돌계단으로 이어진다.

성당은 좀전에 본 프로테스탄트 교회의 단순한 모양과는 달리 정교한 장식이 돋보이는 구조다. 이곳도 무료로 출입이 자유롭고 사진 촬영이 허용된다. 성직자 몇 사람이 청소중인 내부를 조심스럽게 둘러본다. 성당의 규모는 크지 않지만 고딕기둥과 좌우 리브 궁륭에 의해 두 부분으로 나눠지고 양쪽에 각각 하나씩 제단이 놓여있는 특수한 구조를 하고 있다.

오른쪽은 아기 예수를 안고 있는 성모 마리아를 중심으로 성 카타리나(Catherine)와 성 바바라가 서 있는 제단으로 양 날개로 문이 열려있다. 리엔하르트 아스틀(Lienhart Astl)의 1515년경 작품으로 믿어진다는데 정교한 솜씨는 덜하지만 장크트볼프강 성당에서 본 미하엘 파허의 목각을 연상시킨다. 왼쪽에 있는 또 하나의 제단은 십자가에 못 박힌 모습을 중심으로 예수의 수난을 묘사한 역시 양 날개를 가진 채색된 작품이다. 1500년대 프레스코 그림과 호화로운 금빛으로 장식된 내부는 소금으로 축적한 영화의 일단을 보여주는 듯하다. 옛날 성당이 외적의 침입을 방어하는 군사적 요새였다는 사실을 증명하듯 두박한 담벼락 곳곳에 총구용 구멍(Embrasure)이 뚫려있다.

뜰로 나오니 화원에 들어온 듯, 희고 빨간 꽃으로 눈이 환해지는 공동묘지다. 나란히 늘어선 무덤에는 'ㅅ' 자 지붕의 옛날 게시판 같은 나무묘비가 서 있을 뿐, 비석이 보이지 않는 것이 서양묘지 치고는 특이한 모습이다. 이곳 묘역은 워낙 터가 좁아 매장 후 12년이 되면 죽어서 또 한 번 은퇴를 해야 할 처지가 된다고 한다.

매장 후 12년 뒤에는 납골당인 '바인하우스'로 옮겨

유해는 해골과 백골로 발굴돼 납골당인 바인하우스(Beinhaus)로 옮겨지고 그 자리는 새로 사망한 후손에게 물려주는 것이 오래된 관습이라는 것이다. 묘비가 반영구적인 돌이 아니고 나무로 돼있는 사정도 그런 까닭 때문이 아닌가 생각된다.

전면이 훤히 트인 뜰에서는 마르크트 광장과 선착장, 교회의 첨탑이 내려다보이고 대안의 산이 호수에 비치어 검은 그림자가 바람에 일렁인다. 초록빛 숲 사이로 언덕을 따라 나간 전통 양식의 마을 집들이 더할 나위 없이 평화롭다. 이 풍경이야 말로 안정과 평화 그 자체라는 생각이 든다. 조용히 내리는 비를 맞으며 할슈타트의 분위기를 차분히 느껴본다.

성당을 뒤로 돌면 뜰의 끝, 구석진 곳에서 검은 지붕의 작은 건물을 만난다. 그 지하실이 1720년부터 수많은 사람들의 해골과 뼈를 보관하고 있는 납골당이다. 내부를 구경하려면 1유로를 낸다던데 문이 닫혀있고 사람도 없어 철문 틈으로 들여다본다.

그리스도의 십자가상이 걸려있는 아래로 이단으로 된 장에 1,200개가 넘는다는 해골이 질서 정연, 가지런히 쌓여 있고 그 밑에는 마루 밑 장작같이 수도 없는 백골이 빽빽이 꽂혀 있다. 이승을 하직한 날짜를 옛날 불리던 이름과 함께 적어놓은 해골이 있고 이마에 십자나 꽃을 그려 넣은 해골도 보인다. 다시 찾아오는 사람은 있는지, 망각된 공간이 허전하다.

청초 우거진 골에 자난다 누웠난다
홍안은 어디 두고 백골만 묻혔나니
잔 잡아 권할 이 없으니 그를 슬허하노라

백호 임제가 명기 황진이의 무덤을 찾아 읊은 시조다. 바인하우스에 모여 있는 백골들은 쓸쓸하지는 않겠으나 우리네 낭만에서는 한참 먼 곳에 깃든 듯하다. 한번 간 뒤에 무슨 풍류일까 마는 그래도 이곳은 너무 삭막한 느낌이다. 성당을 나와 지하도 입구 같은 지붕 밑 계단으로 내려가 상가를 통해 마르크트 광장으로 나간다. 선물가게에는 여러 색깔 용기에 들어있는 암염 등 토산품이 진열돼 있다.

기차를 타고 할슈타트를 찾는 많은 손님들은 대안 호반에 있는 철도역에서 내려 연락선을 타고 건너온다. 이쪽은 땅이 좁아 철길이 없고 할슈타트역이

할슈타트의 경관

물 너머에 있기 때문이다. 호수에서 마을 경치를 보려면 정기적으로 다니는 유람선을 타는 것이 가장 좋겠지만 시간을 내기가 힘들 것 같아 기차역까지 왕복하는 연락선을 타고 간단히 다녀오려던 것이 원래 갖고 있던 복안이었다.

마르크트 광장에서 선착장으로 내려가니 건너편 시야가 안개구름으로 가려져 빗발을 뚫고 배를 타야할 사유가 모호해진다. 모자람의 아쉬움 속, 채우지 못한 서운함을 지닌 채 그대로 가는 것이 바로 행려의 도리요 여로의 숙명이 아니었던가? 맛있는 것이라고 꼭 먹어야만 하는가? 나그네는 다 갖지 않는 법, 오늘도 다시 미련을 남겨 두고 할슈타트를 떠난다.

고사우뮐 거리(Gosaumühlstrasse)를 거쳐 오른 쪽으로 호수를 보며 자동차가 교차하기도 힘든 좁은 도로를 북쪽으로 진행한다. 아침 시간이라 다행히 차의 왕래가 없다. 마을을 빠져 나가는 터널 입구 갈림길에 이르니 차단 막대가 도로를 막아선다. 사람이 없는 것으로 보아 자동 장치가 분명해 엇그제 배운 대로 차를 바짝 갔다대니 팔이 선선히 올라간다. 이제 자동차 여행의 관록이 웬만큼 붙은 듯 여유가 생긴다. 시원한 길에 올라 서서 적당하게 차를 세우고 뒤돌아 할슈타트에 작별을 고한다.

호수에 비치는 성당의 하얀 그림자, 조는 듯 조용한 선착장에 연락선이 들어온다. 험한 산자락에 달라붙어 호수로 밀려나간 작은 마을, 뾰족탑 중심으로 짙은 녹색에 싸인 그림 같은 세계, 이름난 잘츠카머구트에서도 대표적인 풍광이 틀림없다. 어릴 적 시골 이발관마다 걸려있던 액자 그림이 이곳이었을까? 세상에 아름다운 마을이 어찌 여기뿐일까 마는 그 중 하나인 것만은 확실하다. 호수를 건너오는 바람을 맞으며 오래도록 영상을 가슴에 새긴다.

어제 들어 온 길을 되돌아 10시20분, 바트이슐을 지나며 갈림길에서 동북으로 방향을 잡아 계속 B145를 따라간다. 꽃 피는 산길을 15㎞ 더 달려 작은마을 에벤제(Ebensee)를 통과하고 바로 나타난 호수 트라운제

(Traunsee)의 왼쪽 기슭을 따라 북쪽으로 올라간다. 굴을 들락거리는 자동차를 빼어난 경광이 쉬지않고 따라온다. 오스트리아에서 가장 깊다는 192m의 수심, 잘츠카머구트에서 두 번째로 큰 트라운 호수에 두둥실 떠 있는 요트가 운치를 더해주고 대안에 솟아오른 트라운슈타인(Traunstein, 1691m)의 삼각봉이 구름에 싸인 채 바위 모습을 험상궂게 드러낸다.

| 에벤제 부근의 경치 |

"기막히다. 그렇지? 저 꽃에 저 물 빛." 필 여사의 찬탄이다.

"저 정도는 눈에 익어 감각이 포화상태야."

"그래도 노란 꽃뿐이었지. 여기는 여러 색 다 있지 않아?"

"조심해! 차 온다! 앞만 보고 가. 한눈팔지 말고."

"한눈팔기는! 한 눈으로 운전하고 한 눈은 경치보고. 두 눈 다 안팝니다요."

높은 언덕 위에 점, 점, 박힌 집들이 예쁘다.

"야! 노래 그대로 '저 푸른 초원 위에 그림 같은…' 이구먼. 저것 좀 봐. 저 높은곳에 차가 올라갈까?"

"나보고 보지 말라며…."

구경하랴 운전하랴 속도가 늦어진다.

트라운제 서안을 중간 정도나 왔을까. 물속으로 뻗쳐 들어간 바위 동산과 그 위 숲속에 성당이 나타난다. 트라운키르헨(Traunkirchen) 마을 하얀 사각 탑의 요하네스버그 성당(Johannesbergkapelle)이나. 구름이 가리기 시작한 트라운슈타인의 그늘 밑, 호수에 떠 있는 요술의 성 같은 그 모습에 끌려 차를 세우고 사진을 몇 장 찍는다.

날씨가 개려는지 간혹 햇빛이 들판을 비친다. 2㎞를 더 달려 다음 마을, 알트뮌스터(Altmünster)에 들어서며 잠시 쉬어가기로 한다. 언덕 위에 둥근 석탑, 고깔 지붕의 알트뮌스터 성당이 관심을 끌어 필 여사가 눈을 붙이는 동안 올라가 본다. 오랜 내력이 담겨 있는 듯 고색 깃든 내부로 들어가니 마침 미사 중이라 가득 찬 주민이 낯선 이방인을 신기한 눈으로 돌아본다. 이쯤만 돼도 시골이라 타관 사람 방문이 드문 모양이다.

11시40분, B145와 갈라서서 B120호로 트라운제 북단의 작은 도시 그문덴(Gmunden)에 진입하고 트라운 강의 다리 못 미쳐 시청이 서 있는 프란츠 요제프 광장(Franz Josef Platz)에 도착한다.

12세기 초 성벽이 만들어지며 시가가 형성됐다는 그문덴은 인구가 13,000 정도, 소금 공업의 중심이자 도기로 많이 알려진 여름 휴양지다. 1278년 독일 황제로부터 도시특허를 받았으며 소금 무역이 번창하던 19세기에 화가와 문인들의 휴양지로 바뀌면서 화려한 발전을 이룩했다.

그문덴을 방문했던 저명인사로는 작곡가 브람스가 있다. 그는 바트이슐로 가는 도중 친구 빅토르 밀러(Victor Miller)의 별장에서 며칠씩 묵으며 많은 영감을 얻었다고 한다. 아놀드 쇤베르크(Arnold Schnberg)도 자주 방문한 명사 중 한 사람으로 그의 현악 4중주 곡이

| 트라운슈타인과 요하네스버그 성당 |

이곳에서 태어난 작품이다. 그문덴-가슈타인(Gmunden-Gastein)이라 불리는 프란츠 슈베르트의 교향곡도 이 고장에서 작곡됐다는 설이 있는데 악보가 실존하지 않아 진위는 알 수 없다고 한다.

19세기 화가와 문인들의 휴양지 '그문덴'

광장에 있는 1659년 르네상스 양식의 시청은 흰 줄로 맵시를 낸 파스텔조 연두색의 산뜻한 건물이다. 4층 중앙에 있는 발코니에는 그문덴 특산인 도기로 만든 24개의 글로켄슈필(Glockenspiel)이 달려있어 두 시간마다 청아한 곡조를 시내로 울려 보낸다. 눈앞에 시원히 전개되는 호수에서 백조가 한가롭게 노닐고 있다. 꽃으로 장식된 광장에서 애들을 돌보는 노인의 모습은 세상 어디를 가나 달라질 수 없는 정겨운 풍경이다.

극장같이 보이는 건물 앞, 조용한 벤치에 앉아 잠시 쉬는 시간을 보낸다. 호수를 따라 서남쪽으로 뻗은 이름난 가로수 길 에스프라나데(Esplanade) 저편, 긴 다리와 연결된 섬에 양파 시붕, 하얀 탑의 오르트 성(Seeschloss Orth)이 바라다 보인다. 그문덴의 중요한 관광 포인트로 오는 도중에 들렀어야 하는데 모르고 지나친 것이다. 1.5㎞ 남짓의 산책길과 130m의 나무다리를 걸어 3각 평면의 내부를 구경하는 관광코스가 좋다기에 다녀올까 잠시 망설였지만 비엔나로 갈 마음이 바빠 포기하고 대신 길 건너 북쪽에 있는 교구 성당을 찾아보기로 한다.

청록색 지붕의 종탑이 있는 황색 성당은 14세기에 고딕으로 세워진 후 1718년에 바로크 양식으로 개조된 건물로 내부에 있는 제단이 볼만하다. 동방 3박사를 묘사한 조각인데 잘츠부르크, 모차르트 광장의 동상으로 구면인 슈반탈러의 1678년도 작품이다. 이 일대 선물 매장에서는 그문덴구이(Gmundner)라는 이름으로 널리 알려진 녹색 테두리 삭은 꽃무늬의 하얀 도기가 많이 판매되고 있다. 소박한 질감으로 다른 고급 도기에 비해 값이

| 그문덴 시청사 |

비싸지 않다고 한다.

12시10분 그문덴을 출발, 북쪽으로 B144를 진행한다. 호수가 멀어진 전원지대를 15분 달려 고속도로 A1/E55/E60의 입체교차로를 만나 진입하고 린츠(Linz), 비엔나 방면으로 동진한다. 이제 잘츠카머구트와도 작별이다.

초원을 달려 마을을 몇 개 지나고 13시, A25와의 분기점 부근 P표시 휴게소에 들어가 쉬기도 할 겸 점심 식사를 한다. 눈길을 끄는 색다른 현대식 휴게시설이다. 화장실은 무료지만 옆에 무인 샤워실이 달려있어 15분 사용에 1유로라는 표시가 붙어 있다. 유료 샤워가 있는 간이 휴게소는 처음인데 신축건물인 것을 보니 앞으로 유사한 시설이 많이 생길 모양이다.

14시 트라운(Traun) 출구를 통과하고 린츠 방면으로 갈라지는 인터체인지에서 A55를 좌측으로 보내며 계속 A1/E60을 따라간다. 주변에서는 어느덧 높은 산이 자취를 감추고 점차 낮은 언덕으로 변해간다. 몽블랑, 마터호른 그 장엄하던 위세에서 뻗어 나온 유럽 알프스의 초라해진 잔해를 대하며 줄곧 간직하던 보물을 빼앗긴 듯 서운해지는 마음을 가누기 힘들다. 어디를 가도 목초지로 푸른빛 가득한 스위스 오스트리아, 그동안 논밭을 만나기가 힘들었는데 이 부근에서는 밀, 옥수수, 해바라기 등 경지가 계속 이어지고 동서를 관통하는 편도 2차선 도로에 달리는 차량이 뚜렷하게 많아진다.

점심 후의 식곤증을 휴게소에서 달래가며 15시 암스테텐(Amstetten)을 통과한다. 주요 간선인데도 이 근처 도로는 상태가 시원치 않다. 공사가 예정돼 있어 관리를 안 하는지 흥부자식 기어 놓은 옷처럼 누더기 천지에 차가 텅텅 튀기까지 한다. 이브스(Ybbs) 부근에서는 독일에서 넘어와 린츠를 거쳐 온 도나우(Donau) 강의 휘어나가는 모습을 볼 수 있다.

비엔나까지 99㎞라는 표지가 스쳐 지나간다. 이제 산은 간곳없고 완만한 구릉과 숲이 겹쳐 섞이며 엷고 짙은 녹색의 조화가 미묘하게 이어진다. 파란 하늘, 흰 구름 아래 붉은 지붕의 마을이 흩어져 박히고 넓어진 도로 양옆으로 만발한 아카시아 꽃이 보인다. 한국 산야의 정취가 그리워 차창을 시원히 젖혀보는데 기대했던 향기는 가까이 오지 않는다.

왼쪽 멀리 뻗어나간 평야 한 가운데 쌍납의 노란 건물이 나타난다. 궁궐 같은 큰 규모로 보아 며칠 후 방문할 예정인 멜크 수도원(Stiff Melk)이 틀림없다. 15시30분 멜크 출구를 통과하자 우측 언덕에 일단의 풍차 발전탑이 나타나 한동안 길 옆을 지나간다. 시간을 저미며 한가롭게 돌아가는 하얀 팔랑개비는 세월의 흐름을 느끼게 하는 현대의 풍속도다. 한참 머물면 어떤 이야기가 꼭 들려올 것만 같다. 여정을 달래주는 대상이 하나 새로 생긴 것이 반갑다.

니더외스터라이히(Niederösterreich)주의 수도 장크트 푈텐(St, Pölten)을 지나고 10여분, 슈타인호이즐(Steinhäusl) 부근에서 교차로를 만나 남으로 가는 E60과 헤어진다. 그대로 동쪽으로 10여분 만에 다시 나타난 입체교차로에서 A1은 끝나고 왼쪽에서 오는 B1으로 바뀐 길을 따라 16시50분, 드디어 비엔나 외곽으로 진입한다.

유럽에서 가장 아름다운 도시의 하나, 숲에 둘러싸인 고도 비엔나는 2006년도 인구가 약 166만(수도권 220만)인 오스트리아의 수도이자 정치, 경제, 문화의 중심지다. 중부 유럽의 동남부, 알프스 동쪽 끝인 도나우 강 연안에 위치하여 체코(Czech), 슬로바키아(Slovakia), 헝가리(Hungary) 국경과 가깝고 동서유럽을 연결하는 지리적 특성이 있어 뉴욕, 제네바의 뒤를 잇는 국제도시로 발전하고 있다. 석유수출국기구(OPEC), 유럽안보협력기구(OSCE), 국제원자력기구(IAEA) 등 중요한 국제기구의 본부가 이곳에 위치한다.

유네스코 세계문화유산으로 지정된 비엔나 역사지구

1세기경 로마제국의 군영지로 축조된 것이 도시의 기원인데 그 이름인 빈도보나(Vindobona)에서 비엔나의 지명이 유래된 것으로 전해진다. 2천년의 역사를 겪는 동안 십자군 원정의 통로가 되면서 도시가 크게 발전하였고 유럽 수 개 국가를 지배한 합스부르크 왕가 650년의 도읍으로 영화를 누렸다. 1805년에 오스트리아 제국의 수도가 되었으며 세계 2차 대전의 패전 후 미국, 영국, 프랑스, 소련의 분할통치를 받으며 한때 그 기능을 상실했으나 1954년 다시 독립하면서 수도의 지위를 회복했다.

비엔나는 1529년, 1683년 두 번에 걸친 오스만터키의 포위 공격을 막아냈으며 견고한 성벽이 슈테판 대성당을 중심으로 형성된 시가지를 둥글게 둘러싸고 있었다. 인구가 증가하고 방어기능의 효용이 사라지자 1857년 크리스마스를 기해 카이저 빌라로 우리에게 익숙한 황제 프란츠 요제프 1세가 비엔나의 근대화를 위해 대규모 개조안을 공표했으며 구시가를 둘러싼 성벽을 허물고 가로수를 심어 원형으로 거리를 정비했다. 그 결과 오늘날 오페라하우스, 국립박물관, 국회의사당, 시청, 왕립극장, 대학 등 주요건물을 따라 일주 4㎞의 환상도로, 링(Ring)이 이루어지게 된 것이다.

시민의 휴식처와 아름다운 공원이 링 거리(Ringstrasse)를 끼고 조성돼 있다. 그 안에는 모차르트, 베토벤, 슈베르트, 요한 스트라우스를 비롯한 유명 인사의 동상이 오순도순 지난 이야기를 들려주듯 요처에 자리를 잡고 있다. 2001년, 유네스코는 고대 로마 이래의 유럽 문화사적 역할을 평가하여 구시가와 함께 비엔나의 역사지구를 세계문화유산으로 지정하였다. 링 위에는 시계방향으로 도는 트램 1번과 반대방향인 트램 2번의 전차가 엇갈려 운행되고 있으며 계속 앉아있으면 30분에 한 바퀴 돌고 제자리로 돌아온다.

안개의 런던, 꽃의 파리, 물의 도시 베네치아 등 세계 대도시를 상징하는 표현에서 비엔나를 대표하는 테마는 '음악의 도시' 다. 320여 개의 페스티벌이 있다는 전통의 예술, 과학, 음악의 중심지지만 특히 하이든, 모차르트, 베토벤, 슈베르트, 슈트라우스, 브람스, 말러 등 기라성 같은 거장의 선율이 골목 구석구석에 배여 있는 음악의 도읍으로 이 고장의 긍지는 타의 추종을 허락하지 않는다.

비엔나에는 열 개가 넘는 한국인의 민박 숙소가 있다. 출발 전 인터넷의 추천 사이트와 민박 정보를 검토하고 그 중 대여섯을 골라 메일을 보냈다. 이 도시의 한국 숙소는 서로 관계가 원만치 않은 곳이 있는 듯해서 그런 느낌이 없으면서도 주차와 취사가 가능한 곳을 선택하기로 했다. 겪어보지 않고 좋고 나쁜 곳을 어떻게 알겠는가? 단 사흘 지낼 곳, 조건은 거의 비슷하니 답신 가운데 성실성이 엿보이고 미묘하지만 마음이 끌리는 곳으로 결정을 한 것이다.

고속도로에서 민박집 '비엔나 쉼터' 까지는 숙소 홈페이지에 나와 있는 주변 안내도와 경로 검색 프로그램의 지도를 확대하여 연결한 스케치를 보면서 찾아가기로 한다. B1을 통해 비엔나 시내로 들어간다. 또 다시 비가 내리기 시작하더니 점점 빗줄기가 굵어진다. 줄을 잇는 차량에 섞여 빈차일레(Wienzeile) 고가도로를 따라 시립공원(Stadt Park) 옆으로 내려가려

했는데 흐름에 밀려 진로에서 벗어났고 감으로 동북쪽으로만 올라가다 방향을 잃고 만다.

빗속에 내려 길을 물어보기 서너 번, 겨우겨우 드레스드너(Dresdner) 거리에 있는 숙소 옆, 노상 주차장에 차를 대는데 성공한다. 필 여사는 몇 번이나 민박집에 전화를 걸어 안내를 부탁하라 재촉했지만 우리 위치를 모른다는 핑계로 끝까지 우기고 간 것은 내심 낯선 대도시에서 혼자 힘으로 길을 찾을 수 있는지, 가능성을 시험해 보려는 욕심이 있었기 때문이다. 오늘과 내일은 주말이라 노상의 무료주차가 가능하고 모래는 민박집에서 주차를 해결해 주기로 약속돼 있다.

전화를 걸어 마중 나온 학생을 따라 아파트로 들어간다. 댓 개 되는 방이 정결하고 가족이 모두 친절하다. 병원 의사인 아저씨는 한국에서 근무하고 아주머니 혼자 음악 공부하는 딸 둘을 돌보고 있는데 민박을 시작한지 채 1년이 안된다고 한다. 주방을 빌려 마련한 저녁상에 서비스로 내준 김치 맛이 각별하다. 한국에는 없다는 처음 듣는 채소의 김치도 한 접시 올라 입맛을 돋운다. 오래간만에 먹는 탓도 있지만 인상 깨끗한 아주머니 음식솜씨가 좋은 모양이라는 필 여사의 품평이 단순한 치렛말은 아닌 것 같다. 우리 일정을 대개 알리고 내일 돌아볼 시내 코스에 대한 자세한 설명을 들으며 요령을 익혀둔다.

√숙소

비엔나 쉼터
Dresdner Strasse, 46(15호), 1200 Wien
T: 0043 676 915 4202 더블 룸, 공동화장실, 취사가능, 아침식사포함, Euro60/일, 예약시 30유로 한국에서 입금, 잔액 150유로 현지에서 지불. (5/27일-29)
http://www.austriaminbak.com/index.html viennaminbak@naver.com

22일. 쇤브룬 궁, 슈테판 성당 등 비엔나 구시가 관광

5월 28일 일요일
비엔나 (보행 12.3㎞)

며칠 집 소식을 듣지 못해 궁금하여 07시 애들에게 전화를 걸어본다. 한국 집에서 자고나니 가족생각이 나는 모양이다. 별일 없이 잘 있다기에 마음이 놓인다. 아주머니가 차려준 아침을 먹고 시내 나갈 준비를 한다. 오늘은 쇤브룬 궁전(Schloss Schönbrunn)에서 시작하여 구시가를 대강 돌아볼 생각이다.

시내 교통 이용하는 방법을 자세히 듣고 지하철, 전차, 버스에 다 사용할 수 있는 교통티켓을 대여 받는다. 좁고 긴 표를 접은 8일치 장기회수권인데 하루 3유로씩 24유로로 아주머니가 미리 구입한 것을 하루 4유로씩 2일치 두 사람 분, 16유로를 지불하고 우리가 오늘, 내일 빌려 쓴 후 다시 돌려주는 것이다. 피차가 이로운 좋은 방법이다. 참고로 1회 사용하는 편도권 한 장은 1.5유로, 차 안에서 사면 2유로다. 24시간 유효한 1일 권은 5유로고 72시간 쓸 수 있는 비엔나 카드는 16.9유로로 관광명소의 할인 혜택까지 있다고 한다. 회수권은 지하철역이나 트램, 버스 안에 있는 개찰기에 삽입하여 개시 일자를 찍어야 유효하게 사용할 수 있다.

09시 40분 냅색 하나씩 멘 간단한 차림, 홀가분하게 비엔나 시내로 걸어

나간다. 한 블록 정도 떨어져있는 드레스드너 지하철역으로 내려가 개찰구에 달린 자그마한 청색기계에 회수권을 넣었다 뽑아 날짜 인을 찍는다. 두 사람이니 티켓 두 칸에 인자를 한 다음 언제 단속이 있을지 모르니 주머니에 잘 보관한다. U-Bahn이라 불리는 지하철은 5개 노선이 있는데 우리는 갈색 U6선을 타고 12개 정거장을 거쳐 시의 서남쪽 외곽에 있는 뢴겐펠트(Längenfeldgasse)까지 간다. 좌우 두 자리씩 앞을 보고 앉는 지하철은 얼마 후 지상으로 올라오고 다시 쏟아지기 시작한 빗속을 뚫고 변두리 시가를 달린다. 철도의 서부역(Westbahnhof)을 지나자 검표원이 차표를 조사하며 지나간다. 오스트리아에 들어와 흔하지 않다는 고속도로와 전철의 단속을 다 받는다. 준법정신이 철저했으니 다행이지 실수로 날짜를 안 찍었으면 60유로 씩 120유로의 벌금을 물을 뻔했다.

뢴겐펠트에서 내려 구름다리를 넘어 초록색 U4로 갈아탄다. 홈 좌우가 U4와 U6로 나눠져 있어 타기 전에 행선지 확인이 필요하다. 비엔나 천변을 따라 휘텔도르프(Hütteldorf) 방향으로 두 정거장을 더 달려 전차는 10시20분 쇤브룬역에 도착한다. 밖으로 나와 넓은 주차장과 공터 사이의 좁은 길을 잠시 걸으면 넓은 도로 쇤브룬 거리를 만나게 되고 관광객 사이에 섞여 오른 쪽으로 500m 남짓, 도보 10여분에 쇤브룬 궁전 정문에 도착한다. 황금 독수리가 나는 두 개의 높은 탑 사이에

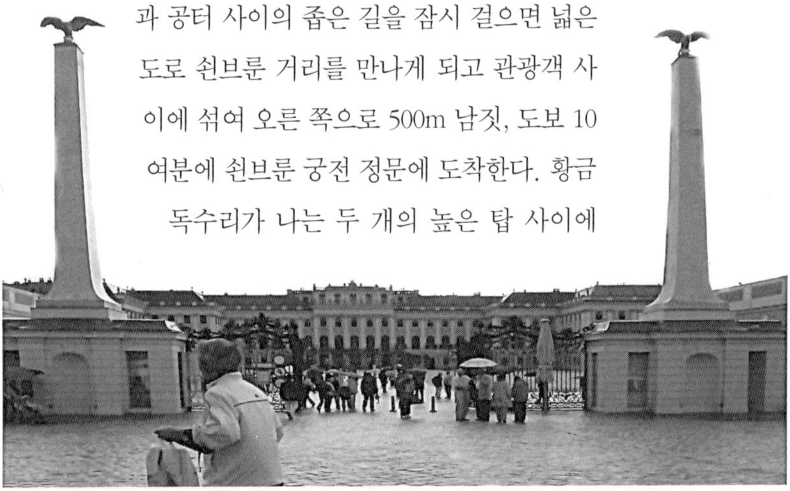

| 쇤브룬 궁전 정문과 독수리 탑 |

| 쇤브룬 궁전 |

철문이 있고 그 안, 넓은 앞뜰을 두고 독특한 황갈색의 3층 궁전이 위엄있게 앉아있다.

비엔나의 중심 슈테판 대성당(Stephanskirche)에서 서남으로 직선 5㎞에 있는 쇤브룬 궁전은 합스부르크 왕가의 여름철 별궁으로 17세기 초 마티아스(Matthias) 황제가 사냥에서 돌아오다 발견한 샘에서 그 이름이 유래됐다고 한다. 쇤브룬이란 '아름다운 샘' 이라는 뜻이다.

14세기 이래 카터부르크(Katterburg)라 불리던 장원과 제분장이 있던 터를 1565년 막시밀리안(Maximilian) 2세가 매입하여 동물원을 만들었는데 1683년 오스만터키의 침입으로 파괴된다.

프랑스와 사이가 좋지 않던 합스브르크의 레오폴트(Leopold) 1세는 베르사이유를 능가하는 웅장한 궁전을 지어 왕자 요제프(Joseph) 1세에게 물려줄 생각으로 1693년, 피셔 폰 에르라흐(Fischer von Erlach)에게 건축을 의뢰했으나 자금사정이 여의치 않아 1700년 바로크 양식의 수렵용 별장을 완공하는 것으로 끝을 맺는다.

1743년에 이르러 여제 마리아 테레지아에 의해 대대적인 개축이 이뤄지고 니콜라우스 파카시(Nikolaus Pacassi)의 설계로 현재와 같은 화려한 모습이 완성되는데 외관은 17세기 바로크 양식이지만 내부는 대부분 꽃과 당초무늬의 로코코풍으로 꾸며졌다. 건물의 길이는 180m, 내부에 1,441개의 방이 있으며 그 각각에는 황실에서 수집한 가구와 도자기 등 장식품이 화려하게 놓여있다.

오스트리아 제1관광자원 '쇤브룬 궁전'

마리아 테레지아, 프란츠 요제프 황제, 지금까지도 국민의 사랑을 받는 황후 엘리자베스 등 잘 알려진 역사적 인물이 이곳에서 생활하였다. 마리아 테레지아의 16 자식 중 막내이자 프랑스 혁명에서 처형되는 마리 앙투아네트(Marie Antoinette)가 루이가에 시집갈 때까지 살았던 곳이기도 하다. 1805년과 1809년에는 나폴레옹이 군대와 함께 주둔하며 사령부로 사용하였고 전쟁이 끝난 다음에는 전후 처리를 논의하는 빈회의가 1815년, 여기서 개최되었다.

1916년 마지막 황제 프란츠 요제프가 이곳에서 사망하는데 2년 후 절대군주제가 붕괴하면서 건물은 정부에 귀속되었고 그중 일부가 현재 박물관으로 사용되고 있다. 이후에도 1961년에 미국의 케네디 대통령과 소련의 흐루시초프 수상이 회담을 하는 등 계속 국제적 무대로 각광을 받아 온 쇤브룬 궁전은 1996년 그 정원과 더불어 유네스코에 의해 세계유산으로 등록되었다.

마리아 테레지아는 겨울에도 머물러 국사를 돌볼 만큼 이 여름 궁전을 사랑했으며 이따금 비엔나 성안에 있는 귀족을 모두 불러들였다고 한다. 건물은 여제가 좋아했던 마리아 테레지아 옐로라는 독특한 색깔을 하고 있다. 외벽에 금을 바르려다 자금이 부족하여 비슷한 색채를 칠했다는 이야기도 있다.

궁전 남쪽으로는 아름다운 바로크 양식으로 꾸민 프랑스식 정원이 전개되는데 동서 1.2㎞, 남북 1㎞의 규모로 기하학적인 잔디 화단과 넵튠의 샘이 균형 있게 자리 잡고 있으며 한 쪽에는 세계에서 가장 오래된 동물원과

| 남쪽 언덕의 글로리에테 |

열대식물원이 있다.

정원을 가운데 두고 궁전과 마주 보는 언덕에는 1757년 프로이센 전쟁에서 승리한 기념으로 1775년에 세운 희랍 신전 모양의 주랑건축물 글로리에테(Gloriette)가 있다. 그 위에 서면 궁전과 함께 비엔나 시가의 모습이 시원하게 바라다 보인다. 유럽에 군림했던 합스부르크가, 영화의 자취를 역력히 느낄 수 있는 쇤브룬 궁전은 연간 입장객이 150만, 공원과 동물원 행사의 관객 520만을 합쳐 도합 670만 명이 방문한다는 오스트리아 제1의 관광자원이다.

10시50분, 비에 젖은 광장을 지나 중앙 현관으로 건물에 들어서니 일요일이라 그런지 로비가 사람들로 가득하다. 앞쪽 두 개의 매표대로부터 네 개의 줄이 꼬불꼬불 길게 늘어섰는데 그 사이를 메운 각색 인종 단체의 온갖 언어가 뒤섞여 넓은 홀이 시끄럽고 혼잡하다.

입장권은 여러 종류가 있는데 방 22개를 볼 수 있는 8.9유로의 임페리얼(Imperial) 투어와 40개를 관람할 수 있는 11.5유로의 그랜드(Grand) 투어가 대표적이며 그 외에 글로리에테가 추가되는 14.90유로의 클래식(Classic) 패스, 다시 동물원과 온실이 추가되는 36.0유로의 골드(Gold) 패스 등 많은 옵션이 있다.

지루하게 줄을 쫓아 임페리얼표 두 장을 겨우 구입하고 내부로 들어간 다음에도 규정 인원씩 간격을 두고 입장 시키느라 다시 한참을 기다린다. 차례가 되어 투어로 들어가면서 입구에서 무료로 빌려주는 전화 수화기같이 생긴 오디오 가이드를 받는다. 각 방을 돌며 설명을 듣게 되는 이 자동 해설기는 세계의 주요 언어가 거의 준비돼 있는데 한국말은 아직 없어 영어폰을 빌리기로 한다. 오디오폰 숫자판에서 해당 방의 번호를 누르면 시작하는 해설을 들어가며 실내를 감상하고 일시정지, 재생, 되돌림 기능을 사용하여 적당히 시간을 조절한다.

임페리얼 투어는 프란츠 요제프 황제와 엘리자베스 황후가 거주했던 건물 서쪽 부분과 중앙의 화려한 의식용 방들을 보게 되고 그랜드 투어에는 마리아 테레지아 여제가 살던 동쪽 부분이 추가된다. 장내에서 사진 촬영은 일체 금지된다.

2층으로 올라가 서쪽 근위병의 방부터 투어를 시작한다. 다음 방은 요제프 황제를 알현하기 위하여 대기하는 빌리어드 룸(Billiard Room)이다. 벽을 가득 메운 세 개의 큰 그림이 있는 실내 중앙에 시간을 보내기 쉽도록 녹색의 당구대가 마련돼 있다.

이어지는 호두나무의 방(Walnut Room)은 황제의 알현실로 금박으로 테두리를 두른 암갈색 호두 벽체가 차분한 분위기를 만들고 있으며 잘 어울리는 콘솔 테이블과 붉은색 의자가 정교한 세공으로 로코코의 전형을 보여준다. 황제는 1인당 수 분씩 하루 100명 이상의 인사를 접견했다. 한 번 들은 이름은 잊지 않을 만큼 기억력이 좋았으며 피곤해서 쓰러질 때까지 일을 해야 한다는 말을 입버릇처럼 되풀이 했다고 한다.

요제프 황제가 아침 다섯시부터 집무를 시작했다는 서재(Study)는 황제와 황후의 큰 초상화가 걸려 있는 수수한 꾸밈새로 그의 성격이 잘 나타나 있다. 프란츠 요제프의 침실은 엄격한 가톨릭 신자의 규범이 엿보이는 검소한 방으로 1916년 86세의 나이로 생애를 마감한 소박한 철제침대가 특히 인상에 남는다.

마리 앙투아네트의 초상화가 걸린 서쪽 테라스의 작은 방과 황후가 서재로 썼던 계단 옆방을 거쳐 엘리자베스의 화장실로 간다. 자타가 공인하는 미모를 지녔던 황후는 가냘픈 몸매를 유지하기 위해 많은 정성을 기울였으며 특히 바닥에 닿을 정도의 긴 머리를 손질하느라 하루에 몇 시간씩 보냈다고 한다.

모차르트가 6살 때 피아노 연주를 한 '거울의 방'

이어지는 방은 황제와 황후의 침실이다. 청 바탕, 흰 꽃무늬 벽에 두 사람의 초상화가 걸려있고 묵직한 자단 침대가 놓인 이 침실을 부부가 사용한 것은 결혼 첫해뿐이다. 답답한 궁중생활이 달갑지 않던 엘리자베스는 시시라는 애칭으로 불리며 여행으로 자유로운 생활을 즐기다 1898년 제네바에서 암살되는데, 프란츠 요제프는 16세 꽃다운 나이에 맞아들인 외사촌 신부에 대한 지극한 애정을 평생 저버리지 않았다고 한다.

엘리자베스의 응접실(Elisabeth' s Salon)은 1854년 신 로코코 양식으로 개비돼 흰색과 금빛으로 기품 있게 꾸며져 있다. 화장대 앞에 놓인 시계는 뒷면에 거꾸로 된 글자판이 있어 거울에 비친 모습으로도 시간을 알 수 있게 했다는데 무던히도 화장대 앞에 앉아 있었던 모양이다.

마리 앙투아네트의 태피스트리가 걸려있었다는 가족식당, 마리아 테레지아 자녀의 초상화가 있는 아이들 방을 거쳐 거울의 방(Mirrors Room)으로 들어간다. 흰색과 금빛으로 꾸민 로코코 장식 벽에 연속으로 크리스털 거울이 달려있다. 서로 반사하여 이어진 듯 보이는 이 방은 마리아 테레지아 시대의 풍조를 보여주는 전형적인 장소다.

1762년, 나이 여섯의 신동 모차르트가 초대돼 피아노를 연주한 곳이 바로 이 방으로 연주가 끝난 후 테레지아 여제 무릎에 뛰어올라 목에 팔을 감고 얼굴에 키스했다는 사실을 그의 아버지가 늘 자랑스럽게 이야기했다는 것이다. 어쩌다 넘어진 모차르트가 일으켜준 당시 일곱 살이던 앙투아네트에게 결혼해 달라고 프러포즈했다는 믿지 못할 이야기도 전해지는 방이다.

다음에는 화기 요셉 로자(Joseph Rosa)의 대형 풍경화가 걸려있어 '로자의 방' 으로 불리는 세 개의 방을 지나고 전기가 없던 시절 등불을 준비하던

'랜턴의 방' 을 거쳐 길이 40m에 폭 10m, 궁전 최대의 호화로운 '대 갤러리' (Great Gallery)로 들어간다. 무도회와 대소 연회가 열렸던 장소로 높은 창문과 마주 보는 벽의 크리스털 거울, 금장식과 천장 프레스코화가 어울려 위엄이 돋보이는 웅장한 방이다. 목조에 금박을 입힌 두 개의 큰 샹들리에가 70개의 초로 만찬장을 밝혔다고 한다. 1814년 거의 1년 가까이 열렸던 유명한 빈 회의에서 춤추는 귀족들의 모습이 눈에 보이는 듯하다.

나폴레옹이 엘바 섬에 잡힌 몸이 된 후 전쟁의 사후수습과 프랑스가 포기한 영토 처분을 위해 90개 왕국과 53공국의 군주, 정치가가 이곳에 모였다. 회의는 지지부진했고 의장인 오스트리아의 메테르니히(Mrtternich)는 어려움을 만날 때 마다 무도회를 열었다고 한다. 각국의 대표들은 사교에 열중하여 연일 댄스파티로 지새웠고 '회의는 춤춘다' (Der Kongress Tantz)라는 뮤지컬 영화까지 등장하게 되는 현장이다.

영화는 보지 못했지만 왕조시대의 정치, 외교는 요즈음같이 각박하지 않고 어지간히 느긋했던 모양이다. 옳고 그름을 떠나 그 같이 느슨한 시절은 이제 다시 오지 않으리라는 생각이 들며 새삼스레 메마른 세상이 답답해진다. 1961년 케네디-흐루시초프 회담도 바로 이곳에서 개최되었다.

이어지는 방은 규모가 작은 연회나 가족 만찬에 사용되었던 소 갤러리(Great Gallery)다. 창밖으로 궁전의 프랑스식 정원과 그 너머 언덕 위에 왕관 모양의 글로리에테가 내다보인다. 양 옆에 있는 중국식 작은 방을 지나 마지막으로 의식의 홀(Hall of Ceremonies)을 구경한다. 이 방에는 결혼 등 왕가의 중요한 행사를 묘사한 다섯 개의 그림이 걸려있다.

궁 내를 돌아보면서 눈길을 끈 것은 방마다 놓여있는 도기 난로와 화려한 크리스털 샹들리에다. 다양한 무늬로 장식된 난로는 아궁이가 방 뒤에 있어 밖에서 땔감을 넣게 되어 있다. 그랜드 투어의 표를 가진 사람은 계속 건물 동쪽으로 옮겨가고 임페리얼 표를 가진 우리는 투어를 끝내고 11시50분, 건물 밖으로 나온다. 1,441개의 방 중 돌아본 곳은 2%도 안 된다는데 몸의 기운은 반쯤 빠진 듯하다.

비가 본격적으로 오고 있다. 좀 힘이 들어도 왕복 40분이 걸린다는 글로리에테까지 다녀오리라 마음먹고 있었는데 빗속을 걸을 생각을 하니 의욕과 엄두가 모두 주저앉는다. 정원 중간까지 나가 카메라 렌즈를 닦아가며 비를 가리고 사방으로 사진을 찍는다.

| 쇤브룬 궁전의 정원 |

공연을 준비하는지 무대 공사가 진행 중인 정원 측면에는 가로수와 하얀 대리석 조상이 늘어 서 있고 중앙에 바다의 신을 상징하는 1780년대의 넵튠 분수(Neptunbrunnen)가 바라다 보인다. 그 뒤 시원한 잔디 언덕에 번개처럼 꺾여 올라간 하얀 길이 나있다. 정상 가운데 큰 독수리를 머리에 얹은 열주회랑, 베이지색의 글로리에테가 구름을 배경으로 선명하게 서 있다. 넓은 정원에 깔려있는 기하도면의 잔디 꽃밭은 제철이 아닌지 기대에 미치지 못하는 느낌이다.

12시10분 쇤브룬 궁전을 나와 지하철 U4를 타고 구시가의 중심으로 향한다. 지하철 1, 2, 4호선과 트램이 교차하는 카를 광장(Karlsplatz)에서 내려 북쪽으로 나오면 슈테판 대성당(Stephansdom)과 함께 빈을 상징하는 2대 건축물의 하나라는 국립오페라극장(Staatsoper)이 있다.

1869년 5월 건립된 세계적인 오페라-발레극장으로, 파리의 오페라극장, 밀라노의 스칼라극장과 더불어 유럽 3대 오페라극장으로 일컬어지는 네오로맨틱 양식의 웅장한 건물이다. 건설 당시 "어쩐지 입구가 작은 것 같다"는 프란츠 요제프 황제의 무심한 한마디에 영향을 받아 시민들 평판이 좋지 않게 흐르자 건축가의 한 사람인 에드아르트 반 데어 뉠(Eduard van der

Nüll)이 결국 자살하고 말았다는데 건물은 100여 년이 흐른 지금까지 높은 평가를 유지하고 있다.

1945년 제2차 세계대전의 폭격으로 거의 타버렸으나 종전 후인 1955년 시민들의 전폭적 참여로 국회의사당에 우선하여 원형을 복구했으며 최고의 설비와 함께 객석보다 무대가 넓다는 것을 자랑한다.

구스타프 말러(Gustav Mahler), 푸르트벵글러(Furtwängler), 브루노 발터(Bruno Walter), 카라얀 등 초일류 지휘자들이 거쳐 간 명 극장으로 A석의 경우 120에서 200유로의 가격이지만 입석은 3.5유로짜리도 있으며 선착순으로 줄을 서면 공연 한 시간 전에도 표를 구할 수 있다고 한다. 장내 가이드 투어가 매일 있는 모양인데 시간 여유가 없어 밖에서만 보고 지나간다. 광장이 협소하여 전면에서는 전체를 보기 힘들고 옆을 지나며 비스듬히 바라보는 각도에서 사진을 찍는다.

간간이 내리는 비를 맞으며 보행자 전용 케른트너 거리(Kärntner Strasse)로 들어선다. 오페라극장의 북동 모퉁이로부터 슈테판 성당에 이르는 약 500m의 고급 쇼핑가로 상점,

| 국립 오페라극장 |

백화점, 카페, 레스토랑, 부티크가 줄을 잇고 있으며 그라벤(Graben) 거리를 거쳐 콜마르크트(Kohlmarkt)로 연결된다. 5, 6층의 오래된 석조 건물 사이를 시민과 관광객에 섞여 걸어 올라간다.

2차 대전 후 국회의사당보다 먼저 복구된 국립오페라극장

우중충한 날씨에도 가로는 화려하다. 거리의 악사들 선율이 넘쳐흐르는 오픈카페의 번화가, 대도시 특유의 분위기가 즐겁다. 우산을 받쳐 들고 미동도 하지 않던 퍼포먼스의 금도금 모차르트가 동전을 놓아준 사람에게 가만히 머리를 숙여, 내심 움직이는 모습을 고대하던 구경꾼에게 미소를 전파한다.

300m쯤 지난 오른쪽 라우헨슈타인 거리(Rauhensteingasse) 8번지에 슈테플(Steffl)이라는 유리로 된 7층 백화점이 있다. 모차르트가 생을 마감한 마지막 집이 있던 자리다. 요술피리와 레퀴엠을 작곡했던 당시 집의 모습과 생애를 기록한 소규모 전시장이 백화점 5층에 마련돼 있다던데 오늘은 휴일인지 문이 닫혀있다. 달콤하고 우수에 찬 클라리넷의 협주곡과 5중주곡도 이 시절의 작품이다. 백화점 후문에는 '1791년 12월 5일 모차르트가 사망한 곳' 이라는 명판이 붙어 있다.

슈테판 광장(Stephansplatz)에 이르러 동쪽 돔가(Domgasse) 5번지로 피가로 하우스(Figarohaus)를 찾아간다. 모차르트의 집(Mozartwohnung) 표지를 따라 돌 깔린 골목으로 들어가면 회색으로 단장한 5층 건물을 만난다. 모차르트가 빈에서 생활한 11개의 셋집 중 유일하게 남아있는 곳으로 탄생 250주년을 맞아 개수공사를 끝내고 이름도 피가로 하우스에서 모차르트 하우스로 바뀌었다고 한다. 1784년부터 1787년까지 이곳에서 살았던 2년 반은 그의 생애 중 가장 행복했던 시기로 알려져 있다. 16세의 베토벤이 마차로 14일을 달려와 처음이자 마지막 대면이 이뤄졌다는 곳이다.

하이든 역시 몇 번 이 집을 방문했다고 하니 비엔나 고전파 음악 3대 거장의 발자국이 남아있는 역사적인 장소다. 입장료는 9유로, 1층부터 4층까지 기념관으로 꾸며져 있으며 사진촬영이 금지된다. 엘리베이터로 4층에 올라가 내려오면서 구경한다. 4, 3층에는 비엔나에서의 생활, 오페라 작품과 살던 집을 소개하는 코너가 있고 초상화와 편지 그리고 이 집에서 작곡한 악보 들이 전시돼있다.

모차르트와 가족이 살았던 2층 방에 당시의 가구는 남아있지 않으나 놓여있는 당구대나 천장 장식으로 보아 비교적 여유롭던 시기인 듯하다. 피아노협주곡 21번 엘비라 마디간(Elvira Mardigan)의 선율이 은은히 흐르고 많은 방문객이 조용히 발길을 옮긴다. 이곳에 사는 동안 유명한 오페라 '피가로의 결혼' 을 작곡했다고 해서 '피가로의 집' 이라는 별칭이 붙었다. 아이네클라이네 나흐트무지크나 포근한 꿈속으로 이끌어주는 피아노 협주곡 20번, 21번 등 주옥같은 명곡이 이 집에서 태어났다. 1층에는 카페가 있다.

| 비너슈니첼과 돼지갈비 |

눈앞에 보이는 슈테판 대성당의 구경은 잠시 미루고 먼저 점심을 해결하기로 한다. 광장 앞에서 그라벤 거리로 들어서서 100m정도, 우로 꺾이는 길 오른쪽에 있는 레스토랑 차타누가(Chattanooga)를 찾아간다. 비엔나에 왔으니 비너슈니첼(Wiener Schnitzel)을 먹어 보겠다는 말에 민박집 쉼터 아주머니가 추천해준 식당이다.

슈니첼이란 우리나라의 돈가스, 포크커틀릿과 흡사한 음식인데 돼지고기 대신 송아지 고기에 빵가루를 묻혀 튀겨낸 것이다. 7.8유로 하는 슈니첼

하고 역시 이 집에서 잘 한다는 11유로짜리 돼지갈비(Spareribs) 하나씩을 시켜 둘이서 나눠먹기로 한다. 소문대로 맛이 좋아선지 배가 고파선지 어쨌든 푸짐한 식사로 즐거운 시간을 보낸다. 옆 테이블의 나이 많은 두 할머니와 눈이 마주칠 때마다 웃음을 교환해가며 비엔나의 식당은 분위기가 나쁘지 않다. 콜라를 합쳐 계산이 21.2유로다. 든든히 배를 채우고 드디어 슈테판 대성당 관광에 나선다.

1529년 중단 된 뒤 미완성…슈테판 대성당 북탑

이 자리에 최초로 로마네스크 양식의 성당이 건설된 것은 1147년이다. 1258년 대화재로 건물 대부분이 소실되나 1263년 보헤미아 왕에 의해 재건이 이뤄지고 다시 1359년, 합스부르크의 루돌프(Rudolf) 4세 시절에 초기 고딕 양식으로 개축된다. 1433년 남쪽 탑이 완성되었고 같은 모습으로 만들 예정이던 북탑은 1529년 터키 1차 침공으로 중단된 후 아직까지 미완성으로 남아있다. 그 후에도 성당은 1683년의 터키군 2차 침공과 1945년의 2차 대전 등으로 크게 파괴되나 전쟁 후 복구를 거쳐 옛 모습을 대부분 되찾고 있다.

기독교 역사상 최초의 순교자로 알려진 성인 스테파노(Stephen)에서 그 이름을 따온 것이며 건물의 길이는 107m에 폭이 34m, 천장이 아득히 높은 39m로 성당으로는 세계 3위의 규모라고 한다. 남탑의 높이는 136m, 별명은 작은 스테파노라는 뜻의 슈테플이며 3유로를 내면 343단의 나선계단으로 73m의 테라스까지 올라갈 수 있다.

북쪽 탑은 높이가 68m로 독수리탑이라는 별칭으로 불린다. 1683년 터키군을 몰아내고 노획한 대포를 녹여 1711년에 만든 무게 22톤의 푸메린(Pummerin)이라는 종이 있었지만 2차 대전으로 파괴되고 지금은 다시 녹여 만든 21톤의 종이 매달려 있다. 오스트리아 최대, 유럽에서 두 번째로 큰 종이며 1년에 한번 섣달그믐 밤에만 울린다고 한다. 북탑은 4유로를 내고 엘리베이터와 계단을 통해 종탑까지 올라갈 수 있다.

15시 관광객이 바글대는 광장으로 들어서며 구시가의 대표명소이자 '비엔나의 혼' 이라고 일컬어지는 오스트리아 최대의 슈테판 성당, 세월에 그을린 모습을 눈앞에 마주 대한다.

가시 같은 돌기가 달린 남 탑 꼭대기에는 황실의 독수리 문장이 금빛으로 반짝이는데 공사 중인지 비계와 보호 장막이 설치돼 있어 올라가 구경하기는 틀렸구나 하는 생각부터 머리에 떠오른다.

외관상 뚜렷한 특징인 금, 녹, 흑, 백 23만 개의 벽돌로 만들었다는 마름모꼴의 모자이크 지붕이 화려하게 눈에 들어오고 동쪽 작은 지붕에 있는 합스부르크가, 쌍두의 독수리 문양도 보인다. 자이언트 문(Giant' s gate)으로 불리는 서쪽 정문을 통해 안으로 들어간다. 무료입장에 사진을 찍어도 막는 사람이 없다.

반복돼 나가는 리브볼트(Rib Vault)와 첨두아치(Pointed Arch)를 통해 멀리 작게 보이는 제단 뒤로 스테인드글라스가 오색으로 빛난다. 가로수같이 늘어 선 돌기둥, 몸을 감싸는 고딕 성당의 장중한 분위기에서 어느덧 중세 한가운데 서 있음을 실감한다. 고색 그윽한 장식, 서늘한 장내에서 자리에 앉아 기도 드리는 사람, 촛불 올리는 사람, 많은 관광객이 근엄한 표정으로 조용히 움직인다.

| 슈테판 성당의 모자이크 지붕 |

입구 바로 왼편에 아름다

운 쇠창살문이 달린 티르나 채플이 (Tirna Chapel)이 있다. 대 터키 전쟁의 영웅 오이겐 공(Prince Eugene)이 묻힌 곳으로 바닥에 붉은 묘석이 보이고 정면 제단에는 십자가에 못 박힌 그리스도상이 있다. 그 예수님의 수염이 사람의 머리털로 만들어졌으며 아직도 자라고 있다는 말이 전해지고 있다.

| 티르나 채플의 그리스도 상 |

쉼터 아줌마가 지금도 기적이 진행 중이니 꼭 보고오라며 몇 번씩 일러준 곳이다. 닫혀있는 창살 사이로 구경하고 사진도 찍는다. 눈에 띄게 자라지를 않으니 소문의 진위를 확인할 수는 없는 노릇이고 턱 밑을 길게 덮은 짙은 수염을 유심히 관찰하다 돌아선다. 티르나 채플은 1791년 12월 6일 모차르트의 장례식이 거행됐다는 곳으로 보아 둘만한 장소다.

그 남쪽 맞은편에는 찬란한 금빛 후광에 싸여 아기예수를 안고 있는 마리아 상이 있다. 원래 헝가리 포취(Pócs)에 있던 것인데 1696년 눈물을 흘리는 기적이 일어나 황제 레오폴트 1세 명령에 의해 이곳으로 옮겨왔다는 것이다. 그림이 도착한 후 다시 눈물은 보이지 않았지만 수주일 후에 터키 군을 물리치는 또 한 번의 기적이 일어났다고 한다.

포취 주민들이 성화를 돌려달라고 탄원하자 황제는 그림을 복제해서 보냈는데 그로부터 복사한 그림에서 눈물이 흐르기 시작했다고 한다. 이를 계기로 포취시의 이름이 마리아포취(Máriapócs)로 바뀌었고 유명한 순례지의 하나가 됐다는 것이다. 860년이나 된 성당이니 얽혀 내린 사연이 많을 수밖에 없다.

제단을 향해 걸어가노라면 회중석 중간쯤 좌측에 이 성당 최고 볼거리라는 높이 4m의 설교단(Pulpit)이 있다. 15세기 후반 제작된 것으로 믿어지는 석공예술의 명품으로 오랫동안 안톤 필그램(Anton Pilgram)의 작품으로 알려져 왔다. 계단 밑에는 '창에서 내다보는 사람'(Fenstergucker)이라는 장난기 어린 작가 스스로의 모습이 조각돼 있어 감상의 재미를 한층 돋아준다.

작품은 돌을 나무보다도 더 정교하게 다룬 투각으로 감탄이 절로 나올 만큼 보던 중 최상급의 걸작이다. 설교단 상부에는 네 사람의 교부, 성 아우구스투스(Augustus), 성 그레고리우스(Gregorius), 성 히에로니무스(Hieronymus), 성 암브로시우스(Ambrosius)의 반신상이 있고 기둥을 돌아 올라간 손잡이에는 두꺼비나 도마뱀 등 악을 상징하는 동물이 기어 올라간다. 제일 위에 모든 악을 뿌리친다는 개 한 마리가 앉아 이를 막아 짖고 있다. 최근 연구에서는 이 설교단의 작가가 니클라스 게르해르트(Niclas Gerhaert)일 가능성이 더 많다는 주장이 제기된다고 한다.

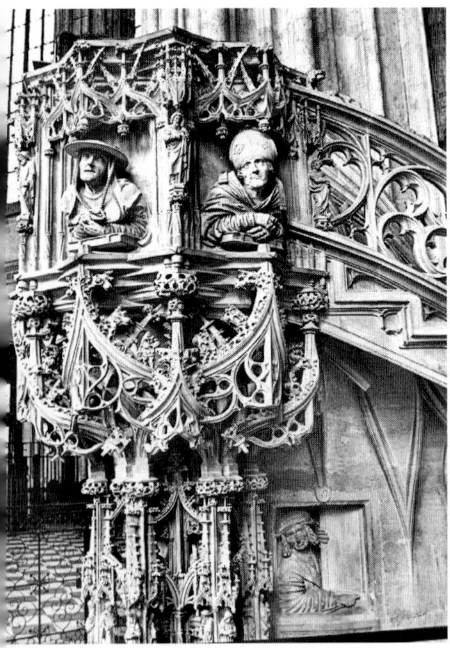
| 슈테판 성당의 설교단 |

무릎 높이로 칸막이가 되어있는 맨 앞까지 나가 한 가운데 있는 바로크 양식의 주제단을 구경한다. 이 성당의 수호성인 스테파노가 돌에 맞아 최초의 순교자가 되는 것을 묘사한 1647년, 토비아스 포크(Tobias Pock)의 그림이다.

그 왼쪽에는 프리드리히(Friedrich) 3세

| 성모 마리아의 제단과 프리드리히 3세의 관 |

의 명으로 1447년에 제작된 고딕식 제단(Wiener Neustädter Alter)이 있는데 세 폭짜리 2단의 금박 입힌 목각으로 성모 마리아의 행적을 묘사하고 있다.

주 제단 오른쪽에는 게르해르트의 부조로 호화롭게 꾸며진 프리드리히 3세의 붉은 대리석 관이 같은 돌로 된 울타리 안에 자리 잡고 있다. 관 뚜껑에는 황제의 전신상과 여러 문장, 동물이 조각돼 있으며 미스테리를 즐겼던 황제가 만들었다는 A.E.I.O.U란 수수께끼의 글자가 라틴 알파벳으로 새겨져있다. '오스트리아는 세상 마지막까지 남을 것이다' (Austria Eril In Orbe Ultima) 또는 '선택된 독수리가 모든 것을 정복한다' (Austria Electa Iovis Omnia Vincit) 등 여러 추론이 있지만 당사자 프리드리히 3세가 죽기에 앞서 '전 세계는 오스트리아에 속한다' (Alles Erdreich Ist Ostrireich Untertan)를 뜻한다고 했다는 이야기가 있다.

중앙 바닥에는 지하 묘지(Catacombs)로 내려가는 계단이 있으며 4유로의 가이드 투어가 있다. 합스부르크가는 화재시에도 일부는 보존되도록 심장은 아우구스티너(Augustiner) 교회, 유골은 카푸티너(Kapuziner) 납골당,

그리고 내장은 이곳 슈테판 대성당에 나누어 매장했다고 한다. 죽은 몸이라지만 분리하는 장면을 상상하며 왕족이란 사후에도 번거로운 숙명이구나 하는 생각을 한다.

북측 입구 옆의 바르바라(Barbara) 채플 한쪽 벽에는 치통의 그리스도(Zahnwehherrgott)라고 불리는 반신상이 놓여있다. 원래 성당 밖에 있었던 이 흉상의 고뇌하는 표정을 본 술 취한 남자가 이가 아픈 모양이라고 우스갯소리를 했다가 집에 돌아가 심한 치통에 시달렸으며 다음날 다시 찾아와 용서를 빌고서야 고통이 사라졌다는 이야기가 전해진다.

이 성당에는 모차르트와 얽힌 인연도 많다. 26세에 아버지 허락을 받지 못한 채 콘스탄체(Constanze)와 이곳에서 결혼식을 올렸고 애들 두 명이 세례를 받았으며 죽기 얼마 전에는 보조 지휘자로 임명되기도 했다. 그리고 젊은 나이 35세에 부인 참석도 없이 다시 이곳에서 장례가 치러졌다. 한

| 슈테판 성당과 하스하우스 |

참 힘들게 살 때라 경비는 우리 돈으로 단 50만원 정도였다고 한다.

15시 40분, 슈테판 대성당을 나와 그라벤 거리와 콜마르크트를 거쳐 왕궁 일대를 돌아보기로 한다. 비는 그쳐있다. 성당 맞은편에 건물 외관이 대각선으로 분할되어 유리와 벽체가 반씩으로 나뉜 현대식 빌딩이 보인다.

1991년 한스 홀라인(Hans Hollein)이 설계한 하스하우스(Haashaus)로 건립 시 주변과 어울리지 않는다는 여론이 많았다고 하나 그런대로 대성당과 대조되는 모습으로 구시가 또 하나의 볼거리를 제공하고 있다. 성당 쪽을 보고 사진을 찍다 북탑에 올라가지 않고 나온 사실을 깨닫는다. 되돌아갈까 잠깐 망설였지만 시간도 넉넉지 않아 단념하기로 한다.

| 페스트 기념탑 |

번화한 상가와 카페가 즐비한 그라벤 거리를 중간 정도 서쪽으로 걸으면 1693년 레오폴트 1세가 건립한 페스트 기념탑(Pestsäule)이 서 있다.

유럽을 공포로 몰아넣고 비엔나에서만 10만 명의 희생자를 낸 페스트가 물러난 것을 감사하며 세운 바로크시대의 대표적 작품으로 15년 간 많은 조각가의 손을 빌려 완성한 삼위일체의 탑이다.

무릎 꿇은 레오폴트 황제와 수많은 천사가 부조돼 있는 탑의 정상에서는 삼위의 표상이 광륜, 십자가와 더불어 금색으로 빛을 낸다. 뒤로 삼성의 광고가 보인다. 거기서 약간 서쪽 우측 골목 안에는 쌍 탑, 청동색 돔의 페터 성당(Peterskirche)이 있다.

'하얀 코끼리' 로 불리는 신 왕궁

비엔나에서 두 번째 오래됐다는 교회 자리에 18세기 초 바로크식으로 개축된 성당으로 별로 크지 않은 규모다. 그라벤 거리는 곧 끝이 나고 콜마르크트 거리를 만나 좌로 돈다. 계속 번화한 거리를 남서로 걸으면 잠시 후 호프부르크(Hofburg) 왕궁의 전면, 미하엘 광장(Michaelplatz)에 도착하게 된다.

호프부르크 궁은 합스부르크가 650년의 거성으로서 18세기까지 조성된 구 왕궁(Alte Burg)과 그 후에 완성된 신 왕궁(Neue Burg)으로 이뤄져 있으며 지금은 대통령 집무실과 국제회의장, 각종 박물관으로 사용되고 있다.

구 왕궁에는 유명한 빈소년합창단이 일요예배 찬송을 하는 왕궁예배당을 비롯하여 보물창고, 세계에서 가장 오래된 스페인 승마학교(Spenisch Reitschule) 등이 있으며 신 왕궁은 박물관으로 사용되고 있다. 황제들마다 세력을 과시하기 위해 독특한 양식으로 증축한 2,600개의 방이 있으며 신성 로마제국 왕관을 모아둔 보물관을 비롯하여 각종 미술관, 박물관에 세계적 수집품이 소장돼 있다고 한다.

정면 입구인 미하엘 문(Michaelertor)은 광장을 따라 둥글게 세워진 녹색 돔의 당당한 4층 건물이고 앞에는 네 개의 헤라클레스상이 서 있다. 측문을 통해 안으로 들어가면 천장 돔에 둥근 창이 나 있는 원형의 홀이 있고 그 양쪽이 구 왕궁이다. 오른쪽 입구로 들어가면 프란츠 요제프 황제의 집무실이나 엘리자베스 황후의 거실 등을 구경할 수 있다는데 시간도 부족하고 피곤하여 생략하기로 한다.

왼쪽 일대는 스페인 승마학교다. 19세기 이후 칙령으로 은백색 말을 종

| 영웅 광장의 신 왕궁 |

말로 사용한다. 이 말은 처음 흑갈색의 털을 가지고 태어나지만 4년 후 하얀 색으로 바뀐다.

7년이 지나면 공연을 하기위한 기초적 기술을 배우기 시작하여 유명한 말이 될 때까지 난도 높은 기법을 익히고 32살이 지나 은퇴하게 된다. 가장 뛰어난 기술은 카브리올(cabriole)로 앞발을 들고 뒷발로만 뛰는데, 중간에 앞발을 든 상태에서 뒷발 무릎을 바닥에 대기도 한다.

마주 보이는 문을 통과하면 돌 깔린 넓은 중정으로 나가게 되고 가운데에 프란츠 1세의 동상이 서 있다. 그 왼쪽 건물이 재상의 거처가 있었던 수상관저(Reichskanzlertrakt)로 지붕 중앙에 찬란한 금관의 카를(Karl) 6세 문장이 달려있다. 동상 맞은편에는 스위스 궁(Schweizerhof)으로 통하는 붉은 문이 있다.

중정을 통과해 남서로 나가면 사방 250m 정도의 무척 넓은 영웅광장(Heldenplatz)으로 들어선다. 1938년 히틀러에 의해 오스트리아와 독일의 합병이 선포된 곳으로 왼쪽으로 활처럼 휘어진 큰 규모의 신 왕궁이 당당하게 서 있다. 1913년, 신 바로크 양식으로 건조된 이 석조건물은 일명 하얀 코끼리로 불리는데 1층은 국립 도서관, 2층은 악기, 무기박물관으로 사용되고 있다.

신 왕궁 앞에 서 있는 오이겐 공(Prinz Eugen)의 기마상을 좌측으로, 그리고 나폴레옹 전쟁에서 승리한 카를(Karl) 대공의 깃발 든 기마상을 멀리 우측으로 보며 벌판 같은 광장을 횡단하면 비로소 왕궁의 끝인 정문(Burgtor)에 이르게 된다. 문 밖은 왕궁을 통과하는 링 도로이고 길을 건너면 미술사(Kunsthistorisches)와 자연사(Naturhistorisches)의 두 박물관이 있는 구역이다. 마리아 테레지아의 동상이 앉아있는 광장을 사이에 두고 옛날 우리나라 중앙청과 흡사한 두 개의 건물이 마주 보고 서 있다.

16시40분, 링 도로로 돌아 나와 왕궁 공원(Burggarten)을 끼고 다시 오페라극장의 북쪽 케른트너 거리를 향해 걷기 시작한다. 자허(Sacher) 호텔을 찾아가 비엔나의 유명한 초콜릿 케이크 자허토르테(Sacher Torte)를 사서 맛도 보고 민박집에 돌아가 나눠 먹겠다는 심산이 있기 때문이다.

| 요한슈트라우스 2세 기념상 |

도중에서 모차르트와 괴테의 동상은 구경했지만 1㎞ 가까운 이 행진은 지친 몸에 적지 않은 고역이었다. 10여 미터 뒤쳐진 필 여사는 한사코 다른 쪽 길로 따라오며 말도 하지 않는다. 10㎞는 족히 넘었을 아침부터의 강행군에 항의 시위를 하는 것이다. 더구나 공교로웠던 것은 오늘이 일요일이라는 사실이다. 겨우 당도한 자허 호텔에는 케이크를 사려는 사람이 문 밖 도로까지 길게 줄 서 있어 기다릴 엄

두가 나지 않았던 것이다. 자허토르테라도 입에 넣었으면 기운이 돌아섰을 텐데….

무엇보다 필 여사의 대응이 겁났지만 그래도 오늘 마지막 일정은 강행하기로 했다.

17시 20분, 링 2번 트램을 타고 두 번째 정거장인 바이부르크(Weihburg gasse)에서 내려 1862년에 개설된 비엔나 최초의 공원인 시립 공원(Stadt Park)을 찾아간다. 이곳에 서있는 요한슈트라우스 2세의 기념상은 사진으로 익숙한 대표적 볼거리로 에드문트 헬머(Edmund Hellmer)의 작품이다. 대리석 하얀 프레임에 둘러싸여 바이올린을 연주하는 찬란한 황금상은 녹음 속 흰 피튜니아, 빨간 베고니아와 어울려 모처럼 내비친 석양을 받아 눈부신 색채의 향연을 베풀어준다.

| 베토벤의 동상 |

사진을 몇 장 찍고 필 여사가 숨을 돌리고 있는 사이 쉼터 아줌마가 일러준 베토벤의 동상을 찾아 나선다. 시원한 못을 따라가다 숲 끝에서 개천을 만나 돌다리를 지나고 인터콘티넨털 쪽으로 길을 건너면 우측 작은 공원에 근엄한 표정의 베토벤이 사색에 잠겨 앉아 있다. 시립공원역에서 지하철 U4를 타고 귀로에 오른다. 스피텔라우(Spittelau)에서 U6로 갈아타고 아침에 출발한 드레스드너에 내리니 18시 30분이다.

집에 돌아와 잠시 숨을 돌린 필 여사는 주방에서 저녁을 준비한다. 피로할 텐데 안됐다는 생각이 든다. 하지만 어쩔 것인가? 부지런히 돌아다녀 봤자 벨베데레(Belvedere) 궁전도 못 보고 말지 않았는가. 사정이 허락하면 하고 품있던 콘서트 생각도 머리에서 지워 버린다.

23일. 음악가 묘지와 베토벤 호이리게

5월 29일 월요일
비엔나 (보행 12.4㎞)

오늘은 월요일이라 노상에 무료주차를 할 수 없어 새벽에 일어나서 쉼터 아줌마가 주선한 곳에 차를 옮겨 놓고 온다. 깔끔한 백반 아침식사는 구미에 맞는 한국 가정의 맛이다. 시원한 맥주까지 한 병 곁들어있다.

중앙묘지(Zentralfriedhof)와 비엔나의 숲(Wienerwald) 등 오늘 찾아다닐 교통편에 대해 설명을 듣다 화제가 비엔나 이민생활까지 옮겨가 식탁에 앉은 시간이 뜻밖에 길어졌다. 애들 음악 공부를 시키면서 아줌마도 피아노를 배우는 중이라고 한다.

어지간히 늦어진 10시에 집을 나선다. 먼저 화가이자 건축가인 프리덴슈라이히 훈데르트바서의 집(Friedensreich Hundertwasserhaus)을 들러 가려고 한다. 그는 1928년 비엔나에서 태어난 유태계 오스트리아인으로 자연과 건축의 조화를 통해 인간성 회복을 추구한 반문명 생태주의 작가로 널리 알려졌다.

건축의 합리주의에 반기를 들고 '신은 직선을 모른다' 며 인위적 산물인 곧은 선과 매끄러움을 거부한다. 또 휘어나간 스카이라인은 하늘과 땅, 신과 인간을 맺어주는 다리라고 주장한다. 강열하고 화려한 색채, 서로 다른 모양의 창틀, 둥근 탑 등으로 조화를 꾀하고 바닥 천장할 것 없이 거의 굽은 선을 쓰면서 표면은 우툴두툴, 모서리는 비뚤어지게 만든다. 이름을 한자로 풀어 백수(百水)라는 한문 명을 사용하기도 했다. 현대문명에 회의를 갖는 사람은 공통적으로 동양에 대해 향수를 느끼는 경향이 있다.

적백으로 칠한 2량짜리 N번 트램을 타고 동남으로 곧장 달려 도나우 운하(Donaukanal)를 넘는다. 복도를 가운데 두고 왼쪽으로 좌석이 하나, 오른쪽으로 두개가 있는 좁은 전차다. 트램이란 비엔나에 36개 노선이 있나는 시가전차(Strassebahn)를 말하며 중간쯤에 달려있는 파란 기계에 차표를 넣어 날짜를 찍는다.

뢰벤 거리(Löwengasse)에서 내려 지척에 있는 훈데르트바서의 집을 세 번이나 물어 겨우 위치를 찾는다. 1986년 완공된 공동주택으로 안에 사람이 살고 있어 구경은 못하지만 외관을 보는 것만으로도 충분한 보람이 있다.

첫눈에 바르셀로나에서 본 안토니오 가우디(Gaudi)의 작품, 특히 구엘

| 훈데르트바서의 집 |

| 훈데르트바서의 집 현관과 기둥 |

(Guel) 공원이 연상된다. 건물이라기보다는 화판에 프리핸드로 그린 다채로운 애들 그림 같다. 직선이 아주 없는 줄 알았더니 크기와 모양이 서로 다른 창들은 별수 없이 곧은 네모를 갖추고 있다. 대신 그 윤곽을 불규칙한 칸으로 구분해 극채색으로 칠해 놓았다. 요는 상식과 규칙에서 자유롭고 싶다는 기본적인 철학을 주장하고 있는 것이다. '악이란 자연에는 없고 오직 인간에만 존재하는 것', '집은 벽이 아니라 창으로 이루어지는 것' 등 일련의 어록을 보면 주거에 자연을 끌어들이려는 그의 한결같은 의지를 읽을 수 있다. 현관 분수 옆에 앉아 주변을 둘러보며 잠시 분위기에 잠긴다.

살짝 솟아오른 언덕을 지나 크게 굽은 아치 밑으로 굴속같이 들어간 현관, 옥상정원과 양파 모습의 탑, 나무나 도기 유리를 섞어 쓴 다양한 벽체 등 변화무쌍한 구성은 쉽게 흉내 낼 수 없는 따스한 인간미를 느끼게 한다. 일견 무질서하면서도 전체적으로 균형이 잡혀있다.

비엔나에는 이 외에도 개인 전시장인 쿤스트하우스(Kunst Haus), 스피틀라우(Spittelau)에 있는 공 모양의 쓰레기소각장(Fernheizwerk) 등 유명한 작품이 많이 남아 있다. 자연과 연관된 예술을 끝까지 추구한 훈데르트바서는 2000년에 사망했고 본인 소원대로 대자연 속 뉴질랜드의 한 정원, 튤립 밑에 묻혔다.

다음 목적지는 중앙묘지다. 서북쪽으로 약 300m, 힌테레 졸람트(Hintere Zollamtsstrasse)까지 걸어가서 트램 0번을 타고 지하철이 있는 란트스트라세(Landstrasse)에 도착한다. 걸어도 좋은 거리지만 몇 번을 타도 좋은 승차권이니 이렇게 길을 일러준 모양이다. 지하철역에서 오렌지 색 U3를 타고 동남쪽 교외로 여덟 정거장, 3호선 종점인 짐머링크(Simmering)까지 간다. 옛날 망우리 공동묘지 가던 길, 청량리에서 내려 갈아타던 생각이 나는 비슷한 기분이다. 다시 트램 6번으로 갈아타고 네 번째이자 중앙묘지의 두 번째 정거장인 젠트랄프리드호프 2번 출입문(Zentralfriedhof Tor2) 앞에서 내린다. 12시30분, 꽃가게가 몇 집 있을 뿐 주변은 조용하다.

중앙묘지는 단순한 묘지라기보다는 관광명소로 보는 것이 적합한 표현이다. 영화 제3의 사나이 라스트신으로 알려진 탓도 있지만 그에 앞서 묘지 한편에 역사에 길이 남을 음악가들의 무덤이 모여 있기 때문이다.

| 중앙묘지 2번 정문 |

18세기 초까지 비엔나에서 죽은 사람은 주로 교회 옆 작은 묘지에 매장됐으나 1732년 황제 카를 6세가 위생적 이유를 내세워 시내 묘역을 폐쇄했고 이어 요제프 2세가 묘지는 성 밖에만 두도록 명령하였다. 비엔나 인구가 계속 증가하자 시의회는 1863년 새로운 공동묘지의 설치안을 통과시켰다. 이로부터 시 남쪽 짐머링크에 중앙묘지가 생겨나게 된 것이다.

1874년 11월에 개장한 묘지 전체의 면적은 약 2.4㎢, 330만의 시민이 잠들어 있으며 8㎞에 이르는 담장에 3개의 출입문이 있다. 묘지는 가운데 있는 칼 루에거 성당(Karl Lueger Kirche)을 중심으로 바둑판 모양으로 구획돼있고 그 사이를 대각선 길이 8방으로 연결한다. 루에거 성당 옆에는 대통령 묘역이 있어 2차 대전 이후의 대통령 들이 묻혀있다. 일반 묘역과 구별하여 예술, 과학, 정치 등 유명 인사를 매장한 32A, 32C, 33G, 40 등 네 개의 명예 구역(Ehrengräber)이 있으며 시민들은 이곳에 묻히는 것을 대단한 영광으로 생각한다. 음악가 묘역도 그 중의 하나다.

내부 출입에는 돈을 받지 않는다. 두 개의 하얀 오벨리스크가 서있는 2번 정문을 들어서는데 필 여사가 멈춰선 채 팔을 잡는다. 만면 웃음에 장난기가 역력하다.

"여보, 당신 존경해 마지않는 변도변 선생 찾으면서 뭐 좀, 모자란 거 못 느껴?"

변도변은 집에서 자주 쓰는 베토벤 선생의 애칭이다.

"글쎄…좀 허전하긴 한데. 왜? 좋은 수 있어?"

"화원도 있겠다. 꽃 한 송이 받치면 좋겠구먼."

"와! 어떻게 그 생각을 해냈지? 정말 신통하다."

"그것쯤 기본 아니겠어?"

호랑이라도 한 마리 잡은 표정이다.

국화를 한 다발 산다. 별안간 묘지로 향하는 심정이 풍성해지면서 걸음이 가벼워진다.

철문 뒤로 넓은 묘지가 전개되며 남서 방향으로 가로수길이 뻗어 나가고 약 500m 멀리 백색, 청동돔의 칼 루에거 성당이 보인다. 도로 양쪽에 늘어선 꽃으로 장식된 묘지에는 번호가 적혀있다. 청설모가 들락거리는 깨끗한 길을 걸으며 악성들 묘지가 있다는 제32A구를 찾는다.

정문에서 약 250m 걸어 들어가자 좌측에 음악가 묘지(Musiker)라는 흰색 팻말이 나타난다. 비엔나에 화려한 무대를 펼쳤던 음악의 거장들이 쉬고 있는 마지막 안식처다.

| 모차르트의 가묘 |

보도 옆에 작은 반원의 잔디밭이 있고 그 중심인 묘지번호 55번에 모차르트의 가묘가 있다. 레퀴엠의 악보와 하프를 안고 있는 여인의 청동상인데 아내 콘스탄체의 모습으로 알려져 있으며 묘지에 유골은 묻혀있지 않다고 한다. 이 상을 옹위하듯 그 뒤로 두 개의 하얀 묘석이 둘러서 있다.

왼쪽의 묘지번호 29번이 베토벤, 오른쪽 28번이 슈베르트의 묘다. 그 뒤로는 다시 나무가 둥글게 가려 아늑한 분위기를 만들고 있다. 모차르트의 가묘를 중심으로 양쪽에 방사선으로 길이 나 있는데 슈베르트의 묘 오른쪽 길 건너 26번과 27번이 브람스와 요한 스트라우스의 무덤이고 베토벤 왼쪽 오솔길 너머 31번이 주페(Franz von Suppé)의 묘지다. 쇤베르크(Arnold Schönberg)의 묘는 두 블록을 더 올라간 32C의 초입, 21A에 있다.

천재는 죽어서도 외롭다는 말을 실감나게 하는 것이 바로 모차르트다. 가난했던 말년, 그는 빚에 쫓겨 살았고 결국 원인모를 죽음을 맞이한다. 아내 콘스탄체조차 장례식에 참석하지 못했다. 장지인 마르크스 묘지(St. Marx) 까지 동행한 친척도 없었다.

당시 관습으로 성 밖에 나가면 일몰 전까지 반드시 성 안으로 돌아와야 했는데 모차르트의 장례가 해 질 무렵 이뤄졌기 때문에 시신을 실은 마차는 인부들만 태우고 급히 무덤으로 달려가 다른 시체와 함께 가장 하급인 3급 장례로 관도 없이 묻고 말았다는 것이다. 현재 마르크스 묘지, 모차르트가 묻혔을 만한 장소에 고뇌하는 천사의 상이 서있다고 하지만 그것 역시 실제 무덤은 아니다.

- 빈의 겨울은 뼛속 깊이 춥고 변덕스럽다. 잔뜩 찌푸린 날씨는 비, 진눈깨비, 눈을 번갈아 뿌리며 하루에도 수십 번씩 오락가락한다. 그날 늦은 오후 빈에는 짙은 안개가 끼어있었다. 생 마르크스 공동묘지 인부들은 대여섯 구의 시체를 마차에 싣고 와 구덩이에 내던졌다. 자루에 담긴 시신들은 아무런 표식도 없었고 그 위에 흙이 덮여졌다. 1791년 12월 6일 오후 빈 교외의 공동묘지 생 마르크스에서 있었던 일이다. 그날 그렇게 행려병자의 시신처럼 파묻힌 시체 중에는 불멸의 천재 음악가 모차르트가 있었다. 빈 시는 60년 뒤 모차르트의 시신을 찾기 위해 묻힌 곳으로 추정되는 묘지를 파헤쳤으나 소용이 없었다. 모차르트 팬들은 모차르트의 어이없는 비참한

죽음 앞에 애통해 하고 묘비명조차 세우지 않은 18세기 빈 사람들의 처사에 분노한다. 21세기의 그들은 18세기의 빈을 도무지 이해하지 못한다. -

- 위클리조선 조성관 님 글에서 인용

모차르트는 명성에 어울리지 않는 삭막한 최후를 맞았다. 다만 그가 가난했기 때문에 빈민 묘지에 묻힌 것으로 알려지고 있지만 사실은 1784년에 제정된 법률에 의하여 돈이 있거나 없거나 관은 사용할 수 없었고 모두 공동묘지에 매장 되는 것이 실상이었다는 것이다.

독일 본(Bonn)에서 태어나 23세에 두 번째로 비엔나를 찾은 루트비히 판 베토벤은 78번을 이사하며 35년을 이곳에서 살았고 1827년 3월 26일 독신으로 지낸 한평생을 마감했다. 사망한지 3일 만에 거행된 장례식은 나폴레옹 몰락 후 비엔나에 일어난 최대의 사건으로 유해를 따른 2만의 인파가 뵈링거 묘지(Währinger Friedhof)까지 행렬을 이뤘다고 한다.

평소 베토벤을 극진히 존경했던 슈베르트는 유명인사 36명에 섞여 장지까지 횃불을 들고 참여했다. 당시 이미 병이 깊었던 슈베르트는 그로부터 1년 반 만에 세상을 떴으며 베토벤 옆에 묻어달라는 유언에 따라 같은 묘지에 매장되었다.

1870년대 후반 중앙묘지가 개설되면서 뵈링거 묘지가 점차 황폐해지자 1888년 9월, 베토벤 유해를 특별 명예구역으로 옮기게 되는데 그때 슈베르트도 같이 이장하여 소원대로 베토벤 곁에 편안하게 자리를 잡은 것이다. 뵈링거 묘지는 1890년 폐쇄됐지만 슈베르트 공원으로 남아있으며 두 사람의 묘지 자리는 아직 기념으로 보존돼 있다고 한다.

베토벤의 묘는 하얀 오벨리스크 중간에 금빛 하프가 양각돼 있고 검은 글씨로 이름이 적혀 있을 뿐 군더더기 없는 깨끗한 모습이다. 맨 밑에 적혀있는 글은 이 묘석이 뵈링거 묘지에 있던 최초의 디자인 그대로 세워졌다는 사실을 설명하고 있다.

| 베토벤의 묘 |

| 슈베르트의 묘 |

하나 둘 빗방울이 떨어지는 날씨에 음악가 묘역에 있는 사람은 우리 둘 뿐이다. 베토벤 앞에 서서 눈을 감는다. 클래식 음악의 문을 열어주고 인생길 굽이굽이 항상 우뚝하게 서 있던 큰 산, 외로울 때나 슬플 때 힘을 북돋아 준 그 많은 심포니와 콘체르토 그리고 소나타, 흘러간 세월에 베풀어 준 헤아릴 수 없이 귀중한 시간을 회상하며 한 송이 국화꽃을 바친다.

독일 낭만파의 대표적 작곡가로 '가곡의 왕' 으로 불리는 프란츠 슈베르트는 1797년 비엔나에서 태어나 짧은 31년을 비엔나에서 보내고 1828년 비엔나에 묻힌 가장 비엔나적인 음악가다. 가난한 생활 속에서도 샘솟듯 아름다운 선율의 가곡 600여 곡과 교향곡 피아노곡 실내악곡 등 주옥같은 유산을 남겼다. 그의 음악은 무겁고 장중한 베토벤과는 또 다르게 자연스럽고 풍부한 정서를 지녀 좋은 대조를 이룬다. 백색 대리석, 신전풍의 비석에는 슈베르트에게 월계관을 씌워주는 음악의 여신 뮤즈(Muse)의 모습이 부조돼 있다.

슈베르트의 묘 옆, 오솔길 오른쪽에 요한 스트라우스(Johann Strauss)와 요하네스 브람스(Johannes Brahms)의 무덤이 나란히 놓여있다.

1825년 태어난 요한 스트라우스 2세는 당대 최고의 무도곡 작곡가이자 지휘자로 '왈츠의 황제' 라 일컬어진다. 1866년 오스트리아가 프로이센과

| 요한 스트라우스와 브람스의 묘 |

의 전쟁에서 패배하여 국운이 위축됐을 때 작곡한 '아름답고 푸른 도나우'는 시민들의 활력소로 작용하여 제2의 국가로 불릴 만큼 사랑을 받는다. 춤곡의 왕자라면 어찌 풍류를 마다할 것인가, 스트라우스 2세는 세 번 결혼하고 1899년 폐렴으로 세상을 하직했다. 부와 명성을 남기고 간 그의 장례식은 3일 후 국가적 행사로 성대히 치러졌다.

시원한 나무 그늘 밑에 서있는 스트라우스의 묘석은 눈에 띄게 복잡한 장식으로 꾸며져 있다. 천사들이 노니는 윗부분에 타원형으로 작곡가의 흉상이 조각돼 있다. 그 밑, 황금 하프를 든 여인이 기대 선 돌에 스트라우스의 이름과 셋째 아내 아델레(Adele)의 이름이 새겨져있다. 나이 차가 많았던 아델레는 1930년에 사망하여 이곳에 같이 묻혔다. 검은 삼각형 묘석으로 된 아버지 요한 스트라우스의 무덤도 같은 32A 구역 15번에 있으며 두 동생 요재프(Josef)와 에드아르트(Eduard)도 44번과 42번에 묻혀있다.

독일 함부르크에서 1833년 태어난 요하네스 브람스(Johannes Brahms)는 바덴바덴(Baden Baden)에서 요한 스트라우스를 만나 친분을 맺는다. 스트라우스는 형편이 시원치 않던 브람스에게 권한다. "비엔나로 오시오. 음악가가 살기에는 좋은 곳이오." 1862년 거처를 비엔나로 옮긴 브람스는 죽을 때까지 35년 스트라우스와 두터운 우의를 이어갔고 지금 그 옆에 나란히 누워있다.

브람스의 일생에 큰 영향을 준 또 하나의 인연은 음악계에 진출할 수 있는 계기를 마련해 준 로베르트 슈만(Robert Schumann) 부처와의 만남이었다. 특히 비극적인 슈만의 사후, 미망인 클라라(Clara)에 대한 한결같은 순정은 내성적인 브람스의 성격을 잘 나타내고 있다.

교향곡 제1번 4악장에서 울리는 알프혼의 선율은 클라라에 대한 사랑을 표현한 것으로 해석되기도 한다. 생일을 축하하며 보낸 편지에 "높은 산에서, 깊은 골짜기에서, 몇 천 번이고 인사를 보낸다."는 소회를 적고 있다. 풍부한 감정을 내포하면서도 중후하고 견실하여 결코 절제를 잃지 않는 그의 음악은 생애를 통한 진솔한 성품과도 일맥상통하는 바가 있다. 그는 끝내 사랑의 말 한마디 없이 독신으로 지내다 1897년 4월 숨을 거뒀다. 묘석 중앙 기둥 위에는 악상에 잠겨있는 흉상이 놓여있는데 소박하고 근엄한 표정이 그의 천성을 잘 표현하고 있다.

근처에 있는 '시인과 농부'의 프란츠 주페, 가곡의 휴고 볼프(Hugo Wolf)의 묘지까지 몇 바퀴 둘러보며 정성어린 하얀 꽃 한 송이씩을 놓는다. 내일이면 자취조차 없어질 형체이건만 마음 속 비엔나 묘지에 지워지지 않을 흔적을 남긴 감회가 따사롭고 뿌듯하다.

성당 쪽으로 두 구역을 더 가서 쇤베르크의 묘도 찾아본다. 1874년 태어나 무조 음악을 도입하고 12음 기법을 창안하여 20세기 음악에 가장 큰 영향을 끼친 오스트리아의 작곡가다. 그의 음악은 전위음악으로 알려졌으나 오늘날에는 모던 클래식으로 불릴 만큼 귀에 익숙해졌다. 1951년 이곳에 묻힌 쇤베르크의 무덤은 그가 만들어낸 기법을 상징하여 하얀 12면체를 모로 세워놓은 독특한 형태를 하고 있다. 이 묘석을 디자인한 오스트리아의 조각가 보트루바(Fritz Wotruba) 역시 중앙묘지에 잠들어 있다.

음악가 묘원의 순례를 마치고 눈앞에 크게 자리 잡은 묘지의 중심, 칼 루에거 성당에 들어가 본다. 1910년 막스 헤겔레(Max Hegele) 설계로 건립된

| 칼 로이거 성당 |

높이 58.5m의 기념건물이다. 커다란 청록 돔이 특징인 아르누보(Art Nouveau) 양식의 이 성당은 장례예배를 드릴 목적으로 지어졌으나 비엔나 시장이던 칼 루에거의 갑작스런 사망으로 그의 기념관을 겸하도록 개조되었다고 한다.

칼 로이거 박사는 다섯 번이나 비엔나 시장에 선출된 반유대주의 인물로 알려져 있다. 내부는 눈에 익은 고딕건축과는 달리 기둥이 없는 구조라 허전할 정도로 넓은 느낌이다. 정면의 하얀 제단과 사실적인 성화가 분홍색 벽체와 어울려 엄숙하기 보다는 화사함이 앞서는 분위기다.

성당 뒤에는 영화 제3의 사나이(The Third Man)의 라스트신으로 유명한 가로수 길이 있다. 알리다 발리(Alida Valli)는 자신을 기다리고 서있는 조셉 코튼(Joseph Cotten) 앞을 지나며 끝내 눈길 한번 돌리지 않는다. 저 멀리서 걸어오는 롱숏(long shot), 족히 1분은 넘는 가로수 묘지 길의 영상이 영화가 끝나고도 한 동안 머리를 떠나지 않던 생각이 난다. 희미하지만 낙엽이 뒹구는 벌거숭이 가로수였던 기억인데 지금 보고 있는 것이 그 길인지는 자신이 없다. 사진을 찍고 나오다 보니 좌측으로 비슷한 길이 또 하나 보인다.

13시50분 중앙묘지를 나와 오던 길을 되짚어 71번 트램으로 짐머링크까지 간다. 정거장을 놓쳐 한 스톱을 더 갔다 갈아타고 돌아온다. 시의 동남 외곽에서 다음 목표인 비엔나 숲을 향해 북쪽 끝 하일리겐슈타트(Heiligenstadt)로 가려는 것이다.

비엔나 숲은 도심에서 반나절 코스에 있는 구릉의 총칭으로 북과 서남에 걸쳐 시가를 둘러싸고 있는데 1,000㎢에 이르는 면적을 가지고 있어 정상적으로 보려면 2, 3일이 소요된다. 크게 북부와 남서부의 숲으로 나뉘는데 북부에는 베토벤 살던 집이 11개나 있다는 하일리겐슈타트, 선술집 호이리게(Heurige)가 즐비한 그린칭(Grinzing) 그리고 도나우 강이 내려다보이는 경치 좋은 언덕 칼렌베르크(Kahlenberg) 등이 있다. 남서부 숲에는 황제의 온천휴양지 바덴(Baden), 12세기 수도원이 있는 하일리겐크로이츠(Heiligenkreuz), 슈베르트의 보리스 테마가 있는 뫼들링크(Mödling), 황태자의 슬픈 사랑 이야기가 전해지는 마이어링크(Mayerling) 등 이 있다. 오늘은 북쪽 부분만 돌아 볼 예정이다.

| 제3의 사나이 가로수길 |

짐머링크 지하철역에서 U3를 타고 란트스트라세에서 내려 녹색 U4로 갈아타고 종점 하일리겐슈타트로 향한다. 전차는 곧 지상으로 올라와 도나우 운하(Donaukanal)를 따라 여섯 정거장, 시내를 남북으로 뚫고 달린다.

14시30분 종점에 도착해서 내리니 도시

를 벗어난 느낌이 든다. 하일리겐슈타트란 '성스러운 거리' 라는 뜻이다. 역 앞에 있는 대규모 공동주택 칼 마르크스 호프(Karl Marx Hof)가 먼저 눈길을 끈다. 이 건물은 오스트리아가 제1차 공화제 시절이던 1929년에 건설한 표현주의 건축의 대표적 작품으로 전장이 1km나 된다는 노동자의 공동주택이다. 한문 '높을 고(高)' 자를 연상시키는 아치의 붉은 패턴이 옆으로 계속 이어지는 구성이 인상적이다.

38A 버스를 타고 비엔나 숲속의 높은 언덕 칼렌베르크로 향한다. 시내 교통수단 중 번호 뒤에 A가 붙으면 버스라는 얘기다. 비엔나를 종횡무진 누비면서 대중교통을 수 없이 타다보니 이제 간단한 특징은 식별할 수 있게됐다. 숙소에 돌아갈 때까지 계산하면 오늘이 74년 생애 중 차를 가장 많이 갈아탄 날이 될 듯하다.

버스는 그린칭을 거치고 호이리게가 산재한 상점과 주택가를 지나 녹음 짙은 풍성한 숲을 구불구불 돌아 표고 484m의 산 위로 올라간다. 전면 동산 위에 높게 솟은 가느다란 송신 철탑이 보인다. 30분 걸려 도착한 정상, 넓은 주차장에는 차가 한 대도 없이 쓸쓸하다. 버스를 내려 언덕으로 걸어가니 왼쪽에 하얀색의 성 요제프(St. Josef) 교회가 보이고 전면에 낮은 2층 카페 건물이 있다. 그 옥상에 있는 전망대로 올라간다.

오스트리아는 1529년 비엔나를 공격한 오스만투르크(Osman Turk)의 25만 대군을 3주에 걸친 방어전 끝에 힘겹게 물리쳤다. 1683년 두 번째 당한 포위에서도 함락 직전, 이곳 칼렌베르크 언덕에서 돌진해 내려온 폴란드왕 얀 소비에스키(Sobieski)의 구원으로 위기를 모면했다. 대군을 몰고 침입했던 320년 전 투르크의 위세와 EU 가입을 열망하는 오늘날의 터키를 생각하며 사투가 벌어졌던 현장에 서서 역사의 무상을 절감한다.

숲 밑, 멀리 뻗어나간 포도밭 저 쪽으로 비엔나 시가가 낮고 넓게 펴져있다. 짙은 구름 밑에 도나우 강 두 줄기가 반짝일 뿐 시가는 안개에 가려 또렷이 보이지 않는다.

15시20분 우거진 나무 밑에 자리를 잡고 준비한 음식으로 점심을 먹는다. 오늘은 비엔나 숲속의 피크닉이다. 따끈한 커피로 마무리를 하고 주차장에서 버스를 기다리는데 뜻밖에 우리나라에서 온 한 가족을 만난다. 나이 많은 부인과 젊은 부부에 애가 둘인 일가로 진주에서 왔다고 한다. 이 얘기 저 얘기, 화제가 이어지면서 마침 도착한 버스를 타고 레오폴츠베르크(Leopoldsberg)까지 동행한다.

| 칼렌베르크 전망대 |

38A를 타고 1.5㎞ 정도 동북쪽으로 굽어 내려간 곳에 있는 레오폴츠베르크는 표고 425m의 전망대다. 1683년 터키군의 비엔나 침공을 막아낸 레오폴트 1세는 승리를 감사하는 뜻으로 본래 있던 바벤베르크 성 안에 1693년 교회를 세웠는데 그로부터 이곳 이름이 비롯됐다고 전한다. 소문난 음악 애호가인 레오폴트 1세는 음악 육성 못지않게 스스로의 작품 활동으로도 많이 알려져 있는 황제다.

옛날 성채와 성당을 돌아보고 전망대로 나와 가릴 것 없이 탁 터진 남쪽을 내려다본다. 그 동안 구름도 많이 걷혀 칼렌베르크와는 달리 눈 아래 도나우와 비엔나의 장관이 시원하게 전개돼있다. 활처럼 휜 두 줄기의 강이 크게 흐르고 도나우 타워(Donauturm), 훈데르트바서의 쓰레기 소각장 그 뒤에 있는 슈테판 대성당 등 여러 명소가 모형처럼 작게 보인다.

'아름답고 푸른 도나우' 는 비취색으로 넘실대는 한 줄기 흐름이라 생각했는데 거듭된 치수공사로 여러 가닥의 물이 비엔나를 흐르고 있다. 도심을 뚫고 지나는 물 줄기는 도나우 운하이고 시 외곽을 따라 넓은 도나우 강과 디시 그 밖으로 약간 좁은 신 도나우(Neue Donau) 강이 가느다란 띠(Donauinse)를 사이에 끼고 평행으로 흐른다. 그 밖으로는 제방을 막아 호수가 된 구 도나우(Alte Donau)가 있다. 지도를 보지 않으면 곳곳에서 만나는 강에 혼란을 겪게 된다. 푸르다고는 할 수 없는 물빛과 함께 왈츠를 들으며 설레던 감각과는 좀 거리가 있다는 것이 비엔나의 도나우를 보고 느낀 솔직한 심정이다.

16시20분 내려가는 버스를 타고 귀로에 오른다. 직행하는 한국 가족과 서로 행운을 빌며 작별하고 우리는 그린칭에서 내린다. 지나가는 길에 이 작은 마을도 구경하고 싶었기 때문이다. 하일리겐슈타트와 세 정거장 거리에 있는 그린칭은 선술집 호이리게(Heurige)가 많은 곳으로 오스트리아의 낭만을 느낄 수 있는 마을이다.

호이리게는 원래 '새로 담근 술' 이라는 뜻으로 그 해에 만들어진 포도주를 의미했으나 현재는 와인을 즐기며 간단하게 식사할 수 있는 레스토랑을 뜻하는 말로 쓰이게 됐다. 19세기 후반 프란츠 요제프황제 치하에서 포도 재배 농민들이 와인 판매권을 강력히 요구했다. 이를 황제가 수락하자 포도 농가가 많던 그린칭이 자연스럽게 호이리게 마을로 발전하게 됐다고한다.

매년 11월 11일, 성 마틴 날(St. Martin' s Day)을 기해 호이리게에서는 첫 와인을 출시한다. 이 날부터 많은 사람들이 몰려 축제 분위기를 즐기고 슈

| 레오폴츠베르크에서의 비엔나 전망 |

| 하일리겐슈타트 유서의 집 |

람멜(Schrammel)이라는 소편성의 전속 악단이 테이블을 돌며 귀에 익은 경음악을 연주한다. 새 술이 있는 호이리게는 솔 나무 가지를 문 위에 걸어 쉽게 알 수 있도록 표시하고 전등을 켜서 영업 중임을 알린다.

시간이 이른지 많은 호이리게가 닫혀 있다. 다시 내리기 시작한 안개비 속 마을에는 쓸쓸한 정서가 감돈다. 붉은 각뿔 지붕과 청동색 양파탑이 잘 어울리는 교구성당을 돌아보고 나오다 굵어진 비를 피해 상가 추녀 밑에서 잠시 시간을 보낸다. 500m 정도 남쪽에는 작곡가 구스타프 말러(Gustav Mahler)가 아내 알마(Alma)와 함께 잠들어 있는 그린칭 묘지가 있는데 빗속에 다녀올 생각이 아득하여 생략하고 오늘 놓쳐서는 안 될 대상인 베토벤의 선술집을 찾아보기로 한다.

상점에서 쇼핑하던 기품 있는 노부인에게 베토벤이 살았다는 호이리게의 위치를 물었더니 마침 자기가 그쪽으로 가는 길이라며 일 끝내고 태워다 주겠다고 한다. 십 분이나 기다렸을까, 할머니가 차를 몰고 와 우리를 태운다. 한국과 오스트리아로 화제가 오가던 차중 환담도 잠깐, 이내 도착한 베토벤 호이리게 앞에서 내려주며 옆 골목에 있는 '유서의 집' 까지 자세히 일러 준다. 무엇보다도 집을 쉽게 찾은 것이 고마웠지만 그 못지않게 서양

노인의 우아한 언행에 마음이 끌리고 오랜 풍토에서 무르익은 소양, 쉽게 흉내 낼 수없는 몸가짐에 시샘 섞인 부러움을 느낀다. 와인은 잠시 뒤로 미루고 먼저 하일리겐슈타트 유서의 집(Heiligenstädter Testament Haus)을 보기로 한다.

절망을 이겨내고 탄생한 베토벤의 명곡들

앞에 있는 교회 작은 광장에서 서편으로 뻗은 프로부스가(Probusgasse) 좁은 골목을 약 150미터 들어간 곳, 왼쪽 6번지에 길고 하얀 2층집이 있다. 기다란 적백기가 네 개 꽂혀있어 쉽게 찾을 수 있다. 국기를 상징하는 희고 빨간 이 삼각형 기는 비엔나 관광국이 제정하여 역사적 의의가 있는 건물에 달아놓는 것으로 시내 곳곳에서 볼 수 있다. 두 개씩 끝을 묶어 놓은 모양으로 Wien의 W자를 나타낸다고 한다.

청각을 잃어가는 베토벤은 1802년 하일리겐슈타트에서 유서를 쓴다. 미술이 시각의 예술이라면, 음악은 청각의 예술이다. 음악을 삶의 전부로 살았던 한 인간에게 소리를 듣지 못한다는 사실이 무엇을 뜻하는지 상상하기란 어렵지 않다. 귓병이 전혀 차도를 보이지 않고 죽을지도 모른다는 불안에 싸이자 그는 두 명의 동생 앞으로 장문의 유서를 쓰고 생을 마감하려는 자신의 심경을 고백한다. 내용은 절망적이고 비통하여 그의 음악만큼이나 진지한 심정이 잘 드러나 있다.

'나는 아직까지 사람들에게 "크게 말해. 소리 질러. 난 귀머거리야." 라고 말하지 못 했다. 아아! 어떻게 청각이 손상됐다고 말할 수 있단 말인가.' - 그는 시민사회와의 신뢰부족에 대해서도 괴로워한다. '내가 사람들 앞에 나선다면 불타는 분노로 나의 현재 상태가 노출 되지 않을까 하는 공포에 사로잡힐 것이다.' - 그리고는 음악에 대한 한결같은 애정을 토로하며 죽음이 앞에 있음을 암시한다. '나를 지탱해준 유일한 것은 음악이다. 내게 떠오르는 곡을 모두 작곡하기 전에 이 세상을 두고 떠난다는 것이 참으로 가능 할 것인가?.' '말 하건데 나는 나의 여행안내를 위해 지금 선택을 해야 하는 것이다.' '너 죽음이여 언제든지 오라. 용기를 가지고 맞이할 것이다.' '안녕, 그리고 내가 죽으면 나를 완전히 잊지는 말아다오.'

자살은 실행에 옮겨지지 않았고 그는 25년을 더 산다. 발송되지 않은 유서는 죽은 후 발견되었다. 심오한 고뇌를 이기고 넘어선 굳은 의지는 그 후 위대한 작품 속에 살아나 어떠한 시련에도 굴하지 않는 격정으로 타오르고 성숙한 생의 철학으로 승화해 간다. 이곳에 베토벤의 영웅적 위대함이 있다. 교향곡 3번 영웅 · 5번 운명 · 6번 전원 · 9번 합창, 피아노협주곡 5번 황제, 바이올린협주곡, 피아노소나타 열정 · 고별 등 주옥같은 명곡이 다 유서 이후의 작품이다.

억세게 힘을 주어 감각이 굳어진 듯한 얼굴, 끊임없이 발산하려는 음악을 용서 없이 붙들어 응결시킨 것 같은 얼굴, 잡음이 만드는 혼탁과 허망에 빠져들지 않도록 자기 내부에서 일어나는 소리만 듣도록 신이 청각을 막아버린 얼굴, 세계의 완성자여. 은혜로운 비가 되어 이 땅을 적시고 바다 위에 내리고 온갖 만물 위에 떠올라 다시 하늘을 형성하는 자…

- '말테의 수기' 에서, 라이너 마리아 릴케(Rainer Maria Rilke)

사망 장소에서 잘라왔다는 베토벤의 모발을 소장하고 있던 유태인이 숨겨준 보답으로 제공한 머리카락을 초고속 입자 가속기로 분석했다는 최근의 TV 프로를 보니 그의 병이 납 중독으로 판명됐다고 한다. 납에 중독되면 귀도 먹고 화를 잘 내는 모양이다.

"존경 하려니 괴팍하고, 사랑하려니 돈이 없지, 무시하려니 위대하다." 당시 비엔나 사람들이 베토벤에 대해서 가지고 있던 심정이라고 한다.

베토벤 스스로도 병으로 인한 증상을 고백하며 세상과 화해하기를 빈다고 유서에 적고 있다. 고결한 기개, 권위에 꺾이지 않던 불굴의 인내력, 위인이라는 말이 가장 어울리는 위대한 인물…. 그가 고뇌에 잠겼던 집을 보며 잠시 생각에 잠긴다. 홍진에 파묻혀 보낸 지나간 세월, 내내 겸허하기를 애써왔건만 이제 그의 오만도 한번 닮아 보고 싶어진다. 오늘은 월요일, 유서의 집은 휴관이라 문이 닫혀 있다.

| 베토벤 호이리게 |

| 베토벤 호이리게의 내부 |

내부는 구경하지 못하고 대신 골목 끝에서 남쪽으로 돌아 하일리겐슈타트 공원에 있는 베토벤의 석상을 찾아보기로 한다. 그린칭 거리(Grinzinger Strasse)를 넘으면 숲으로 난 길 모퉁이에 외투를 풀어헤치고 뒷짐으로 모자를 잡은 채 산보하는 대리석 조상이 서 있다.

반원으로 된 아치 안에서 입을 굳게 다물고 다가오는 운명을 응시하는 이 전신상은 흰라인(Fritz Hänlein)의 조각으로 1910년 제작된 것이다. 주변을 한 바퀴 돌았으니 이제는 처음 차에서 내린 베토벤의 와인 집으로 발을 돌린다.

파르플라츠(Pfarrplatz) 2번지에 있는 베토벤하우스, 마이어 암 파르플라츠(Mayer am Pfarrplatz)는 320년의 역사를 지닌 호이리게로 베토벤이 1817년 5월부터 약 2개월, 2층에 세 들어 살면서 제9번 합창교향곡의 일부분을 작곡했다는 곳이다.

하일리겐슈타트에서 오려면 38A버스를 타고 셋째 정거장에서 내리면 된다. 박공 지붕 두 개가 연결된 건물 안으로 들어가면 테이블이 여남은 개 놓여있는 중정을 가운데 두고 3방향으로 술을 파는 건물이 있다. 오른쪽 식당으로 들어가서 길게 늘어선 맨 구석 식탁에 안내된다. 젊은 일본 아가씨 두 사람이 옆 좌석에서 와인을 들고 있을 뿐 17시 40분인데 아직도 이른지 좌석이 거의 비어있다. 와인은 테이블에 가져다주며 햄 소시지, 샐러드, 슈니첼 등 안주는 쇼케이스에서 골라 셀프로 가져온다는 글을 읽은 터라 종업원을 찾는데 빈 식당에 아무도 없다.

한참 만에 나타난 뚱뚱한 웨이트리스가 일본 손님 두 명을 데리고 와서 텅 비어 있는 좌석 놔두고 우리 테이블에 합석을 하라고 한다. 동양 사람을 우습게 보는지 불손하기 짝이 없다. 아무리 베토벤이 좋아도 참을 수 없었던지 일본 손님이 언짢은 얼굴로 거부하고 나가자 주문한 백포도주를 두 잔 가져온다.

| 에로이카소로 |

옆의 일본 아가씨들하고 대화를 하다 보니 베토벤 산책로에 다녀오는 길이라기에 방향을 물어 익혀둔다. 안주를 사려고 입구까지 가보아도 다시 사람이 없어 우리도 술만 마시고 이 집을 물러나기로 했다. 백포도주 다음에 적포도주를 시키고 슈람멜 악단이 오면 1유로 정도 팁도 주어가면서 하일리겐슈타트를 얼큰하게 즐겨 볼 생각이었는데 기대가 어긋나 기분이 개운치 않다. 와인은 한 잔에 2.4유로다.

호이리게 앞에서 북으로 뻗은 2층 주택가가 에로이카소로(Eroicagasse)다. 베토벤이 교향곡 제3번 영웅을 구상하며 살았다는 녹음 짙은 조용한 거리다.

사람 하나 보이지 않는 길을 200여m 걸어 5거리를 지나니 눈앞에 나타나는 경사면 일대에 포도밭의 파란 평행선이 전개된다. 이어지는 주택과 포장된 도로, 주차하고 있는 자동차, 그 시절과는 전혀 다른 경치겠지만 웅크린 등에 뒷짐 지고 땅을 굽어보는 자세로 옛날 그 길을 한번 걸어본다. 애들 장난 같지만 한번 해보고 싶었다.

북쪽 내리막길로 계속 발을 옮기면 베토벤 산책로(Beethovengang)의 표지가 나타나고 계류가 흐르는 실개천 슈라이버(Schreiberbach)를 만난다. 왼쪽으로 꺾여 냇물을 따라 베토벤이 전원교향곡(Pastoral) 2악장의 테마를 착상했다는 오솔길로 들어선다. 숲속 시원한 나무 밑으로 휘어나간 산책로를 천천히 걷는다. 길의 포장과 냇가의 쇠 난간이 눈에 거슬리지만 졸졸거리는 여울과 새들 울음소리, 냇물의 반짝임이 산들바람과 어울려 그런대로 부드럽게 마음을 달래준다.

귀가 멀어 그의 마음속에만 영글었을 숲의 선율이 지금 머리를 감돌며 디즈니 애니메이션에서 본 전원교향곡의 귀여운 다람쥐, 토끼가 곧 튀어나올 것만 같다. 100m나 걸었을까, 우두둑 나뭇잎을 때리는 소리가 들리더니 차차 빗줄기가 거세진다. 짐작에 한참은 더 걸어야할 앞길이 망막하여 황급히 에로이카소로로 후퇴한다. 산책로를 끝까지 가면 베토벤 흉상이 있는 작은 쉼터(Beethoven Ruhe)가 있다는데 추녀에서 비를 피하며 아쉬운 마음을 달랜다.

1827년 3월 26일 베토벤은 파란 많은 56년의 생애를 마감한다. 비엔나에는 폭풍이 몰아치고 있었다. 번개가 번쩍이고 요란하게 벼락이 치는 순간 베토벤은 자리에서 벌떡 일어나 주먹을 치켜들고 수 초 동안 허공을 노려보다 그대로 눈을 감았다고 전한다. 임종의 자리에서 "박수를 치게, 친구들이여, 희극은 끝났다네."(Plaudite, amici, comedia finita est.) 한마디를 남긴 것으로도 알려져 있다. 이 말에서는 즉흥보다 어떤 작위가 다분히 느껴진다.

베토벤 같은 거인에게도 죽을 때 남길 말을 미리 생각해 둘 자잘한 신경이 있었던 것일까? 산책로에서 구상을 했는지도 모르겠다. 그 장면을 상상하면 웃음이 나온다. 임종의 말은 한평생 가꾼 풍격에 한가닥 장식을 더해 주는 절차일 수도 있겠다는 생각을 한다. 그래서 명사들은 죽음의 한마디를 미리 준비해 두는 것일까?

"창을 열어다오. 빛을... , 더 빛을... ," - 괴테의 구절은 그의 작품 닮아 극적이다. 톨스토이는 성실성이 돋보이는 말을 남긴다. - "나는 진실을 사랑한다.... , 무척! 진실을 사랑하고 있다." 미국 작가 오 헨리(O. Henry)의 한마디는 눈물이 날 만큼 측은하다. - "불을 밝혀다오. 어둠 속으로 돌아가고 싶지 않단 말이다." 그런 가운데서 칼 마르크스는 적당한 말을 미처 준비하지 못했던 모양이다.

임종의 한마디를 부탁한 가정부에게 내뱉는다. -"저리 가, 나가버려! 임종의 말 따위는 할 얘기를 못 다한 바보들이나 하는 짓이야." 잘 알려진 묘비명은 넘치는 해학으로 일세를 풍미했던 영국의 극작가 조지 버너드 쇼의 구절이다. -"우물쭈물하다 내 이럴 줄 알았지!" (I knew if I stayed around long enough, something like this would happen.) 가장 감명 깊은 글귀는 보물섬의 작가 로버트 루이스 스티븐슨의 묘비에 적혀있다. -"별이 총총한 드넓은 하늘 아래, 무덤 하나 파고 나를 눕게 하소서, 바다에서 고향 찾은 뱃사람처럼, 산에서 고향 찾은 사냥꾼처럼."

영국의 시인 바이론은 죽으면서 말했다. -"내 시간이 됐다. 죽는 것쯤 아무렇지도 않다. 다만 이 세상에 사랑하는 사람을 두고 가는 것이 얼마나 마음에 걸리는지!... 자, 그럼 잠 좀 자볼까?"

그렇다면 이런 한 마디는 어떨까? - "한 바탕 좋은 꿈 꿨으니... 자! 슬슬 깨어나 볼까? 뜬 구름 한 세상, 일장춘몽인 것을"

여담이 길어졌다. 비가 뜸한 사이 에로이카소로 5거리에서 길을 물어 D번 트램을 타고 하일리겐슈타트, 지하철 U4로 갈아타고 한 정거장 슈피텔

| 슈피텔라우 소각장 |

라우(Spittelau), 다시 U6로 환승하여 집 근처 드레스드너로 돌아온다. 도움 없이 지하철, 트램, 버스를 자유자재로 타게 된 것을 보니 이제 이 도시도 떠날 때가 된 것이다.

쉼터에 도착한 시간은 19시 40분, 잠깐 숨을 돌리고 아침에 맡겨 논 자동차를 찾으러 나선다. 오늘도 어제 이상 걸었다. 도나우 운하의 다리를 건너는데 훈데르트바서의 유명한 작품 슈피텔라우 소각장(Fernheizwerk Spittelau)이 물 위로 건너다보인다. 지역난방도 겸하고 있는 쓰레기 소각장이다. 외벽의 그림은 잘 보이지 않지만 황금 양파와 청색 굴뚝의 독특한 형태가 분홍 노을에 비쳐 이색적 분위기를 만들고 있다.

차를 몰고 와 내일 아침 08시까지 무료인 노상에 주차를 한다. 저녁 식사를 끝내고 스위스를 떠난 후 찍은 사진을 CD로 옮겨구워 두 번째로 메모리카드를 비운다. 앞으로 남은 기간의 사진은 메모리카드 용량만으로도 충분하리라는 계산이다. 내일은 정들어가는 비엔나를 작별한다. 오스트리아와도 이별이다. 괴테가 말했다. 사람이 여행하는 것은 도착하기 위함이 아니요 다니기 위한 것이라고.

고로 떠나가는 것이다.

24일. 멜크 수도원을 거쳐 체스키크룸로프로

5월 30일 화요일
Wien-72km-Krems-38km-Melk-187km-Český Krumlov
총297km (실 운행거리 309km, 보행 6km)

새벽에 일어나 대충 짐을 정리하고 07시50분, 차를 건물 지하에 있는 슈퍼마켓 차고로 옮겨 놓는다. 08시부터 노상 주차가 유료로 바뀌기 때문에 두 시간 동안 무료인 슈퍼차고를 이용하는 것이다. 쉼터 아줌마의 지시에 따라 움직이는 것으로 10시 전에 떠나면 비엔나에서의 주차 문제는 무난히 완결된다. 오늘은 9일에 걸친 오스트리아 여행, 마지막 순서로 유럽 최대의 바로크 건물인 멜크 수도원(Stift Melk)을 찾아 본 다음 체코로 입국하여 중세 모습이 그대로 남아있는 남 보헤미아(Bohemia)의 고도 체스키크룸로프(Český Krumlov)까지 운행할 계획이다.

비엔나로 들어올 때 통과했던 E60 고속도로를 이용하면 빨리 갈 수 있으나 좀 불편하더라도 도나우 강의 이름난 유람선 코스인 바하우(Wachau) 계곡의 자동차 도로를 따라 멜크까지 드라이브할 생각이다. 그 동안 잘 보살펴 준 쉼터 가족과 석별의 정을 나누고 09시50분, 집을 나선다. 아주머니가 가다 먹으라며 초콜릿을 선물로 준다.

드레스드너 거리 북쪽 끝에서 도나우를 만나 강물 두 줄기를 건너고 이어 입체교차로를 좌로 돌아 A22/E59에 진입한 후 신 도나우 오른쪽을 따라 계속 북으로 진행한다. 강 건너 왼편, 비엔나 숲 언덕에 어제 올랐던 칼렌베르크와 레오폴츠베르크의 전망대가 보인다. 두 줄의 강이 하나로 합쳐지는 코르노이부르크(Korneuburg) 부근에서 길은 강과 사이를 벌리며 차차 서쪽으로 방향을 튼다.

오른쪽 먼 산에 처음으로 12세기의 고성 크로이첸슈타인(Kreuzenstein)이 나타나 서서히 지나간다. 노란 형광마커로 노선을 표시한 지도를 펼쳐 들고 갈림길이 가까워질 때 마다 정신을 집중하고 도로 표지를 살핀다. 슈토케라우(Stockerau) 부근 분기점에서 A22/E59를 버리고 30 출구로 나와 좌로 회전한다. 크렘스(Krems), 장크트 푈텐 표지를 따라 S5로 들어서서 계속 서쪽으로 진로를 잡는다. 염려했던 바와 달리 도로가 깨끗하고 차량이 적어 고속도로보다 오히려 편하고 운행하기 만만하다. 모처럼 구름 사이로 햇빛이 보이고 전라도 어느 농촌을 연상시키는 화창한 풍경속의 멋진 드라이브다.

| 메이폴을 세워놓은 마을 |

포도밭 마을을 지나다 보면 리본이나 국기로 장식된 나무 가지를 달고 마당에 높이 서있는 기다란 장대를 자주 보게된다. 5월을 기념하기 위해 동네마다 높이 세우고 그 둘레에서 춤추며 즐겼다는 마이바움(Maibaum, Maypole)이다.

주로 게르만 계통에서 전해진 풍속으로 원래 풍년이나 다산을 기원하는 축제였는데 이즈음에는 5월1일의 노동절과 아울러 치러지는 경우가 많다고 한다. 예전에는 마을마다 더 높이 세우려는 경쟁이 벌어졌으며 옆 동네 젊은이에게 도둑맞지 않도록 밤새워 지키기도 했다. 나무를 운반하고 세우는 과정이 전부 마을 공동으로 이뤄진 즐거운 행사였다고 한다.

도나우 강 통행료 징수하던 크렘스…비엔나 만큼 번영

낮은 야산, 숲과 밭이 이어지는 S5를 달려 튤른(Tulln) 출구를 통과하고 왕복 4차에서 2차선으로 줄어든 길을 30여㎞ 진행한다. 10시50분, 잠시 헤어졌던 도나우 강이 왼편에서 다가오며 천년의 역사를 지닌 마을 크렘스(Krems)로 진입한다.

도나우 강은 독일의 남서부 흑림(Schwarzwald)에서 발원하여 오스트리아 영내 약 360㎞를 서에서 동으로 꿰뚫어 흐른 뒤 헝가리, 루마니아, 불가리아 등 동유럽을 거쳐 흑해로 유입한다. 전장 2,860㎞로 볼가(Volga) 강에 이은 유럽 제2의 강이다. 그 흐름 중 알프스 끝줄기가 강물로 깎이며 형성된 멜크, 크렘스 간 36㎞의 골짜기가 '빛나는 은색 띠' 라는 호칭을 가진 관광크루즈의 명소 바하우 계곡이다. 이 지구는 높은 산 깊은 계곡이 있는 것도 아니요 독일 라인에 비해 강폭도 넓지 않지만 포도밭에 잠긴 작은 마을들, 숲 위로 드러나는 수도원, 성채, 폐허 등 보기 드문 정취를 품고 있어 '바하우의 문화적 경관' 이라는 명칭으로 2000년 유네스코 세계유산에 지정됐다.

크렘스는 995년 도나우 강의 통행료를 징수하던 장소로 고문서에 기록돼 있는 오스트리아에서 가장 오래된 마을의 하나다. 그 옛날 뱃길이 성했던 시절에는 비엔나와 견줄 만큼 번성했다고 하나 지금은 조용히 한쪽 구석에 비켜선 시골 마을이다. 시내로 들어가 붉은 지붕 쌍탑의 슈타이너 문(Steiner Tor)과 부근 공원을 대충 돌아본다. 문 안의 구시가는 차량 통행이

| 쿠엔링거 성과 뒤른슈타인 |

금지돼 있다.

크렘스를 나와 두 번째 라운드어바우트에서 우로 돌아 B3로 들어서고 바짝 다가온 강을 따라 서쪽으로 방향을 잡는다. 바로 오른쪽으로 슈타인(Stein)의 작은 시가가 포도밭과 함께 스쳐 지나간다. 이 마을은 모차르트의 전 작품을 수집 정리하여 쾨헬번호로 체계화한 오스트리아의 식물학자이자 음악연구가 루드비히 쾨헬(Ludwig Köchel)이 태어난 곳이다.

크루즈의 본고장으로 들어선 도나우에는 이따금 우거진 숲이 보이고 연두색 흙탕물 위로 왕래하는 각종 유람선이 눈에 들어온다. 개었던 하늘에서 다시 소나기가 한바탕 쏟아진다. 하루도 빠짐없이 지겹도록 오는 비다. 도나우를 건너는 다리를 왼편에 보며 강을 따라 남으로 방향을 바꾼다. 길이 뱀같이 북쪽으로 굽어지며 뒤른슈타인(Dürnstein) 마을이 나타나고 앞산 푸른숲 위로 한무더기 황폐한 고성이 다가온다. 쿠엔링거(Kuenringer)의 성터다.

제3차 십자군 원정시 오스트리아공 레오폴드 5세가 용감히 싸운 표시로 내걸었던 군기를 잉글랜드의 사자심왕 리처드 1세가 끌어 내린 일이 있었다고 한다. 레오폴드 5세는 오스트리아 국기의 기원이 된 피에 물든 흰 군복의 주인공이다.

십자군 원정이 끝난 후 영국으로 돌아가던 리처드는 깊은 원한을 품고 있던 레오폴드 5세에 체포되어 1192년부터 93년까지 바로 이곳 쿠엔링거 성에 유폐된다. 사방으로 리처드를 찾아다니던 음유시인 블론델(Blondel)이 이곳을 지나며 부른 왕만 아는 노래를 듣고 리처드가 신호를 보내 구출됐다는 이야기가 전해진다.

전설의 진위는 알 수 없으나 리처드 1세는 신성 로마황제인 하인리히(Heinrich) 6세에게 인도되고 1년 후 막대한 몸값을 지불하고 석방된다. 십자군의 영웅인 리처드 1세를 체포한 사실은 로마교황의 노여움을 사게 된다. 결국 레오폴드 5세는 파문되고 1194년 말에서 떨어지는 사고로 목숨을 잃는다. 쿠엔링거 성은 1645년, 30년 전쟁 시 스웨덴의 공격으로 철저히 파괴되어 오늘에 이른다.

산 위에 삐죽삐죽 남은 황성 옛터를 바라보니 역사 속에서만 듣던 800년 전 십자군 시대의 분위기가 몸 가까이 느껴지는 듯하다. 10년 전 중국 시안(西安)의 화청지(華淸池)를 여행하면서 장쉐량(張學良)이 장제스(蔣介石)를 감금했던 리산(驪山)을 바라보던 역사의 현장감과 비슷한 기분이다.

뒤른슈타인은 영국 도자기를 연상시키는 백과 청의 탑을 가진 바로크 성

| 바하우를 오가는 관광유람선 |

당을 비롯하여 성벽 안에 중세 그대로의 집들이 늘어 서있어 이 근방에서는 그런대로 꽤 큰 마을이라는 인상이다.

11시40분, 마을 밖으로 나서자 북으로 가던 길이 다시 크게 굽어 남쪽으로 돈다. 평지는 물론 경사면까지 계단식으로 포도밭이 계속되는 가운데 이따금 조용한 마을이 스쳐가고 강에는 카메라 화면에 들어가지 않을 만큼 긴 유람선이 물길을 헤치고 흘러간다.

| 장크트 미하엘 마을의 성당과 원탑 |

성당의 붉은색 높은 지붕이 유독 눈에 띄는 바이센키르헨(Weißenkirchen)을 통과하고 이어 뵈센도르프(Wösendorf)의 작은 마을을 지날 때 쯤 다시 한 차례 소나기가 쏟아진다. 장크트 미하엘(St. Michael) 마을과 성당이 나타난다. 마침 정차한 버스에서 내린 관광객과 섞여 비를 피해 성당 옆의 원탑으로 뛰어 들어간다.

고성인지 양조장인지 구별하기 힘든 오래된 탑에 총안이 있는 것으로 보아 옛날 시골 마을 웬만한 건물은 모두 방어용으로 사용된 듯하다. 성당 내부는 구경할 수 없다고 하여 탑만 둘러보고 다시 길을 나선다. 눈이 닿는 언덕 사면이 전부 포도밭이다.

2㎞ 남쪽의 슈피츠(Spitz) 마을은 Tausendeimerberg라는 동산으로 둘러싸여 있는데 '와인이 양동이로 천 개씩 생산된다' 는 뜻이라고 한다.

유람선 선착장을 좌로 보며 거리를 벗어나 삼거리를 지나자 낮은 언덕위에 13세기 초에 세워진 힌터하우스의 폐성(Ruine Hinterhaus)이 보인다. 폐허라고는 하나 외관 만으로는 온전하게 보전된 모습이다. 길은 강물과 더불어 곧장 남쪽으로 내려간다.

빌렌도르프, 구석기 석상 '출산의 비너스' 발견으로 유명세

슈발렌바흐(Schwallenbach)를 지나면 곧 빌렌도르프(Willendorf)다. 1908년에 2만4천 년 전 구석기시대의 석상 '빌렌도르프의 비너스'가 발견돼서 일약 유명해진 곳이다. 철도 공사 중 출토된 이 여인상은 높이 11㎝의 조그만 계란형 돌에 유방과 배, 둔부, 성기를 과장되게 조각한 것으로 출산과 풍요를 기원하는 주술적 의미를 가졌다 해서 '출산의 비너스'라고도 불린다. 사람의 손으로 만든 가장 오래된 유물로서 솜씨가 정교할 뿐만 아니라 태고 도나우 문명에 여계 중심 사회가 존재했다는 근거로도 중요한 뜻이 있다고 한다. 실물은 비엔나의 자연사박물관에 소장돼 있다.

강 폭이 좁아지고 산이 높아지면서 강 건너 산 위에 폐허가 된 또 하나의 성 아그슈타인(Aggstein)이 나타난다. 도나우를 오가는 상인들을 보호하기 위해 12세기에 축조된 이 성은 파괴와 개축을 거듭하다 1436년 예르크 셰크발트(Jörg Scheck von Wald)에 의해 크게 증축되었다. 전설에 의하면 강도로 변한 기사 셰크발트가 성 위, 가장 높은 바위에 '장미정원'이라는 이름을 붙여놓고 지나가는 상인을 잡아 몸값이 도착하지 않으면 그 위에서 뛰어내리거나 굶어 죽도록 강요했다고 한다.

황폐했던 고성은 1930년의 공사로 탑과 식당, 예배당 등 일부가 복구됐으며 매년 무도회가 열리는가 하면 도나우의 절경을 내려다보면서 결혼식이나 기타 행사를 할 수 있도록 임대까지 가능해졌다고 한다. 아그스바흐 마르크트(Aggsbach Markt)를 지나 남쪽으로 계속 진행한다. 대안 바위 위에 서있는 9세기의 성 쇤뷔엘(Schönbühel)을 지나면 곧 멜크로 넘어가는

다리가 앞에 보이고 오스트리아의 로맨틱가도, 바하우의 드라이브는 끝머리로 접어든다.

호프암트(Hofamt) 앞 넓어진 라운드어바우트에서 멜크 방향 첫째 출구로 나가 크게 우로 돌며 지나온 길 B3 위를 넘으면 도나우에 걸린 다리를 건너게 된다. 곧 나타난 중세 향기 그윽한 거리에서 멜크 수도원(Stift Melk) 표지를 따라 진행하여 13시, 버스와 승용차가 붐비는 넓은 주차장에 들어선다. 관광객이 밀려드는 수도원의 분위기를 몸 가까이 느낄 수 있다. 부슬부슬 내리는 비도 피할 겸 차에 앉은 채로 갖고 온 백반으로 즉석 김밥을 만들어 점심을 먹는다. 주차는 무료다.

멜크는 도나우 강과 멜크 강이 합류하는 지점에 위치한 인구 5천 정도의 도시로 11세기에 바벤베르크(Babenberg)의 수도가 있었던 곳이다. 1106년 바벤베르크 왕조는 레오폴트(Leopold) 1세가 세운 궁성과 주위의 땅을 베네딕투스 수도회에 기증하였고 12세기에 수도사를 위한 학교가 생기면서 도서관에 값진 문서가 모이기 시작했다고 한다. 그 후 한때 쇠퇴한 시절이 있어 중세의 자취가 많이 손상됐으나 1726년, 야곱 프란타우어(Jakob Prandtauer)의 설계로 재건이 이뤄져 웅장한 멜크 수도원의 현재 모습을 갖게 되었다.

유럽 최대의 바로크 건축물로 꼽히는 화려한 수도원은 도나우 강변, 60m 바위 언덕에 우뚝 서서 높이 65m의 첨탑과 동서 320m의 당당한 모습을 과시한다. 196m의 복도에 10만 권의 장서와 9세기 이래의 필사본을 소장하고 있는 도서관은 수도원의 문화재로 널리 알려져 있다. 한편 바로크 성당과 박물관은 못 보면 후회한다는 찬란한 장식과 호화로운 보물로 가득 차 있다. 이 수도원은 영화로 화제를 모은 이탈리아 기호 학자 움베르토 에코(Umberto Eco)가 쓴 추리소설 '장미의 이름' (The Name of the Rose)에서 주인공 아드소(Adso)가 활동하는 무대로 소개돼 더욱 널리 알려지게 되었다.

주차장 서쪽 끝으로 가면 아래로 내려가는 돌층계가 있고 정원의 나무 밑으로 붉은 지붕 황갈색의 수도원이 저만치 바라다 보인다. 계단을 걷던 중 뜻 밖에 마주 오는 중학생 정도의 한국 관광단 수십 명을 만난다. 미션계통의 순례 여행인지 차려입은 흰 가운이 깔끔하고 귀엽다. 방학 때도 아닌데 어린 단체가 여기까지 오다니 놀라운 일이다. 잠시라도 애들과 대화를 나누고 싶었는데 시간이 넉넉지 않아 서로 웃기만 하고 스쳐 지난다.

계단은 도중에 두 갈래로 갈라졌다 밑에서 다시 모여 3단으로 넓게 내려간다. 가다보면 오른쪽으로 문이 있고 공원 같은 정원이 보이는데 시간이 허락하면 나올 때 구경하기로 하고 그대로 통과한다. 우측에 있는 레스토랑 건물을 지나자 황색과 백색으로 단장한 박공 지붕의 아치문이 나타난다. 오른편에 기를 들고 있는 성 레오폴트(St. Leopold)와 왼편 황금 지팡이를 든 성 콜로만(St. Coloman)이 지키고 있은 수도원의 동쪽 출입문이다. 문을 지난 곳에 예쁘게 꾸며진 정원이 있으며 그 너머로 궁전같이 당당한 3층 수도원의 동쪽면이 바라다 보인다.

중앙 지붕 정상에 보물의 하나라는 멜크의 십자가가 서 있으며 박공 이마에는 '오직 십자가 안에 영광' (absit gloriari nisi in cruce)이라는 구절이 적혀있다. 가운데 뚫린 아치 문 위에는 청색 바탕에 금빛 열쇠 두 개가 교차된 수도원 문장이 붙어있고 그 양쪽에 베드로와 바울로의 석상이 서 있다. 건물의 오른쪽 끝에 바벤베르크 탑이라고 불리는 하얀 색의 원형 탑이 보이는데 옛날 요새의 자취

| 수도원의 동쪽 출입문 |

| 수도원 동 측면과 문 안쪽의 중정 |

라고 한다. 정원 왼쪽에 매표소 겸 관광 안내소가 있어 입장권을 구입한다. 한 사람 요금이 7유로다.

프레스코 그림으로 장식된 아치문을 통과하면 노란색, 흰 줄무늬의 3층 건물로 사방이 둘러싸인 중정(Prelates Courtyard)으로 들어서게 된다. 돌 깔린 뜰 한가운데 큰 분수가 있고 정면 붉은 지붕 위로 뒤에 있는 성당의 커다란 청록색 돔이 보인다.

방이 500개나 된다는 수도원의 일부인 이 건물의 우측은 900명 학생이 있는 학교와 기숙사로 사용되고 있으며 좌측 윗부분이 황제의 방(Kaiserzimmer)으로 불리는 박물관이다. 중정의 왼쪽 끝으로 들어가 통로를 거쳐 분홍색 계단을 올라가면 강의 수호신 다누비우스(Danuvius)의 조각과 모차르트가 다녀간 곳이라고 적혀있는 명판을 볼 수 있다.

황제의 방이란 200m나 되는 긴 복도에 붙어있는 11개의 전시실을 말하는 것으로 진열된 수많은 유품과 보물이 수도원이 거쳐 온 신앙의 역정을 웅변으로 말해 주고 있다.

실내로 들어가면 대체로 어스름하게 분위기가 조정돼 있으며 전등의 색이나 국부 조명으로 전시의 효과를 높이고 있다. 특히 네 번째 방에서는 극도로 조도를 줄인 어둠 속에서 1.2m 정도의 그리스도 상에 빛을 모아 고뇌

| 어둠 속 그리스도와 거울에 반사되는 황금 상 |

의 모습을 강조하는 인상적인 효과를 거두고 있다. 보리수 나무로 만든 12세기경의 이 십자가 상은 원래 비엔나의 루퍼트(Rupert) 성당에 있던 것이라고 한다. 다섯 번째 방에서는 금빛 입상이 마주보는 거울을 통해 반사를 거듭하면서 수없는 황금상의 행렬을 만들어 눈부신 세계를 창조한다. 한 구석 말없이 싹튼 작은 사랑이 마음과 마음을 지나며 키워져 모든 것에서 빛이 발산하는 찬란한 세상을 상징하려는 것인지…. 사진을 찍으면서 혼자 생각한 감상이다.

이어지는 방에는 17세기 교회 중흥기에 사용된 황금의 십자가, 보석 박힌 성체현시대, 성작, 주교관을 비롯하여 수많은 전례용 성구가 유리장에 전시돼 있어 흐릿한 빛을 몇 곱절로 반사한다. 이 시대 종교의 위세를 짐작할 수 있을 만큼 호화찬란하다.

| 각종 전례용 성구 |

| 대리석 홀의 천장화와 기둥 윗부분 |

아홉 번째 방에는 예르크 브로이(Jörg Breu)의 2단, 여덟 쪽 짜리 제단화가 있는데 성서 이야기가 앞뒤 양면에 그려져 있는 것이 특이하다. 열한 번째 마지막 방에는 수도원 전체, 1/100 축척의 커다란 모형이 전시돼 있다.

복도 끝에 있는 넓은 방이 황제의 객실과 연회장으로 사용됐다는 대리석 홀(Marble Hall)이다. 가구나 장식품 없이 텅 비어있는 방은 채광이 잘 되게 큰 창이 많이 나있고 그 사이에 자주색 기둥이 총총히 서있다. 기둥 윗부분이 사람의 상반신이고 어깨로 도리를 받치고 있는 모습인데 한참 보고 있자니 생명 없는 돌 조각일망정 끝없는 세월을 견디고 있는 인내의 형상이 하도 가혹하고 숨 막혀 눈을 돌리고 만다.

대리석 홀이라는 명칭이 붙어 있지만 진짜 대리석은 문틀 부분 뿐이고 나머지는 치장벽토를 사용하고 있다. 밑에 있는 부엌에서 난방 온풍이 올라오도록 고안된 쇠창살이 마루 가운데에 설치돼있다. 머리 위에는 천장 가득히 선명한 프레스코화가 살아 움직이듯 그려져 있다. 지혜의 여신 팔라스 아테나(Pallas Athene)가 두 마리 사자가 끄는 수레에 앉아 사람들을 암흑에서 문화의 빛으로 인도하는 모습이라며 파울 트로거(Paul Troger)의 1731년도 작품이다.

대리석 홀을 나서면 건물 왼쪽 끝에서 옥외에 있는 반원형 발코니로 나가게 되고 반 바퀴를 돌면 건물 오른쪽의 문을 통해 잘 알려진 도서관으로 들어서게 된다. 시원하게 트인 테라스에 서서 붉은 지붕의 자그마한 멜크 시가와 서쪽으로 흐르는 도나우를 내려다본다.

눈앞에 전개된 싱그러운 자연, 강을 따라 멀리 뻗어나간 울창한 수림이 한 시간 넘게 어두운 공간에 갇혀있던 눈의 피로를 식혀준다. 저 푸른 숲의 뒤뜰, 은빛 도나우의 서쪽 구간이 유명한 서사시 니벨룽겐(Nibelungen), 신들의 무대다. 잠깐 동안이지만 영웅들이 겨루던 무용과 사랑의 전설 속으로 시간과 공간의 현실을 넘어본다.

테라스에서 뒤로 돌아서 건물 쪽을 바라보면 바로 눈앞에 두 개의 탑을 가진 수도원, 노란색 성당이 장엄하게 서있다.

| 수도원 성당 건물 |

전형적 바로크 양식인 이 건물은 바닥에서 정상까지 완전한 대칭으로 구성돼 있으며 두 탑 사이의 지붕에는 '부활한 그리스도 상'이 서 있는데 현재 공사가 진행되고 있어 잘 보이지 않는다.

그 아래 2층에 베드로와 바울로의 석상이 보이고 다시 1층 상부에는 성 미카엘(Michael) 등 수호성인의 상이 있다. 테라스에서 도서관으로 가노라면 60m 눈 밑으로 도나우 강의 유

| 수도원 도서관 |

람선 선착장 일대가 건너다보인다. 저쪽에서 올려다보는 수도원의 모습이 가장 장엄하다고 한다.

도서관으로 들어서면 천장까지 벽체를 가득 메운 책장이 숨 막히게 사방을 둘러싸고 있으며 가지런히 꽂혀있는 책들의 등표지 금 글씨가 장본의 권위를 말해주고 있다. 12개의 도서실에 10만 권의 고서와 9세기에서 18세기에 이르는 필사본 1,800여 점이 보관돼 있다는데 그 중 두 곳을 일반에게 공개하고 있다.

방 중앙 커다란 진열대 유리 안에 몇 권의 고서와 필사본이 펼쳐져있으며 천장에는 역시 파울 트로거가 그린 프레스코화가 보인다. 정의, 분별, 용기, 절제의 네 가지 덕목을 묘사한 그림이라고 한다. 사진은 찍을 수 있지만 플래시와 삼각대는 허용되지 않는다. 옆으로 난 문을 통해 규모가 작은 두 번째 도서실로 이어지고 그 끝에 나선계단이 있어 아래로 내려가면 수도원의 핵심인 바로크 성당으로 들어서게 된다.

이 건물 또 하나의 명물인 나선계단은 두 개가 있는데 아래에 거울이 달려있고 계단의 손잡이와 밑판의 나뭇잎 무늬가 돌아가며 환상적 소용돌이를 만들어 흥미로운 소재로 기념사진의 표적이 된다. 흡사 만델브로트(Mandelbrot)의 프렉탈(fractal) 도형을 연상시키는 이미지를 얻을 수 있다.

1702년부터 근 20년 걸려 세워졌다는 성당은 세계적으로 정평이 나 있는 바로크 교회당의 교과서적 표본이며 내부로 들어서는 순간부터 그 화려함에 압도당한다. 건물 외부만 노란 것이 아니라 4kg의 금이 사용됐다는 내부도 찬란한 황금빛이다.

근래 이뤄진 개장 공사로 300년 세월의 고풍스러운 분위기는 별반 느낄 수 없으나 대리석 바탕 도처에 금박을 입힌 성당 내부는 장엄하다기 보다 오히려 현란하다는 표현이 알맞을 만큼 호화롭다. 대단했다던 수도원의 권세를 실감하게 된다. 특히 돔의 창에서 햇빛이 내려 비치면 반짝이는 장식으로 더욱 볼만하다는데 베네딕토 수도회에서 성당은 '지상의 천국'을 뜻했다고 하니 그만한 정성은 당연했는지도 모르겠다.

갈리 비비에나(Galli Bibiena)의 작품인 주 제단은 순교를 앞둔 베드로와 바울로의 작별 장면을 중심으로 금빛 입상과 대리석 기둥으로 눈부시게 장식돼 있다. 둥글게 뚫린 캐노피를 둘러 싼 천장에는 요한 미가엘 로트마이

| 수도원의 나선계단 |

| 호화로운 바로크 성당 |

어(Johann Michael Rottmayr)의 프레스코화가 정교한 솜씨로 천국의 모습을 그리고 있다.

유럽 최대의 바로크 건축물 멜크 수도원

성당 구경을 마치고 뒷문으로 나오니 대리석 홀과 도서관 사이의 발코니 아래층인 콜로만의 뜰이 된다. 아치를 통하여 멀리 도나우 쪽을 다시 한 번 바라본 후 14시40분, 수도원과 작별하고 주차장을 향한다. 도중 보류해 두었던 출입문 밖 정원에 들러 현대 조각도 보고 잠시나마 바로크 정자도 구경한다.

15시 멜크 수도원을 출발, 고속도로 A1 표지를 따라 약 2㎞ 남쪽으로 주행한 후. 라운드어바우트에서 첫째 출구 오른편으로 나와 A1/E60으로 진입하고 서쪽으로 진로를 잡는다.

우측으로 나란히 달리던 노란 성채, 궁궐 같은 멜크의 수도원이 점점 뒤로 멀어지며 작아져 간다. 차창을 스치는 바람, 그렇게 한번 뿐인 잡을 수 없는 시간도 흘러가 버린다. 이것도 다시 못 볼 그림인걸, 하며 또 한 번 뒤를 보니 온갖 것을 끌어안고 싶은 서운함이 진한 그리움으로 가슴을 적신다. 해를 거듭하면서 점점 심성이 여려지는 것 같다.

A1/E60은 사흘 전 비엔나로 가던 길이다. 암스테텐 부근, 여전히 상태가 좋지 않은 도로에서 차들이 계속 추월해 간다. 엔스(Enns) 못 미쳐 휴게소에 들러 멜크 구경으로 나른해진 몸을 잠시 쉬어가기로 한다.

16시30분 출발, 아스텐(Asten)을 지나 프라인도르프(Freindorf) 부근 입체교차에서 그동안 신세진 A1/E60과 작별하고 프라하(Prag), 린츠(Linz) 표지를 따라 90도 오른쪽으로 회전하며 A7/E55로 진입한다. 약 6㎞ 직진하여 나타나는 린츠 시내로는 들어가지 않고 오른쪽 외곽을 스치는 E55를 따라 계속 북상한다.

린츠는 모차르트 베토벤 등 음악가와 인연이 깊은 도시다. 1783년 작품인 모차르트의 교향곡 36번은 '린츠'를 표제로 한 곡으로 단 3일 만에 이 도시에서 작곡됐다고 한다. 브루크너도 오르간 주자로서 13년을 이곳에서 보냈다.

린츠를 지나 도나우의 다리를 건너고 다시 북쪽으로 30여㎞ B310/E55를 따라 진행하여 국경이 가까운 도시 프라이슈타트(Freistadt)를 통과한다. 구릉, 마을, 숲이 어울려 만든 곡면의 전원가경을 양쪽으로 가르며 도로가 흐르듯 나아간다.

우리말에 아름다움을 표현하는 수식어가 너무 귀해 가급적 쓰기를 아껴왔는데 국경이 가까워 오면서 숲과 초원이 이루는 이 부근의 조화는 정말로 아름답다는 말을 사용하지 않을 수가 없다. 잔디 같은 풀밭에 나무 모양까지 가꿔 놓은 듯 혼자 즐기기 아까운 경치다. 불로비츠(Wullowitz)의 들판을 지날 때는 구름 사이에서 햇빛까지 잠깐 비추어 국경을 넘는 축복을 내려주는 듯하다.

18시 오스트리아 국경 초소에 도착 여권을 제시하여 스탬프를 받고 이어 체코 측 초소도 차질 없이 통과한다. 눈에 띄는 첫 번째 주유소에 들러 자동차도로의 통행권(Vignette)을 구입하고 기름을 보충한다. 최소 단위인 15일분이 체코 통화로 200코루나인데 아직 환전을 못했다니까 환산하여 8유로를 받는다. 판매 날짜에 펀치를 한 통행권에 차번호를 기입한 후 한 쪽을 차창에 붙이고 나머지 좁은 쪽은 보관했다 단속 시 제시하라고 한다.

국경을 넘어서도 빼어난 경치는 계속해서 이어진다. 경치도 훌륭하지만 관리도 잘 돼 있다. 3/E55를 약 10㎞ 북으로 달려 카플리체(Kaplice)를 지나는 길에 슈퍼마켓이 하나 나타난다. 저녁거리는 대강 되는데 햄만 좀 더 있으면 좋겠다는 필 여사의 희망으로 안에 들어가 8코루나짜리 햄을 하나 들고 계산대 줄에 선다.

출납키를 두드리고 물건을 검은 비닐에 넣어 내주던 뚱뚱한 아주머니가 유로로 내겠다니까 안 된다며 쌀쌀하게 햄을 빼어버린다. 상점에서 유로화폐가 통하지 않는다는 사실을 몰랐으니 할 수가 없다. 꼭 필요했던 것도 아니니 단념하고 차로 돌아오는데 한 젊은 아가씨가 쫓아 나오더니 필 여사를 잡고 말을 건다. 잠깐 실랑이를 하는 듯 하더니 여자는 안으로 뛰어 들어가고 난처한 표정을 한 필 여사가 까만 봉지를 들고 온다.

외국 관광객이 물건을 못 사고 나가는 것이 안 됐던지 그 젊은 여자가 대신 돈을 내고 햄을 사다 준 것이다. 그리고는 유로로 돈을 주겠다는 손을 뿌리치고 도망갔다는 것이다. 고맙고도 미안한 마음으로 잠시 당황하다가 갖고 간 선물용 볼펜세트라도 줘야겠다며 필 여사가 부리나케 따라갔지만 한참 만에 찾지 못했다며 돌아 나온다.

인간으로서의 한 존재, 그 살아 있는 시간은 너무나 짧고 보잘 것 없는 것이다. 그 중 제 홀로 흐뭇할 수 있는 기회가 과연 몇 번이나 찾아 올 것인가? 남에게서 감격을 받은 귀중한 보람이 스스로의 행동같이 즐거워지며 다시 그에게 과보로 돌아갔음을 의심없이 느낀다. 별것 아닌 사소한 일이라고 웃어넘길 일이 아니다. 순박한 반가움, 맑은 기쁨이 다른 이에게 절로 옮아간다는 사실을 근거 없다고 부정하지 말자. 남을 위한 듯 행한 일이 그대로 나를 위한 적선이 되는 것이다. 기쁨을 느꼈을 때에는 이웃에게 즐거움을 선사한다. 마치 아름다운 것을 보고 있는 아이들 자신이 더없이 아름답게 보이는 이치와 같은 것이다.

참말로 우리에게 필요한 것은 무엇을 소유할 것인가가 아니고 어떻게 느끼느냐 하는 것이다. 8코루나 짜리 사소한 기쁨은 그만큼 소중한 것이다. 그 인생의 값어치를 어찌 두 푼 자잘한 효용에 견줄 것인가? 집에 돌아가 거리를 다니다 이 같이 베풀 수 있는 기회를 한 번이라도 갖고 싶다. 얼마나 반가울까? 어울리지 않는 상상에 잠겨있는 동안 157번 도로를 만나 좌로 회전하고 서쪽으로 15㎞를 달린다.

남부 보헤미아의 지형은 숲과 밭이 굽이지는 나지막한 언덕의 연속이다.

구름이 그늘로 물들이는 푸른 그러데이션 곳곳에 붉은 기와 뾰족 탑의 마을이 그대로 한 폭, 중세의 그림이다. 몇 백 년을 변화 없이 지내온 듯 조용한 시골길은 첫 번째 선물을 햄으로 안겨준 체코의 인상으로 인해 한층 더 정겹다. 다시 하늘이 어두워지며 가는 비가 아스팔트를 적시는 저녁 19시 10분, 오늘의 목적지인 13세기의 마을 체스키크룸로프로 진입한다.

체코 국민, '마시는 빵' 으로 부를만큼 맥주 사랑

체코(Czech)의 정식명칭은 체코공화국(Česká Republika)이다. 유럽 한복판에서 독일, 폴란드, 슬로바키아, 오스트리아와 국경을 접하는 내륙국이며 수도는 프라하(Praha), 인구는 약 1,030만, 면적은 78,866㎢로 폴란드, 슬로바키아인과 같이 슬라브계에 속하는 민족이다.

국토는 서부의 보헤미아(Bohemia)와 동부의 모라비아(Moravia), 그리고 모라비아 서북 일부인 실레시아(Silesia) 등 세 지방으로 크게 나뉘고 완만한 고원과 습지, 초원과 삼림이 뒤섞인 넓은 평원에 호수와 마을이 자연스럽게 자리를 잡아 조화를 이룬다. 통화의 단위는 코루나(Koruna, Kc)이고 1코루나는 우리 돈으로 약 45원에 해당한다.

1세기부터 켈트인이 거주했으나 6세기에 슬라브족이 터전을 잡게 되고 이들이 현 체코인의 조상이 된다. 9세기 전반에 체코와 슬로바키아가 통일된 대 모라비아 왕국을 수립하지만 10세기 초 슬로바키아는 헝가리에 점령된다. 10세기에 보헤미아 왕국이 세워지고 폴란드와 헝가리 왕을 겸하는 등 국력이 차차 커지다가 14세기에 카를 4세가 신성로마제국 황제에 오르면서 전성기를 맞는다. 그러나 후스파의 종교개혁으로 일어난 30년 전쟁의 결과 신성로마제국 합스부르크가 세력 밑으로 들어가게 되고 19세기 후반에는 오스트리아, 헝가리 등 강대국의 지배를 받게 된다.

제1차 세계대전 후 체코슬로바키아 공화국은 독립을 선언하고 한 때 반

공 · 반독의 입장에 서기도 했으나 1939년, 다시 나치스의 압박으로 독일에 편입되고 만다. 제2차 세계대전 후 독일의 패전으로 체코슬로바키아는 새롭게 살아나 소련의 세력 하에 공산 정권이 수립되지만 스탈린 압제에 대한 불만이 폭발하면서 '프라하의 봄' 으로 일컬어지는 자유화 민주화의 바람이 불게 된다.

1968년 소련을 포함한 바르샤바조약기구의 침입으로 개혁 바람은 일단 좌절되지만 1989년 재차 일어난 반체제연합의 봉기로 피 한방울 흘리지 않고 공산체제를 무너뜨려 민주화를 성취한다. 이 시민혁명을 '벨벳(Velvet) 혁명' 이라고 부른다. 1993년, 체코와 슬로바키아는 민족적, 문화적 이질성과 경제적 차이를 극복하지 못하고 소위 '벨벳 이혼' 이라는 평화적 방법을 선택, 2개 공화국으로 분할 독립하는 길을 선택했다.

동유럽에서 가장 높은 생활수준과 문화를 가졌던 공업국가 체코는 현재 서구의 자본주의를 받아들여 경제적 기반을 착실히 다져나가고 있다. 1999년 3월 12일 NATO 가입이 이뤄졌고 2004년 5월 1일에는 유럽 연합의 정회원국이 되었다. 사회주의는 자본주의에서 자본주의로 가는 가장 먼 길이라고 했던가?

체코는 카프카(Franz Kafka)와 쿤데라(Milan Kundera) 등 저명한 작가의 나라이자 국민악파의 원조 스메타나(Smetana, 1824)를 비롯하여 2004년 서거 100주년을 맞은 드보르작(Dvorak, 1841) 그리고 낭만과 우수의 작곡가 말러(1860) 등 이름난 음악가의 고향이다.

구스타프 말러는 헝가리 지배하의 오스트리아, 현재는 체코 보헤미아 지역의 작은 도시인 칼리시체(Kaliště)에서 태어났다. 독일 문화권을 생활 터전으로 한 유대계 작곡가로서 체코, 오스트리아, 유대에 속하지만 또 어디에도 끼지 못하는 3중 실향민 신세를 평생 자탄하면서 살았다. 근대음악 발전의 과도기에 속한 인물로 낭만파적인 교향곡의 마지막 작곡가라고 할 수 있다. 기댈 곳 없는 이방인적 기질은 음악에도 나타나 세기말적 염세관이

| 체스키크룸로프의 숙소 |

나 절망감, 생의 애환을 표현한 난숙한 탐미감은 아름다움을 넘어 이상한 슬픔의 세계로 사람을 끌어들이는 힘이 있다.

이 나라의 맥주는 마시는 빵이라고 불릴 만큼 국민이 애용하는 음료로 단연 최상의 맛을 자랑한다. 황금색 근대 라거(lager)의 걸작인 필젠 타입의 맥주 필스너(Pilsner)는 체코의 도시 플젠(Plzeň)에서 비롯된 것이다.

홉의 성분이 많아 쓴 맛이 강하지만 담백하여 전 세계적으로 즐겨 마시는 맥주로 자리를 잡았다. 필스너가 유명해 지자 독일에서 도이치 필스너를 만들어 출시하면서 필스(Pils)라고 불렀다. 이와 구별하기 위하여 체코식 맥주를 필스너 우르켈(Pilsner Urquell)이라고도 한다.

병이나 캔보다는 동네 술집에서 파는 생맥주가 제격이라고 하는데, 진짜 체코 생맥주는 거품 위에 1센트짜리 동전을 올려놓아도 빠지지 않는다고 읽은 기억이 있다. 믿을 수 있는 얘긴지 모르겠다. 농담을 진담으로 들었는지는 모르지만 체코어는 세계에서 가장 발음하기 어려운 언어로 기네스북에 올라있다고 한다. 천만다행인 것은 맥주를 뜻하는 체코말 피보(Pivo)가 전혀 어려운 발음이 아니라는 사실이다.

체스키크룸로프의 시 중심(Zentrum)을 향해 표지를 따라가다 보니 공원 같은 큰 주차장이 나타나고 도시로 향한 도로는 차단막대로 막혀있다. 차는 주차장에 맡겨놓고 도심에는 걸어 들어가라는 뜻인 모양이다. 숙소를 잡아야 하기 때문에 관광안내소를 찾아 무작정 부근을 돌아다니다 길옆에 차를 세운 한 아주머니를 만났다. 마땅한 숙소가 있으면 소개해 달라는 말에 잠시 생각하더니 따라오라고 한다. 구시가를 둘러싼 블타바 강에서 동쪽으로 약 500m 떨어진 조용한 교외, 녹음에 둘러싸인 깨끗한 펜션이다.

19시 30분, 집 앞에 주차하고 체크인 한다. 나이 지긋한 주인아저씨는 싸고 좋은 자기 집을 용케 찾아왔다고 그 이유를 종이에 적어가며 설명한다. 시내에 주차를 하면 한 시간 1유로씩 1일 24유로가 들고 웬만한 호텔에서도 하루의 주차료가 200코루나로 7.5유로는 받는데 자기 펜션에서는 주차가 무료니 많이 유리하다는 것이다. 그대로 믿을 수는 없다 해도 어쨌든 아주머니가 숙소는 잘 잡아주었다는 생각에 다시 고마워진다. 체코의 행운은 아직도 진행 중이다.

제대로 비가 내리기 시작한다. 밖을 내다보니 사랑스러운 우리 푸조가 바로 창 밑에서 빗방울을 튕겨 올리고 있다.

√숙소

Penzion Rajský Nad Nemocnici 430, 381 01 Ceský Krumlov
T: 00420 380 711 557 더블 룸, 아침식사 포함, 주차무료,
Euro45/일 (5/30일-31)

체코

Czech Republic

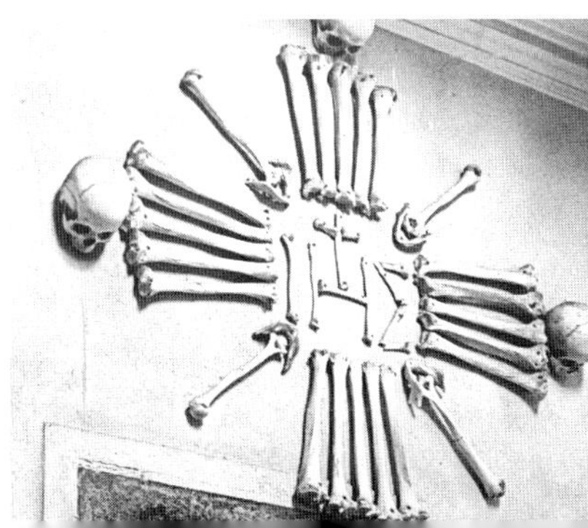

25일. 환상의 중세 마을 체스키크룸로프

5월 31일 수요일

Český Krumlov (보행 11.2㎞)

뷔페로 마련된 아침식사는 뜻밖에 풍부하고 웬만한 호텔 못지않게 다양하다. 훌륭한 뷔페를 만나면 흐뭇하면서도 속 좁은 탓인지 좀 억울한 느낌이 든다. 점잖은 체면에 들고 나올 수도 없거니와 입이 짧은 편이라 작심하고 먹어봤자 별거 아니기 때문이다. 간식거리를 휴지에 싸서 스스럼없이 들고 나가는 젊은 아가씨도 있긴 하던데 나이 든 외국 사람이 따라 하기에는 아무래도 좀 낯간지러운 모양새다. 어쨌든 이 집은 신축한 지 오래 되지 않은 듯 깨끗하고 조용한데다 구시가까지는 서쪽으로 약 800m, 천천히 걸어서 15분 정도라니 멀지도 않아 마음에 든다. 숙박업소가 많은 곳이라 찾아보면 더 가깝고 싼 곳이 있을 것 같지만 분위기가 좋아 이대로 만족하기로 한다.

프라하에서 자동차로 약 세 시간 남으로 180㎞ 떨어진 곳에 중세의 정서와 규모를 온전히 보존하고 있는 해발 492m, 인구 1만5천의 소도시 체스키크룸로프가 있다.

독일, 오스트리아 국경을 따라 서남으로 뻗은 수마바(Šumava) 산맥과 동남쪽으로 흐르는 노보흐라드스케(Novohradské) 산줄기 사이에 남 보헤미

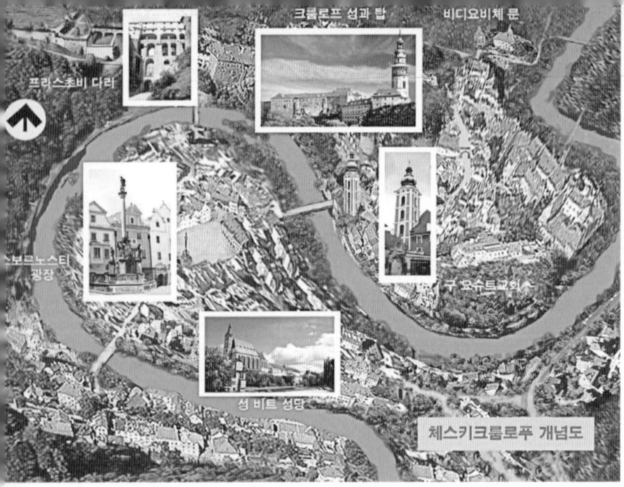

| 체스키크룸로프 개념도 |

아 700년의 역사를 간직한 채 곱게 안긴 이 옛 도시는 '숲의 진주', '작은 프라하'로 불리며 세상에 알려진 아름다운 마을이다.

블타바(Vltava, 독일어로 Moldau) 강의 상류, 폭이 넓지 않은 냇물이 남동에서 흘러들어와 마을을 가로세로 뱀처럼 굽이돈 후 오메가(Ω)자를 그리며 북동쪽 프라하를 향해 빠져나간다. 강에 둘러싸인 둥근 반도 안에 구시가와 광장이 있으며 강 너머 북쪽 언덕에 높이 앉은 크룸로프 성 및 수도원과 두 개의 다리로 연결된다.

프라하 성에 이은 체코 두 번째 규모인 고성(古城), 세계에서 가장 오래된 바로크 극장 그리고 300개 건물을 포함한 문화유적 등 특출한 역사적 가치를 인정하여 유네스코는 1992년 이 도시 전체를 세계 문화유산으로 지정했다. 2002년 8월에 일어난 대홍수로 마을이 크게 피해를 입었으나 완전히 복구되어 관광에는 지장이 없다.

체스키는 보헤미아 또는 체코라는 뜻으로 체스키크룸로프는 모라비아에 있는 또 하나의 크룸로프인 모라브스키 크룸로프(Moravský Krumlov)와 구별하기 위한 이름이다. 크룸로프는 독일어에서 유래한 말로 '과세가 부당한 초원'이라는 의견도 있다지만 1253년 기록에 나오는 '굽이진 강가의 초원'(Crhumbenowe)이란 해석이 주변 정서에 비추어 보다 자연스러운 느낌이다.

크룸로프 성은 1250년경 체코의 귀족 비트코베츠(Vitkovec)의 분파인 비테크(Vitek)의 성으로 건설된 후 1302년부터 300년간 이 마을을 지배한 로즘베르크(Rožmberk) 가문에 의해 규모가 점차 확장됐으며 15세기에 이르러 체코를 뜻하는 체스키라는 이름이 머리에 붙게 되었다고 한다. 성은 16세기에 르네상스 양식으로 재건되어 새 모습을 갖추었고 1602년, 루돌프 2세(Rudolf II)가 구입하면서 합스부르크가의 지배 하로 들어갔다. 30년 전쟁 중 오스트리아, 덴마크의 점령으로 한때 재정적 궁핍을 면치 못했으나 1622년 에겐베르크(Eggenberg)가로 이전돼 중흥의 기틀을 마련한다. 1719년, 슈바르젠베르크(Schwarzenberg)가로 다시 소유가 바뀐 성은 유능한 정치가 요제프 아담스(Josef Adams)에 의해 로코코 양식으로 크게 개축됐는데 현재 볼 수 있는 내·외장의 대부분이 이때 이뤄진 것이라고 한다.

이 작은 도시가 이렇듯 커다란 세력과 풍부한 경제력을 갖게 된 배경에는 주변에서 생산된 질 좋은 은이 있었다. 성주와 상인들은 품질이 뛰어난 은을 소금과 교환하여 막대한 부를 축적했고, 이를 바탕으로 크고 작은 건축물을 다투어 신축해 훌륭한 도시를 만든 것이다. 성곽 내 건축물이 프라하보다는 오스트리아 북부나 독일 남부의 건물을 닮았다는데 귀족과 부호들이 주로 이들 나라의 장인들을 불러 건물을 짓게 했기 때문이라고 한다.

| 동쪽 언덕에서 본 크룸로프 성 |

그 후 체스키크룸로프는 정체기를 거치며 1880년 이후 주로 독일인이 사는 거리로 변해 오랫동안 망각된 시절을 보낸다. 르네상스와 바로크로 꾸며진 옛 도시가 동화 속 마을같이 잘 보존된 까닭이 그 잃어버린 세월에 있다는 사실은 거의 틀림이 없다. 1938년, 크룸로프 마을은 체코의 희생이 강요당한 뮌헨 회담에 의해 독일인의 거리로 넘어가지만 1945년 2차 대전이 끝나면서 수복이 이뤄지고 1949년 마침내 체코의 국가 재산으로 귀속되었다.

도시 전체가 세계문화유산… '작은 프라하' 로 불려

프런트에서 지도를 한 장 얻고 시내로 출발하려는데 또 비가 내린다. 밖을 내다보던 주인 영감님이 뛰어나와 우산을 빌려준다. 환전을 부탁하니 펜션에서는 할 수 없고 시내 은행에서 바꾸는 것이 유리하다며 1유로에 27코루나 정도가 적정한 환율이라고 일러준다.

08시40분, 비옷 입고 우산 쓰고 호텔 문을 나선다. 차의 왕래가 드문 언덕길을 약 300m 걸어 내려가면 많은 사람들이 북적거리는 시외버스 터미널이다. 광장을 따라 서쪽으로 난 길로 고갯마루에 올라서니 홀연 눈 밑으로 구시가의 붉은 지붕이 깔리고 맞은편 동산에 크룸로프 성의 둥근 탑이 드러난다. 그동안 상상 속에만 머물러 있던 환상의 도시와 얼떨결에 맞이하는 초대면이다. 블타바 강에 안긴 마을에 안개같은 비가 내리고 전혀 다른 시간이 흐르는 세상, 마법의 성으로 초대받은 느낌의 감미로운 만남이다.

마을 사이로 나있는 급한 경사의 길을 내려가 오메가 꼴의 강, 잘록한 입구에 걸린 호르니 브라나(Horní Brána) 다리를 지난다. 좁고 평범한 다리로 보였는데 무심히 내려다보니 돌로 쌓아올린 높은 아치 다리다.

구시가 반도의 중앙을 동서로 뚫는 호르니 거리를 걸어간다. 왼쪽, 벽체에 블록 무늬를 그려 넣은 큰 건물이 호텔 루제(Hotel Růže)이고 오른편의 굴뚝 많은 베이지색 건물이 역사박물관으로 어느새 중세 한가운데서 옛날 포석 길을 걷고 있는 자신을 발견한다.

지금은 갤러리로 사용된다는 백색 부목사관(Kaplanka)에 붙어 남쪽으로 성 비트 성당(St. Vitus)이 자리를 잡고 서 있다. 독일의 건축가 린하르트(Linhart of Aldenberg)에 의해 1407년 착공돼 1439년 고딕으로 완공된 성당은 17세기와 18세기를 거치면서 바로크 양식으로 확장되었다.

세속적 권력을 대표하던 크룸로프 성과 견주어 15세기 이래 종교적 권능의 표징이었던 이 성당 첨탑은 성의 원탑과 나란히 마을의 상징으로 하늘 높이 솟아있다.

| 성 비트 성당 |

남쪽으로 난 돌계단을 올라 안으로 들어간다. 동서로 44m, 남북 20m, 높이 20m의 성당, 화려한 색조가 돋보이는 내부에는 성모 마리아와 수호성인 성 비트가 그려진 1683년의 3층 주 제단이 장엄한 모습을 보이고 있다. 북쪽에 유명한 성 네포묵(St. Nepomuck) 채플이 위치하고 있으며 여러 개의 측 제단이 성화와 로코코 장식으로 정교하게 꾸며져 있다.

호르니가 끝에서 갈라지는 골목을 왼쪽으로 돌면 블타바 강과 만나게 되는데, 거기 걸린 돌다리 베네세(Benese) 위에 서면 성당의 남면이 잘 보인다. 모처럼 내민 파란 하늘을 배경으로 성당의 검고 큰 삼각 지붕과 8각 첨탑, 세로로 긴 창의 이색적 외관을 사진 몇 장에 담는다. 그 우측에 붙어 길게 서 있는 호텔 루제도 이쪽에서는 높은 석축 위에 당당한 모습으로 보인다. 성당을 나와 구시가 중심인 스보르노스티 광장(Náméstí Svornosti)으로 들어선다. 통일이라는 뜻을 가진 이 광장은 체코 중세마을 중에서 가장 훌륭한 거리로 평가되고 있으며 북쪽에 16세기 르네상스식 하얀 4층 시청사가 자리를 잡고 있다. 1층의 아치 회랑과 4층 파라펫에 특색이 있는 건물로 왼쪽 벽체에 역대 가문의 문장이 붙어있다.

남쪽에는 페스트에서 구제된 것을 감사하여 1715년 세웠다는 분수 딸린 기념탑이 있으며, 수호성인 여덟 명이 둘러 선 기둥 위에 기도하는 마리아상을 볼 수 있다. 지나는 도시마다 만나게 되는 페스트 기념탑을 보며 중세 유럽의 흑사병 공포가 어느 정도였는지 짐작이 갈 만하다.

광장에서 서쪽으로 빠져 시내에서 가장 넓다는 환상도로 시로카 울리체(Siroká Ulice)를 북으로 걸으면 블타바 강에 섬처럼 돌출한 오스트로프(Ostrově)를 만난다. 여기 걸린 나무다리는 강을 건너 성의 뒷부분인 프라스초비(Plastovy) 육교로 연결된다. 블타바 너머 눈앞은 오른쪽으로 가며 높아지는 바위절벽이고 그 위에 크룸로프 성이 솟아있다.

| 페스트 기념탑 |

우리는 성의 정문으로 들어가기 위해 나무 다리를 건너지 않고 오른쪽으로 돌아 블타바 강 중앙에 걸려있는 라제브니츠키(Lazebnický) 다리로 걸어간다. 좁은 구역이라 들로우하(Dlouhá) 거리에서 반도 북쪽을 돌아 라드니츠니(Radnicni)로 이어지는 길은 200m에도 못 미치는 짧은 상가다.

레스토랑, 보헤미아 유리 제품과 목각 등 추녀를 맞댄 선물매점을 구경하다 신발가게를 발견한 필 여사가 뛰어 들어가 비닐구두를 하나 산다. 운동화가 발에 맞지 않아 며칠 고생하던 길이었다. 마침 옆에 은행이 있어 이번 여행 처음으로 환전을 한다. 1유로에 27.05코루나로 150유로를 바꿨는데 수수료를 떼고 4,042코루나를 내 준다. 몇 걸음 더 걷기도 전에 환전소(Cambio)가 하나 나타나는데 창밖에 1유로에 28.05코루나라고 붙어 있다. 순식간에 150코루나를 손해 본 것이다.

"점심 한 끼 날아갔구먼!" 필 여사가 중얼거린다. 조금씩 바꿀 걸 그랬나 하는 생각이 든다. 돈을 바꾼 다음 그 이상 유리한 레이트가 나타나지 않으면 '그때 많이 바꿔 둘 걸' 후회하고 더 좋은 조건을 만나면 '조금만 바꿀 걸' 하고 뉘우치는 것이 매번 당하는 환전의 생리다. 캄비오에서 겪는 희비는 두고두고 면할 수 없는 나그네의 숙명이니 환율이 좋으면 수수료가 비싸겠지 생각하고 잊어버리기로 한다.

라제브니츠키 나무다리를 건너면 오른쪽으로 구시가 경관을 지배하는 또 하나의 랜드마크, 청동 양파 지붕의 사각 탑이 높이 솟아있다. 회색에 하얀 줄이 산뜻한 이 건물은 14세기에 세워진 후 오랫동안 성 요슈트 교회(St, Jošt Church)로 사용돼 왔으나 1790년 일반 시민에게 매각되어 지금은 마리오네트 박물관과 레스토랑이 들어있다고 한다.

다리 건너 강북은 서쪽의 크룸로프 성과 동쪽 라트란(Latrán) 지역으로 크게 나뉜다. 라트란 거리는 옛날 성에서 근무하던 신하나 장인, 종업원이 거주하던 곳으로 현재는 상가로 되어있다. 다리를 지나 동쪽으로 향하던 포석 길은 상가 가운데를 크게 돌며 북쪽으로 언덕을 올라간다. 도중 오른편으로 갈라지는 길 노베 메스토(Nové Město)는 에겐베르크 맥주 양조장으로 연결되고 그 북쪽 일대가 14세기 중엽에 창건된 미노리테 수도원(Minoritský klášter)이다.

계속 100m 가량 북으로 올라가면 왼편으로 체스키크룸로프 성의 정문 체루베나 부라나(Cervená Brána)의 붉은색 나무 문이 모습을 드러낸다. 성으로 들어가기 전에 부근을 잠깐 돌아보기로 한다. 길 바로 북쪽에는 붉은

| 정문 체루베나 부라나와 라트란 연결문 |

기와의 오래된 문이 하나 서 있다.

옛날 성에서 라트란으로 나오는 연결 복도(Spojovací chodba) 구실을 하던 문으로 2층 창 달린 부분이 옥내 통로다. 이 문 밑을 통과해 200m 정도 직진하면 구시가의 북쪽 입구 부디요비체 문(Budějovická Brána)에 이르게 되는데 열 개 있던 시의 출입문 중 단 하나 남아있다는 것이다. 1602년에 건설된 붉는 고깔모자 지붕의 성문으로 안으로 향한 벽면에 해시계가 달려있고, 밖으로는 시의 문장이 붙어 있다.

다시 성으로 돌아와 붉은색의 체루베나 부라나를 지나 제1중정으로 들어간다. 1748년에 세워진 문의 윗부분에는 슈바르젠베르크가의 문장이 달려있으며 문 앞에는 40개의 건물과 다섯 개의 중정으로 구성된 크룸로프 성의 지도가 있어 자세한 내용을 살펴 볼 수 있다.

자메크(Zámek)라 불리는 성은 역대 성주에 의해 증 · 개축이 거듭된 결과 고딕, 르네상스, 바로크, 로코코 등 여러 스타일이 뒤섞인 복합건물 양식을 하고 있다. 300개에 이르는 방에 전시된 화려한 가구와 공예품, 그림은 각각 제작된 시대의 특성을 나타낸다. 그중 거울의 방(Zrcadlového sálu)이나 가면무도회장인 마스카레드홀(Maškarní sál)에서 개최되는 여름철 페스티벌과 바로크 극장에서 열리는 콘서트가 특히 볼만하다고 한다. 성의 출입은 무료로 자유로우나 탑과 성의 내부, 미술관은 입장권을 구입해야 구경할 수 있다.

제법 넓은 제1중정 구내는 종업원의 주택과 소금 창고(Solnice), 병원, 약국, 양조장 등이 있던 장소라고 한다. 제일 낮은 제1중정에서 서쪽에 있는 성채로 가려면 해자와 돌다리를 지나게 되는데 그 밑 구덩이에 1707년부터 운용해왔다는 곰 사육장이 있다. 옛날 옛적 성주님이 사냥을 나갔다 곰에 쫓겨 말을 타고 도망왔다고 한다. 간신히 해자를 넘어 다리를 올리자 곰이 도랑에 갇혀 돌아갈 수 없게 되었고 뱃속에 있던 새끼를 낳아 키운 것이 대대손손 지금까지 370년이 흘렀다는 것이다. 믿거나 말거나의 전설이다. 애들이 구경하느라 야단들인데 두 마리 곰은 천하태평 오수 삼매경이다.

다리를 넘어 건물 아래층에 굴 같이 뚫린 통로를 지나면 중앙에 원형 분수가 있는 제2중정으로 들어서게 된다. 뜰은 3방향으로 건물에 둘러싸여 있으며 비스듬한 오르막으로 제3중정으로 가는 서쪽 건물로 연결된다. 북에서 동쪽으로 걸친 건물은 현재 도서관으로 사용되고 있으며 앞에 4문의 대포가 놓여있다. 제2중정에서 뒤로 돌아 동남쪽을 바라보면 바로 코앞, 흐라데크(Hrádek)라고 불리는 작은 성 위에 체스키크룸로프를 대표하는 둥근 탑이 우뚝 솟아 있다. 그동안 멀리서만 바라보

| 제2중정에서 본 둥근 탑 |

던 대상을 직접 만질 수 있는 장소에 마침내 당도한 것이다.

크룸로프 성에선 종 대신 트럼펫 불어 시간알려

뜰 남쪽을 막고 있는 건물은 블타바 강 대안에서 볼 때 절벽 위의 4층 성채로 무척 험상궂었는데 중정 안으로 들어오니 밑의 2개 층이 지하에 묻혀 2층으로 낮아진 평범한 모습이다.

예전에 조폐국(Mincovna)으로 사용된 곳이라며 현재는 그 1층 창구에서 성내 투어의 입장권을 팔고 있다. 매표소에서 티켓을 사려고 했더니 여러 개 있는 창구가 전부 닫혀있고 12시부터 12시45분까지 점심시간이라고 적혀있다. 시계를 보니 정확히 열두시다. 할 수 없이 다섯 개의 중정과 그 뒤에 있는 성의 정원까지 먼저 돌아보기로 한다.

제2중정에서 건물 밑에 터널처럼 뚫린 제법 긴 통로를 거쳐 제3중정으로 들어간다. 네 둘레가 성채로 포위된 작은 뜰이다. 건물에 붙어 긴 벤치가 놓여 있는 것은 이곳이 성내 투어의 출발점이기 때문이다. 건물의 갈색 벽체는 돌을 쌓은 모습으로 보이도록 줄눈과 음영을 물감으로 그려놓았다.

구시가에서도 이런 치장을 많이 보았는데 옛날 유행하던 수법인 모양이지만 실물이 아닌 가짜 꾸밈새가 눈에 거슬린다. 벽체 상부에는 그리스와 로마시대의 설화를 묘사한 스그라피토(Sgraffito)의 그림이 많이 보인다. 다시 건물 아래 통로를 지나 찾아간 제4중정도 돌을 그려 넣은 벽으로 포위된 자그마한 마당이다.

이 세 번째와 네 번째 중정을 둘러싼 성채(Horni zámek)에 있는 방들이 크룸로프 성의 궁정 부분이며 성내 투어로 구경하게 되는 곳이다. 14세기에서 18세기에 걸쳐 르네상스 건축가들에 의해 성의 형체는 서서히 완성돼 갔는데 그중 제4중정 부분은 바위가 거칠어 지하에 3개 층이 생길 정도로 공사가 힘들었다고 한다. 지하 일부는 감옥으로 사용돼 1394년 체코 바츠라프(Václav) 4세가 유폐됐었다고 하며 지금은 도자기를 전시한 갤러리로 운용된다. 별도로 30코루나의 입장료를 받고 있다.

제4중정을 나와 서쪽으로 다시 굴 같은 통로를 지나면 3층 아치의 석조 교각 위에 4개 층의 건물이 덮여있는 크룸로프의 명물 프라스초비 다리(Plášťový most)를 건너게 된다.

| 프라스초비 다리 |

망토(Cloak)라고도 불리는 이 다리는 후방에서 침입하는 적을 방어하기 위해 1686년 목조 도개교로 건설된 후 차차 돌다리로 바뀌었고 성과 서쪽 언덕 사이의 깊은 골짜기를 이어주는 역할을 했다. 벽체가 없는 건물의 1층 부분은 서쪽 제5중정으로 연결되는 통로로 사용되는데 난간에 뚫린 반원형 구멍을 통해 구시가와 블타바의 그림같은 모습이 내려다보인다. 벽으로 싸여있는 위의 3개 층 중 2층 부분은 성의 마스카레드홀에서 제5중정의 바로크 극장으로 연결되고 맨 위층은 성의 상층부에서 서쪽 언덕에 전개되는 17세기의 광대한 정원으로 직접 이어진다.

| 프라소초비 난간을 통해 본 구시가 |

프라스초비의 다리를 걸으며 수백 년 역사의 기억을 간직한 채 조용히 숨 쉬는 중세의 거리, 평화로운 모습을 바라다본다. 뱀같이 굽이도는 강물을 따라 갖가지 형태의 붉은 지붕이 곡선을 그려나간다.

어디를 잡으나 그대로 작품이 되는 체스키크룸로프의 포근한 분위기, 그 매력을 새삼 느낄 수 있는 정경이다.

제5중정에는 1682년 에겐베르크의 요한 크리스찬(Johann Christian) 1세가 세운 바로크 극장이 있다. 1766년 슈바르젠베르크가의 요제프 아담(Josef Adam)에 의해 개조된 시설이 남아있어 18세기 후반의 무대장치를 보유한 전 세계 두 개의 극장 중 하나로 인정 받는다.

극장 무대는 수동이기는 하나 배경이 순간적으로 바뀔 만큼 우수하다고 하며 오케스트라피트, 객석, 조명시설, 의상실과 소화시설까지 17-19세기의 원형이 그대로 유지되고 있다. 내부를 구경할 시간이 없어 겉으로만 보고 지난다. 입장료는 한사람에 180코루나다. 18세기의 무대장치를 가지고 있는 또 하나의 극장은 스웨덴 스톡홀름 부근 드로팅홀름(Drottningholm)에 있으며 1766년에 세워졌다고 한다.

| 폭포 분수 |

극장을 지나 더 서쪽으로 가면 17세기 후반에 만들어진 광대한 정원을 만난다. 길이 750m에 폭이 150m인 네모반듯한 이 공원은 구시가 반도보다도 더 큰 면적을 가지고 있다. 입구로부터 차례로 기하학적 대칭화단의 프랑스정원, 폭포 분수(Kaskádová fontána)로 4m정도 높아진 영국식 정원, 다음으로 넓게 펼쳐진 숲, 그리고 연못 등 크게 4부분으로 구분돼 있다.

숲 가운데는 무대가 돌아가는 대신 경사진 원형 관람석이 회전하는 특이한 노천극장이 있어 여름 한철 좋은 구경거리를 제공한다. 1958년 첫선을 보일 때는 인력을 사용했지만 현재는 650의 객석을 전동모터로 돌린다는데 상업적 관람시설이 유서 깊은 바로크의 분위기를 그르친다는 비판의 목소리도 적지 않은 모양이다.

노천극장까지는 가지 못하고 도중 돌계단 사이에 설치된 폭포 분수에서 그리스 신화의 석상들을 카메라에 담은 후 성내 투어를 위해 제2중정으로 돌아 나온다.

12시50분, 매표소로 들어가 입장권을 구입한다. 성 내부의 투어는 제1, 제2 두 가지 루트가 있는데 각각 소요시간이 한 시간이며 체코어와 외국어 가이드로 나눠진다. 제1루트는 궁전 내 르네상스와 바로크 시대의 방을 돌게 되고 제2루트는 슈바르젠베르크가가 생활했던 방을 보게 되는데 주로 초상화가 있는 화랑, 침실, 객실을 거치면서 가구 집기 등 19세기의 생활양식을 구경한다. 매주 월요일은 휴일이고 내부에서는 일체 사진촬영이 금지된다.

| 크룸로프 성의 원탑 |

한 사람에 160코루나인 제1루트의 영어 티켓을 두 장 산다. 체코어의 요금 100코루나에 비해 외국어 투어가 많이 비싸다. 45명 미만의 인원으로 팀을 짜서 적당한 간격을 두고 들여보내는데 우리 표는 입장시간이 14시20분, 1시간 30분을 더 기다려야 한다. 그 시간을 이용해서 제2중정의 동남 모서리에 서 있는 성의 탑(Zámecká věž)을 구경하기로 한다.

불타바 강 위 30m 암벽에 높이 54.5m의 탑이 우뚝 서 있다. 그 둥근 면에는 고딕에서 르네상스로 세월 따라 흘러 온 시대적 특징이 연륜처럼 아로새겨져 있다. 외벽에 돌 무늬와 프레스코 인물상이 빽빽이 그려진 '흐라데크' 라고 불리는 작은 성채와 그 위에 높이 서 있는 탑은 13세기 전반기에 건설이 시작됐다.

1층과 2층이 가장 오래된 부분이며 직경 12m인 원통 외벽에 돌의 형상이 갈색 음영으로 묘사돼있다. 3층은 14세기에, 르네상스식 종루인 4층은 15세기 초에 건설된 것으로 추정되고 있으며 외벽은 분홍색 줄과 네모 무늬로 장식돼 있다.

1581년, 이탈리아의 건축가 발다사레 마기(Baldassare Maggi)에 의해 고딕에서 르네상스 스타일로 대대적인 개조가 이뤄졌는데 5층에 19개의 기둥을 가진 아케이드 갤러리가 설치되면서 지금 보는 바와 같은 채색된 조각과 그림이 벽면에 장식됐다.

1760년부터 파수병이 탑에 상주하면서 열주 회랑에서 트럼펫을 불어 종 대신 시간을 알렸으며 그로부터 이곳은 시민과 떨어질 수 없는 친근한 공간으로 자리를 잡았다고 한다. 아케이드 청록색 지붕 위, 작은 유리창이 달린 6층에는 사방으로 네 개의 둥근 시계가 달려있으며 크게 좁아진 맨 정상의 갤러리 탑에는 종이 매달려 시간을 알렸다. 맨 위 청록색 지붕에서 가느다란 철봉이 하늘로 뻗어있다.

탑 전체에 개축된 자취가 뚜렷하고 층마다 양식과 구조가 달라 일견 질서없이 혼란스럽지만 반면 서툴러 보이는 투박한 기교에서 옛 시절의 다듬지 않는 정감이 은은히 느껴지기도 한다. 19세기 들어 도시 활동의 정체로 성과 탑도 침체기를 겪었으나 1947년 대규모 보수공사가 시행되었다. 1996년에는 벽면 조각과 도장을 개수하여 예전과 같은 모습을 찾게 되었다고 한다.

흐라데크로 들어가서 계단을 올라가는 도중에 매표소가 있어 일인당 35코루나의 입장권을 산다. 나무로 된 나선계단을 돌아 어두운 탑 속을 올라가자면 중간에서 돌계단으로 바뀌고 철거된 자재가 쌓여있는 빈 방을 지난다. 방 내부는 목재 틀로 되어있으며 그 외부에 돌을 쌓은 듯하다. 3층 정도 되는 곳에 탑의 목조 모형이 놓여있고 한 층을 더 오르면 어두운 공간에 두 개의 종이 매달려있다.

162단이라는 계단을 밟고 올라 드디어 5층의 열주 회랑, 훤하게 밝은 세상이 열린다. 눈 아래 360도로 전개되는 크룸로프의 성채와 중정, 그리고 중세 도시의 풍경이 눈부시도록 아름답다.

아침에 보고 온 성 비트 성당의 십자가가 반짝 빛나고 급히 돌아가는 블타바 강이 붉는 지붕, 푸른 숲의 꽃밭 같은 마을을 싸고 흐른다. 내고 들이쉬는 거리의 숨결이 생생히 피부에 와 닿으며 옆의 기둥 사이에 트럼펫으로 팡파르를 울리는 초병의 모습이 보이는 듯하다. 그들은 먼 곳을 바라보고 일기도 예보했다는데 좋은 날씨는 흰색, 비가 다가오면 붉은 기를 흔들었다고 한다. 얼마나 한가하고 평화로운 풍경이었을까.

| 원탑에서 내려다 본 강과 시가 |

그 모습을 머릿속에 그려보고 있는데 마침 막내에게서 전화가 온다. 참 좋은 세상이 됐다. 손바닥만한 기계를 입에 대고 이 보헤미아 마을의 신기한 모습을 지구 저편으로 실어 보낸다. 전달능력은 트럼펫의 수만 배는 넘었겠지만 그간 세상사 만족도는 얼마나 늘었을까? 과연 좋아지기는 한 것일까?

5층 갤러리에서 관광은 끝이고 그 이상은 올라가지 못한다. 밑으로 내려오니 아직 시간이 남아 있어 제1중정 벤치에 앉아 오가는 사람을 구경한다. 토끼고기를 판다는 행상 아저씨가 필 여사에게 사과 한 개를 선물로 준다. 간식과 함께 사과를 먹으며 시간을 보내는 사이, 우리나라 단체 관광이 두 팀이나 지나간다. 동양인으론 일본 사람뿐이던 이곳에 우리나라 단체도 차차 늘어나는 모양이다. 제1중정에 있는 인터넷카페에서 무료화장실을 이용하고 곰도 구경해가며 시간 맞춰 투어가 시작되는 제3중정으로 올라간다. 그새 지나갔던 한국 사람들이 삼삼오오 내려온다. 프라스초비 다리까지 다녀오는 모양이다.

14시20분, 제3중정 서남쪽 방에서 투어를 시작한다. 계단을 아래로 내려가 맨 먼저 들어가는 방이 성 이지 채플(kaple sv. Jirí)이다. 1334년부터 문헌에 등장한다는 이 예배당은 1753년의 보수공사로 로코코 양식을 갖추었으며 제단에 성 칼릭스투스(St. Calixtus)의 유해를 모시고 있다.

| 투어가 출발하는 제3중정 |

다음은 로즘베르크가의 르네상스식 네 개의 침실을 차례로 구경한다. 방은 태피스트리와 초상화로 잘 꾸며져 있다. 특히 세 번째 방은 다섯 개의 장미 꽃잎으로 된 로즘베르크(Rožmberk) 문장이 온 천장을 장식하고 구약성서의 이야기와 그리스 신화가 그려진 1577년의 프레스코 벽화가 있어 볼만하다.

네 번째 방에는 많은 문장과 '파리스(Paris)의 심판' 등 여러 그림이 있는데 그중에서 울리히 2세의 불운했던 딸, 페르흐타(Perchta)의 초상화와 그에 관한 사연이 흥미롭다.

원치 않던 결혼을 강요당한 페르흐타는 죽은 후 크룸로프 성을 배회하게 됐다는 혼령, '하얀 아씨' (Bílá paní -

The White Lady)의 주인공이다. 흰 옷으로 나타나면 좋은 징조고 검은 옷을 입었으면 재해를 암시한다는 전설이 전 보헤미아에 널리 퍼져있다고 한다. 이 외에도 성 안에는 방마다 전해지는 괴담이 적지 않다는데 수백 년 고성에 귀신 이야기가 없다면 오히려 이상한 노릇이다.

방마다 일일이 열쇠로 여닫으며 안내하는 가이드

가이드는 열쇠로 방문을 열고 손님이 다 입장하면 인원을 세어본 후, 입구를 잠그고 설명을 시작한다. 나갈 때도 출구를 열쇠로 열고 지켜 서 있다가 일행이 다 통과하면 다시 채우고 부리나케 앞장서서 팀을 인솔한다. 모든 가이드가 열쇠를 한 움큼씩 들고 다니며 한사람도 예외 없이 방마다 되풀이하니 열쇠에 불이 날 지경이다. 한 문에서 앞 뒤 가이드가 같이 만나면 생략할 만도 한데 굳이 앞 사람은 잠그고 다음 가이드가 지켜 서 있다 다시 연다. 대단한 귀중품이 있어 보이지도 않으니 성의 위엄을 높이려는 의도인 것 같은데 덕분에 이곳에서는 사진 찍을 기회를 잡을 수가 없다. 가이드 딸린 투어를 적잖이 해 봤고 촬영이 금지된 곳에서도 눈치껏 몇 커트는 찍어 왔는데 이렇게 꼼짝 못한 경우는 처음이다.

제2중정과 제3중정 사이의 복도를 지나 이층으로 올라간다. 둥근 아치로 된 복도 천장에는 빌레마 로즘베르크(Viléma z Rožmberka)의 두 부인과 누이 부부 네 쌍의 1563년 문장을 가득히 그려놓았고 바닥에는 큼지막한 곰의 털가죽이 깔려있다. 몹시도 문장을 좋아하는 사람들이다.

이 계단을 올라간 곳에서 단 한번 사진촬영을 허락받는다. 남쪽으로 난 창을 통하여 180도 전개되는 밖의 모습만 찍을 수 있다. 다투어 좁은 창에 달려드는 사람들 뒤에 서서 제일 마지막에 혼자 남아 시내를 향해 카메라를 돌린다. 틈을 봐서 내부를 찍어 보려는 심오한 작전이었는데 쉴 새 없이 문을 열고 재촉하는 가이드 성화에 이 비책도 수포로 돌아간다.

안테카메라(Antecamera)라는 알현 대기실을 거치면 에겐베르크 일가의 초상화가 걸려있는 널찍한 바로크 객실이 된다. 먼저 눈길을 사로잡는 것이 호화찬란한 황금마차다. 이것은 에겐베르크의 얀 안토닌(Jan Antonín) 1세가 1683년 로마교황 우르반(Urban) 8세를 방문하기 위해 제작한 것으로 나무 위에 금칠을 한 것이지만 바퀴와 차체, 그 중에서도 천장 부분의 세밀한 조각이 볼수록 탄성을 자아내게 하는 걸작이다. 꼭 사진을 찍고 싶었는데 끝내 기회를 잡지 못했다. 여섯 마리의 말이 끌었다는 마차 옆에는 금실로 수를 놓은 시종의 검정 벨벳 제복이 전시 돼있다.

다음은 1720년대 가구로 장식된 슈바르젠베르크의 식당이다. 넓은 벽채를 거의 덮고 있는 태피스트리는 유명한 루벤스의 그림을 바탕으로 1640년 브뤼셀에서 제작됐다는 대단한 작품이다. 식탁 옆에 서 있는 금빛 촛대도 훌륭하다. 간소한 휴게실을 거쳐 캐노피 달린 네 개의 침대가 있는 침실로

| 성채 창에서 내다본 구시가 |

들어간다. 당시의 침실은 오늘 같이 격리된 사생활의 공간이 아니었다고 한다. 침대와 벽체가 붉은색으로 통일된 방은 거울, 가구, 집기 등 바로크의 전형적 생활 용품으로 잘 꾸며져 있다.

투어는 가면무도회장인 로코코 시대의 걸작 마스카레드홀로 마지막을 장식한다. 10여개의 크리스털 샹들리에가 매달린 넓고 화려한 방은 건축가 알토몬테(Andreas Altomonte)에 의해 계획된 것이다. 4면의 벽 전체를 차지한 그림은 기발한 가면을 쓴 색다른 의상의 귀족들이 무도회를 즐기고 있는 레데러(Josef Lederer)의 1748년도 프레스코화다.

2층으로 된 그림에 묘사된 사람들의 의상과 표정은 18세기 풍속을 가늠할 수 있는 흥미로운 구경거리로 벽을 따라 놓인 긴 의자에 실제로 귀부인들이 앉아있는 듯 착각을 일으킬 만큼 생생하다. 대칭을 유지하기 위해 가짜 문을 그려놓은 것도 재미있다. 이 방에도 녹색 도자기의 커다란 난로가 있는데 방마다 설치된 난로는 복도에 있는 아궁이에서 불을 넣게 돼있다고 한다. 그 옆은 주로 축제 때 사용했다는 거울의 방으로 분홍과 엷은 물색의 정교한 장식이 돋보인다. 바로크 극장에서 공연이 있을 때는 귀족들이 마스카레드홀이나 거울의 방에 모여 프라스초비 다리를 지나 극장의 로열박스로 직접 건너갔다고 한다.

이번 투어에서는 내부 사진을 한 장도 못 건졌다. 창밖 촬영의 설익은 작전으로 요주의 인물로 찍혔는지 가이드의 감시가 더욱 심해져 완패를 자초하고 만 것이다.

15시20분, 제4중정으로 나오며 정확히 한 시간의 성내 투어를 마친다. 제1중정으로 내려와 또 하나의 출입구인 남쪽 돌계단(Zámecke schody)을 통해 구시가로 내려간다. 소문난 맥주로 목도 축일 겸 늦은 점심 먹을 식당을 찾아 거리를 살핀다.

시내에 양조장이 있는 탓인지 에겐베르크의 간판을 단 레스토랑이 몇 집 보여 그 중 한곳에 들어가 180코루나 하는 돼지고기 슈니첼과 150코루나짜리 훈제 돼지고기를 주문하고 콩 리조또(Risotto)와 에겐베르크 라거맥주 하나를 덧붙인다. 25코루나인 맥주는 체스키크룸로프 공장에서 생산된 것이라는데 반짝이는 황금 색깔로 보아 역시 필젠의 일종인 듯 호프의 쓴 맛이 시원하게 목을 축이며 나른한 피로를 달래준다.

벽을 따라 천장에 바짝 붙여 만든 선반에 모형 기차가 기적을 울리며 빙글빙글 돌아간다. 서서히 해가 기우는 옛 도시의 16시, 거나한 술기운에 깃든 보헤미아 상념을 놓고싶지 않아 다크(Dark) 라거로 맥주 하나를 더 시킨다. 씁쓸한 향취가 오래도록 입 속에 남는다. 배도 든든하겠다, 마냥 이대로 있고 싶지만 어느 때고 털고 나설 길이 아닌가? 정신을 가다듬고 계산서를 부탁한다. 전부 해서 418코루나다.

500코루나 지폐 한 장을 내주니 종업원 아저씨가 땡큐하면서 가버린다. 팁 정도 되는 거스름이라 그대로 나오려다 가만히 생각하니 준다는 말도 안했는데 제멋대로 하는 짓이 아무래도 얕잡아 본 듯하여 농락당하는 기분이 든다. 둘 뿐인 여행, 일본 사람이라 생각하기 십상이지만 동양 사람이긴 마찬가지, 이대로 물러나면 비굴을 자인하는 꼴밖에 안 된다.

카운터에서 계산서를 내보이고 잔돈을 받아낸다. 보통 팁으로 15% 정도 줘 왔는데 이번에는 그것도 안 주기로 했다. 본시 봉사료란 성실에 대한 감사의 표시이고 주는 사람이 결정하는 것이다. 그러고 나서는 영 뒷맛이 개운치 않다.

구시가를 남으로 빠져 베네세 다리로 블타바 강을 건너고 냇물 따라 왼쪽으로 돌아 메스타스키(Městský) 공원 일대를 둘러본다. 시간 여유가 있어 벤치에 앉았다 걷다 주변을 좀 더 서성대고 싶었는데 비가 다시 내린다. 아침에 오던 길로 시가의 동쪽 언덕을 넘어서니 체스키크룸로프, 여덟 시간을 숨 쉬었던 환상의 마을이 신기루같이 사라지고 눈앞에 없다.

26일. 흘루보카 성을 경유 유럽의 진주 프라하로

6월 1일 목요일

Český Krumlov-25㎞-Český Budějovice
-12㎞-Hluboka nac Vltavou-151㎞-Praha
총188㎞(실 운행거리 215㎞)

깊은 잠에서 깨니 몸이 개운하다. 여행 중에는 자기도 모르게 정신무장이 되는지 기운이 배는 늘어나는 것 같다. 시내를 구경하다보면 만 오천 보 걷기는 흔한 일인데 하룻밤 쉬고 나면 거뜬하니 집에서의 일상과는 무척 다르다. 그 좋던 눈 돋보기 없이는 아무 짝에도 못쓰고 힘찼던 걸음걸이 맥없이 늘어지는 이즈음에 먹는 것 맛있겠다, 누우면 꿈속이요, 배설 역시 순조로우니 그게 어디인가? 스스로 생각해도 신기하다. 여기저기 잡념 쓸 여지가 없으니 기가 한 곳으로 모이는 건지 서른을 막 지난 듯 하찮은 감상에도 곧잘 빠져든다.

오늘도 숲을 적시고 촉촉이 비가 내린다. 아침을 먹고 있는 테라스 식탁 너머로 MTB 차림의 백인 남녀 6, 7명이 자전거를 타고 빗속으로 출발한다. 조금 전 식당에서 나간 젊은이들이다. 싱싱한 모습이 보기 좋아 손을 흔들었더니 즐겁게 웃으며 엄지를 치켜든다. 뜻밖에 용감한 출정을 지켜보며 격려해주는 사람이 있어 기운이 솟는 모양이다. 산 넘고 물 건너 어디로 가는 걸까? 비 오는 넓은 들판, 길의 끝은 없다. 세월이 흐른 뒤 그들은 깨달을 것이다. 이것이 그리움이었음을…. 우리는 서로 정해진 길로 헤어진다.

오늘 우리의 행로는 보헤미아의 벌판을 뚫고 어제 흘러 보낸 블타바를 좇아 체코공화국의 수도 프라하(Praha)로 이어진다. 그 동안 자료를 뒤지면서 이 나라 곳곳, 가보고 싶은 옛 마을이 적잖이 생겼다. 세계유산의 거리 텔츠(Telč), 크룸로프와 비견되는 인지후프 흐라데츠(Jindřichův Hradec), 붉은 성의 체르베나 르호타(Červená Lhota), 코트노프(Kotnov) 성이 있는 타보르(Tábor), 바로크의 농촌 마을 홀라쇼비체(Holašovice), 맥주의 고장 플젠(Plzeň) 등등 보헤미아 남부에만도 향기 그윽한 중세도시가 보석같이 박혀있다.

그중에서도 체스키크룸로프 서쪽 30㎞에 위치한 산 마을 프라하티체(Prachatice)는 사진에서 본 성벽과 그라피티(graffiti)로 장식된 좁은 골목의 인상이 강력해 하루는 꼭 묵으리라 다짐했었는데 출발 직전 일정 단축으로 제외한 것이 지금 다시 아쉬워진다. 혹시 기회가 되면? 하고 자료는 들고 왔지만 역시 프라하티체에 머물 운명은 아닌 듯 시간을 못 내고 지나간다. 대신 오늘 프라하로 가는 길에 체스키 부데요비체(České Budějovice)를 거치고 부근에 있는 흘루보카 성(Zamek Hluboká)에도 들러 서운함의 일부나마 보충해볼 생각이다.

09시30분 숙소를 출발, 북으로 나가 블타바 강을 건너며 만나는 국도 39호에서 우로 돌아 10여㎞를 달린 후 3/E55와 합류하여 계속 북진한다. 언덕이 그리는 곡선과 푸른 숲에 섞인 붉은 지붕 작은 마을이 눈을 스치며 체코에 들어서기 전부터 시작된 빼어난 경관이 그대로 계속된다. 갖고 간 CD로 모차르트의 클라리넷 5중주를 듣는다. 목가적 풍경에 녹아든 음조가 견딜 수 없을 만큼 감미롭게 마음속 구석구석을 적신다.

플라나(Plana) 부근의 갈림길을 그대로 직진하고 잠시 후 만나는 교차로에서 156번 도로를 따라 우회전하여 블타바의 물을 건너면 나타나는 마을이 체스키 부데요비체로 40분 정도의 가벼운 드라이브다. 이곳도 모라비아에 있는 또 다른 부데요비체와 구별하기 위해 머리에 '체스키' 가 붙어 있

| 체스키부데요비체 오타카르 광장 |

다. 10시, 말쉐(Malše) 강을 지나 시 중심으로 진입한다.

1265년 프르제미슬 오타카르(Přemysl Otakar) 2세에 의해 창건된 체스키 부데요비체는 블타바와 말쉐 강의 합류점에 있는 은광, 맥주, 소금으로 번창한 인구 9만5천, 남 보헤미아 제1의 도시다. 1641년 30년 전쟁 중 큰 불로 건물 대부분이 소실됐으나 바로크 양식으로 새건되었나. 1832년에는 오스트리아의 린츠까지 말이 끄는 열차 철로가 유럽 최초로 부설됐고 블타바와 도나우 두 강의 연결루트가 정비되면서 공업중심 도시로 발전하였다.

구시가 중심에는 체코에서 가장 넓다는 유명한 오타카르 2세 광장이 있는데 형형색색, 르네상스와 바로크의 건물이 반듯하게 둘러 서 있다. 선물가게를 비롯한 각종 상점과 카페, 레스토랑으로 이뤄진 건물 1층은 비를 피할 수 있도록 통로를 겸한 18세기 아케이드로 되어있으며 4방 133m인 광장 한가운데에는 바로크식 커다란 삼손(Samson)의 분수가 자리를 잡고 있다.

한 시간 10코루나의 주차 티켓을 끊고 비오는 광장에 차를 세운 후 주변 구경에 나선다. 1727년, 요제프 디트리히(Josef Dietrich)의 설계로 건립됐다는 이 큼직한 분수는 광장 규모에 맞춘 것이라고 한다. 네 사람의 거인이 받쳐 든 큰 접시 위에서 사자를 쓰러뜨리는 삼손을 보고 있으니 잘츠부르크 레지덴츠 광장에 서 있던 트리

| 오타카르 광장의 삼손 분수 |

톤의 분수가 생각난다. 착상이나 크기가 흡사한데 연대가 늦으니 그쪽 구상을 따온 것이 아닌가 하는 생각이 든다.

남서 코너에 있는 엷은 청색 건물이 시청사(Radnice)다. 1555년 마르티넬리(Martinelli)에 의해 세워진 르네상스 건물을 1730년 바로크 양식으로 개조한 것이다.

| 체스키부데요비체 시청사 |

중앙의 시계탑과 양 옆 작은 탑이 건물에 균형을 잡아주고 있으며 시계의 금색 글자판이 엷은 남색 벽체와 잘 어울려 차분하고 안정된 외양을 만들고 있다. 시계탑 위에는 차임 종이 매달려있어 때 맞춰 시보를 알린다. 지붕 난간에 서 있는 4개의 시민상이 이채로우며 각각 공정(Fairness), 지혜(Wisdom), 신중(Caution), 용기(Bravery)를 뜻한다고 한다. 전면 중앙에 붙어있는 도안은 보헤미아의 두 꼬리를 가진 사자, 모라비아의 적과 백의 독수리, 실레시아의 검은 독수리 등 체코 3개 지방을 상징하는 문장이다.

시청사 맞은편에 있는 짙은 노란색의 5층 건물이 1896년에 세워진 구 브체아(VČela, Bee) 궁전이다. 아래층을 보석가게로 쓰고 있는 장난감 같은 건물의 별칭이 '꿀벌의 궁전' 이라는데 설명을 들어야 알아듣지도 못하겠지만 물어 볼 사람도 없어 유래가 궁금한 채 외양만 살피며 지나친다.

체스키 부데요비체 제1의 상징인 흑 탑(Cerna vez, Black tower)을 보기 위해 시청사 대각선 맞은편으로 발을 옮긴다.

1577년 경제적 번성을 과시하기 위해 건설됐다는 화재 감시용 종탑으로 무게 3.5톤인 부메리아(Bumeria)를 비롯하여 네 개의 종이 달려 있다. 고딕으로 세워져 르네상스로 개수됐다는 탑은 거무스름한 돌에 지붕까지 까만색을 하고 있으며 시계도 금색 글자에 검은 판이다.

| 부데요비체의 상징인 흑탑 |

한스 스파츠(Hans Spatz) 등 세 명의 이탈리아 건축가에 의해 세워진 72m의 네모 탑에는 46m 높이에 감시대였던 전망대가 있어 시가지 넘어 노보흐라드스케 산맥까지 시원한 경치를 바라볼 수 있다고 한다. 올라가 보고는 싶지만 프라하까지 갈 시간이 불안해 포기하고 옆에 있는 성 니콜라스(St. Nicolas) 성당을 둘러본다. 14세기에 세운 원래 건물은 불타고 지금 성당은 1649년 바로크 양식으로 재건된 것이라고 한다.

이 도시에는 보슈(Bosch), 스핑크스(Sfinx) 등 유명업체가 위치하고 있으며 품질 좋은 연필인 코히노르(Koh-i-Noor)의 공장도 이곳에 있다. 그러나 지나는 관광객에게 무엇보다 특별한 것은 이 고장이 세계적으로 이름 난 버드와이저(Budweiser) 맥주의 원산지라는 사실이다. 체스키 부데요비체를 방문하면서 맥주 공장을 찾지 않았다면 관광은 끝난 것이 아니라는 말이 있다. 비록 양조장까지는 못가더라도 부드바르(Budvar) 한잔을 뺄 수야 없지 않은가? 스치는 미풍에 얼핏 묻은 향수를 느끼며 광장으로 열린 카페에 앉아 생맥주 한잔과 운전기사를 위한 커피 한잔을 청한다.

부데요비체 부드바르, 독일식으로 불러 버느바이저 부드바르는 이 땅에서 태어난 맥주다. 19세기에 미국으로 이주한 체코인들이 같은 이름의 양조장을 만들었고, 그것이 가장 큰 맥주회사로 성장하여 미국 내 맥주 판매량의 약 50%를 차지하게 되었다. 재미있는 것은 미국의 버드와이저가 세계 각지에 먼저 상표를 등록함으로써 명칭을 둘러싼 소송으로 번져 체코의 원조 맥주는 자기 이름을 유럽에서만 인정받고 미국 캐나다 쪽에서는 부드바르 또는 체크바르(Czechvar)라는 상표로 판매된다는 사실이다.

갈증을 느끼던 차에 비오는 광장을 내다보며 마시는 맥주 맛이 각별하다. 워낙 미각이 둔한데다 옛날 마셔본 버드와이저 맛도 잊은 지 오래된 터, 본바탕 부드바르의 품평을 시도할 처지는 아니지만 짙은 거품에서 느끼는 쓴 맛이 생각보다 자극적이다.

11시15분, 길을 나서 흘루보카 성으로 향한다. 구시가를 북으로 나가 시내 서쪽을 흐르는 블타바를 건너 3/E55에 합류하고 강 따라 3㎞를 북상하다 만나는 교차로에서 그대로 직진한다. 평야 사이사이, 큰 나무들이 숲을 이루고 낮게 깔린 먼 산으로 20/E49로 바뀐 도로가 한산하게 뻗어있다. 앞이 안 보일 만큼 소나기가 한바탕 몰아친다. 광활한 경치에 마음까지 넓어져 비가 더욱 시원하다. 하늘을 보며 매일 신경을 써봐야 부질없는 짓, 오히려 비를 그대로 즐기는 것이 현명한 자세인지 모르겠다. 하루도 빠짐없는 비에 이제는 체념을 한다.

라운드어바우트를 하나 북쪽으로 통과한 후 왼편에 나타난 호수를 지나고 다음 3거리에서 20/E49를 벗어나 오른쪽의 105번 국도로 진행한다. 도중 표지를 잘 못 읽고 옆길로 들락거렸지만 4㎞ 정도 달려가니 신경 안 써도 놓치지 않을 만큼 커다란 초콜릿색 흘루보카 안내판이 서 있다. 계속되는 작은 호수를 몇 개 지나고 오른쪽으로 꺾이니 경사지에 자리 잡은 아담한 거리가 나타난다.

흘루보카 나드 블타보(Hluboká nad Vltavou), 인구 4,600명의 작은 마을이다. 서남향 경사면에 수평으로 곧게 중심 도로 마사리코바(Masarykova)가 지나가고 그 노변이 차들을 나란히 세워놓은 주차장이다. 모두들 차에서 내려 그냥 가버리는데 차 안에 주차권이 없는 것으로 보아 돈을 받지 않는 모양이다. 눈에 띄는 관광안내소에 들러 지도와 자료를 받고 북쪽 언덕 위에 있는 성을 향해 걸어간다. 숲으로 난 길은 약 300m, 나뭇잎 사이로 들판과 호수를 바라보며 10여분 만만치 않은 고개를 오른다.

체스키 부데요비체를 창설한 오타카르 2세에 의해 1250년경 고딕 양식으로 세워진 흘루보카 성은 1562년 페르디난트(Ferdinand) 1세로부터 성을 매수한 흐라데츠(Hradec)공에 의해 르네상스 양식으로 개조된 뒤 세 번의 보수를 통해 복잡한 변천과정을 거친다.

대략적 형태는 1661년부터 280년간 성을 소유한 독일 출신 슈바르젠베르크가에 의해 형성된 것으로 18세기 바로크의 영향을 받은 후 네오고딕으로 개축된 것이 그 바탕이 되었다. 당시 건물은 높이 60m의 주 탑을 비롯하여 11개 탑과 140개의 호사스런 방으로 꾸며져 있었다고 한다. 슈바르젠베르크의 얀 아돌프(Jan Adolf) 2세와 부인 엘레오노라(Eleonora Lichtenstein)는 1825년부터 38년까지 영국을 몇 번

| 아름다운 흘루보카 성 |

| 정면 입구의 4각 탑 |

여행하였다.

그때 깊은 인상을 받은 윈저(Windsor) 궁을 본떠서 그들의 성을 영국식 튜더(Tudor) 고딕으로 개조하겠다는 생각을 갖게 된다. 비엔나의 건축가 베어(František Beer)에서 데보레츠키(Damasius Deworetský)로 이어지는 30년 공사가 완결된 것은 1871년으로 지금 우리가 보는 화사한 흘루보카 성이 이때 모습을 드러내게 된 것이다. 1.9㎢에 이르는 광대한 영국식 정원이 성 주위를 둘러싸고 있다.

흘루보카의 마지막 주인 아돌프 슈바르젠베르크는 1939년 나치스를 피해 이탈리아로 떠나 미국으로 망명하고 종전 후 돌아오지 않아 1947년, 성을 포함한 전 재산이 사회주의 정부에 의해 체코공화국 소유로 귀속된다. 아돌프는 끝내 고향을 찾지 못하고 생을 마쳤지만 공산정부 붕괴 후 성을 뺀 일부 재산이 가족에게 반환됐다는 이야기도 있는 모양이다.

언덕을 올라간 끝에 커다란 호텔이 있다. 사이로 난 길을 돌아가니 어느새 푸른 정원 안이다. 눈앞에 그림 같은 백악의 전당이 서 있다. 체코에서 가장 아름답다는 흘루보카 성은 상아를 깎아놓은 조각같이 정교하고 우아하다. 건물 네 구석에는 두툼한 8각의 4층탑이 뿌리를 내리고 현관 아치가 달린 정면 탑을 중심으로 길쭉한 창들이 3층으로 질서 있게 정렬돼 있다. 약간 뒤로 쳐진 중앙에 여러 단계로 좁아지는 동화 같은 탑이 금빛 시계를 달고 높이 솟아있다. 지붕을 따라 돌아가는 네모 요철의 패러핏과 작고 길쭉한 아치창의 튜더 양식이 런던의 윈저 궁을 빼닮았다. 생각보다 규모는 작지만 깔끔하게 조화된 하얀 건물이 기하학적으로 조성된 정원과 어울려 균형감이 나무랄 데 없다.

가운데로 난 길을 걸어 양쪽에 탑 같이 서 있는 초소를 통과하여 중앙 정문으로 접근한다. 6m의 높은 아치문 위에 3면으로 꺾인 커다란 창이 나와 있고 다시 그 위쪽 이마에 큼지막한 슈바르젠베르크의 문장이 붙어있다. 현관을 지나면서 보이는 커다란 나무대문의 손잡이 장식이 특이하다. 까마귀가 부리로 대머리 사나이의 이마를 쪼고 있는 청동 제품인데 옛날 침략했던 터키 병사를 응징하는 모습이라고 같이 구경하던 사람이 설명해 준다. 이 부근 국가 어디를 가나 짙은 흔적으로 남아있는 오스만터키를 보게 된다.

문을 통과하면 좁은 중정이 있다. 사방을 둘러싼 3층 건물의 아래층은 열주로 된 회랑이지만 흐린 날씨에도 어둡다는 느낌이 들지 않는다. 이곳에 성내를 구경하는 투어의 매표구가 있는데 12시부터 30분간 점심시간이라는 표지와 함께 창구가 닫혀있다. 프라하까지 가야할 생각에 마음이 급한데다 내부 사진도 못 찍는다니 요금 160코루나의 투어는 포기하기로 결정한다. 대신 5코루나로 유료 화장실을 사용하며 아주 공짜 구경은 안했다고 나름대로 억지를 부려본다. 옆에 있는 기념품 매점을 둘러보고 정문과 똑같은 중문을 통과하여 작은 돌이 깔린 두 번째 중정으로 들어간다.

| 제2중정 건물과 터키 병사를 쪼는 까마귀 |

| 중앙의 시계탑 |

길이 30m, 폭 20m 정도의 뜰을 둘러싼 하얀 3층 건물에는 뿔까지 달린 사슴머리 조각이 나란히 붙어있고 창틀은 단정한 테두리로 장식돼 있다. 특히 동쪽 2층, 발코니 둘레를 꾸민 정교한 솜씨는 나무를 깎은 듯 돌 세공의 극치를 보여준다. 서쪽에는 금빛 시계가 반짝이는 8층 중앙 탑이 높이 솟아 중정을 굽어보고 있다.

정교하다는 장식과 그림, 도자기, 공예품 등 내부로 끌리는 미련을 버리고 성 밖으로 나와 '겨울정원' 이라는 이름의 정문 옆 온실로 발길을 옮긴다. 높은 쇠창살 입구로 들어서면 체코 화가 미쿨라시 알레시(Mikuláš Aleš)의 동상이 서 있는 간소한 선물매점이 보인다. 안에는 조각과 열대 식물이 전시돼 있는데 이곳도 건설 당시에는 흔치않은 유명한 시설이었다고 한다. 온실의 뒷문 밖에는 분수와 조각으로 장식된 정원이 이어진다. 성채 뒤로 돌아 넓게 퍼진 공원의 오솔길을 잠시 걸으며 시간을 보낸 뒤 붉은 꽃이 한창인 앞뜰로 나와 성의 전모를 다시 바라본다. 군더더기 없는 말끔한 순백의 전당은 늘 머릿속에 있던 이미지, 전설 속 백조의 성 그 모습이다.

흘루보카 성은 홍콩배우 성룡의 영화 '상하이 나이츠' (Shanghai Knights)를 촬영한 로케이션 무대로도 알려져 있다. TV 방영이 있으면 어떤 장면이 나오는지 꼭 한번 보고싶다. 12시40분, 정원을 나와 고개를 내려간다. 짙은 숲과 파란 호수가 여기 저기 산재하는 초원, 보헤미아의 한가한 대자연이 눈 아래 멀리 펼쳐진다.

흘루보카 시내를 벗어나며 남쪽 105번 국도로 회전하려던 것이 교차로 신호가 갑자기 바뀌는 바람에 앞으로 나가고 말았다. 다음 네거리에서 돌면 되겠지 했는데 길이 북쪽으로만 계속 휘면서 기회를 주지 않는다. 한참 만에 차를 되돌려 나오다 어디로 잘 못 들었는지 방향감각을 잃고 말았다. 가도 가도 도로표지 하나 없는 한적한 시골길은 차차 좁아지면서 산 고개로 접어든다. 우리 위치를 알 수 없으니 지도도 소용이 없다. 당초 만만하게 생각하고 직감에 의지한 것이 어려움을 자초한 원인이다. 길을 잃어버린 것은 이번이 처음이다. 비오는 고개 한쪽에 차를 세우고 자동차 소리가 들려오기만 기다리는데 어쩌다 한 번 나타나는 차도 속도를 내고 스쳐 갈 뿐 세워주지를 안는다.

20분은 기다렸을까, 몇 대 만에 다행히 세워준 젊은 아저씨에게 손가락으로 도로를 가리키며 프라하를 되풀이했더니 따라오라고 한다. 이리저리 꺾이며 여러 번 갈림길을 지나 도착한 네거리에서 친절한 아저씨는 창을 열어 방향을 일러주고는 차를 돌려 나간다. 프라하로 가는 도로는 3/E55, 두 손을 흔들어 고마움을 표시하고 좌회전으로 진입, 북으로 향한다. 표지판도 계속 나오고 이제는 안심이다.

오늘은 상해 큰딸한테서 전화가 온다. 국제전화라면 통화료가 무서워 미리 메모를 해 두었다가 몇 마디하고 끊던 것이 엊그제인데 이제는 안부전화가 아니고 집에서 얘기하듯 소일거리 한담이다. 세상 편해졌다고 할까? 리얼타임으로 연결되는 지구촌이 한동네 같다.

프라하까지 143㎞의 이정표가 나온다. 목초 덮인 평원에 숲과 뒤섞이며 유채꽃 노란 밭이 끝없이 이어진다. 달리는 차창 밖에 시선을 맡기면 어느새 초점 잃은 망막에 하늘과 경계를 그어가는 언덕의 율동만 춤추듯 오르내린다. 보헤미아의 산과 들을 소요하며 꿈속같이 드보르작을 듣는다. 필여사에게는 미안하지만 내비게이터의 특권이다.

소비에슬라프(Soběslav), 이어 클레노비체(Klenovice)를 통과하고는 루슈니체(Lužnice) 강과 자주 만나며 이따금 지평선이 보이는 한줄기 길로 기어가듯 주행한다. 비수기 탓인지 이곳도 도처에서 도로공사가 벌어져 진행이 늦어진다. 14시 세지모보(Sezimovo)를 지난 후에는 라운드어바우트가 자주 나타난다. 분기점에서 타보르(Tábor)로 가는 좌측 길과 헤어지고 오른쪽으로 크게 돌아 계속 3/E55를 북상한다.

점심을 먹어야겠는데 식당은 물론 어쩐 일인지 휴게소도 안 보이다가 마침 작은 가게가 나타나기에 들어가 빵을 사고 길가에 세운 차에 앉아서 요기를 한다. 아침 호텔 식당에서 필 여사가 주머니에 넣은 잼과 버터가 오늘은 무척 소중한 식료품이다. 빵 두 개에 3.5코루나, 여행 중 가장 비참한 식사다.

그래도 필 여사는 할 말이 있었다.

"언젠가는 차안에서 처량한 빵 먹으며 '체코 생각난다' 할 날 있을 거야."

15시40분, 마침내 모습을 보인 휴게소에 들어가 20분 정도 눈을 붙이고 다시 프라하 표지를 따라 길을 재촉한다. 베네쇼프(Benešov)를 통과한 후 20분 정도 더 달려 미로쇼비체(Mirošovice) 부근에서 주요 고속도로 D1을 만나 좌로 돌며 합류하고 D1/E50, 55, 65가 된 큰 길을 따라 서북으로 진행한다. 이제는 남은 거리 30여㎞, 줄을 짓는 자동차 대오에 한몫 끼어 오랜 세월 꿈에 보던 도시 프라하를 향해 한발 한발 다가간다.

베를린과 비엔나를 연결하는 선의 중간, 보헤미아 한복판인 블타바 강가에 496㎢의 면적을 차지하고 있는 프라하는 1,000년 이상 체코의 정치 · 경제 · 문화의 중심이었던 최대 도시다. 2006년도 기준, 시역에 약 119만, 수도권으로는 194만의 인구를 가지고 있다.

밀도는 비교적 낮은 편이나 세계 각국에서 찾아드는 관광객으로 시내는 항상 북적거린다. 1996년 통계로 외국인 방문객이 1년에 4천8백만, 런던, 파리, 로마, 마드리드, 베를린과 함께 유럽 6대 관광도시의 하나로 꼽힌다.

나라 따라 다른 이름으로 불리는데 독일어로는 프라크(Prag), 헝가리 마자르어로는 프라가(Prága), 영어로 프라그(Prague), 그리고 체코 말로는 프라하다.

'싸우지 않는 민족', 나치 침공에서 프라하 지켜내

남에서 북으로 크게 커브를 그리며 시내를 관통하는 블타바 강을 끼고 펼쳐진 중세 거리에는 수천 년 신비로운 정취를 품은 로마네스크, 고딕, 르네상스의 아름다운 경관이 구석구석에 녹아있다. 체코인에게 '어머니의 도시' (Matka měst)인 프라하를 괴테는 '백탑의 도시' 로 불렀으며, 프랑스의 시인 앙드레 브르통(Andre Breton)은 '유럽의 마술적 수도' 라 노래했다. 9개의 언덕에 47개 성당을 가진 '건축의 박물관' 이자 '예술의 도시' 인 '유럽의 진주', 열 손가락을 꼽아도 모자랄 별명을 가진 '황금의 프라하' 그 중심인 역사지구를 유네스코는 1992년에 세계문화유산으로 지정했다.

프라하 분지에는 BC 4000년경부터 사람이 거주한 것으로 알려져 있으나 촌락의 형성은 6세기 후반 슬라브족에 의해 시작되었다. 9세기 후반에 프라하 성이 축조되고 10세기에 뷔셰흐라트(Vyšehrad) 성이 세워짐에 따라 그 사이에 낀 블타바 강가에 도시가 발달했다.

1346년 보헤미아왕 카를 1세가 신성로마제국 카를 4세로 황제에 오르면서 제국 수도로 자리를 잡게 되었다. 프라하 성의 확장, 카를대학 창설, 카를교 건설 등 급속히 진행된 개발로 도시는 최고의 전성기를 맞았으며 로마나 콘스탄티노플(Constantinople)과 어깨를 나란히 하는 유럽 굴지의 도시로 성장했다.

1415년 로마 가톨릭의 부도덕을 비판한 종교개혁가 얀 후스(Jan Hus)의 화형(火刑)으로 시작된 후스전생 중 한때 격동기를 거치기도 했으나 16세기 후반 다시 유럽 문화의 중심으로 영화를 누린다. 그러나 1618년에 일어난 30년 전쟁의 여파로 왕도가 비엔나로 옮겨간 후 종교적 정치적 탄압을 받으면서 프라하는 세력을 상실하고 '암흑의 시대' 로 불리는 문화의 공백기로 접어든다. 더구나 1689년에 일어난 대화재로 시가가 크게 파괴되는데 이것이 재건의 욕구를 일으켜 그나마 경제적 부흥을 자극하는 계기가 된다.

1713년 페스트의 창궐로 프라하는 다시 타격을 받지만 도시는 꾸준하게 발전하여 1784년 성채지구(Hradčany), 소지구(Malá Strana), 구시가(Staré Město), 신시가(Nové Město) 4개 지구가 통합, 하나의 시의회를 이뤘고 1850년에는 유태인 지구, 1887년엔 비셰흐라트까지 병합되어 크게 확장되었다.

18세기 말 프랑스 혁명이 가져온 국제정세의 영향을 받아 차차 민족자립의 기운이 무르익던 중 제1차 세계대전 패배로 오스트리아 헝가리 제국이 해체되자 1918년, 체코슬로바키아가 공화국으로 독립하면서 프라하는 수도의 자리를 되찾는다. 그러나 그도 잠시, 1939년 나치스 독일의 점령으로 체코는 그 지배하에 들어가고 5만의 유태인이 희생되는 등 다시 압제에 시달리는 세월을 보내야 했다.

폴란드와 달리 독일 침공에 빨리 항복한 관계로 도시의 피해가 적었으며 옛 모습을 대부분 유지할 수 있었던 것이 그나마 다행스러운 일이었다. 체코 사람들이 '슬라브 말을 하는 독일인' 이라고 불릴 만큼 심정적으로 독일 합리주의에 가까운 데다 '싸우지 않는 민족' 이라는 평을 들을 정도로 강대국과의 무리한 마찰을 피하면서 굴욕을 참았던 민족성 덕이라고 한다.

1945년 5월, 제2차 대전이 끝나 독일 지배는 벗어나지만 이번에는 진주한 소련의 세력 아래 사회주의 공화국 수도로서 어둡고 정체된 제도를 이어간다.

1968년 '프라하의 봄' (Pražské jaro)으로 일컬어지는 개혁운동이 한때 일어났으나 바르샤바조약기구의 개입을 불러 꽃은 피워보지 못한 채 시들고 만다. 자유란 거스를 수 없는 생명의 흐름인지라 한번 맛들이면 벗어나지 못하는 것이 자연의 이치다. 바츨라프 하벨을 위시한 민주 인사들은 줄곧 20년 무르익은 프라하의 봄을 북돋았고 마침내 공산당 체제에 대한 전면 저항으로 번져 1989년 '벨벳혁명'이라는 결실로 이 나라는 새 시대를 맞게 된다.

프라하는 1993년 슬로바키아와 분리한 후에도 여전히 체코의 수도로서 그 역할을 이어가고 있다. 유럽 한가운데서 강국 톱니에 엉켜 물리며 무력하게 서러움을 겪어온 약소국, 그러면서도 그때그때 유럽 역사의 흔적을 고스란히 안고 살아 온 도시, 그 운명을 동병상련으로 실감한다.

1936년에 지어진 루지니에(Ruzyné) 공항은 시내에서 서쪽으로 17㎞ 떨어져 있는 역사 깊은 관문이지만 규모는 그리 크지 않다. 119번 버스가 공항에서 지하철 A라인 종점인 데이비츠카(Dejvicka) 역까지 20분 간격으로 연결한다.

대중교통은 지하철과 트램, 버스가 공용하는 티켓을 사용하는데 14코루나 표는 버스 트램에 20분, 지하철에 30분 유효하며 환승은 할 수 없다. 20코루나 표는 평일 75분, 주말 90분 유효하고 버스 안에서 사면 25코루나를 내야 한다. 회수권은 1일 티켓인 80코루나부터 3일 220, 7일 280, 15일 360코루나 등 여러 종류가 있다. 지하철은 3개 노선이 있으며 개찰구에 있는 노란색의 펀칭 기계로 표에 시간을 찍어야 하고 트램, 버스는 차안 기둥에 달려있는 노란 펀칭기를 사용한다. 차량 검사원의 불시 검표 시 펀치가 안 돼 있으면 표를 가지고 있어도 500코루나의 벌금을 내야한다.

프라하에도 한국의 민박 숙소가 적지 않다. 인터넷을 들락거리며 비교적 평이 좋은 곳을 골라 주차 등 궁금한 몇 가지를 알아보려 했더니 거치는 절차가 무척 까다롭다. 하라는 대로 회원 등록 후 가입 인사를 했는데 다시 등업을 신청해 허락을 받아야 한다는 것이다. 스위스 라우터브루넨에도 비슷한 민박이 있어 애써 얻은 회원을 사양한 일이 있는데 배타적 동호 카페에

나 있음직한 설익은 격식이 유행하고 있다.

민박이란 자선도 봉사도 아니요 숙식비 다 받고 이득을 취하는 영업행위인데 마치 특혜라도 베푸는 양 행세하는 자세가 주객의 분별을 크게 착각하고 있는 것이다. 그래도 좋다는 사람은 그리 가면 될 것이요 불쾌한 사람은 다른 겸손한 민박을 찾으면 된다. 다시 컴퓨터에 매달려 메일이 오간 뒤 계약한 것이 지금 찾아가는 숙소, 잔디 속 조용한 분위기가 마음에 드는 '맑음이네 프라하 사랑' 이다.

E50에서 8번 도로로 들어서며 준비한 스메타나의 CD, '나의 조국' (Má Vlast)을 틀고 서서히 프라하 시내로 진입한다. 민박집 약도와 미쉴랭 지도를 연결한 스케치를 참고로 레게로바(Legerova) 거리의 중앙역을 통과하고 빌소노바(Wilsonova)를 거쳐 흘라브쿠프 다리(Hlávkův Most)에 올라서 드디어 블타바의 강물을 건넌다.

스메타나의 교향시, 블타바(몰다우)의 테마가 바이올린과 오보에로 노래하듯 속삭이듯 퍼져나가고 바람에 실린 호른의 메아리가 석양에 찰랑대는 너울로 낮게 깔린다. 프라하에 입성하는 길, 블타바를 지나며 '몰다우' 를 듣겠다는 몇 년을 둔 소원이 이뤄지는 지금 설레는 심장의 고동은 멀리 가버린 청춘의 박자로 다시 울린다.

부벤스카(Bubenská)가에서 벨레트르슈니(Veletržní)로 좌회전, 서쪽으로 약 2.5㎞를 주행하여 데이비츠카(Dejvická) 지하철역의 큰 네거리를 통과하고 공항으로 가는 에브로프스카(Evropská)까지는 그럭저럭 들어섰는데 뒷골목 약도가 명확치 않아 서너 번 헤맨 끝에 할 수 없이 휴대전화로 숙소를 불러 픽업을 부탁한다.

잠시 후 마중 나온 아저씨 차를 따라 맑음이네 집에 도착한 시간은 17시 40분, 조용한 마을에 있는 연립형태의 주택이다. 3층에 있는 2인실로 안내하던 주인아주머니가 렌터카 부부라기에 신혼커플인 줄 알고 특별이 아담한 방을 준비했다며 웃는다. 43년 묵은 부부는 잠시 숨을 돌리고 밑으로 내려가 밥과 라면으로 간단히 저녁을 해결한다.

프라하의 3박이 끝나면 이번 여행의 반이 지나고 후반기로 접어든다. 예약한 숙소도 뮌헨 1박과 제네바 2박 등 최종 3일을 빼고는 이곳 프라하가 마지막이다. 한 단계 더 낯선 구 공산권으로의 여정을 앞두고 생기는 일말의 불안은 폴란드에서 루마니아에 이르는 일정이다. 여행계획 끝무렵 비행 스케줄 관계로 단축된 빡빡한 날짜가 여기까지 오는 중에도 항상 마음에 걸렸는데 컴퓨터를 쓸 수 있는 이곳에서 단안을 내려야 할 것 같다.

그 동안 생각해 온 대안은 폴란드 일정에서 바르샤바(Warszawa)행을 포기하는 것으로, 크라쿠프(Krakow)에서 왕복하는 2일에 시내투어에 필요한 1일을 보태 도합 3일을 절약하는 것이다. 루마니아 헝가리에 이틀을 보충하고 남는 하루로 눈물을 머금고 돌아선 스위스 19번 도로와 푸르카, 그림젤 등 알프스 고개를 다시 시도해 볼 수 있지 않은가? 그래, 아쉽기는 하지만 마음 편하게 다닐 수 있는 여유 있는 여행을 선택하자. 생각이 여기에 미치자 침대의 상념을 멈추고 아래층으로 내려가 컴퓨터 앞에 앉는다.

여행 마지막 코스, 헝가리에서 제네바로 돌아가는 도중 1박하기 위해 예약해둔 6월27일의 뮌헨 이탭 호텔을 취소하고 대신 잘츠부르크 이탭에 6월 26일을 예약한다. 스위스 19번 국도로 가려면 이쪽이 가깝기 때문이다. 빙하급행이 다니는 연변 적당한 마을에서 27일 하루 밤을 묵을 작정이다. 바르샤바를 단념한다는 생각이 괴로워 망설여왔는데 오랜 숙제를 푸니 속이 후련하다.

√숙소

맑음이네 프라하 사랑
Smolikova 1016/48, Praha 6 - Ruzyn , Czech Republic
T: 420-233-312-418 더블 룸, 아침식사포함, 주차무료, Euro45/일 (6/01일-03)

27일. 왕의 길 따라 카를교 넘어 프라하 성으로

6월 2일. 금요일
Praha (보행 12.6㎞)

숙소 '맑음이네 프라하 사랑' 은 깨끗하게 정돈된 조용한 집으로 반 지하로 내려가는 현관 앞뜰이 주차장이고, 각층에 있는 화장실과 샤워 실을 공동으로 사용한다. 2층의 거실 겸 식당에 내려가 아줌마가 차려준 아침식사로 모처럼 한식을 맛있게 먹는다. 왼쪽에 붙어있는 집과 부인끼리 자매인 동서 간으로 옆집이 먼저 프라하에 터를 잡은 후 이집 부부가 따라 왔다고 한다. 손님이 넘쳐 방이 모자라면 인계도하고 어려울 때 서로 힘을 보태니 많이 도움이 된다고 한다. 오늘 내일 이틀, 가고 싶은 곳을 설명하며 관광 루트를 상담하고 대중교통 이용방법을 배운다. 그럭저럭 시간이 지나 출발이 좀 늦어졌다.

09시10분, 집을 나서 300여m 되는 버스길까지 걸어간다. 오래간만에 구름을 벗고 하늘이 맑다. 공항에서 오는 119번 버스를 기다리면서 늘 하던 대로 버스 정류장 중앙에 적혀있는 이름 'Kouření Zákazáno' 를 메모지에 적어둔다. 버스에 올라타자 운전기사에게 50코루나를 주고 표 두 장을 산 후 가운데 매달린 노란 펀치기에 넣어 날짜와 시간을 찍어 주머니에 잘 보관한다. 변두리 시가의 건물을 구경하며 네 정거장을 간 종점 데이비츠카에서 내려 녹색 A선의 지하철(Metro)로 갈아탄다. 가지고 있는 승차권은 75분 유효한 공용 표라 지하철역 개찰구를 그대로 통과하여 전차에 오르고 동남으로 다섯 정거장을 달려 C선과 교차하는 무제움(Muzeum) 역에서 내린다.

| 바츨라프 광장 |

09시 45분, 지상으로 올라오니 기차 중앙역에서 이어지는 번화가 바츨라프 광장(Václavské Nám)의 한쪽 끝이다. 동남편 정면에 1890년에 건설돼 세계에서 열 손가락 안에 꼽힌다는 네오 르네상스 양식의 프라하 국립박물관(Národní Muzeum)이 길이 100m, 높이 70m의 위엄 있는 모습으로 서 있다. 그 앞부터 대로라는 말이 더 어울리는 너비 60m, 길이 750m의 바츨라프 광장이 서북쪽을 향해 비스듬한 내리막으로 곧게 뻗쳐있다.

| 바츨라프의 기마상 |

1348년 카를 4세에 의해 조성되고 19세기 중반까지 말 시장으로 사용됐다는 광장 양편은 호텔과 은행, 레스토랑, 백화점 등 6, 7층의 오래된 건물로 형성된 번화가이다. 길 중앙은 구경하거나 쉬기 편하도록 도처에 벤치가 놓여있는 보행자 전용의 넓은 공간이다.

국립 박물관과 낳아 있는 광장 끝에는 1912년 요제프 바츨라프 미슬벡(Josef Vaclav Myslbek)에 의해 제작된 국민영웅 성 바츨라프(St. Václav)의 기마상이 위풍당당하게 서 있다. 동상 앞뒤에 서서 호위하는 네 명의 성인은 아달베르트(Adalbert), 루드밀라(Ludmila), 프로코프(Prokop) 그리고 아그네스(Agnes)로 1920년에 추가되었다고 한다.

광장 이름의 주인인 바츨라프는 907년에 보헤미아 왕 브라티슬라브(Vratislav) 1세의 아들로 태어나 그리스도교를 전파하다 935년 동생 볼레슬라프(Boleslav)에게 암살된 순교자이며 나라와 민족을 지키는 영명한 기사로 국민의 사랑을 받아 온 체코의 수호성인이다. 20코루나 동전에 그의 기마상이 새겨져있으며 2000년부터는 9월 28일을 공휴일로 정하여 그를 기린다.

전설에 의하면 바츨라프는 나라가 위험에 처할 때마다 체코 블라니크(Blanik) 산, 동굴에 잠들어 있는 그의 기사들을 깨워서 이끌고 적을 물리친다는 것이다. 스메타나는 교향시 '나의 조국' 제6곡 '블라니크' 에서 이 전설을 묘사하고 있다.

그런 연유 때문인지 이 나라 국민은 민주시위가 필요할 때면 언제나 이곳에 모여 집회를 열었고, 바츨라프 광장은 체코 현대사의 민주무대를 상징하는 장소로 온 세계에 알려졌다. 1918년 오스트리아로부터의 독립경축, 1948년 사회주의공화국 선언, 1968년 '인간의 얼굴을 가진 사회주의' 를 외치며 둡체크(Alexander DubČek)가 이끈 '프라하의 봄' , 1969년 바르샤바 조약 군에 맞서 몸을 불사른 젊은이의 저항, 1989년 11월 벨벳혁명을 이끌어낸 30만의 민주화 요구 그리고 1990년 6월, 나라 이름에서 사회주의를 제거시킨 첫 번째 자유선거 등 큰 일이 있을 때마다 어김없이 군중이 이 일대를 뒤덮었다. 혁명적 대사건을 연출한 이 광장에는 고난의 역사를 견뎌온 체코의 혼이 깊숙이 담겨 있는 것이다.

기마상은 밝은 하늘을 향한 역광으로 오전 중에 좋은 사진을 얻기 힘들다. 박물관 구경은 생략하고 중앙의 보행자 도로를 서북쪽으로 걸어간다. 약간 내리막 경사라 시계가 트이고, 울긋불긋 다채로운 관광객의 옷과 머리가 멀리까지 가물거려 걷는 재미가 쏠쏠하다.

100m 넘어 내려오다 소련 탱크에 항거하여 자살한 대학생의 추모비를 보지 못한 생각이 났다. 기마상 부근에 있다고 들었는데 눈에 띄지 않은 것이 이상하다. 그대로 갈 수는 없어 바츨라프 동상까지 되돌아가 주변을 몇 바퀴 살펴도 보이지 않는다. 몇 사람에게 물어보며 걸어 내려오다 네 그루 나지막한 상록수에 싸인 자갈 사이에서 간소한 추도비를 어렵사리 발견한다. 웬만큼은 되는 시설을 예상했는데 뜻밖에 초라해 눈에 들어오지 않았던 것이다.

1969년 1월16일 카를대학생 얀 팔라흐(Jan Palach)가 분신자살한 곳, 그 한 달 후 2월25일 다시 얀 자이츠(Jan Zajíc)가 스스로를 불사른 곳이다. 우리보다 십여 년은 어린 나이지만 잠든 지 벌써 38년, 뉴스로 보던 현장감이 생생하다. 두 청년 사진이 인쇄된 검은 대리석 밑에 체코어, 영어, 독어로 "공산주의 희생자에게 바친다"고 새긴 붉은 대리석 판이 놓여있으며 나뭇가지로 엮은 소박한 십자가가 꽂혀 있을 뿐이다. 나라를 찾은 지금 이것이면 됐지 더 바랄 게 무어냐는 뜻일까? 세 송이 카네이션이 눈에 따갑다.

| 얀 팔라흐와 얀 자이츠의 추모비 |

프라하의 구시가(Staré Město)와 신시가(Nové Město)는 나로드니(Národní) 거리와 나 프르지코페(Na Příkopě)를 경계로 나누어진다. 이 일대는 신시가에 속하는데도 가로 양측은 건물 하나하나가 특색 있는 바로크, 르네상스의 옛날 건물이다. 바츨라프 광장의 서북 끝에 메트로 A와 B선이 교차하는 무스테크(Můstek) 광장이 있고 그 곳에서 L자로 꺾여 오른

쪽으로 뻗은 길이 나 프르지코페 거리다.

체코 민주화의 무대가 된 바츨라프 광장

바츨라프 대로를 무스테크 광장으로 3분의2 정도 내려가다 만나는 인드르지슈카(Jindřišská) 거리에서 우로 돌아 200m를 간 판스카(Panská) 가에서 다시 왼편으로 꺾인 곳에 알퐁스 뮈샤(Alfons Mucha)의 박물관이 있다.

체코에서 '무하' 라고 불리는 '뮈샤' 는 1860년에 태어나 파리에서 명성을 쌓은 모라비아 출신의 화가이자 조각, 포스터, 인테리어에서도 폭 넓은 활동을 벌인 아르누보 시대의 대표적 그래픽 아티스트다.

1939년 3월 나치스 침입으로 체코슬로바키아공화국은 해체되고 프라하에 입성한 독일군에 의해 뮈샤는 체포된다. 그의 그림이 애국심을 자극할 우려가 있었기 때문이다. 4개월 뒤 폐렴으로 풀려난 뮈샤는 조국의 해방을 보지 못한 채 나이 79세로 눈을 감는다. 공산정권에서도 그의 존재는 애써 무시됐지만 국민들 마음속에 체코의 긍지로 끊임없이 계승됐으며 프라하의 봄과 함께 해동을 맞았다.

입장료는 한 사람에 120코루나, 박물관의 규모는 크지 않으며 내부에서 사진촬영이 금지된다. 전시된 작품은 포스터와 스케치, 장식품이 많다. 주로 여인을 묘사한 그림들인데 흩날리는 머리카락, 하늘거리는 옷자락 등 섬세한 수법이 한번 잡은 눈을 쉽게 놓아주지 않는 마력을 갖고 있다. 그러나 슬라브 민족사를 묘사한 만년의 연작 '슬라브 서사시' (Slav Epic)는 이곳에 없고 환상적 분위기로 유명한 판화 대작도 대부분 미국에 남아있다고 한다.

북서쪽으로 나가 만나는 프르지코페 거리에서 오른쪽으로 돌아 석조 건물이 이어지는 길을 300m, 화약 탑(Prašná Brána)까지 걷는다. 도로 서쪽은 구시가다.

11세기 시내로 출입하는 13개 성문 중 하나가 있던 자리에 블라디슬라프(Vladislav) 2세 시절인 1475년, 마테이 레이세크(Matej Rejsek)가 고딕 양식으로 건설한 문이 지금 우리가 보는 화약 탑이다. 대포 요새를 겸한 탑은 17세기에 연금술사들에 의해 화약창고 겸 연구실로 사용된 일이 있어 화약 탑이라는 이름을 얻었다. 1757년 프러시아와의 7년 전쟁으로 심한 손상을 입었으나 1876년에서 1886년 사이 요제프 모카(Josef Mocker)에 의해 카를교 탑을 본뜬 고딕 양식으로 복구됐으며 가까이 있는 궁전에 권위를 더해 주기 위해 화려한 조각으로 장식되었다.

역사의 검은 때가 낀 돌탑을 자세히 보면 직선에 곡선이 엇갈리는 입체적 조각이 매우 짜임새 있다. 사다리꼴 큰 지붕 양 옆의 뿔 탑은 육중한 모습과 대조적으로 귀엽기까지 하다. 화약 탑이라는 이름이 칙칙한 인상에 썩 어울린다는 생각이 든다. 높이는 65m이며, 20코루나를 내고 186개의 계단을 오르면 탑 위에서 훌륭한 경관을 볼 수 있다는

| 화약탑과 시민회관 |

데 오늘 중 구시청사(Radnice) 전망 탑과 카를 다리 교탑에 올라갈 계획이 있어 이곳은 생략하기로 한다.

그 옆에 쌍 날개를 벌린 듯 붙어있는 베이지색 건물이 주민들 교양과 문화생활의 중심인 시민회관(Obecní dům)이며 연주회장인 스메타나 홀과 회의실, 레스토랑 등으로 구성돼있다. 1383년에서 100년간 왕이 거주했던 궁궐터에 오스발드 폴리브카(Osvald Polívka)와 안토닌 발샤네크(Antonín Balšánek) 설계로 1911년 세워진 대표적 아르누보(Art Nouveau) 양식의 건물이다. 1918년 10월 28일 체코슬로바키아가 독립을 선언한 기념비적 장소이기도 하다.

정문 위에 반원으로 설치된 카렐 슈필라(Karel Spillar)의 '프라하에 충성을' 이라는 모자이크 작품이 볼만하고 내부에서는 알퐁스 뮈샤 등 체코 미술가들의 장식과 유리 돔으로 된 천장이 유명하다. 화약 탑과 시민회관은 2층에서 복도로 연결돼있는데 확연이 구분되는 형식이나 분위기에도 불구하고 심한 위화감은 느껴지지 않는다. 두 건물이 위치하고 있는 장소는 사방팔방에서 도로가 모여드는 공화국 광장(Náméstí Republiky)으로 바로 구시가의 관문이다.

옛날 대관식 행사를 치르는 보헤미아 왕과 왕비들은 이곳 화약 탑을 출발하여 첼레트나(Celetná) 거리, 구시가 광장(Staroměstské Náméstí), 카를로바(Karlova) 거리를 차례로 지나 카를 다리(Karlův Most)로 블타바 강을 건너고 소지구(Malá Strana)의 모스테카(Mostecká)와 네루도바(Nerudova) 거리를 거쳐 프라하 성(Pražský hrad)의 비타 성당(Katedrála svatého Vída)까지 행렬을 지어 누벼갔다. 그래서 이 전통적인 행로의 이름이 '왕의 길' 이다. 우리도 이제부터 역사적 명소와 소문난 건물을 두루 구경하며 프라하 관광의 핵심, '왕의 길' 2.5㎞를 걸어 성으로 올라갈 생각이다.

화약 탑에서 서쪽으로 빠져 구시가 광장으로 통하는 첼레트나 거리로 들어선다. 잠시 걸으면 왼쪽으로 갈라지는 오보츠니 트르(Ovocny Trh) 입구에 '검은 성모의 집' (U Černé Matky Boží)이라는 브라운색 큰 창의 건물이 보인다. 1912년 요제프 고차르(Josef Gočár) 설계로 세워진 이 집은 2층 외부 모서리에 모신 검은 성모상으로 이름이 알려졌지만 그 보다 입체파의 전형으로 인정받는 세계적 건물이라고 한다. 현재 체코 큐비즘 박물관으로 100코루나의 입장료를 받고 있다.

얀 후스, 마틴 루터보다 100년 앞서 종교개혁 주장

포석 깔린 보행자 전용의 바로크 상가는 주로 크리스털이나 마리오네트 인형을 파는 기념품 매점이며 수많은 관광객 행렬이 끊임없이 좁은 길을 메우고 흘러 다닌다. 세계 3대 크리스털로 치는 보헤미안 글라스가 가게를 오색으로 가득 채우고 체코특산 석류석인 가넷(Garnet)도 한쪽에서 찬란한 빛을 보탠다.

여행하면서 매번 느끼는 일이지만 마음이 쏠리는 물건이 있으면 바로 사고 볼 일이다. 상점이 많아도 탈인 것이 더 싸고 좋은 것이 꼭 있을 것 같아 이집 저집 헤매다 보면 시간과 함께 보아둔 물건도 잊어버리고 만다. 눈독을 들인 게 한두 개 있었는데 어느새 거리를 벗어나고 말았다. 상하이 손녀가 부탁한 마리오네트 인형도 너무 종류가 많아 망설이기만 하다 체코를 떠날 때까지 사면된다는 생각에 선택을 미룬다. 화약 탑에서 약 500m, 떠밀리듯 걷다보니 눈앞이 넓어지면서 온 세계에서 모여든 여행객이 낙화처럼 흩어져있는 구시가 광장으로 접어든다.

10세기 이래 프라하 한복판에 터를 잡은 17,000㎡의 이 광장은 12세기부터 중앙시장으로 자리를 굳혔다. 20세기 초반까지 각종 양식의 건물이 주위에 들어서서 그때그때 벌어지는 영광의 순간과 굴욕의 시말을 고스란히 지켜보았다. 특히 1621년 합스부르크에 대항하던 귀족 27명이 처형당한 치욕의 장소로서 체코인이 갖는 광장의 의미는 각별하다.

동측 면에는 틴 성당의 쌍 탑, 건너 서편에는 천문시계로 유명한 구 시청사의 전망 탑, 그리고 북측으로 미쿨라셰 교회의 청동 탑이 솟아 있다. 중앙 동북쪽에 얀 후스를 중심으로 한 일단의 청동 기념상이 자리를 차지하고 있다. 주변에는 아케이드가 딸린 유서 깊은 건축물이 상가나 카페, 레스토랑으로 잘 보존돼 있으며 시민과 건물을 보호하기 위해 트램의 노선이 통과하지 않는다.

1369년에 태어난 얀 후스는 독일의 마틴 루터(Martin Luther)보다 100년 앞서 가톨릭교회의 부패와 성직자 부정에 맞서 종교개혁운동을 시작한 보헤미아의 종교사상가다. 개혁적 설교로 주체적인 신학을 강조하며 "하느님의 말씀은 성경 속에 있는 것이지 교황 입에 있는 것이 아니다"고 비판하다 교황 요하네스 23세와 콘스탄츠(Konstanz) 공의회에 의해 파문당하고 1415년 장대에 꼿꼿이 묶여 화형에 처해졌다.

이 사건은 체코사람들을 크게 분개시켜 반가톨릭의 후스파(Hussite)가 결성되고 결국은 유럽 전체가 진동하는 후스전쟁이 일어나게 되는 것이다. 화의는 이뤄지지만 가톨릭과 프로테스탄트의 알력은 그 후에도 200년 이상 계속돼 30년 전쟁의 초기인 1620년, 백산(Bílé hoře) 전투에서 오스트리아에 패한 후스파의 개혁 지도자 27명이 재판을 받아 1621년 6월 21일 이 광장 단두대에서 처형되었다.

| 후스 기념상과 미쿨라셰 교회 |

라디슬라프 샬로운(Ladislav Saloun)이 제작한 얀 후스의 기념비는 1915년 후스 서거 500주년을 기념하여 제막됐다. 승리를 거둔 후스파 전사들과 200년 후 추방당하는 프로테스탄트, 그리

고 체코의 부활을 상징하는 한 어머니의 모습을 담고 있다. 후스가 순교한 7월 6일은 이 나라의 공휴일이라고 한다. "진실을 사랑하고 진실을 말하고 진실을 지키라" 유명한 후스의 말이 새겨진 대좌를 돌아가며 벤치가 놓여있다. 지구 곳곳에서 모여든 무심한 여행객이 간식을 먹으며 휴식을 취한다.

| 틴 성당 |

시간은 11시20분, 광장의 볼거리 천문시계가 작동할 12시까지는 여유가 있어 먼저 '틴 앞의 성모 마리아 성당' (Kostel Panny Marie před Týnem)이라는 긴 이름을 가진 틴 성당(Týnský chrám)을 구경하기로 한다. '틴' 은 세관이란 뜻인데 옛날 성당 뒤에 세관이 있었다고 한다.

프라하를 대표하는 고딕 양식의 이 성당은 1365년에 건설을 시작하여 16세기 초엽에 완성됐으며 내부는 17세기에 바로크 양식으로 개조되었다. 프라하 백탑 중에서도 가장 아름답다는 80m 높이의 두 첨탑은 아랫부분을 완전히 막고 있는 전면 건물 위에 감투를 쓴 듯 위엄 있게 솟아있다.

탑 사이, 삼각 박공벽에는 성배를 녹여 만들었다는 성모 마리아의 순금상이 있어 찬란하게 빛을 내고 있다. 지붕 4면에 2중으로 꼬마 뿔을 달고 있는 독특한 모양의 두 첨탑은 언뜻 보아 같은 모양이지만 자세히 관찰하면 굵기에서 미세한 차를 느낄 수 있다. 남자와 여자의 표상으로 제작된 것이라며 아담과 이브의 탑이라는 이름을 얻게 된 연유이기도 하다. 이 성당은 15세기부터 17세기 초반까지 오랜 기간을 통하여 후스파의 주 성당으로 사

| 틴 성당의 주 제단 |

| 십자가 그리스도와 파이프 오르간 |

용되었다.

앞을 막고 있는 건물인 틴 학교를 통해 성당 내부로 들어간다. 19개나 된다는 제단이 하나같이 정밀한 세공으로 장식돼있으며, 전면 중앙에 승천하는 성모 마리아를 묘사한 카렐 슈크레타(Karel Skreta)의 주 제단이 위엄 있게 정좌하고 있다.

오른쪽에 있는 16세기 덴마크 천문학자 티코 브라헤(Tycho Brahe)의 무덤이 많이 알려져 있으며 조각상의 얼굴 왼쪽을 만지면 치통이 달아난다는 이야기가 전해진다고 한다. 이빨이 쑤셨다하면 영락없이 토요일 밤인데 휴일 없는 치과의사가 있어 프라하 사람들은 얼마나 좋을까? 뜬금없는 생각을 해본다. 그 외에 온몸이 금빛으로 둘러싸인 십자가의 그리스도, 1673년의 파이프 오르간 등 내부에는 기억에 남을만한 작품이 적지 않다.

성당을 나와 오른쪽으로 돌면 만나는 붉은 지붕 분홍색의 3층 건물이 골츠 킨스키 궁전(Palác Goltz-Kinských)이다. 1765년 골츠 백작이 안셀모 루라고(Anselmo Lurago)의 설계로 세운 정교한 로코코식 궁전으로 1945년까지 킨스키 일가의 소유였으나 지금은 현대미술관으로 사용된다고 한다.

광장을 가로질러 구 시청사가 있는 서쪽으로 걸어간다. 벌써 많은 사람들이 천문시계를 향해 둘러 서 있다. 카페나 레스토랑에 자리를 잡은 사람도 보인다.

구 시청사(Radnice)는 룩셈부르크가의 존 왕이 시의회 설립을 인가한 1338년에 처음 세워졌다. 1364년 높이 69.5m의 주 탑이 추가되고 1470년 고딕 양식으로 개비됐다는데 수세기에 걸쳐 주위의 여러 건물을 흡수 확장해 온 관계로 이질적 구조가 뒤섞여 확실한 연혁에는 이론이 많다고 한다. 1945년 나치스에 의해 큰 피해를 입었으나 완전히 복구됐다. 내부계단을 걷거나 엘리베이터로 전망대에 올라 구시가 일대의 경치를 즐길 수 있다.

시청사 남측 면에 붙어선 시계탑에 큼직하게 걸려있는 천문관측시계(Orloj)는 1410년 제작된 이래 진짜 가짜를 알 수 없는 수많은 설화와 얽히며 600년의 시각을 새겨 내려온 구시가 제일의 명물이다.

| 구 시청사 탑과 천문시계 |

당시의 시계공은 지구가 우주의 중심이라는 천동설을 믿었으며 그들이 만드는 기계로 시간뿐 아니라 지구를 중심으로 돌아가는 해와 달의 운행모델도 표현할 수 있다는 생각으로 장치 개발에 몰두했다. 프라하의 천문시계 오를로이도 기계장치로 움직이는 시계가 발명된 14세기에 만들어진 많은 천문시계 중의 하나이며 그 구조는 크게 세 부분으로 나뉜다.

첫째 부분은 맨 위에 있는 두개의 파란 네모 창으로 시계가 작동할 때 그리스도 12사도가 회개와 믿음을 전하며 차례로 모습을 나타내는 곳이다. 창 위에는 금으로 칠한 베드로의 닭이 자리를 잡고 있다.

두 번째 부분은 둥근 시계 두 개 중, 위에 있는 커다란 동심원의 플라네타리움(Planetarium)으로 1년에 한 바퀴 돌며 연월일과 시간을 표시한다.

가운데 푸른 원이 지구를 나타내는데 그 중심인 프라하에 시계 바늘의 축이 위치하며 세 개의 바늘로 태양, 달, 별을 가리켜 각각 태양 시간, 달 시간, 황도대를 표시한다. 가장 외부 검은 바탕 위 24개의 중세 아라비아 숫자는 고대 보헤미아 시간, 다음 안쪽 두 쌍의 12개 로마 숫자는 중부 유럽 낮과 밤의 시간을 표시하고, 가장 안쪽 푸른색에 있는 12개 아라비아 숫자가 일출에서 일몰까지의 태양 시간을 나타낸다고 한다. 위의 청색은 하늘, 밑의 갈색은 땅의 표현이며 갈색 안, 검은색은 여명의 시간을 뜻한다는 것이다.

시계 왼쪽에 거울을 보고 있는 '허영심'과 돈주머니를 든 '욕망'의 유태인, 오른쪽에는 모래시계를 든 '죽음'의 해골과 현악기를 가진 '탐욕'의 터키인 등 네 개의 인형이 서 있는데 매 시간 정각이 되면 해골이 뜬세상, 헛된 욕망을 나무라는 몸짓으로 오른손 줄을 당기고 왼손의 모래시계를 뒤집으면서 시계의 작동이 시작된다.

마지막 세 번째가 1870년에 추가된 칼렌다리움(Calendarium)이라는 밑부분의 원으로 농경생활과 관련된 황도 12궁과 4계절을 표시하고 하루에 한 눈금씩 움직인다. 중심의 원은 프라하 문장이고 각각 12개의 작고 큰 원에는 계절을 나타내는 동물이나 전통관습을 보여주는 그림이 있으며 바깥 가장자리를 따라 365일을 상징하는 성자 이름이 적혀있다고 한다. 이 시계 좌우에도 천사와 철학자, 그리고 천문학자와 연대기편자 등 네 개의 인형이 서 있는데 작동은 하지 않는다.

해설을 되풀이 읽으며 아무리 시계를 들여다봐도 가운데 플라네타리움은 이해할 수가 없다. 옛날 사람들 머리가 훨씬 앞섰던 모양이다.

이 시계는 프라하 대학의 수학교수 하누스(Hanus)가 제작했는데 시계가 너무 아름다워 유럽 각국에서 주문이 쇄도하자 이를 독점하려는 프라하 시의회가 교수의 눈을 멀게 하여 더 이상 기계를 만들 수 없게 했다는 것이다. 슬픈 마음을 안고 탑에 올라간 하누스가 손을 대자 시계는 그대로 작동을 멈추었고 다시 움직이기 시작한 것은 1860년, 400년이 지난 뒤였다고 한다. 전해 내려오는 그럴듯한 이야기다.

| 천문시계 |

그러나 1410년 카단의 시계공 미쿨라스(Mikuláš of Kadaň)와 카를 대학의 천문학 교수였던 얀 신델(Jan Šindel)이 시계장치와 글자판을 만들었고 1490년 이를 수리한 하누스가 아래쪽 시계 판인 칼렌다리움을 설치했다는 것이 보다 진상에 가까운 통설이라고 한다. 여러 차례 고장이 있었던 것은 사실이고 오랜 세월을 두고 수리될 때마다 장치와 장식이 개량 첨가됐다고 한다.

12시가 가까워지면서 시계탑 앞에 모여든 구경꾼은 수백 명이 넘게 늘어났다. 카메라를 하나씩 들고 모두가 한쪽을 바라보며 시간을 기다린다. 발 디딜 틈도 없는 무리에 섞여 눈이 마주친 옆 사람과 뜻 없는 미소를 교환하고 집단의 하나로 녹아들어 일체가 된 평등감 속에 자신에게서도 해방된다. 엘리아스 카네티(Elias Canetti)에 의하면 인간이 군중이 되는 것은 다른 사람보다 크지도 뛰어나지도 않게 되는 행복한 순간을 위해서라고 한다.

별안간 박수 소리가 나더니 시계탑 왼쪽 문에서 결혼식을 끝낸 신랑 신부가 나타난다. 박수가 점점 커지는 것을 보니 스스로도 모르게 하나의 인격체로 자리 잡은 군중이 어느새 행동을 개시하는 모양이다.

12시가 되면 600년 전 천문시계 앞에 구경꾼들 늘어서

구청사 탑, 꼭대기에 달린 현대시계의 두 바늘이 12시에 합쳐지려는 순간, 챙, 챙, 가볍고 작은 종소리가 계속되면서 어느새 두 개의 파란 창이 열리고 성자의 행진이 시작됐다. 소나기 쏟아지듯 일제히 터지는 셔터 소리... 십자가, 성배, 열쇠 등 기물을 든 그리스도 12사도가 차례로 창에 모습을 보였다 들어간다. 디카, 비디오 찍으랴, 인형 보랴 숨 쉴 사이도 없다. 허둥지둥 채신없는 거동이 스스로 멋쩍지만 그러나 달리 뭐 할게 있나? 이것하러 온 것 아닌가.

정신 차릴 틈도 없었는데 어느새 황금색 베드로의 수탉이 한번 울고 푸른 창이 닫힌다. 동시에 땡, 땡, 시작된 정오를 알리는 종이 열두 번 울려나간다. 삽시간의 행사, 그새 누군가 시간을 재봤는지 30초 걸렸다는 소리가 들린다. 허전한 기분에 사로잡혀 멍하니 서 있던 사람들이 얼굴을 마주보며 다시 의미 없는 웃음을 주고받는다. 허물어진 무리에서 자신을 건진 행객들은 프라하의 필수코스 하나를 치러냈다는 그런대로 흐뭇한 표정으로 흩어져간다.

잠시 뜸을 들인 후 시청사 탑 구경에 나선다. 걸어도 되지만 무료인 엘리베이터로 3층까지 올라 거기서 한 사람 50코루나의 입장권을 산다. 필 여사가 옆에서 챙긴 덕에 우리는 노인표를 40코루나에 구입하고 공중에서 내려온 둥근 엘리베이터로 전망대까지 올라간다. 열주회랑에서 내려다보는 거리의 모습은 상대 높이가 적당해 친근감이 있고 안정적이다. 넓게 퍼진 붉은 지붕 사이에 치솟은 뾰족탑, 검은 탑, 그리고 반짝이는 금빛 돔, 멀리 프라하 성까지 천년 고도의 방향감각이 머릿속 지도에 차분히 정리된다.

| 단두대가 있던 자리와 후스의 동상 |

아래 광장에는 후스의 동상부터 천문시계까지 바글대는 사람들이 흡사 개미떼 같이 움직인다. 바로 눈 밑에 타일로 하얗게 그려 넣은 작은 십자가 27개와 큰 십자가 두 개가 보이는데 백산 전투에서 패해 처형된 후스파 지도자 27명의 목이 놓였던 자리와 두 곳 단두대가 있던 장소라고 한다. 그들은 산 채로 손과 혀가 잘리고 처참한 징벌을 받은 후 참수됐다고 전해진다.

전망대에서 내려와 북쪽에 위치한 성 미쿨라셰 교회(Mikuláše)를 둘러본다. 영어로 니콜라스 교회로 불리는 바로크 양식의 이 건물은 1735년 킬리안 디엔첸호퍼(Kilián Dientzenhofer)에 의해 완성됐으며 흰 벽과 청동지붕이 잘 어울린 균형 잡힌 모습을 하고 있다.

전면 곳곳에 안토닌 브라운(Antonin Braun)의 조각이 장식돼있다. 내부로 들어가니 성 니콜라스와 성 베네딕트의 생애를 그린 프레스코화의 돔과 중앙에 매달린 왕관 모양의 은빛 샹들리에가 눈에 들어온다. 마침 회당에서는 합창단의 리허설이 진행되고 있었다.

남녀 단원들이 입구에서 제단까지 두 줄로 천천히 걸으며 장엄하게 울리는 오르간에 맞춰 노래를 한다. 그 엄숙한 분위기에 젖으며 많은 구경꾼에 섞여 한동안 시간을 보낸다. 무겁게 깔리는 오르간 소리와 키 큰 금발 아가씨의 노래가 좋아 뜻하지 않은 횡재를 만난 기분이다.

구 시청 광장 서남 모서리에서 카를로바(Karlova) 거리로 나와 돌이 깔린 옛길을 서쪽으로 걷는다. 카를교로 이어지는 약 500m, 기념품점, 레스토랑, 노천카페, 상점이 즐비한 좁은 골목을 누비는 사람들은 시종 발에 채이면서도 웃음이 끊이지 않는 즐거운 분위기다. 바로크 의상의 가발 쓴 배우들이 전단을 나눠주며 저녁의 공연 표를 판다. 모차르트, 베토벤, 스메타나, 드보르작 등 거장의 음악이 하루도 거르지 않고 연주된다고 한다. 특히 모차르트의 오페라 돈 조반니(Don Giovanni)는 1787년 프라하의 국민극장에서 초연됐다는 인연이 있어 각별한 사랑을 받고 있다. 여행객을 대상으로 한 인형극이 매일 밤 소규모 전용극장에서 무대에 오른다.

13시30분, 카를교의 교각이 바로 눈앞에 보이는 곳, 오른쪽에 기다란 노천 레스토랑이 있어 가득 앉은 손님들이 한창 식사 중이다. 강 건너 말로스트라나 지구의 레스토랑을 찾아가는 중이었는데 먹음직했던지 필 여사가 여기서 해결하자고 한다. 빈자리로 안내 받으니 마침 우리나라의 젊은 두 사람이 옆 좌석이다. 직장에서 출장 나왔다며 어제도 이곳에서 먹었는데 음식이 푸짐해서 다시 찾아왔다고 한다. 때맞춰 주문한 족발 큰 접시가 나오는데 둘이 먹고 남는다며 족히 반 접시는 될 분량을 나눠 준다. 우리가 스테이크 2인분을 주문하니 하나면 충분하다고 옆에서 말린다.

족발이 139코루나, 스테이크가 169코루나다. 맥주를 두 잔 필스너로 시키고 테이블에 놓인 빵과 함께 먹으니 좀 짠 것이 탈이지 배가 그득하다. 길 건너 건물이 같은 식당이라며 그 지하실 화장실을 무료로 쓸 수 있다고 일러준다. 어제 한번 들렀다는데 모르는 것이 없다.

프라하를 화제로 시간을 보내다 감사의 말로 작별하고 화장실을 찾아간다. 간판을 보니 식당 이름은 Staropramen, 주문받은 식사를 나르는 종업원들이 열린 문으로 들락날락 분주하게 뛰어다닌다. 화장실은 나선계단을 내려간 지하실에 있으며 알아두면 급할 때 요긴하게 쓸 수 있을 것 같다.

14시20분, 식당을 나선다. 오른쪽에 붙어있는 건물은 옛날 후스파 본부였던 틴 성당에 맞서 싸운 예수회 본거지 클레멘티눔(Klementinum)이며 지금은 국립도서관으로 쓰인다. 옆에 살바토라(Salvatora) 및 프란티스카(Frantiska) 교회가 붙어있다. 넓지 않은 차도를 건넌 곳이 카를 다리의 동쪽 끝인 십자가 기사단(Křižovnické) 광장이며 거무스름한 교탑이 높게 솟아있다. 광장 우측에 홍수로 파손된 카를교를 재건한 카를 4세의 동상이 서 있고 좌측으로 좀 떨어진 곳에 스메타나 박물관이 있다.

강을 사이에 두고 카를교의 동서 양 끝에는 방어 요충인 세 개의 탑이 있는데 지금 눈앞에 서 있는 것이 1380년 건설된 동쪽 입구, 구시가의 교탑(Staroměstská mostecká věž)이며 옛날에 다리를 건너는 통행료를 받던 곳이다. 높이 47m, 블타바 강에서 57m 높이에 있는 고딕식 석탑은 성 비트 성당과 카를교를 건설한 독일인 건축가 페트르 팔레슈(Petr Parléř)의 설계로 알려져 있다.

| 카를교의 동쪽 교탑 |

동측면의 장식이 미술적으로도 높은 평가를 받는 건축물이다. 크게 뚫린 아치 바로 위에는 이 지방의 여러 문장들, 2층에는 보헤미아의 수호성인 성 비트(Svatý Vít), 카를 4세, 바츨라프 4세의 부조들 그리고 3층 창 사이에는 성 아달베르트(St. Vojtech)와 성 지그문트(Sigmund)의 모습이 줄무늬를 곁들여 조각돼 있다. 교탑의 서측 면에도 원래 조각이 있었으나 1648년 프라하를 공격한 스웨덴군에 의해 파괴됐다고 한다. 구시가 광장에서 처형된 후스파 지도자 27명중 12명의 머리가 10년 동안 이 탑에 매달려 효시됐었다는 이야기도 전해진다.

굴 같은 문 안으로 들어가 비좁은 계단을 돌아 올라간다. 검게 그을린 벽에 낙서와 그라피티가 지저분하다. 매표소가 안보여 공짜인 모양이라고 좋아했는데 3층에 올라가니 작은 전시실에서 요금을 받는다. 138단을 밟고 힘들게 여기까지 온 사람이 돈이 아깝다고 내려갈 일은 거의 없다. 베른 대성당에서도 비슷한 경험을 했는데, 처음부터 오를 생각이었으니 억울하지는 않지만 좀 머리를 굴리는구나 하는 느낌이 든다. 요금은 한사람에 50코루나, 이곳도 경로우대가 있어 40코루나로 표를 사고 옥상 전망대로 올라가 360도의 전망을 즐긴다.

구시가 쪽, 가까운 곳은 높고 크게 먼 곳은 작고 희미하게 수십 개의 탑이 솟아올라 퍼져나간 도시에 원근감을 더해준다. 반대쪽 블타바 강으로 눈을 돌리면 언덕 위에 붉은 지붕이 첩첩이 쌓였고 그 언덕 중심에 프라하 성과 성 비타 성당의 첨탑이 한 단 높게 무더기로 솟아있다. 눈 아래 다리에는 수많은 관광객이 구경거리를 기웃거리며 이곳저곳옮겨 다닌다.

하늘에서 보니 톱니 같이 연속된 3각형 교각 위에 하얗게 놓인 카를교가 프리핸드로 그린 듯 살짝 S자로 휘어나갔다. 절묘하다고 할까, 중세모습의 주변 환경에 그대로 녹아드는 편안한 경치다. 대신 자를 댄 듯 직선으로 뻗은 현대식 교량이 있었다면 얼마나 김이 새는 그림이 됐을까?

카를교는 현존하는 유럽의 가장 오래된 돌다리다. 1357년 9월 7일 5시 31

| 관광객 넘치는 카를 다리 |

| 카를교의 할아버지 악대 |

분, 카를 4세 명에 의해 건설을 시작한 이 다리는 행운을 기원하는 뜻에서 기공시각을 홀수의 순과 역의 나열인 135797531에 맞췄다고 하며 그 숫자가 구시가 교탑에 새겨져있다. 1342년 홍수로 무너진 로마네스크 양식의 유디틴(Juditin) 다리 옆에 페트르 팔레슈에 의해 시작된 공사는 1402년, 그가 죽은 후에 끝을 맺었다.

1648년, 프라하에 침입하려던 스웨덴 군의 공격을 받아 구시가 교탑의 외관과 다리 일부가 파괴된 일이 있었으며 다리 이름은 당초 프라하교로 불리다가 1870년부터 카를교(카를루프)로 바뀌었다고 한다. 영어로는 찰스(Charles)교라고 부른다.

1841년까지 프라하의 구시가와 소지구를 연결하는 유일한 다리였던 길이 516m, 폭 9.5m의 카를교는 1496, 1784, 1890년의 대홍수를 무사히 견뎌내고 지금도 블타바 위에 걸려있는 18개 중에서 가장 아름답고 오래된 교량으로 건재하다.다리 양쪽 난간 밖으로 돌출한 삼각형 피어에는 17세기부터 250년에 걸쳐 제작된 조각상 30개가 한쪽에 15개씩 설치돼 있다. 훌륭한 야외갤러리를 구성하고 있으며 카를교를 프라하의 명물로 만든 또 한 가지 요소로 역할하고 있다. 그러나 가치 있는 작품은 라피다리움(Lapidárium) 국립박물관으로 옮겨졌고 현재의 동상들은 대부분 복제품이라고 한다.

네모난 돌이 촘촘히 깔린 보행전용의 다리 위를 장신구, 그림, 사진 등 각종 노점상을 구경하며 걸어간다. 화판 앞에 앉은 모델과 정신없이 놀리는 손끝에서 점점 닮아가는 초상화를 한참 견줘보다 거리 예술가들의 퍼포먼스를 우두커니 바라본다. 상인들은 허가를 받아야 하는지 좌판이나 판매대마다 증명서가 달려있다.

성 네포묵, 홍수 · 분별 · 비방의 수호성인으로 추앙

거리의 악대 앞에는 사람들로 울타리가 생겼다. 하얀 수염의 할아버지들이 튜바를 불고 밴조를 탄다. 난간을 등지고 앉아 얼마의 세월을 강물에 흘러 보냈을까? 가을바람처럼 쓸쓸한 가락이 가슴을 적신다.

좀 더 걷다 보면 오른쪽 난간에서 이중 십자가에 별 다섯 개가 부조된 플레이트를 찾을 수 있다. 프라하에서 가장 존경받는 가톨릭 성인, 성 네포묵(Jan Nepomucktý)이 순교한 장소다.

왕비(Zofie)의 부정을 의심한 당시의 왕 바츨라프 4세가 고백성사를 받은 성 하벨 성당의 본당신부 네포묵에게 왕비의 고해내용을 밝히라고 강요했으나 그는 끝내 이를 거부하여 1393년 3월 20일, 고문으로 살해당해 이곳에서 강물에 던져졌다. 그 순간 다섯 개의 별이 수면에 떠오르고 네포묵은 종려가지를 든 천사에 들려 하늘로 올라가 신의 축복을 받았다고 한다. 1729년 3월, 성인 반열에 오른 그는 후세 사람들에 의해 홍수, 분별 그리고 비방의 수호성인으로 추앙 받는다. 성 비타 성당에 은으로 만든 묘가 있는데 권위에 굴복하지 않은 그의 혀는 부패마저 거부하여 아직 온전하다고 한다. 바츨라프 4세는 다리를 건설한 카를 4세의 아들이지만 부자간 인품이 많이 달랐던 모양이다.

난간에 박힌 이 네포묵 명판에는 전해지는 속설이 있다. 다섯 개 별에 왼손가락을 하나씩 올려놓고 바닥에 보이는 은색 못을 오른발로 밟으며 기원을 드리면 소망이 이뤄진다는 것이다. 소원을 딱 하나만 빌어야 한다는 까다로운 조건이 붙어 있다는데 앞으로 원하는 일은 다 들어달라는 소원도 하나로 인정될 수 있는지? 유권해석은 어디서 받아야 하는지? 쓰잘 데 없는 공상을 해본다.

네포묵은 카를교를 지배하는 구심점이자 그 위를 걷는 이들이 공유하는 이데아다. 중간을 좀 지난 우측 교각에 다섯 개 별을 두르고 십자가를 안은 네포묵이 종려가지를 들고 서 있다. 얼굴을 왼쪽으로 다소곳이 기울인 성자의 동상은 다리 위에서 가장 오래된 조각상이자 모두가 석조인 작품 중 오직 하나뿐인 청동상이다.

얀 브로코프(Jan Brokoff)의 목조원본을 바탕으로 하여 1683년 주조된 것으로 아랫부분 반석에 있는 릴리프를 만지면 행운이 온다는 전설 때문에 모든 여행객이 한 번씩 쓰다듬고 지나간다. 왕비의 고해성사를 듣고 있는 성 네포묵과 강으로 던져지는 그의 모습을 묘사한 좌우 두 장의 부조를 한 번씩 만지면 된다. 관광객은 줄을 서서 차례를 기다리고 사람들 손길에 닳아버린 부조는 금빛으로 광을 낸다.

| 네포묵 동상 밑의 부조 |

정성을 다해 쓰다듬는 필 여사를 촬영하고 순서 따라 카메라 앞에 나가 통과의례를 치른다. 신묘한 행운을 믿을 리 없으면서도 따라하게 되는 여행의 낭만이다. 도스토예프스키는 인간이란 행복 외에 같은 만큼의 불행이 필요하다고 했다. 그늘 없이 어찌 빛을 볼 수 있겠는가? 사람은 행운을 바라며, 내일은! 혹시 내일은! 한다. 그 내일이 마지막 날 인지 모

르는데도.

행상의 외침, 사람들 웅성거림, 거리의 혼잡에 묻혀 멀리 들리는 종소리…. 나른한 피로감 속에 시간은 느릿느릿 지나가고 오후 세시의 카를교는 바야흐로 메르헨의 세계다.

다리의 서쪽 끝을 지나면 바츨라프 4세 치하 각 지방의 문장이 달린 1411년도 출입문이 나오고 그 양쪽으로 소지구 교탑(Malostran mosteckáVěž)이라 불리는 두 개의 석탑이 서 있다. 키가 작은 쪽은 구 유디틴 다리를 구성했던 부재 중 단 하나 남아있는 유적으로 1166년 로마네스크 형식으로 축조된 것을 1591년 르네상스 양식으로 개축한 것이다. 키 큰 쪽은 1464년 포데브라드가의 이르지 왕(Jiří z Poděbrad)에 의해 강 건너 구시가 교탑과 균형을 맞추기 위해 건설된 45m의 고딕 탑으로 내부에 카를교 연혁을 담은 전시실이 있고 옥상 전망대에 올라 사방을 둘러볼 수 있다.

탑문을 지나면 소지구, 말라스트라나의 모스테카 거리가 된다. 소지구는 왕과 귀족, 성직자가 살던 흐라트차니(Hradčany)라고 불리는 위쪽 성채지구와 떨어져 그 밑에 형성된 평민들의 마을로 18세기 이후 새 건물이 들어서지 않아 현대사의 영향을 거의 받지 않고 보존된 바로크 거리다. 레스토랑과 상가가 이어지는 좁은 길을 400m 정도 걸으면 1257년에 조성된 소지구 광장(Malostranskě Náměstí)에 다다르고 거기 서 있는 건물인 바로크풍의 성 미쿨라셰 교회를 마주하게 된다.

구시청사 광장에 있는 미쿨라셰와 똑같은 이름인데 1703년 착공한 이 건물도 동일 인물인 킬리안 디엔첸호퍼가 그의 아버지 크리스토프(Kryštof)의 뒤를 이어 공사를 수행한 것이다. 부자가 사망한 후인 1756년 준공된 성당은 80m 종탑에 묵직한 청동 돔이 어울리는 프라하 최고의 바로크 건물이며 대리석과 금빛으로 장식된 내부도 눈부시게 화려하다. 특히 70m 높이 둥근 천장에 프란츠 팔코(František Palko)가 그린 삼위일체의 프레스코화와 카렐 슈크레타(Karel Škréta)의 십자가 예수상이 유명하며 2500개의 파

| 성 미쿨라셰 교회와 삼위일체탑 |

이프로 1746년 제작됐다는 바로크식 오르간도 이 성당을 사랑했던 모차르트가 1787년 연주한 것으로 널리 알려져 있다. 성당 광장의 중앙에는 페스트 퇴치를 기념하여 1715년에 건조된 삼위일체 탑이 서 있는데 그 시대에 보기 드문 날렵한 형태를 하고 있다.

소지구 광장을 떠나 프라하 성으로 통하는 좁은 언덕 네루도바 거리를 올라간다. 이 길을 배경으로 글을 썼던 19세기의 체코작가 얀 네루다(Jan Neruda)에서 유래된 이름이며 주변에는 각국 대사관이 많이 모여 있다. 1770년 건물에 번지가 생기기 전 이 근처의 집들은 특징을 나타내는 이름을 붙여 서로를 분별했다고 한다. 붉은 독수리(6번지), 세 개의 바이올린(12번지), 붉은 사자(41), 푸른 가재(43번지) 하는 식인데 문 위에 문패 같은 그림을 볼 수 있다. 네루다가 살던 47번지는 두 태양의 집이었다고 한다.

성을 향하는 길에서 가파른 비탈을 만나 힘겹게 오르다 보면 프라하 성 바로 밑에 레데보르(Ledebour), 팔피(Pálffy), 체르닌(Černín) 등 정원이 나타나고 테라스로 이어지며 시내가 넓게 눈에 들어온다. 숨을 달래가며 마지막 놀계단을 올라 드디어 프라하 성의 정면, 흐라트차니(Hradčanské) 광장에 도착한다. 가뿐해진 기분으로 눈 아래 소지구와 블타바 강, 구시가지 등 거쳐 온 거리를 후련하게 내려다본다. 오렌지 기와지붕의 바다, 고색창연한 건물 저쪽으로 검게 그을린 다리와 복잡하게 뒤섞인 옛날 시가가 숨었다 드러났다 멀리 퍼져나간다.

프라하 성은 체코를 대표하는 국가적 상징이자, 기네스북에 등재된 세계에서 가장 크고 오래된 성이다.

9세기 말, 교회로 시작하여 12세기에 로마네스크 양식의 성이 건설되었다. 14세기 카를 4세에 의해 고딕으로 개축된 후에도 시대를 좇아 르네상스와 바로크 양식이 계속 첨가돼 900년이 흐른 18세기 말에 현재 모습을 갖게 되었다. 길이는 570m, 너비가 128m이며 9세기 이후 왕궁으로 사용된 로브코비츠(Lobkovický) 궁전을 중심으로 성 비타 대성당, 성 이르지 바실리카(Bazilika svatého Jiří), 성 십자가 교회(Kaple sv Kříže) 등 3개의 교회와 여러 부속 건물로 이뤄져 있다.

성채 지구 관광의 출발점으로 많은 사람이 붐비는 광장 철책 문에는 부동자세의 초병이 눈 한번 깜빡이지 않고 서 있어 항상 인기 있는 사진 모델이 된다. 그 문기둥 위에 이그나츠 플라처(Ignác Platzer)가 제작한, 몽둥이와 칼로 싸우는 무시무시한 타이탄의 조각이 놓여있다.

| 타이탄 조각이 있는 철책문과 보초병 |

철문을 지나 좁은 제1중정으로 들어서면 곧 붉은색 국기 게양대가 양편에 서 있는 1614년의 마티아슈 문(Matyášova brána)을 통과하게 된다. 우측 보라색 4층이 현 대통령궁이다. 상당히 넓은 제2중정에 들어가면 중앙에 분수가 보이고 오른쪽에 성 십자가 교회가 있다. 이어지는 제3중정이 성의 중심부로 궁전과 성 비타 성당이 함께 자리 잡고 있는 곳이다.

| 성 비타 대성당 |

프라하 대주교좌이자 체코 고딕 양식의 뛰어난 전형으로 꼽히는 비타 성당은 925년 최초로 이곳에 터를 잡았다. 그로부터 1929년까지 무려 천년, 1344년 고딕 성당이 설립된 후부터는 근 600년의 공사를 거쳐 완성된 이 나라의 정신적 구심체이자 프라하의 스카이라인을 지배하는 최고의 랜드마크다.

설계는 프랑스인 마티아스(Matyáš)로부터 팔레슈 부자로 이어지면서 진행됐다. 특히 페트르 팔레슈의 기법은 중유럽 후기 고딕 건축에 커다란 영향을 끼친 것으로 평가되고 있다.

길이 124m에 폭 60m, 97m의 종탑이 높이 솟은 웅장한 건물, 전면 두 뾰족지붕에는 가시 같은 돌기가 무수히 박혀있고 섬세한 조각으로 수놓인 양탑 사이에는 커다란 장미창(Rose Window)이 상부 중앙을 거의 자지하고 있다. 전면에서 특히 홍미를 끄는 것은 10세기경 체코 역사상 가장 위대한 왕으로 꼽혔던 성 바츨라프의 일대기를 부조한 청동 출입문이다.

그리스도교를 전파하던 바츨라프는 935년, 이교도 음모에 빠진 그의 동생 볼레슬라프(Boleslav)가 보낸 자객들에 쫓겨 간신히 이 성당 앞에 당도한다. 안으로 들어가면 목숨을 건지는데 애석하게도 굳게 닫힌 구리문은 꼼짝도 하지 않아 그 앞에서 살해당하고 만다. 문고리를 잡고 칼에 찔리는 장면이 그림 맨 밑에 묘사돼 있다.

| 바츨라프가 살해당하는 부조 |

입구 왼쪽에 있는 매표소에 다가서는데 시간이 됐는지 표 파는 아가씨가 창구를 닫으며 그냥 들어가라고 한다. 그새 생각도 안했던 마감시간인 다섯시가 다 되가는 모양이다.

입장권은 구경하는 구역에 따라 몇가지 종류가 있으며 사진촬영도 별도로 30코루나를 받는 모양인데 시간이 늦어선지 통제하는 사람이 없다. 좌우 여섯 개의 기다란 스테인드글라스를 통한 빛으로 장내가 엄숙하게 가라앉아 있고 34m 높이의 천장에는 리브볼트가 십자로 교차하면서 전면 제단을 향해 길게 이어진다.

제복 입은 경비원에게 유명한 알퐁스 뮈샤의 작품을 물어봤더니 왼쪽에서 세 번째를 가리킨다.

뮈샤가 1931년 제작한 스테인드글라스는 바츨라프를 중심으로 하여 키릴(Cyril)과 메토디우스(Methodius) 두 성인의 사적이 묘사된 화려한 채색의 그림이다. 이곳저곳 무리지어 장내를 다니는 여행객 속에 우리나라 관광단이 세 팀은 넘는 듯하다. 프라하 거리 어디를 가나 이제 한국 사람 찾기는 어렵지 않다.

둥글게 돌아간 아치와 스테인드글라스로 둘러싸인 주 제단을 향해 걸어가자면 오른쪽으로 역대 왕의 대관식이 치러졌던 신성한 장소인 바츨라프 채플이 보인다. 그리스도 수난이 묘사된 아래 벽은 1,300개의 보헤미아산 가넷과 금으로 꾸며졌다. 바츨라프 생애를 그린 프레스코화로 윗벽을 장식한 이 방은 1364년, 페트르 팔레슈에 의해 만들어진 성당 제일의 명소다. 표가 없는 사람은 로프로 접근을 막고 있어 거리를 두고 사진만 찍는다. 천장에서 매달린 샹들리에가 화려하다.

| 알퐁스 뮈샤의 스테인드글라스 |

한국 관광단 뒤에서 가이드 아주머니의 해설을 훔쳐 들으니 독학으로 수집한 우리 자료에는 없는 내용이 많아 역시 전문가란 다르구나 하는 느낌을 받는다. 설명을 마친 가이드가 자유롭게 돌아본 후 정문 앞에 모이라며 15분의 시간을 준다. 뿔뿔이 흩어진 뒤로 기진한 기색의 아주머니 댓 사람이 그대로 의자에 남는다. "자, 우리도 가서 구경 좀 해야지?" 몇 사람이 일어서려는데 옆에서 한 아지매가 말한다. "가긴 뭘 가! 가서 보나 여기서 보나 그게 그거지!" 지치고 힘들지만 지내고 나면 또 떠나고 싶어지는 것이 여행의 생리다. 매일이 하루 같은 답답한 삶에서 그렇게 한 번씩 비워내는 모처럼의 기회 아닌가? 아줌마들이여,

| 성 네포묵의 묘와 바츨라프 채플 |

| 성 이르지 성당 |

힘을 내시라.

주 제단 옆에 있는 성 네포묵의 묘도 로프로 격리돼 있어 들어가지 못한 채 좀 떨어져 구경을 한다. 천사들이 눈높이로 떠받든 1736년 제작된 관과 정교한 주변 장식은 2톤의 은을 녹여 만든 것이라며 먼눈에도 드물게 보는 걸작이다. 체코왕과 성자, 귀족들의 유골이 안치돼 있는 지하 납골소와 287단의 계단으로 올라가는 첨탑 전망대는 엄두도 못낸 채 시간에 쫓겨 밖으로 물러나온다. 저녁 다섯 시, 종이 울리며 성당 문이 닫힌다.

광장을 남측으로 돌아 성당 전면을 촬영하고 계속 동쪽으로 나가면 왕궁이다. 겉모습만 구경하며 비타 성당과 연결되는 통로 밑으로 빠지니 이르지 광장에 들어서는데 이곳에 백색 첨탑을 두 개 이고 서 있는 짙은 벽돌색의 건물이 성 이르지 수도원(Bazilika a klášter sv. Jiří)이다. 영어로는 성 조지 바실리카로 통하는 이 건물은 921년에 건조된 프라하에서 가장 오래된 로마네스크 성당으로 두 탑의 굵기가 달라 또 하나의 아담과 이브 탑으로 불린다.

성 따라 동쪽 언덕을 내려가다 왼편으로 돌면 옛날 황금세공사들과 성의 일꾼이 살았다는 좁고 짧은 골목길이 나오는데 황금 소로(Zlatá ulička)라는 이름으로 잘 알려진 또 하나의 관광명소다. 성벽에 다닥다닥 붙어있는 액세서리, 잡화점, 선물가게들은 허리를 굽혀야 겨우 들어 갈 수 있는 방 두 개 정도의 작은 집들이며 16세기 거리 모습을 그대로 간직하고 있다.

그중 가장 유명한 곳이 작가 프란츠 카프카(Franz Kafka)가 1916년 11월부터 다음해 5월까지 살았다는 22 번지의 하늘색 건물이다. 막내 누이 오틀라(Ottla)가 당시 오빠 집필을 위해 마련했다는 집으로 현재는 그와 관련된 자료 등을 파는 책가게가 들어있다. 유태계 독일인 카프카는 프라하 태생이지만 독어로 소설을 썼으며 이 집에 살던 기간은 그의 작품 '변신' (Die Verwandlung)이 간행된 무렵이다.

주인공인 그레고르 잠자(Gregor Samsa)는 하루아침 잠에서 깨어나 거대한 벌레로 변신한 자신을 발견한다. 일할 능력을 잃고 공동체 밖으로 밀려난 그는 더 이상 가족에게 쓸모없는 부담일 뿐이다. 차차 혐오의 대상으로 전락하고 마침내는 죽음조차 안도의 한숨으로 받아들여진다. 이 같은 현상이 과연 그레고르에게만 일어난 특수상황일까? 설정이 극적이고 비유적일 뿐 인간이 보편적으로 짊어진 숙명이 아니겠는가. 생계능력을 상실한 우리 또래의 인생들, 한꺼풀 벗겨보면 이미 벌레가 돼있는 지도 모를 일이다.

| 프란츠 카프카가 살던 집 |

몇 사람이 들어서면 운신도 할 수 없는 카프카의 집, 초라한 가게를 둘러보며 그의 장편 '성' (Das Schloss)에 담긴 모티프 - 몸부림쳐도 벗어날 수 없는 하부세계의 구조적 한계를 지척에 있는 프라하 성과 대비하여 묘사한 심정을 이해할 수 있을 것 같다. 카프카는 프라하를 옮겨 다니며 말단관리로 살았으나 프라하를 떠난 적은 거의 없었다. 카프카는 프라하이며 프라하는 카프카였다.

낮은 집들 뒤로는 길게 하나로 연결된 건물이 붙어있다. 27번지 왼쪽에 있는 입구를 통해 2층에 오르면 옛날 무기가 진열된 복도에 고물상 같은 침침한 가게가 이어지고 고문실 같은 방도 보인다. 다시 돌아나와 골목 끝을 막고 있는 12번지의 잡화상점 안을 통과하여 황금 소로를 벗어난다.

17시40분 강쪽으로 전망이 터진 언덕길을 동남으로 내려가 말로스트란스카(Malostranská) 지하철역에서 표를 구입한다. 교대시간이 됐는지 창구를 닫던 역무원이 쌌던 보따리를 풀어 차표와 잔돈을 꺼내고 종점 데이비츠카에 간다니까 제일 싼 14코루나 짜리 두 장을 내준다.

종점에서 내려 버스로 갈아타려는데 정거장이 사방팔방에 있어 분간할 수가 없다. 길 가는 사람을 잡고 아침에 메모해둔 민박집 정류소 'Kouřenı́ Zákazáno' 를 보이며 방향을 물었더니 느닷없이 하늘을 보고 크게 웃는다. 영문을 모르고 멍청히 보고 있으니 그것은 'No Smoking' 의 체코 말이라며 손가락으로 옆을 가리킨다. 그러고 보니 정류장 마다 같은 문구가 큼직하게 적혀있다. 과문천식이니 어이하리요. 오스카 와일드는 말했다. "경험이란, 즉 그 사람 과실에 대하여 주어지는 명칭" 이라고. 오늘 프라하의 한토막을 또 하나의 경험으로 치부해 둔다.

공항 가는 119번 버스를 타는데 한국 아가씨를 만났다. 한참 대화 중에 혹시 남미 여행수기 쓴 사람 아니냐고 묻는다. 사진 본 기억이 있다고 한다. 모르는 사람에게서 우리 책 얘기 듣기는 이번이 처음이다. 그것도 먼 외국에서다. 아가씨는 바로 우리 옆집에 묵고 있었다. 여행을 많이 하는 모양으로 성격이 좋아 필 여사하고 금방 친해졌다. 14코루나 표의 20분 유효시간이 지나 조마조마했는데 다행히 단속 없이 버스를 내린다. 집 앞의 정류장 이름은 데디나(Dedina)였다. 메모를 수정해 둔다. 집에 도착한 시간은 18시40분이다.

28일. 성 지구에서 블타바 강따라 비셰흐라트로

6월 3일 토요일
Praha (보행 11.4㎞)

아침 일찍 2층 거실에 내려가니 옆 방 여학생이 벌써 컴퓨터에 앉아 작업 중이다. 배낭여행 중인 대학생 정도의 나이 어린 두 사람인데 지난밤 보이지 않던 것이 필수 코스인 인형극 돈 조반니를 구경한 모양이다. 늦게 돌아왔을 텐데 새벽부터 어제 찍은 사진을 올리는 중이라니 실시간으로 여행수기를 쓰고 있는 듯 무척 부지런하다. 프라하가 며칠 예정이냐고 물으니 3박 4일이라고 한다. 같은 사흘을 자면서 젊은 사람은 나흘을 구경하지만 우리는 3박2일로 꼬박 이틀의 관광이다. 시간을 파악하는 개념이 다르다.

저녁에 도착하고 아침에 떠나는 우리 여행습성이 밤차를 이용하는 배낭여행과 다른 것이 원인이겠지만 앞, 뒤에 걸치는 이틀을 도중 탐승에 쓸 수 있으니 말짱 손해라고만 볼 수도 없다. 여행이란 도달하려는 가치 이상으로 그 과정에도 보람이 있는 것이다.

다른 방에 들어 있는 남자 둘은 게을러 아직도 한밤중이다. 어제에 이어 오늘도 날씨가 좋다. 주인 아주머니가 앞으로는 비가 오지 않을 것이라면서 일기예보에서 들었다고 한다. 여행을 시작한 이래 잠깐씩이긴 하지만 거의 매일 지겹게 비가 내렸다. 우리가 알지 못했을 뿐이지 5월 한 달은 우기인지도 모르겠다.

수염을 기른 채 십자가를 진 '슬픔의 성모 마리아'

아줌마가 차려준 아침밥을 먹고 10시에 집을 나선다. 오늘은 트램을 타고 프라하 성 근처로 올라가 어제 보지 못한 로레타 성당(Loreta)과 스트라호프 수도원(Strahovský klášter)을 구경한 다음 블타바 강을 따라 남쪽으로 내려가 체코 명사들의 묘지가 있는 옛 성터, 비셰흐라트(Vyšehrad)까지 다녀올 계획이다.

데디나 정류장에서 119번 버스를 기다리던 중 어제 만난 한국 아가씨가 옆집에 묵고 있는 일행과 나타나 서로 인사를 교환하고 마침 당도한 버스에 함께 오른다. 직장 출장길에 주말을 이용하여 프라하에 들렀다는 어린 아가씨와 짬을 내 여행 중인 중년의 KAL 파일럿 부부가 동행이다.

부근에 샤르카(Divoká Šáka)라는 볼만한 절벽이 있다고 들어 숙소 아저씨에게 길을 알아놨는데 잠깐 보고 가겠다고 했더니 일행이 모두 따라 나선다. 두 번째 정거장인 맥도날드 햄버거 앞에서 내려 북쪽으로 난 급한 사면을 내려간다. 옛날 이 일대를 통치하던 여인족이 비셰흐라트의 남자족과 싸워 위급한 처지에 몰렸는데 여전사 샤르카가 스스로를 나무에 묶고 적의 장수 츠티라트(Ctirad)를 유인하여 술로 잠재운 후 살해한다. 그러나 이미 사랑에 빠져버린 샤르카가 슬픔을 못 이겨 절벽에서 몸을 던졌고 결국 패망한 여인족의 뒤를 이어 프르제미슬 왕조가 생겨났다는 전설의 그 무대다. 샤르카의 전설은 스메타나의 교향시 '나의 조국' 제3곡의 표제로도 묘사돼 있다.

쉽게 보고 가리라 예상했는데 500m 정도 걸으니 앞에 꽤 높은 바위산이 막아선다. 고개를 오르는 사람만 멀리 보이는것이 절벽은 그 너머에 있는 모양이다. 아침부터 등산으로 힘을 써버리면 오늘 계획에 차질이 생길 것 같아 잠시 생각한 끝에 여기서 후퇴하기로 결정한다. 기운이 왕성한 부부 두 분은 온 김에 절벽을 보겠다며 산으로 계속 오르고 아가씨 두 사람과 우리는 되돌아 큰길로 나온다. 도중에 돌아보니 멀리 산 위에서 콩알만 한 두 사람이 손을 흔든다. 프라하를 다녀가는 한국 관광객은 엄청 많지만 샤르카 절벽을 거친 사람은 아마 많지 않을 것이다. 경치가 어떠했는지 그 후 얘기를 알지 못해 궁금하다.

데이비츠카까지 버스로 나가 지하철 A선으로 환승한다. 우리는 두 번째 정거장 말로스트란스카에서 내려 트램으로 바꿔 타고 성 지구 흐라트차니로 바로 올라갈 생각이다. 두 아가씨도 같은 트램으로 언덕을 올라 프라하 성부터 구경을 시작하고 소지구와 카를 다리로 내려가면 힘이 덜 들 것이라는 의견에 동의해 같이 가기로 한다. 불운은 거기서 싹이 텄다.

전철을 내려 역 입구로 걸어 나오는데 개찰구 밖에 지키고 있던 두 명의 검표원이 막아서더니 차표를 보자고 한다. 이로써 고속도로 통행권이나 차표 단속을 모두 겪어보는 셈인데 고속도로 위나 전철 안 보다는 나오는 길목을 지켜 점검하는 경우가 많은 것 같다. 우리 둘과 어제 아가씨는 무난히 통과했는데 오늘 처음 나온 아가씨에 문제가 생겼다. 표는 가지고 있었지만 펀칭 기계로 시간을 찍지 않았던 것이다. 처음 타는 전차라 몰랐다며 사정을 해 보지만 단속이 직책인 사람에게 통할 리 없다. 아가씨는 영어를 잘한다. 조용한 곳으로 같이 가 대화를 하더니 한참 만에 돌아온다. 젊은 여자라 혹시 봐주지 않을까 희망을 가졌는데 소용이 없었다. 가지고 있던 표를 회수하고 벌금 500코루나를 징수한 후 1시간 유효한 새 차표를 끊어줬다고 한다. 침울해진 기분으로 걸어가다 돌아보니 아가씨가 울고 있다. 원인을 제공하고 도와주지 못한 것이 미안해 위로를 했더니 돈이 아까워서가 아니라 괜히 속이 상한다며 웃어 보인다.

어떤 인생에도 비는 온다. 나의 보물은 내 아픈 곳에 놓여있나고 한다. "돈은 빼앗길 수 있지만 지식은 뺏기지 않는다" 탈무드에 있는 말이다. 벌

| 브라헤와 케플러의 동상 |

금은 뺏길 수 있어도 추억은 뺏기지 않을 것이다.

23번 트램을 타고 이리저리 굴절하며 비탈을 올라간다. 발아래 넓어지는 도시가 여러 각도로 방향을 바꾸며 특유한 형상으로 입체화돼 나간다. 언덕길의 운행은 시야 따라 연속으로 생산되는 변화가 예측할 수 없어 즐겁다. 성 근처 프라스니 다리(Prašného mostu)에서 같이 간 두 여인이 내리고 우리는 한 정거장을 더 가 포호르젤레츠(Pohořelec)에서 하차한다.

잔디밭에 서 있는 티코 브라헤와 요하네스 케플러(Johannes Kepler)의 동상이 우선 눈에 들어온다. 6분의를 들고 있는 쪽이 브라헤다. 덴마크의 천문학자 브라헤는 한때 프라하에 살며 천체 망원경이 없던 시절, 육안으로 행성 운행을 정밀 관측한 것으로 유명하다. 어제 들렀던 틴 성당에 그의 무덤이 있다. 그 성과에 의거 독일인 제자 케플러가 도출한 '케플러의 법칙' 이 뉴턴역학의 기초를 이룬 것은 널리 알려진 사실이다. 광장 남쪽이 스트라호프 수도원이다.

| 스트라호프 수도원 |

1140년에 창건돼 1950년 사회주의 체제에서 폐지될 때 까지 800년을 이어온 수도원은 높다란 언덕 위에 자리를 잡고 말로스트라나를 조

| 스트라호프에서 내려다 본 프라하 |

용히 내려다보고 있다. 여러번의 전란을 겪으면서도 중세 이래의 장서 12만5천 권을 소장하고 있는 도서실과 곡면 천장의 프레스코화가 유명하다. 미로, 피카소, 뒤샤 등 작품으로 알려진 화랑이 있어 기대가 컸는데 오늘 따라 결혼식이 있어 내부 공개를 하지 않는다. 고관 아니면 귀족 집안인 듯 처음 보는 초호화판 혼례다. 아카데미시상식에 입장하는 스타들같이 차려입은 귀빈이 쌍쌍이 도착해 식장으로 들어가는 장면을 많은 사람들이 구경하며 수군거린다. 주변에 서 있는 몇 대의 롤스로이스가 분위기에 위엄을 더한다.

공산체제를 겪으면서도 상류계급의 명맥은 유지됐던 것일까? 프랑스 철학자 이폴리트 텐(Hippolyte Taine)이 말한 대로 3주간 그들은 서로를 연구하고 3개월 사랑하다 3년을 싸운 후 30년 참고 지내는 과정을 오늘부터 시작한다. 그리고 그 애들이 똑같이 되풀이 하는 인생, 상층사회라고 조금도 다를리 없을 것이다.

수도원 동쪽 스트라호프 정원(Strahovská zahrada)으로 돌아나가 말라스트라나에서 카를 다리, 구시가쪽으로 멀리 흐려지는 프라하를 내려다본다. 높고 낮은 붉은 기와, 백색과 마리아테레지아 옐로의 외벽, 정면에 보이는 TV 타워, 수많은 교회의 바늘 탑과 청동지붕이 햇빛과 바람 속에 그대로 관광포스터다.

역사의 시공간이 증발하지 못한 채 미로 같은 골목 구석구석 앙금으로 얽히고 중세의 낭만이 프라하 마법에 설려 다리 밑에 숨어있을 것만 같다. 오른편에 1891년에 세웠다는 에펠 탑과 비슷한 페트르진(Petřinská) 탑이

| 로레타 성당의 전면 |

60m 높이로 솟아있는데 이곳 전망으로도 흡족하여 언덕을 거쳐 올라야 할 299단 층계의 고행을 절약하기로 한다.

북쪽으로 밋밋한 언덕을 로레타 성당을 향해 걸어 내려간다. 얀 후스의 종교개혁 이후 구교도와 신교도의 대립이 계속되자 구교의 승리를 기원하며 1626-31년에 카테리나 로브코비츠(Kateřina Lobkowicz) 남작 부인이 세운 성당이다.

천사장 가브리엘이 마리아 앞에 나타나 예수 잉태를 예언한 곳이 산타카사(Santa Casa)라 불리는 '성모의 집' 이다. 전설에 의하면 나사렛(Nazerat)에 있던 성모의 집은 1291년 터키 침공을 피해 네 천사에 들려 하늘을 날아 1294년 이탈리아 로레토로 옮겨진다.

프라하의 로레타 성당은 지오반니 오르시(Giovanni Orsi)가 건설한 후 크리스토프 디엔첸호퍼에 의해 규모가 확대됐다. 마당 중앙에 '산타카사' 라는 독특한 예배당을 세우면서 이탈리아에 있는 산타카사의 원본을 그대로 재현시켜 로레타라는 이름을 얻게 되었다고 한다.

1664년부터 1740년 사이, 성당에는 수도원과 6개의 예배당이 추가되고 47개의 천장 벽화가 그려진 회랑이 들어섰으며 그 전면에 바로크식 건물이 세워져 현재와 같은 아름다운 모양을 갖추게 되었다. 건물을 상징하는 금빛 테두리의 하얀 시계탑에는 크고 작은 27개 편종(carillon)이 매달려있으며 매시 정각에 천 번씩 성모를 경배한다는 내용으로 된 '마리아의 노래'를 사방으로 울려 보낸다.

12시15분, 한사람 90코루나의 입장료를 내고 현관으로 들어가니 반듯한 네모의 중정이 앞에 보인다. 곱게 가꾼 잔디 중앙에 30평 정도 되는 상자모양의 산타카사가 묵직하게 앉아있다. 그 양쪽에 천사들이 조각된 분수대가 놓여있다. 뜰을 둘러싸고 붉은 기와 2층의 아치 회랑이 사방으로 돌아갔는데 둥근 천장에는 프레스코화가 가득 그려져 있고 고해성사대 같은 기도석이 여러 개 벽에 붙어 놓여있다. 네모꼴 회랑의 중간과 귀퉁이마다 예배당이 있으며 산타카사의 뒤가 되는 현관 건너편으로 돌아가니 현란한 장식의 예수 강림 성당이 나타난다.

자료를 찾다 알게 된 사실이지만 바로크 양식으로 꾸며진 성당 내부에는 특별한 볼거리가 있다. 옷을 차려입고 밀랍을 쓴 두 스페인 성인 펠리키시무스(Felicissimus)와 마르치아(Marcia)의 시신이 제단 옆에 있는 것이다. 유심히 보기 전에는 그것이 유해인지 눈치 채지 못한다.

| 중정의 산타카사와 분수대 |

회랑 전면, 남쪽 모서리에 자리 잡은 '슬픔의 성모 마리아' 예배당에는 수염을 기른 채 십자가를 진 여인의 조각상이 있다. 공주였던 이 여자는 이교도와의 결혼을 모면코자 기도를 드려 얼굴 가득 수염이 돋았는

데 분노한 아버지에 의해 십자가에 못 박혀 죽었다는 이야기가 전해진다고 한다.

2층으로 올라가면 널리 알려진 보물 전시실이 있으며 입구에 은행금고 같은 철문이 달려있다. 도난을 염려하여 설치한 모양이지만 바로크로 조화된 분위기에 갓 쓰고 자전거 탄 듯 거슬리고 어울리지 않는다. 안으로 들어가니 왕관, 보관을 비롯하여 금, 은, 보석으로 꾸민 예배용 성구가 여기저기서 오색영롱한 빛을 반사한다. 그 중에서도 단연 눈길을 끄는 것이 6,222개의 다이아몬드로 장식된 '프라하의 태양' 이라는 이름의 성체현시대(Monstrance)다.

콜로브라트(Ludmila Kolowrat) 백작 부인이 자신의 드레스에 박혀 있던 보석을 기증하여 1699년에 제작했다는 12㎏의 이 성채대는 이름 그대로 태양 같은 황금 빛살을 사방으로 뻗치며 주변을 압도한다. 붉고 푸른 에나멜로 성화를 그려 넣은 은도금 성배도 뛰어난 작품이다. 내부는 사진촬영이 금지돼 있으며 빤한 공간에 감시가 심해 한 치의 빈틈도 잡을 수 없다.

뜰로 내려와 성스러운 하얀 집, 산타카사를 둘러본다. 커다란 석관처럼 중정 한가운데 반듯하게 좌정한 성전은 문 이외의 부분이 철저하게 막혀있다. 사방 외벽 면에는 어린 예수와 성모 마리아의 생애, 산타카사가 옮겨지는 장면 등을 묘사한 스타코(stucco) 부조가 입체감 두드러지게 양각돼있어 장중한 기운이 주위에 감돈다. 내부에는 은으로 된 제단이 있고 한쪽에 보리수로 만든 로레타의 검붉은 성모상이 보일 뿐 간소한 꾸밈이다. 건물 아래에는 설립자이자 후원자인 로브코비츠 가문의 무덤이 있다고 한다.

로레타 성당의 방문을 마치고 포호르젤레츠 정류소로 돌아 나와 트램을 타려는데 어디서 표를 파는지 알 수가 없다. 길가 구멍가게에서 물어보니 앞에 있는 호텔에 가보라고 한다. 뜻밖에도 그럴듯한 호텔 프런트에서 전차표를 팔고 있는 것이었다. 20코루나 표만 있다고 해서 두 장을 구입한다. 오늘이 주말이라 이 표는 90분간 유효하다.

13시, 23번 트램을 타고 언덕을 내려간다. 멀리 보이던 거리와 건물이 차차 접근하며 아침에 출발한 말로스트란스카에 돌아온다. 옆에 있는 잔디공원에 삼색기의 조각이 보여 지나가는 사람에게 물어보니 전쟁 기념비라고 한다. 꽃다발을 놓고 시민 몇 사람이 조촐한 행사를 벌이고 있다.

뮤지컬 배우의 춤추는 모습 본딴 '댄싱하우스'

트램의 노선은 지도에서 손쉽게 찾을 수 있다. 18번 트램으로 환승하고 카를 다리 하나 하류에 걸려있는 마네수프(Mánesův) 다리로 블타바 강을 건넌다. 왼쪽으로 보이는 커다란 건물이 체코 필하모닉오케스트라의 본거지이자 음악 축제 '프라하의 봄' 이 개최되는 루돌피눔(Rudolfinum)이다. 1884년 요제프 지테크(Josef Zitek)의 설계로 완공된 신 르네상스 양식의 극장으로 작곡가 드보르작(Antonín Dvorák)을 기념하는 드보르작 홀과 바이올리니스트 요제프 수크(Josef Suk)의 이름을 딴 수크 홀이 있으며 건물 앞에 팔자수염의 드보르작 동상이 서 있다.

1841년 보헤미아에서 태어난 안토닌 레오폴트 드보르작(Antonín Leopold Dvorák)은 향토색 풍부한 애환서린 선율로 관현악과 실내악 곡을 남긴 후기낭만파의 체코 작곡가다. 브람스에 재능을 인정받고 슬라브 무곡집으로 명성을 얻은 후 활동무대를 서유럽으로 넓혀갔다. 영국을 자주 방문하여 환영을 받던 중 1892년에 뉴욕 내셔널음악원 원장으로 초빙되어 도미하고 다음해 미국 인디언 음악과 흑인영가에 조국 보헤미아의 정서를 담은 교향곡 9번 '신세계' 를 작곡한다. 드보르작 음악이 특히 사랑을 받는 원천은 슈베르트와 비견되는 감미롭고 친숙한 그 멜로디에 있다.

신세계 제2악장 라르고, 첼로협주곡 B단조, 현악4중주곡 제12번 '아메리카' 그리고 피아노곡 '유모레스크' 등이 그 대표적인 실례다. 누구나 쉽게 입에 올리는 가락, 요 며칠 본바닥 벌판을 달리며 되풀이 들은 덕에 그 매력이 더욱 새로워진 느낌이다. 1895년 참을 수 없는 향수에 사로잡혀 자신이 있어야 할 땅 보헤미아에 돌아 온 드보르작은 1904년 4月 지병인 요독증이 재발하여 63년의 생애를 마친다. 장례는 국장으로 성대히 치러졌고 그의 몸은 이제부터 우리가 찾아가는 비셰흐라트 묘지에 고이 묻혔다.

마네수프 다리를 건너면 얀 팔라흐 광장이다. 1945년 프라하 해방 전투에서 희생된 소련병사를 기려 붉은 군대 광장(Náměstí Krasnoarmejců)이라 불리던 이곳은 벨벳혁명 후 자유를 위해 분신한 대학생을 추모하여 얀 팔라흐 광장(Náměstí Jana Palacha)으로 이름이 바뀌었다. 광장의 동북일대가 유대인 구역인 요세포프(Josefov)로 귀에 익숙한 예전 게토(Ghetto)가 있던 곳이다. 유대교회 시나고그(Synagoga)와 12,000이 넘는 묘가 있다는 세계적으로 흔치않은 규모의 유대인 지구, 박해를 받으면서도 독자적 공동체를 지켜온 색다른 분위기도 한번 느껴보고 싶었는데 시간을 낼 수 없어 그대로 통과한다.

18번 트램은 팔라흐 광장에서 우로 꺾여 블타바를 따라 남쪽으로 내려간다. 300여m 떨어진 카를교 동탑을 잠깐 만에 지나 그 옆 스메타나 박물관(Museum Bedřicha Smetany)이 있는 정거장에서 내린다. 비셰흐라트까지 다녀오는 시간을 대중할 수 없어 박물관 내부를 볼 여유는 없으나 그 앞에 있는 스메타나의 동상이라도 보고 가려는 생각이다.

베드르지흐 스메타나(Bedřich Smetana)는 1824년 보헤미아 리토미실에서 태어난 체코 근대 음악의 아버지다. 어릴 때부터 피아노에 뛰어나 연주자가 되려는 꿈을 품었으나 1848년 혁명운동에 가담한 것을 계기로 체코슬로바키아 해방을 향한 작곡가로서의 역할을 자각한다. 1856년부터 5년간 지휘자로 머물던 스웨덴에서 돌아와 민족운동의 선두에 서서 작곡가, 지휘자, 평론가로 적극적인 활동을 벌였다.

1863년 발표한 오페라 '팔려간 신부'(Prodaná nevěsta)가 큰 성공을 거두자 음악학교를 설립하고 국립극장 지휘자로도 의욕적으로 참여한다.

1874년 50의 나이에 환청이 악화돼 귀가 들리지 않게 되지만 작곡활동은 계속하여 대표작 '나의 조국' 을 완성한다. 그러나 베토벤과 마찬가지로 심혈을 기울여 성취한 그 교향시의 연주를 끝내 자신의 귀를 통해서는 듣지 못했다.

1883년 말부터는 정신착란 증세까지 나타났으며, 프라하의 정신병원에 수용된 후 1884년 불운한 상태로 한평생을 마감했다. 만년은 순탄치 못했으나 스메타나는 체코 민족색을 표현한 최초의 작곡가이자 국민악파의 시조로 절대적인 존경을 받고 있으며 보헤미아의 선율을 세계로 넓힌 드보르작에게 큰 영향을 주었다. 교향시 '나의 조국' 은 체코의 정감을 풍부하게 담아 웅장하면서도 격정적으로 민족의식을 북돋우고 국적에 상관없이 듣는 이 모두에게 조국에 대한 사랑과 자긍심을 심어준다. 그 중에서도 제2곡 '블타바' 는 국토를 어루만지듯 굽이쳐 흐르는 강을 아름답게 묘사한 명곡이다.

- 곡은 블타바 최초의 작은 샘, 차고 맑은 원류에서 시작한다. 두 가닥 흐름은 하나로 합쳐지고 바위에 부딪쳐 맑은 소리를 내며 햇빛을 받아 폭을 넓힌다. 강은 사냥꾼 뿔피리 울리는 숲을 빠져 가을걷이와 혼례로 활기찬 전원을 흐르고 달빛 밝은 밤, 고성 그늘을 지날 때는 '물의 요정' 들이 모여 춤을 춘다. 아침에 흐름은 빨라져 성 요한의 급류에 물보라로 떨어지고 큰 흐름으로 바뀐 블타바는 거룩한 옛터 비셰흐라트에 인사를 보내며 서서히 프라하를 떠나 장대한 엘베 강으로 흘러내린다. -

스메타나 스스로가 풀이한 해설의 요약이다. 매년 스메타나가 서거한 5월12일부터 3주간 개최되는 음악 축제 '프라하의 봄' 에서는 체코 음악의 상징으로 자리 잡은 교향시 '나의 조국' 을 연주하면서 그 막을 올린다.

카를교 남측, 블타바 강으로 약간 돌출한 노대 끝에 서 있는 박물관은

| 스메타나 박물관 |

1936년 개관한 르네상스 양식의 갈색 건물이다. 내부에는 악보, 악기, 편지와 사진 등이 전시돼 있다. 남쪽 테라스에 가운을 걸친 작곡가의 조각상이 상류 비셰흐라트를 보고 앉아있다. 마음씨 좋은 할아버지 모습의 스메타나를 중심으로 별로 넓지 않은 노천 레스토랑이 둥글게 자리를 잡고 있는데 동상에 붙어있는 식탁도 있을 만큼 자유로운 분위기다. 강물이 흘러내리는 카를교의 옆모습이 잘 보인다.

다리를 찍고 있던 대학생 또래의 한국 젊은이가 인사를 하며 말을 걸어온다. 우리 숙소 묻는 것을 보니 이틀 지냈다는 민박이 마땅치 않은 눈치다. 인터넷에서 평 좋은 곳을 예약해 왔는데 식사도 시원치 않고 샤워는 미지근하지, 냄새까지 나는데다 저녁마다 맥주 파티로 시끄럽다며 불평을 늘어놓는다. 낯선 타향에서 어찌 내 집 같은 곳을 바랄 것인가? 식도락가가 들으면 화낼 말이지만 집에서는 있는 대로, 여행 때는 주는 대로 먹으라고 했다. 2, 3일 참으면 될 것을 고생을 해보지 못한 청년인 듯하다. 인내는 쓰지만 열매는 달다. 비바람 많이 맞으니 차차 뿌리 깊은 나무로 든든하게 자라겠지.

| 스메타나의 동상 |

마침 다가온 17번 트램을 타고 강 동쪽을 따라 남으로 내려간다. 표 하나로 90분 동안은 몇 번을 타도된다. "써!" 하고 자리를 양보하는 젊

| 카를교 옆에서 본 블타바와 프라하 성 |

은 사람이 있다. 처음 받아보는 대접이라 순간 당황했는데 서양에도 이런 풍습이 있었구나 하는 발견에 마음이 즐거워진다. 카를교에서 스메타노보 나브레지(Smetanovo nábřeží) 거리를 따라 약 500m 내려가 섬 위에 걸친 군단(군대)이라는 뜻의 레기(Legii) 다리 동쪽을 지난다. 이 도로는 물 위로 곧게 뻗은 것으로 보아 제방 위에 축조된 모양이다.

왼쪽으로 크게 나타나는 갈색 건물이 '체코인에 의한, 체코어로 상연되는 오페라 극장'을 표방하면서 시민들이 자발적으로 모금하여 1881년에 세운 국립 극장(NÁodnÍ Divadlo)이며 현재 주로 오페라, 연극, 발레의 공연장으로 사용된다.

루돌피눔을 계획한 요제프 지테크에 의해 신 르네상스 양식으로 설계됐다. 옥상 난간에 둘러 선 인물과 동물 조각, 왕관같이 황금색으로 빛나는 패러핏 등 색다른 인상을 주는 건물이다. 블타바 강에 걸린 다음 다리인 이라스쿠프(Jiráskův)에서 17번 트램을 내린다. 네거리 남쪽 모서리에 서 있는 새로운 명물 댄싱 하우스(Tančící dům)로 많이 알려진 나쇼날레 네델란덴(Nationale-Nederlanden) 빌딩을 보기 위해서다.

미국 건축가 프랭크 게리(Frank Owen Gehry)와 그의 체코 동료 블라디미르 밀루닉(Vladimir Milunič)이 공동 설계한 이 건물은 타임지에 의해 1996년 최고 디자인 작품으로 선정된 포스트모던 건축의 걸작이다. 해체주의를 대표하는 프랭크 게리는 모델링과 구조해석에 CAD 등 첨단기술을 사용하여 복잡한 형태를 해결했다. 평탄한 면이 하나도 없다는 스페인 빌바오(Bilbao)의 구겐하임(Guggenheim) 미술관이나 신문지를 구겨놓은 것 같은 MIT 스타타 센터(Stata Center) 등 상상할 수 없었던 기상천외의 작품을 실현시킨 건축가다.

건축에 있어 해체주의(Deconstructivism)란, 건물형태의 대칭성, 균형성 등 전통적 구축주의를 비판하면서 1980년대 이후 대두한 포스트모더니즘의 한 사조로, 정돈된 형태나 구조는 해체된 다음 분열, 일탈, 비틀림을 거치면서 다시 조립되고 새롭게 태어난다는 것이다. 실행된 설계 보다는 이미지 드로잉 정도로 존재하던 것이 1990년 이후 설계기술 발달에 힘입어 많은 경기에서 승리하며 현실 무대에 등장하게 되었다.

| 댄싱 하우스 |

1945년 2차 대전 공습으로 무너진 건물자리에 들어섰다는 이 댄싱 빌딩은 아직 파괴에서 복구를 못한 듯 바로크, 로코코의 전통시가 한복판에 일그러진 도발적 모습으로 서 있다. 유리와 철골로 된 건물은 'Fred and Ginger' 라는 애칭도 갖고 있다.

1930, 40년대 뮤지컬영화를 주름잡던 파트너, 진저 로저스(Ginger Rogers)와 프레드 아스테어(Fred Astaire)의 춤추는 자세에서 그 이름을 따왔다고 한다. 아닌 게 아니라 유리벽으로 된 왼쪽은 허리를

질끈 졸라맨 스커트 여인의 모습 그대로이며 남성적인 오른쪽 부분과 대조된다.

파괴, 언밸런스, 미완성으로 흩어지는 형태를 옥상에 만들어 놓은 돔 모양의 구조물이 잡아주고 있는 느낌이다. 자극적이면서도 제어된 혼돈에서 나오는 분위기는 10년이 지났어도 부인할 수 없는 참신한 감각을 지니고 있다. 다만 해체주의가 인간 본성에 감응하는 근거를 마련하지 못하고 파편이나 뒤틀림 등 파격적 형태를 좇는 경쟁에만 급급 한다면 단순한 설치미술이나 미완성 실험으로 끝나버릴 우려가 없지 않다는 생각을 갖게 된다.

| 비셰흐라트의 치헬나 문 |

건물은 사무실과 상점으로 사용되고 있으며 전망이 훌륭한 최상층에는 시내에서도 손꼽히는 프랑스 레스토랑이 입주해 있다고 한다.

다시 17번 트램을 타고 강을 따라 곧게 뻗은 도로인 라지노보 나브레지(Rašínovo nábřeží)를 1,000m 정도 남행하여 두 번째 다리인 젤레즈니츠니(Železniční most)에서 내린다. 비셰흐라트 바로 밑에 있는 이 다리는 기차가 통과하는 아치 철교로 1901년에 건설된 것이다.

다리를 동쪽 끝으로 따라가다 곧 만나는 교차로에서 오른편으로 갈라지는 블라티슬라보바(Vratislavova) 거리로 들어선다. 주변에는 특이한 아르누보 양식의 집들이 눈에 뜨인다. 언덕진 넓은 길을 약 500m, 크게 돌아 올라가면 전방에 3, 4층은 돼 보이는 높은 담이 나타나 왼쪽으로 길을 따라오다가 마침내 아치문 뚫린 붉은 벽이 되어 눈앞에 마주 선다.

1841년에 축조된 비셰흐라트 요새의 북쪽 출입구 치헬나(Cihelná, 벽돌)문이다. 지하철, 붉은색의 C선을 타고 비셰흐라트 역에서 내려 동남쪽에서 접근하면 두 개의 문 타보르(Tábor)와 레오폴트(Leopold)를 거쳐 성 내로 들어가는데 이쪽이 정문이고 우리가 지금 택한 트램의 서북 어프로치는 뒷문인 셈이다.

체코 명사들의 마지막 안식처, 비셰흐라트 묘원

체코 민족의 조상 크록(Krok)의 막내 공주인 리부셰(Libuše)는 7세기경 프라하의 번영을 예언하며 비셰흐라트 언덕에 터전을 잡았다. 모계 중심의 족장이던 리부셰는 동족 사이에 싹트는 불만을 알아차리고 농민인 프르제미슬 집안에서 남편을 골라 수장의 자리를 내주는데 이로부터 프르제미슬 왕가가 형성되고 국가의 기틀이 확립됐다는 것이다. 그 전설은 스메타나의 3막 오페라 '리부셰' 에 잘 묘사돼 있다. 비셰흐라트는 체코어로 '높은 성' 을 뜻한다고 한다.

프라하의 발상지로 전해지는 비셰흐라트지만 그 성은 프라하 성보다 1세기 늦은 10세기 후반에 축조되었고 두 성채는 근 2세기 동안 별도의 세력을 지녔던 것으로 알려져 있다. 후스전쟁 당시 가톨릭파의 거점이었던 비셰흐라트는 1420년 후스교도에게 점령당해 교회, 왕궁, 주거가 철저히 파괴됐다. 세월따라 성터는 폐허로 변했고 지금도 원래 모습을 찾지 못한 채 명사들이 잠자는 성곽 공원으로 그 명맥을 유지하고 있다.

체코 국민의식에 투철했던 스메타나는 교향시 '나의 조국' 제1곡에서 비셰흐라트의 영광과 비애를 절절한 심정으로 노래한다.

- 전설의 음유시인 루밀(Lumír)은 바위 위의 성 비셰흐라트를 바라보며 흘러간 옛날을 노래한다. 그가 뜯는 비파에 실려 영광의 시절, 왕과 기사들이 벌이던 향연의 그림자가 되살아난다. 루밀은 용사들의 경기와 전투의 사연도 읊어 내린다. 승리의 찬가가 울려 퍼지던 그 성채는 수많은 싸움으

로 무너져버렸고 고루대각 금빛 왕좌는 산산이 부서진 채 수백 년간 쓸쓸한 황성으로 머물러 있다. 폐허에서 들리는 옛 노래, 루밀의 비파 가락은 바람에 실려 멀리 사라져간다. -

역시 스메타나 자신이 붙인 해설이다.

14시30분, 요새 분위기가 짙게 풍기는 검은 문을 통과하여 성내로 들어서자 관리실에서 표를 판다. 한사람 30코루나의 표를 노인 할인 20코루나로 두 장을 사니 잠시 기다리라고 한다. 비셰흐라트 입장권인줄 알았는데 알고 보니 비셰흐라트의 출입은 돈을 받지 않으며 이 표는 매시간 출발하는 카세마티(Kasematy)라는 인공 동굴의 투어용이라고 한다. 시간이 되자 가이드가 창고 같은 철문을 열쇠로 열고 불을 켜며 컴컴한 돌 벽의 지하 농굴로 앞장선다.

1742년 프랑스 점령군에 의해 축조된 후 확장을 거듭해 2㎞에 이른다는 좁은 터널을 직각으로 돌며 300m는 걸었을까 돌연 눈앞이 넓어지며 커다란 방으로 들어선다. 대포를 저장하거나 병사들 집결 장소로 쓰였다는 어스름한 토굴 안에는 장승같은 조각상이 여기저기 놓여있으며 음산하고 생

| 카세마티 동굴의 골리체 홀 |

소한 분위기로 가득하다. 해설을 들으니 골리체(Gorlice Hall)라는 이름의 이 방은 넓이가 330㎡(100평)에 둥근 아치로 된 천장 높이가 13m다.

섭씨 16도로 유지되는 일정한 온도가 유물 보존에 알맞아 1992년부터 카를교에 있던 오리지널 석상을 옮겨 놓았다고 한다. 땅에서 막 캐낸 듯, 으스스하던 여섯 개의 조각이 갑자기 친근해지며 얼떨결에 끌려든 지하의 탐험이 뜻밖의 행운으로 변하는 순간이다. 요새에 주둔하던 프러시아 군대가 퇴각하면서 지하실에 폭약을 장치했으나 다행히 용감한 세 사람에 의해 미연에 제어됐다는 이야기도 들려준다.

밖으로 나와 푸른 잔디 정원에 놓인 벤치에서 오늘의 점심을 도시락으로 치르고 커피로 마감한다. 옆에 바츨라프의 기마상이 서 있다. 원래 시내 바츨라프 광장에 있던 것을 1879년 이곳으로 옮긴 것이라며 국립박물관 앞 광장 이름은 이 기마상에서 유래된 것이라고 한다.

강으로 면한 서쪽 언덕으로 발을 옮긴다. 바위 위 절벽에 서서 켜켜이 쌓인 역사 곁을 무심히 흘러내린 블타바의 물을 내려다본다.

비셰흐라트에는 꼭 오고 싶었다. 다른 곳은 단순한 구경으로 그치지만 비엔나의 중앙 묘지나 이곳은 실재했던 역사적 인격체에 지척까지 접근해 봤다는 관점에서 심정적으로 친숙한 느낌을 얻을 수 있기 때문이다. 강물 너머 3㎞, 겹쳐 쌓인 붉은 지붕 위로 또 다른 성채 프라하 왕궁의 첨탑이 멀리 보인다.

15시30분, 인접한 묘지로 들어선다. 1869년 조성된 비셰흐라트 묘원(Vyšehradský hřbitov)은 예술가, 과학자, 정치가 등 600명에 이르는 체코 명사가 묻혀있는 마지막 안식처다. 잘 알려진 스메타나, 드보르작, 화가인 뮈샤, 시인 얀 네루다(Jan Neruda), 극작가 카렐 차페크(Karel Čapek), 지휘자 라파엘 쿠벨릭(Rafael Kubelík) 등이 모두 이곳에 잠들어있다.

약 8000㎡ 묘역에 각양각색의 비석이 여러 구역으로 나뉘어 빽빽이 서 있다. 북쪽과 서쪽에는 경계를 따라 주랑 형식의 지붕 씌운 묘들이 놓여 있

| 비셰흐라트 묘원의 슬라빈 |

다. 동쪽 중앙에는 안토닌 뷔흘(Antonin Wiehl) 설계로 1893년 축조된 슬라빈(Slavín)이라는 큰 규모의 추념비가 있으며 44개의 관이 지하실에 공동으로 안치돼 있다고 한다. 슬라빈이란 낱말을 찾아보니 위인들 영혼을 모신 전당으로 판테온(Pantheon)과 같은 뜻인데 묘지 전체를 슬라빈이라 부르는 경우도 있는 모양이다.

찾고 싶은 묘를 이 사람 저 사람에게 물어보던 중 한 아주머니가 후문 밖에 번호 적힌 게시판이 있으니 거기서 찾는 것이 빠르다고 일러준다. 동쪽 담장의 작은 문으로 나가 명사의 묘지 번호와 배치도를 살펴 본 다음 5-40번지에서 겨우 스메타나의 오벨리스크 묘석을 발견하고 잠시 묵념을 올린다.

얀 네루다는 길 없는 묘지 사이의 3-25번에 있었고 드보르작은 배치도를 두 번이나 다녀온 끝에 북쪽 지붕 밑 주랑의 14-35번에서 찾아냈다.

| 스메타나와 드보르작의 묘 |

금빛으로 적힌 이름과 청동 흉상을 보며 그동안 향수어린 선율로 초대해준 황홀했던 시간에 대해 감사를 드린다. 알퐁스 뮈샤는 묘지번호 대신 슬라빈이라는 표시만 있는 것으로 보아 공동 추념비 밑에 묻혀있는 모양이었다. 슬라빈은 층세로 올라간 노대 위에 묵직한 석탑과 이를 삼면으로 둘

| 악마의 기둥 |

러싼 측벽으로 구성돼 있으며 탑 위에는 날개 달린 수호천사가 앉아있다.

그 밑에 "AČ Zemřeli, Ještě Mluví"라는 모토가 보이는데 "죽었으되 그들은 아직 말한다"는 뜻이라고 한다.

양쪽 아래에 흐느끼는 두 여인의 조각상이 있다. 탑과 측벽에는 검은 판에 금 글씨로 묻힌 사람의 묘명이 적혀있으며 뮈샤의 이름은 오른쪽 측벽, ㄱ자로 꺾여 나온 부분에서 찾을 수 있었다.

묘지 동쪽으로 후문을 나서면 잔디 위 나무 그늘에 악마의 기둥(Čertovy kameny, Devil' s Pillar)이라고 불리는 사람 키만 한 돌기둥 세 개가 놓여있다. 전설에 의하면 사제가 이곳에서 미사를 끝내기 전에 악마가 로마에 있는 베드로 성당에서 기둥을 가져 오기로 내기를 했는데, 성 베드로의 도움으로 사제가 이기자 화가 나서 기둥을 성당 지붕에 내던졌다는 것이다. 이후 몇 년 동안 무너진 지붕을 고칠 수 없었다고 하며 그 기둥이 아직 풀밭에 남아 있다는 것이다. 악마쯤 되면 그 정도는 내 다볼만 한데 전설에서는 매번 지기만 한다.

전설은 그렇다 치고 돌기둥의 실체는 이정표라는 설이 있고, 고대 천문 시계라는 말도 있지만 11세기 로마네스크 양식 바실리카 기둥의 일부라는 설명이 가장 믿을만하다는 것이다.

묘지 남쪽에 성베드로와 바울 성당(Kostel sv petra a pavla)의 검은 벽돌로 된 첨탑 두 개가 높이 솟아있다. 1070년, 보헤미아의 초대 왕 브라티슬라브(Vratislav) 2세에 의해 건립된 이 성당은 기초를 놓을 당시 임금 스스로 돌이 가득 담긴 바구니를 열두 번이나 날랐다는 이야기가 전해진다.

성당은 1887년 요제프 모카에 의해 신 고딕 양식으로 바뀌고 1903년 프란티섹 믹스(Frantisek Miks)에 의해 다시 정비됐다는데 지금 볼 수 있는 종탑 두개도 이때 첨가된 것이다.

16시20분, 성당으로 들어가려는데 오늘은 결혼식이 있어 일반 공개를 하지 않는다고 한다. 아침에도 예식으로 수도원을 못 봤는데 혼인날을 토요일로 잡는 것이 세계 공통의 현상인 모양이다. 천장과 벽면이 온통 아르누보의 그림과 문양으로 덮여 있다는 내부를 못 보는 대신 정문 위 아치에 있는 부조작품 '최후의 심판'과 울긋불긋 모자이크로 장식된 두 개의 측문을 감상하고 덤으로 리본을 감아놓은 신혼자동차를 구경한다. 이번은 서민혼례인 듯 자그마한 빨간 차다.

성당에서 남쪽으로 오솔길을 건너면 잔디밭에 네 개의 조각상이 놓여있다. 바츨라프 광장의 기마상을 제작한 미슬벡의 작품인데 그 중에 오늘 사귄 전설 속의 인물들, 츠티라트와 샤르카, 프르제미슬과 리부셰 그리고 루밀의 모습까지 있어 오랜 친구를 만난 듯 반가워진다. 거기서 동쪽으로 돌아 200여m 걸어간 곳, 키 높이 석축 위에 성 마르틴의 로툰다(Rotunda sv. Martina)가 있다. 11세기 후반에 건설된 로마네스크 양식의 이 예배당은 프라하에서 가장 오래된 원통형 성당으로 알려져 있다.

| 성베드로와 바울 성당 |

남쪽으로 발길을 돌리자 1672년에 세워진 레오폴트 문(Leopoldova brána)이 앞에 보인다. 바로크 양식으로는 가장 아

름답고 오래 됐다는 비셰흐라트의 정문으로 지붕 위 독수리 조각과 윗벽 문장 등 단정한 장식이 주변 분위기에 잘 어울린다.

| 레오폴트 문 |

이제 귀로에 들어선다. 돌이 깔린 깨끗한 산책로를 천천히 남으로 걸으면 관광안내소가 들어있는 슈피츠카(Špička) 문의 유적이 왼쪽에 나타나고 100m 쯤 더 간 곳에서 30년 전쟁 직후 1655년에 세웠다는 타보르(Tábor) 문을 만난다. 성벽위에 하얀 2층집이 앉아있는 모습의 돌문을 지나고 두어 번 뒤를 돌아보며 비셰흐라트와 작별한다.

16시40분, 눈앞에 서 있는 대규모의 콩그레스 센터(Kongresové centrum) 옆을 따라 약 500m, 동쪽으로 걸어간다. 지하철 C선 비셰흐라트 역은 도보로 10분이 안 되는 거리로 파란 유리의 높은 호텔, 코린티아(Corinthia) 타워가 있는 곳이라 쉽게 찾을 수 있다.

20코루나의 차표를 사서 17시에 출발, 어제 왔던 무제움 역에서 녹색 A선의 지하철로 갈아타고 종점 데이비츠카에서 내린다. 익숙해진 귀로는 순조롭다. 119번 버스를 타고 데디나에서 내린 후 홀가분한 기분으로 마을을 한 바퀴 돌아본다. 같은 연립주택 동네에 옆집 말고 또 하나의 한국 민박집의 간판이 보인다.

맑음이네로 돌아 온 시간은 18시, 저녁 차려먹고 숙박비 잔액을 지불한다. 내일은 쿠트나 호라(Kutná Hora)로 떠난다.

29일. 쿠트나 호라를 거쳐 텔치로

6월 4일 일요일

Praha-90㎞-Kutná Hora-104㎞-Telč
총194㎞(실 운행거리 243㎞, 보행 6.7㎞)

프라하를 떠나면서 이번 여행의 후반으로 접어든다. 이제부터는 예약된 숙소도 없고 갈수록 기댈 데 없는 낯선 곳으로 유랑하는 심정이 허전하고 막막하다. 오늘은 쿠트나 호라(Kutná Hora)에서 숙박할 생각이었는데 민박 아저씨와 상의하는 과정에서 한 걸음을 더 뻗어 텔치(Telč)까지 가기로 일정을 바꿨다. 원래 들러보고 싶던 곳이기도 했지만 잔잔한 마을의 고전적 정취가 유별나니 쿠트나 호라보다는 텔치에서 하루를 묵으라는 아저씨 조언에 마음이 쏠린 것이다.

아침 먹고 짐을 챙겨 자동차에 시동을 거니 그 동안 정이 든 옆집 아가씨가 주인아줌마와 함께 배웅하며 순탄한 전도를 빌어준다. 스쳐가는 만남이지만 여로의 인연은 감상적이다. 프라하에 한 달은 더 머물 예정이라니 빈틈없는 시간표에 매인 입장에서 그 여유가 부럽다. 소설 읽고 방송극 보며 수 없는 생애를 겪게 된 세상에서 우리는 어느새 인생이 하나뿐인 것을 잊어버리고 몇 번씩 사는 것으로 착각하고 있다. 한번 가면 돌아올 수 없는 기회, 모처럼 생겨난 프라하의 기억이 피차에 꺼지지 않는 소중한 보람으로 남기를 기원한다.

09시30분 출발, 데이비츠카를 지나 무조건 동남향으로만 달리며 부르노(Brno) 방면 고속도로 표지판이 나타나기를 유심히 살핀다. 스메타나의 선율을 들으며 프라하를 작별하리라던 소망을 실천하며 블타바 물결 같은 애틋한 여운에 젖는다. 극적인 효과가 꼭 있어야 할 것 같은 절실한 심정에서다.

흰옷 입은 광산 노동자들로 '수도복의 산' 쿠트나 호라 지명 생겨

D1/E50, 65에 들어서서 약 10㎞, 도우브라비체(Doubravice) 부근에서 고속도로를 벗어나 101번 도로에 진입하고 동북의 리차니(Rícany)쪽으로 향한다. 5㎞정도 간 곳에서 우회전하여 2번 국도에 접어들면 쿠트나 호라까지는 40여㎞의 직행 길이다. 프라하에서 2번 도로로 들어가는 경로는 여러 가지가 있다. 12번 국도 등 다른 진로를 택할 수도 있으며 도로표지만 따르면 어렵지 않게 찾아 갈 수 있다. 파란 하늘, 화창한 날씨에 차량 왕래 한산한 도로 연변에는 목초 깔린 언덕과 푸른 숲, 유채꽃이 이어진다. 가끔 지평선이 드러나는 대자연 속의 드라이브는 콧노래가 나올 만큼 상쾌하다.

쿠트나 호라는 프라하에서 직선으로 동쪽 63㎞, 보헤미아 한복판에 있는 은광으로 발달한 인구 2만1000명 정도의 고도시다. 당시 광산 노동자는 모자가 달린 흰옷을 덧입었는데 그 모습이 수도사와 비슷하다고 해서 Kutná Hora(수도복의 산)라는 지명이 생겼으며 도시 북단에 같은 이름의 작은 산이 있다고 한다.

13세기 후반에 유럽 은의 3분의 1을 공급하는 최대 생산지가 됐으며 이곳에서 주조된 3.7그램의 은화인 프라하 그로슈(Pražský groš)는 순도가 높아 어디서나 통용이 가능했고 중앙 유럽의 국제통화로 인정을 받았다. 14~15세기의 번영기에는 은으로 축적한 부로 도시 곳곳에 화려한 궁전과 성당이 건설돼 프라하와 맞먹는 대도시로 발돋움했으나 16세기 들면서 은

광이 고갈되기 시작했고 30년전쟁을 겪은 후에 차차 발전이 멈춰 서게 된다. 1726년, 광산의 마지막 갱도가 폐쇄된 다음에는 그대로 정체의 역사가 계속됐는데 역설적으로 이 도시의 중세 모습을 곱게 지켜준 것이 그 세월이라고 할 수 있다.

1995년 유네스코는 성 바르바라 성당(Chrám svaté Barbory)과 세들레츠(Sedlec) 지구에 있는 성 마리아 성당(Katedrála Panny Marie)을 포함하여 쿠트나 호라의 역사적 시가 중심을 세계문화유산으로 등재하였다.

별로 크지 않은 규모의 도시 서쪽에 구시가가 있다. 그 남서 끝에 체코를 대표하는 후기 고딕 양식의 성 바르바라 성당이 터를 잡고 서 있다. 시가지는 언덕이 많은 지형이고 동쪽으로 길게 뻗어 있다. 동북부에 세들레츠라는 작은 구시가가 하나 더 있으며 동서 두 개의 구시가는 중간에 형성된 마사리코바(Masarykova)라는 번화가로 연결된다.

쿠트나 호라의 명소는 구시가 중심의 팔라츠키 광장(Palackého nám)에서 바르바라 성당 사이에 대부분 위치하고 있으며 자료를 참작하여 대략 훑어보면 다음과 같다.

우선 광장의 100m 남쪽에 14세기의 성 야콥 성당(Kostel sv. Jakuba)이 있고 높이 82m의 탑이 구시가를 상징하는 랜드마크로 솟아있다. 그 옆에 이탈리아 피렌체에서 주조전문가를 초청하여 13-14세기 은화인 프라하 그로슈를 만들었다는 이태리언 코트(Vlašský Dvůr)가 있는데

| 구시가 중심의 성 야콥 성당 |

한때 보헤미아 왕이 거주했다고 해서 궁전으로 불린다.

팔라츠키 광장의 서쪽 끝에서 후소바(Husova) 거리로 나서면 오른편에 별을 머리에 두른 성모 마리아의 페스트기념탑(Morový sloup)이 서 있다. 다시 서쪽으로 200m를 더 가면 분홍과 백색으로 치장한 성 네포묵 성당(Kostel Sv. Jana Nepomuckého)이 나타난다.

1752년 건설된 바로크 양식의 건물인데 현재는 교회로 사용되지 않는다고 한다. 바로 그 서쪽 레이스코보(Rejskovo) 광장에 물탱크로 쓰였던 고딕 장식의 15세기 '돌우물' 유적(Kamenná kašna)이 있으며 바르바라 성당과 비슷한 모양의 부조로 장식돼 있다. 네포묵 성당 북쪽에는 '돌의 집'(Kamenný dům)이라는 15세기의 석조건물이 서 있다. 박공 부분에 정교한 장식이 있는 후기 고딕의 주택으로 현재는 시립 미술관으로 사용된다. 바르보르스카(Barborská) 거리를 따라 시가의 남서쪽 끝인 바르바라 성당으로 가는 길에는 광산박물관으로 사용되는 1420년에 건설된 흐라데크(Hrádek)라는 작은 성이 있다. 지하 200m에 이르는 갱도를 투어로 구경할 수 있다고 한다.

| 바르바라 성당의 전면 |

구시가에서 2km 동북에 있는 세들레츠 지구에도 두 개의 명소가 있다.

그 하나는 1330년 시토회 수도원으로 세워진 후 18세기에 네오 바로크 양식으로 개축된 성모 마리아 승천 성당(Katedrála Nanebevzetí

Panny Marie)이고 또 하나는 그 북쪽으로 200m 떨어진 곳에 있는 '납골당 달린 여러 성인의 묘지 성당' (Hřbitovní kostel všech Svatých s kostnicí) 이라는 긴 이름을 가진 유명한 해골 성당이다. 오늘 하루를 이곳에서 묵으면 위의 모든 곳을 돌아볼 생각이었는데 텔치까지 가기로 계획을 바꾼 터라 섭섭한 마음으로 한번 나열해 본 것 뿐, 그 중에서 대표적인 성 바르바라 성당과 납골 성당 두 곳만 이제부터 찾아볼 생각이다.

시내에 진입하면서 길을 물었더니 따라오라며 앞선 젊은이 차를 쫓아 방향도 분간 못하는 사이 바르바라 성당 앞에 도착한다.

| 이중 아치의 플라잉 버트레스 |

구시가로 연결되는 바르보르스카 거리가 앞으로 뻗어있는데 좌측에 17세기에 설립된 예수회 대학(Jezuitská kolej)의 긴 건물이 보이고 오른쪽 돌난간에는 바로크 양식 조각이 나란히 서 있다. 13좌의 석상은 예수회 조각가 프란티셰크 바우구트(František Baugut)가 프라하의 카를 다리를 본떠 제작한 것이라고 한다. 난간 우측은 브르흘리체(Vrchlice) 개울로 떨어지는 작은 골짜기다.

뒤로 돌아서서 눈앞에 성 바르바라 성당을 마주 대한다. 그동안 보아온 어떤 교회당과도 다른 이색적 풍모가 사진에서 받았던 인상을 넘어서는 위엄을 가지고 있다. 지붕 좌우에 현대 철골구조와 흡사하게 이중 아치로 가지런히 노출된 플라잉 버트레스(Flying buttresses)에서는 타고내리는 생생한 힘의 흐름을 느낄 수 있다.

측면으로 보이는 세 개의 섬은 지붕이 특히 인상적이며 삼각 텐트의 부드러운 천같이 흘러내린 우아한 실루엣이 흔하게 만났던 높은 첨탑과는 또

| 세 개의 성당 지붕 |

다른 감각의 성전 모습을 보여주고 있다.

은광이 융성하던 시절 프라하와 대등한 세력을 염원했던 쿠트나 호라는 당시 주교좌가 없던 교권을 위해서도 장엄한 성당 건축이 필요했다고 한다. 바르바라 성당의 실체가 프라하 비타 성당에 응모했다 낙선된 계획안이라는 설이 있는가하면 장려함에 있어 오히려 비타를 능가한다는 주장이 있는 등 쌍방에 경쟁의식이 있었던 것은 사실인 모양이다. 성당을 광산의 수호성녀인 성 바르바라에 봉헌한 것이나 건축자금을 광부들 스스로 조달하여 충당한 것이 전부 뻗어나던 당시의 영화를 엿보게 하는 흔적이다.

성 바르바라는 광부, 건축가, 소방관, 포수를 보호해주고 번개에서 지켜주는 그리스도교 14수호성인 중의 한 사람이다. 성화에서는 통상 세 개의 창이 달린 탑 안에서 순교자의 왕관을 쓰고 공작새 깃털을 든 모습으로 번개와 함께 묘사된다.

3세기경 그리스도를 믿지 않던 니코메디아(Nicomedia) 왕 디오스쿠루스(Dioscurus)의 딸로 태어난 바르바라는 불결한 남자의 접근을 꺼린 아버지에 의해 격리된 탑 속에서 세월을 보냈는데 기독교에 접하면서 신앙에 눈을 뜬다. 바르바라는 아버지가 없는 사이 세례를 받아 개종하였고 건축가를 설득하여 두 개의 창만 있던 탑에 삼위일체를 표상하는 창문 세 개를 만들게 했다. 딸의 개종 소식을 듣고 격노한 아버지가 딸을 로마 총독에게 넘겨 고문으로 배교를 강요했지만 바르바라는 믿음을 굽히지 않았고 끝내 아버지에 의해 목이 잘려 순교한다. 그 순간 하늘에서 떨어진 벼락에 맞아 아버지도 재가 되어 죽었다고 한다. 성당 옥상에 보이는 세 개의 삼각 지붕은 바르바라와 연관된 3이라는 숫자에서 유래된 것이 아닐까하는 생각이 든다.

이 성당의 건축은 프라하 비타 성당을 설계한 페트르 팔레슈의 아들 얀 팔레슈(Jan Parléř)에 의해 1388년 시작됐으나 1420년 후스전쟁이 일어나면서 첫 번째로 중단되었다. 60년이 지난 1482년, 프라하 화약탑의 건축가인 마테이 레이세크(Matěj Rejsek) 책임 하에 공사가 재개되어 1499년, 둥근 천장으로 형태가 갖춰졌다.

이어 프라하 성 건축에 관여했던 베네딕트 레이트(Benedikt Rejt)에 의해 1521년부터 1532년까지 교회 측면 회랑에 독립된 3개의 소 채플이 건설됐다. 당초 계획은 현존 건물보다 2배는 더 컸던 모양이나 은광의 경기가 시들면서 길이 70m, 폭 40m, 높이 30m의 본당이 일단 마무리된 후 미완인 채로 1558년 다시 공사가 중단되었고 이후 300여년 정체의 기간을 보내야 했다. 오늘날의 건물 정면은 1884년 속개된 재건축 기간에 이뤄진 것이며 1905년에 이르러 비로소 현재 모습의 성당이 완성된 것이라고 한다.

| 바르바라 성당의 측면 |

한 사람 30코루나의 입장료를 내고 성당 안으로 들어간다. 체코를 대표하는 후기 고딕 건물인 성 바르바라 성당은 하나의 중랑과 네 개 측랑으로 이뤄졌으며 교차된 리브 궁륭(Cross-rib Vault)으로 형성된 높은 공간을 갖고 있다. 500년이라는 오랜 건설기간을 거친 탓에 그 안쪽에는 보

헤미안 고딕이라는 독특한 양식에서 부터 17세기 예수회 시절에 가미된 바로크 양식까지 여러 형식의 장식이 혼합돼있다.

성당의 내부에서 먼저 눈길을 끄는 것은 높은 천장에 장엄하게 뻐대를 이룬 리브 궁륭으로 특히 서쪽 오르간 위에 베네딕트 레이트가 즐겨 사용했다는 꽃잎 무늬가 화려하게 드러나 있다. 리브 사이에는 보헤미아 왕가, 귀족, 장인 길드 등 수십 개의 문장이 장식돼 있는데 리투아니아 대공국과 폴란드 왕국의 문장도 섞여 있다고 한다. 리투아니아와 폴란드가 보헤미아와 같은 국왕에 의해 통치됐던 시대의 흔적이다.

전면 중앙의 '최후의 만찬' 이 부조된 네 폭짜리 주 제단은 재건축 기간인 1905년 신 고딕 양식으로 제작된 것이며 반짝이는 금박이 무척 화려하다. 오른쪽 날개 속에서 책을 들고 탑 앞에 서 있는 수호성녀 바르바라의 모습을 찾을 수 있다.

| 주 제단 최후의 만찬 부조 |

이어지는 채플에서는 1380년에 제작됐다는 마리아 상이나 15세기 후기고딕의 프레스코화를 볼 수 있다. 그중 뛰어난 작품이 1490년경 제작된 스미쉑(Smíšek) 채플의 그림들이다. 스미쉑은 쿠트나 호라의 귀족으로 건축비용을 기부하여 자신과 가족을 위한 채플을 꾸몄는데 '솔로몬을 만나는 시바의 여왕' 과 스미쉑 가족을 묘사한 벽화 등이 볼만하다. 1511년 사망한 스미쉑은 현재 그 밑에 묻혀있다고 한다. 이들 채플에서 가장 인상적인 그림은 어린 예수를 어깨에 잇고 물을 건너는 성 크리스토퍼 (Christopher)의 거대한 프레스코화다.

| 예수를 업고 물을 건너는 성 크리스토퍼 |

크리스토포로스(Christophoros)란 원래 "그리스도를 어깨에 메고 간다"는 뜻의 희랍어라고 한다. 사람들을 업고 강을 건네주는 일로 살아가는 크리스토포는 자기보다 힘 센 사람이 나타나면 그를 주인으로 섬기겠다는 생각을 항상 품고 있던 거인이다. 어느 날 조그만 어린애를 메고 강을 건너는데 물속으로 들어 갈수록 점점 무거워져서 강을 건널 수가 없었다. "이상한 일인데" 중얼거리니 어린아이가 말했다고 한다. "너는 지금 전 세계를 옮기고 있는 것이다. 나는 네가 찾던 왕, 예수 그리스도다."

소아시아에서 순교했다는 크리스토포는 여행자와 운전자의 구호성인 이라고 하니 말하자면 지금 우리를 보살펴주는 임자를 만난 것이다. 그림 속 믿음직한 크리스토포와 큼직한 발 사이로 헤엄치는 물고기를 보면서 어느새 든든해지는 마음을 느끼게 된다.

'윈치작업' (Hašplířska)이라는 이름의 채플에는 윈치를 이용하여 광석을 채굴하거나 매매하는 장면을 그린 벽화가 있다. 남쪽 '주화 제조자'(Mincirska)들의 채플에는 광부와 은화 주조자들이 작업대에서 일하는 광경을 묘사한 그림이 있는데 이들 작품은 1463년 제작된 것이라고 한다. 종교와는 관계없는 광부들의 작업이나 생활 장면이 프레스코화로 장식된 성당은 매우 드문 일로 은광과 바르바라 성당의 밀접한 관계를 잘 설명해 주는 예라고 할 수 있다. 내부에서는 사진 촬영이 금지돼 있으나 감시하는 기색이 없어 돌아다니는 관광객이 주위를 둘러보며 슬쩍 셔터를 누른다.

서쪽 2층에는 700개 파이프에 세 개의 건반과 52개의 조절기가 달린 찬란한 오르간이 놓여 있으며 주변은 금빛 반짝이는 천사들의 조각으로 장식돼있다. 그 밑에 흰색 작업복을 입고 연장 든 광부의 조각이 외롭게 서 있어 색다른 대조를 보인다.

1700년경 제작됐다는 이 광부상은 한 손에 저울, 다른 손에 연장을 들고 있으며 하얀 광부 복 허리 뒤로 가죽 덧치마를 두르고 있다. 16세기 쿠트나 호라의 은광은 당시 세계에서 가장 깊은 500m 지하에 있었고 광부들은 하루 10~14시간씩 일주일에 6일 일을 했다고 한다. 가죽 에이프런은 광산 밑으로 미끄러져 내려갈 때 꼭 필요한 것이었으며 일하는 동안은 보호대로 사용됐다고 한다. 할슈타트 소금광산에서 덧바지입고 미끄럼 타던 생각이 난다. 오래된 옛일 같은데 따져보니 열흘이 채 지나지 않았다.

| 성가대석의 고딕 의자 |

성당 내부에서 시선을 끄는 또 한 가지는 양측 성가대석에 놓인 훌륭한 고딕 의자들이다. 1490년에 제작됐다는 등 높은 의자의

조각은 성당 외부의 돌 장식과 매우 흡사한데 재미있는 점은 투각된 문양이 모두 다르다는 것이다. 검은 바탕, 흰 줄에 금빛으로 장식된 르네상스식 고해실도 우아하게 잘 꾸며져 있다. 성당의 스테인드글라스가 모자이크로 만든 것이 아니라 유리에 그림을 그렸다는 것도 흥미 있는 대상이다.

| 세들레츠 납골 성당 |

13시20분, 바르바라 성당의 탐방을 끝내고 시간을 아끼느라 옆에 있는 성체축일의 채플(Kaple Boziho tela)은 생략한 채 해골 성당이 있는 세들레츠 지구로 향한다.

동북으로 약 3.5㎞, 2번 도로를 통하여 몇 번 물어가며 접근하는데 마침 적당한 슈퍼마켓이 하나 나타난다. 시간도 됐겠다, 떡 본 김에 제사지낸다고 점심을 해결하기로 한다. 즉석 전기구이에서 시글지글 돌아가는 통닭을 발견한 필 여사가 놓칠 리 있나? 두 말없이 69코루나로 두 사람 몫을 사고 차속에 앉아 빵, 야채와 함께 오찬을 차린다. 닭다리 구이가 이렇게 맛있는 줄은 미처 몰랐던 사실이다.

14시10분, 비테즈나(Vitězná) 거리에 진입하고 이내 좌회전하여 뼈로 장식된 세들레츠 납골 성당(kostnice Sedlec, 영어- Sedlec Ossuary) 앞에 도착한다. 도로를 따라 쌓은 담장 안에 탑 세 개를 가진 중 2층의 작은 성당이 서 있으며 탑 중간 옥상에 성모 마리아의 상이 보인다. 두 탑 정상에는 뼈로 만든 가위표 위에 해골이 있는 해적기 모양의 바람개비가 달려있어 해골성당으로서의 면모를 의젓하게 드러낸다.

이 자리에 시토회 수도원이 설립된 것은 1142년이다. 13세기 초에 발견된 은광으로 쿠트나 호라가 차차 확장되고 근처에 성모 마리아 승천 성당

| 계단 위의 뼈 장식 |

이 생겨나자 자연스럽게 공동묘지와 납골당이 이곳에 들어선 것으로 추정한다.

1278년 보헤미아 왕 오타카르(Otakar) 2세에 의해 이스라엘로 파견됐던 수도원장 앙리(Henry)가 예루살렘에서 돌아오는 길에 그리스도가 못 박힌 골고다 언덕에서 흙 한줌을 가져와 세들레츠 공동묘지에 뿌렸다고 하며 이 사실이 차차 알려지면서 중부유럽의 부유한 사람들이 이곳에 묻히기를 원하게 됐다고 한다.

자그마한 가톨릭 납골당은 14세기 흑사병을 겪으며 확장되었고 1318년까지 3만이 넘는 인원이 이곳에 매장됐다고 한다. 묘지는 한때 3500㎡까지 늘어나기도 했지만 일부가 폐지되면서 1400년경 그 자리에 고딕 성당이 세워지고 무덤에서 나온 뼈는 수도원 지하 납골당으로 옮겨졌다.

1421년 후스전쟁으로 성당이 불에 타 무너진 후 유명한 이탈리아 건축가 얀 산티니(Jan Blažej Santini)에 의해 1703년부터 1710년까지 체코 바로크 양식으로 다시 지어진 건물이 지금 우리가 보고 있는 납골 성당이다.

전설에 의하면 뼈를 정리하고 장식하는 작업은 1511년 반 맹인이었던 시토 수도회의 한 수도사에 의해 시작됐다고 한다. 오늘날과 같은 뼈로 만든 작품이 본격적으로 탄생한 것은 1784년 황제 요셉 2세가 수도원을 폐지하

| 뼈로 만든 IHS와 성배 |

면서 소유권이 귀족인 슈바르젠베르크 가문에 넘어간 후인 1870년, 그들에게 채용된 체코 스칼리체(Skalice) 출신의 나무조각가 프란티섹 린트(František Rint)에 의해서였다. 뼈는 모두 소독한 후에 회칠해서 사용했고 쓰고 남은 조각은 다시 매장했다고 한다. 더 이상 예배의 장소가 아닌 백골의 전시장, 수많은 관광객은 이제 골고다 언덕의 흙이 아니라 산같이 쌓인 뼈 무덤을 보고자 모여들고 있다.

입장료는 한 사람 앞 40코루나, 카메라 촬영비로 스틸 30, 비디오 60코루나를 받는다. 눈치껏 찍을 요량으로 디카는 주머니에 감추고 비디오 값만 계산해서 140코루나를 내니 국적을 묻고 한글로 된 설명서를 주며 나갈 때 반납해 달라고 한다.

입구에는 하얀 뼈로 예수의 그리스 표기인 IHS가 십자형으로 장식돼 있다. 4만 명의 유골이 있다는 반 지하실, 해골로 만든 커튼 밑으로 계단을 내

| 뼈와 해골로 만든 탑과 샹들리에 |

려가면 양쪽 벽감에 하나씩 커다란 성배가 놓여있다. 오른쪽에 꼬부라진 뼈를 맞춰 '1870 F. Rint z České Skalice' 라고 적은 프란티섹 린트 자신의 서명 판이 붙어있다.

비교적 넓은 지하실, 눈앞에 전개된 공간은 바로 기이한 감각, 불가사의의 별천지다. 실내 네 귀퉁이, 창고 같은 쇠창살 안에 뼈와 해골을 무더기로 빽빽이 쌓아올린 큼직한 봉분이 있다. 원래 여섯 개 있었던 뼈 무덤 중 두 개는 린트가 없애버렸다고 한다.

홀 중앙에는 두개골만으로 꾸민 네 개의 피라미드가 서 있는데 입에 뼈를 하나씩 물고 있는 해골의 탑 맨 위에 애기 천사가 앉아 트럼펫을 불고 있다. 그 위 천장 한가운데 커다란 샹들리에가 매달려 있다. 인체를 구성하는 모든 부분의 뼈를 다 사용해서 만들었다는 것으로 꽃줄과 사슬 등 다양한 부속이 모두 해골을 교묘하게 꿰어 맞춘 무척 공들인 걸작이다. 타다 남은 여섯 개의 초가 보이는데 전기가 없던 시절, 촛불 나풀대는 깊은 밤을 상상하니 별로 유쾌해지는 기분은 아니다.

한쪽 뼈 무덤 아치에는 슈바르젠베르크 가문의 정교한 문장이 걸려있다.

| 뼈 무덤과 슈바르젠베르크의 문장 |

도안의 오른쪽 아래에 까마귀가 부리로 터키 병사의 눈을 파먹는 광경이 보이는데 흘루보카 성 대문 손잡이에 있던 장식과 같은 유형이다. 실제의 슈바르젠베르크 문장에도 이 형상이 들어있다고 하며 까마귀 골격도 사람 뼈를 맞춰서 만든 것이다.

세들레츠 납골 성당, 기괴한 해골 장식들로 유명세

많은 손님이 여기저기서 사진을 찍고 있어 분간을 못하는지 처음 조심스럽게 꺼내던 디카를 버젓이 들고 다녀도 별 탈이 없다. 나중에는 비디오 값으로 60코루나 준 것까지 억울해 진다. 방안 구석구석이 크고 작은 인골로 가늑 차 숨이 막힐 지경이지만 예상했던 영적인 경외감이나 죽은 자를 대하는 으스스한 냉기는 느껴지지 않고 예사로운 전시장을 다니듯 건조하고 차분한 기분이다.

해설에 의하면 해골 교회는 인생의 허무와 덧없음을 상기시키기 위해 만들어졌다고 한다. 죽음은 인간 누구에게나 공평하다. 서로 다른 길을 살았건만 죽어서 같아진 혼백 떠난 하얀 뼈, 나뭇가지와 무엇이 다를 것이냐? 구별할 수 없이 뒤섞인 생의 잔해를 보며 '언젠가는 죽어야 함을 잊지 말라' 는 메멘토 모리(Memento mori)를 상기한다. 두려운 것은 죽음 자체 보다는 죽음에 대한 미지와 불안이 아닌가? 러시아 속담에 이런 말이 있다. - "왜 죽음을 두려워하는가? 죽음을 경험한 사람은 아무도 없지 않은가?"

이름 없는 님들의 왕생안락을 빌며 백골의 성전을 빠져나와 크게 몇 번 숨을 몰아쉰다. 떠나기전 담장 밖 성당 옆에 서 있는 페스트 퇴치 기념탑을 구경한다. 네 명의 성인이 둘러 선 탑 위에 금관을 쓰고 십자가 예수를 안고 있는 성 네포묵의 석상이 높이 서 있다.

아들에게서 안부전화가 온다. 스위스, 오스트리아에서는 거리에 따른 타임래그로 통화가 서로 얽히는 일이 흔했는데 동유럽으로 와서는 국내통화

만큼은 아니지만 그래도 음성전달이 빨라져 대화가 원활하다. 15시, 차슬라브스카(Cáslavská) 거리를 통해 동으로 4㎞, 치르크비체(Církvice) 부근에서 국도 38번에 진입하고 동남으로 방향을 바꾼다. 지평선이 보이는 넓은 초원 끝에 낮은 산그늘이 길게 선을 그어간다. 왕복 2차선에 드문드문 가로수가 지나가는 단조로운 풍경에 졸음을 참지 못한 필 여사가 하브리(Habry) 부근 휴게소에 차를 멈추고 눈을 붙인다.

다시 기운을 차리고 출발한지 30분, 길이 완만하게 돌아가고 언덕에 굴곡이 많아질 즈음 드보르작의 음악을 튼다. 조용한 선율 그대로의 한적하고 평화로운 유채꽃 마을, 보헤미아 한복판을 북에서 남으로 종단하여 이제 서부 모라비아의 땅으로 들어선다.

16시40분, 동서로 달리는 고속도로 D1/E65의 입체교차로를 직진 통과하고 이흐라바(Jihlava) 남방 13㎞, 스토나르조프(Stonařov)를 지나며 국도 38호에서 오른쪽으로 갈라져 나온다. 남서로 향하는 403번 도로에 들어서면 텔치까지 16㎞의 표지판이 나온다. 자동차 왕래가 거의 없는 조용한 길가, 나무 그늘이 짙어지면서 왼쪽에 호수가 보이는 텔치 외곽으로 들어선다. 한적한 전원분위기에 정신이 팔렸는지 구시가를 지나쳐 서쪽으로 한참 가다 숲 속에 있는 이름 모를 옛 건물에서 돌아 나온다.

| 호수 너머로 보이는 텔치 구시가 |

마을 입구를 지키듯 판게아(Pangea)라는 아담한 2층 호텔이 보여 차를 세우고 들어가 본다. 아침식사 포함 더블 침실이 44유로(1,200코루나)라는 가격을 확인한 후 더 좋은 숙소가 있나 주변도 구경할 겸 차로 돌아본다.

구시가를 둘러싼 호수 외곽을

잠깐이면 일주할 수 있을 만큼 텔치는 예상외로 작은 마을이다. 중심 광장의 후문으로 보이는 곳까지 조각과 분수로 장식된 길을 드라이브하며 서너 곳 펜션을 알아보니 800코루나 내외다. 어째 호텔보다 비쌀까 생각하며 결국 판게아 호텔로 돌아와 체크인 했는데 가만히 생각하니 무의식중에 유로와 코루나를 혼동하여 펜션의 숙박비를 80유로로 착각했던 것이다.

프런트의 아가씨가 전면도로 옆의 주차장소를 일러주면서 판게아가 텔치에서는 고급호텔이고 저쿠지(Jacuzzi) 달린 수영장이 있으니 저녁에 이용해 보라며 자랑을 한다. 이 고장서 가장 깨끗한 호텔쯤 되는 모양인데 스위스에 비하면 반값도 안 된다.

방에서 잠깐 숨을 돌린 후 18시10분, 호숫가 오솔길을 걸어 약 3분 거리에 있는 중앙 광장으로 산책을 나선다. 소용하게 서넉이 덮이는 인적 끊긴 거리, 텅 빈 광장에 무대 세트처럼 늘어선 옛집들이 흡사 아라비안나이트 공중누각을 보는 기분이다. 왜 우리는 중세에 끌리는 것일까? 전혀 인연이 없던 멀고 먼 곳, 말도 생각도 같지 아니한 고장에서 이 낯익은 정겨움은 어디서 오는 것일까? 미지의 길복과 집구석, 오래 쌓인 흔석에 흐르는 원류에는 모든 인류가 공유하는 어떤 원소가 있는지 모르겠다. 막막한 시공, 포근히 안기는 향수 속에 거리와 시간을 뛰어넘는 그리움이 있다.

필 여사가 피곤하다며 외식을 마다하여 밑반찬과 빵으로 저녁을 끝낸 후 아래층 수영장으로 내려가 본다. 대중목욕탕의 냉탕보다 조금 클 정도의 타원형 풀장이다. 좀 서늘하지만 이것도 기억에 남을 테니 한 시간 정도 물속에서 시간을 보낸다.

√숙소

Hotel Pangea
Na Baště 450 588056 Telč The Czech Republic
T: +420 56 721 31 22 더블 룸, 아침식사 포함, 주차무료, Euro44/일

30일. 올로모우츠 지나 폴란드 비엘스코비아와로

6월 5일 월요일

Telč-177㎞-Olomouc-156㎞-Bielsko Biała
총333㎞(실 운행거리 385㎞, 보행 6.9㎞)

여덟시에 식당으로 내려가 뷔페로 식사를 마치고 시내 관광차 호텔 문을 나선다. 오늘은 텔치를 구경한 후 모라비아 중심을 동서로 횡단하여 체코 동부의 고도 올로모우츠(Olomouc)를 둘러보고 실레시아 지방을 거쳐 폴란드(Poland)로 국경을 넘는다.

텔치는 12세기경, 체코 모라비아 서쪽 끝에 세워진 도시로 세 개의 늪으로 둘러싸인 인구 6,000명 정도의 작은 마을이다. 1335년 문헌에 이곳 성주가 모라비아 변경의 백작이고 성 안에 검소한 고딕 양식의 성당이 있으며 거기 딸린 로마네스크 탑은 부근에서 가장 오래된 건물이라는 기록이 남아 있다고 한다.

당초 언덕 위 목조 가옥으로 이뤄진 마을이었으나 1530년 큰 화재가 일어나 건물 대부분이 타버렸다. 재건 과정에서 당시의 시장 자하리아스(Zachariáš z Hradec)가 건축 양식을 일정하게 규제한 결과 르네상스 및 초기 바로크의 독특한 모습으로 통일된 아케이드가 생겨났다는 것이다.

전면의 기본 구조와 양식은 엄격히 통제했으나 부분 장식은 시민들 취향에 맡겼다고 하는데 집주인들이 저마다 특이한 치장을 고안함으로써 개성

있으면서도 전체적으로 조화된 시가지가 형성된 것이라고 한다. 손바닥만한 마을 텔치는 중앙광장 주변이 거의 도시 전체라고 보아도 틀림없다. 옛날 마르크트 광장으로 불리던 밑변 100m, 두 변 350m 정도의 이 길쭉한 삼각형 광장은 시장의 공적을 기리는 시민들에 의해 그 이름이 자하리아스 광장으로 바뀌었다.

16세기 후반 자하리아스는 이탈리아의 두 건축가를 초빙하여 원래 있던 해자를 제거하고 삼각형 광장의 정점인 북쪽 일대에 귀족이 소유하고 있던 고딕식 저택을 르네상스 양식의 텔치 성으로 개축하였다. 그 결과 시가는 울리츠키(Ulický rybník), 슈테프니츠키(Štépnický), 스타로메스트스키

| 호숫가 오솔길과 북문을 통한 광장 진입로 |

(Staroméstský) 등 세 개의 호수로 섬같이 둘러싸여 요새화되었다.

30년 전쟁 중인 1645년 스웨덴군에 점령당한 일을 빼고는 큰 변화 없이 그 형태를 이어올 수 있었다. 제2차 세계대전이 끝난 후 스탈린그라드 관장으로 불렀다는 자하리아스 광장은 1957년부터 다시 옛 이름을 되찾았으며 텔치 성과 함께 1992년 텔치의 역사지구로 유네스코 세계문화유산에 지정됐다.

08시30분, 잔잔한 슈테프니츠키 호수와 녹음에 섞인 빨간 기와지붕을 왼

쪽으로 보며 자하리아스 광장으로 향한다. 화창한 아침에 하늘과 물, 마을이 그려낸 신선한 색채로 묵은 피로가 말끔히 정화되는 느낌이다. 오른편 잔디 사이로 보이는 건물들은 텔치 성의 뒷모습이다. 돌 깔린 깨끗한 길을 잠시 걸으면 붉은 고깔지붕 성벽 밑으로 굴 같이 뚫린 북문 돌니브라나(Dolní Brána)가 나타나는데 이 성문으로부터 2층 건물 사이로 골짜기 같이 나있는 골목이 광장 북서의 주 진입로다.

| 텔치 성과 성 야곱 및 예수회 성당 |

시야가 트이며 광장으로 들어서면 그 우측 북쪽 일대에 길게 뻗은 텔치 성의 건물이 보인다. 도시 규모에 비해 생각보다 크게 느껴지는 성 내부에는 그림, 무기 등 값비싼 수집품이 있다. 한 시간 정도의 투어로 귀족의 생활환경을 볼 수 있다는데 오늘은 월요일이라 관람을 할 수 없다.

텔치 성 남쪽에 붙어 1386년의 화재 후 재건된 성 야곱 성당(Kostel sv. Jakuba)이 서 있다. 1892년, 현재 모습으로 개축됐으며 높이 60m인 종탑에는 16세기에 제작된 야곱과 마리아라는 이름의 종 두 개가 달려있다.

그 옆에 보이는 바로크 양식의 쌍 탑 건물은 30년전쟁 후 세력을 넓힌 제수이트회에 의해 1651년부터 1669년 사이에 세워진 예수회 성당(Kostel jmena Jezis)과 대학(Jezuitská kolej)이다. 예수회는 기상대, 약국을 포함한 복합시설을 건설했으나 19세기 말 포괄적인 대학이 들어서면서 이곳이 시의 교양중심으로 자리를 잡았다고 한다.

어쩌다 빠져 든 환상의 도시처럼 길게 늘어선 아케이드를 따라 자하리아

| 자하리아스 광장 북면 아케이드 |

스 광장을 동쪽으로 걸어간다. 이탈리아 르네상스와 바로크로 가득한 거리가 기적적으로 재현돼 있다. '모라비아의 진주' 라는 표현과는 달리 어딘가 어설픈 전혀 경험하지 못했던 세계다. 오전 아홉시를 넘어서는데 사람은 어디로 갔을까? 텅 빈 광장에 서성대는 길손의 그림자 몇 몇 뿐, 마치 동화의 나라 시간여행에서 길을 잃은 느낌이다. 투명한 공기 속에서 움직임을 범춘 그림엽서 같은 풍경이 잡힐 듯 잡히지 않는 여정의 허무감을 건드린다.

체코의 대표작가 카렐 차페크(Karel Capek)는 그의 책 '체코 순례' 속에 "우리나라에 텔치보다 아름다운 광장을 가진 도시는 없다" 고 적었다 한다.

노랑, 빨강, 파랑, 분홍, 가지각색, 파스텔조의 박공 회랑이 전면을 공유한 채 하나의 건물처럼 길게 늘어서 있다. 어제 저녁 첫 눈에 무대의 세트를 연상한 느낌은 지금 봐도 그대로다. 외벽에 요철이 적어 입체적으로 그늘이 보이지 않고 골목 없이 평평하게 맞붙은 것이 그 원인인 듯하다.

장난감 같은 건물은 한 뼘 틈도 없이 이어져 비를 맞지 않고 상가를 돌아다닐 수 있다. 높이와 아치가 통일 됐을 뿐 집 하나하나는 색조부터 지붕과 창, 특이한 장식까지 서로 취향이 달라 흡사 다투어 가꿔놓은 꽃밭과 같다. 1층은 선물, 잡화, 식당 등 다양한 업종의 상가지만 2층은 주로 살림집인 모양이다. 건물은 세공이나 끝마무리에서 엉성한 부분이 적지않게 눈에 보인다. 성당 같은 대규모 건조물과 달리 수준 낮은 기능공의 솜씨 탓이겠지만 그런대로 치졸한 구석마다 오랜 세월 식상하지 않을 정분이 깃들이 있는 듯하다.

| 61번 청색 건물 주변 |

그런데 큰 일이 하나 생겼다. 아직 가게는 태반이 닫혀있지만 상하이 손녀가 부탁한 마리오네트 인형이 아무리 찾아도 보이지 않는다. 프라하에선 너무 종류가 많아 천천히 고르기로 시기를 늦춘 것인데 그 흔하던 물건이 이렇게 자취를 감출 줄이야 전혀 예상을 못했던 일이다. 오후에 들를 올로모우츠는 꽤 큰 도시니 그곳에 희망을 걸어볼 수밖에 없다.

| 페스트 기념탑 |

광장 주위를 채운 가옥 중에서 특히 이름난 건물이 61번 흰 테두리의 엷은 청색집이다. 1532년 매수한 후 시장이 된 집 주인이 1555년 개축하면서 벽면에 구약성서의 영도자들을 그라피티로 장식했는데 부채꼴로 지붕 패러핏을 꾸민 모양이 특이하여 더욱 유명하다. 서쪽, 골목 모서리에 있는 연두색 15번 집도 사울과 다윗 등 성서 이야기가 묘사된 그라피티로 눈길을 끈다. 먼지에 묻혀 희미했던 그림이 1952년 복구된 것을 계기로 널리 알려지게 되었다고 한다.

삼각형 광장의 밑변 부분인 동쪽 끝에는 화단이 있으며 몇 그루 나무 사이에 페스트 종식 기념탑인 성모 마리아의 기둥(Mariáský sloup)이 서 있다. 조각가 다비드 리파트(David Lipart)에 의해 1718년 제작된 이른바 구름 형식의 바로크 탑이다. 어린 천사들을 태우고 둥실둥실 뭉쳐 올라간 기둥 위에서 페스트 희생자를 천국으로 인도하는 마리아가 머리에 황금 띠를 두르고 합장한 모습으로 먼 하늘을 보고 있다. 당시의 집 여덟 채에 해당하는 4000굴덴의 소요 경비를 시민들이 모금으로 마련해 세웠다고 한다.

마리아의 탑을 가운데 두고 동서로 각각 6각형 못이 있으며 그 안에 조각상이 하나씩 서 있다. 서쪽에 있는 것은 16세기부터 있던 나무 조각을 1717년 리파트가 돌로 고쳐 세웠다는 텔츠의 구호성인 성 마르가레트(St. Margaret)의 석상이다. 동쪽에 애기를 안고 있는 조각은 1817년 제작된 것으로 실레노스(Sílenus)의 상이라는 설도 있지만 자세로 보아 침례예식을 행하려는 세례요한(John the Baptist)이라는 수상이 더 유력하다고 한다.

손님이 적은 철이라 바닥 돌을 교체하는지 이곳저곳 파놓은 자리가 어수선하다. 우리가 들어온 북서쪽 진입로와 엇비슷 마주하며 광장 남동 모서리에서 빠져나가는 골목이 있다.

| 마리아 탑 양쪽의 석상 |

| 성령 성당 |

광장으로 출입하는 주요통로 두 개 중의 하나인 이 길로 들어서니 파헤쳐진 도로 너머 꼬마 뿔 네 개를 거느린 청록 뾰족지붕의 석탑이 기둥같이 솟아있다.

창도 거의 없이 금빛 시계가 유일한 장식인 거무스름한 이 랜드마크는 13세기에 로마네스크로 건립된 후 15세기에 고딕 양식으로 개조됐다는 성령 성당(Kostel sv. Ducha)이다.

텔치에서 가장 오래된 45m 높이의 이 건물 1층에는 발굴품 전시장이 있다. 계단으로 탑 위 전망대에 올라가면 세 호수에 둘러싸인 마을 전경이 잘 보인다는데 시간이 이른지 문이 닫혀있다. 이 성당은 병원, 예배당을 거쳐 1922년 이후에는 체코 형제단(Unity of Brethren)에 속한 복음 교회(Evangelic Church)로 사용되고 있다 한다.

골목을 따라 탑을 지나면 곧 돌로 만든 2층의 아치문이 나타난다. 자하리아스 광장 남동쪽 출입문인 호르니브라나(Horní Brána)다. 문 밑을 지나 밖으로 나가니 어제 저녁 펜션을 찾아 차로 돌아보던 바로 그 곳이다. 주변에 서 있는 성인들의 조각상은 텔치에 제수이트회가 세력을 확장하던 시절 설치한 것이라고 한다.

09시50분 짐을 챙겨 호텔을 출발, 정적에 잠긴 호수 둘레를 몇 바퀴 돌며 마음을 가라앉힌 후 브르노(Brno) 표지를 좇아 동쪽으로 방향을 잡는다. 국도 23호에 들어서서 남북으로 달리는 407호, 38호와 차례로 교차하며 30㎞를 동진, 유대인 지구 및 성 프로코파(Prokopa) 성당으로 유네스코 세계유산에 오른 이흐라바(Jihlava) 강가의 트세비츠(Třebíč)를 지난다.

고속 D1/E65를 피해 왕복 2차선의 23호를 택한 것은 질러가는 코스이기도 하지만 그 보다는 차량왕래가 한가한 길을 가며 전원의 풍취와 CD의 멜로디를 함께 즐기고 싶었기 때문이다. 상쾌한 6월의 산야, 흐르는 선율을 조용히 들으려면 고속도로의 질주는 아무래도 어울리지 않는다.

녹색 대자연에 가끔 나타나는 마을, 생전 듣도 보도 못한 거리와 사람을 바람같이 스치며 한줌 외톨이 차 속에서 우리만 존재한 듯 세상을 차지한다. 환등같이 지나는 촌락, 도시의 그림자. 무수한 꿈이 영글었다 깨지고 흩어진 터전을 아무 것도 모르는 우리는 아무 일도 없었던 듯 한달음에 간다. 초등학생들이 줄지어 웃고 지난 뒤에 허리 굽힌 할머니, 그리고 지팡이 짚은 할아버지. 마치 끊기고 이어지는 인생 축도의 수마등을 보 듯 모라비아 한복판을 동쪽으로 가로지른다. 나메스트 나드 오슬라보우(Náměšt nad Oslavou)에서 큰 성이 있는 시가를 통과하고 굽이진 숲길에서 여기저기 피어있는 붉은 디기탈리스(Digitalis)를 보며 불현듯 노르웨이, 그 황홀했던 산야를 생각한다.

11시10분 로시체(Rosice)를 지나 5㎞ 지점에 있는 입체교차에서 고속도로 D1/E50, E65와 합류하고 12㎞를 더 간 곳에서 브르노로 들어가는 인터체인지를 통과한다. 모라비아 중심에 있는 체코 제2의 도시 브르노도 거쳐가고 싶지만 기껏 반나절의 대도시 나들이란 겉핥기에도 모자랄 시간이라 깨끗이 포기하고 대신 좀 수월한 올로모우츠를 찾기로 한 것이다.

휴게소를 발견한 필 여사가 차를 나무 그늘에 세우고 의자를 뒤로 젖힌다. 그래, 되는대로 가면되지. 녹음에 잦아든 마음이 무한히 관대하고 싶어진다. 잠시도 쉬지 않고 흐르는 시간, 쫓는다고 될 일인가. 졸음을 받아들여 맛있게 즐기고 다시 떠나자.

쏙 빠진 30분, 꿀 같은 낮잠에서 문득 눈을 뜰 때 창밖을 달리는 차를 보며 "아! 지금 여행 중이구나!" - 백지에서 지각에 이르는 몇 초, 그 카오스의 순수감각이 늘 싫지 않다. 쓸쓸하면서도 나른한 혼돈, 낯선 땅에서의 현실 복귀가 새로운 의욕으로 급전하는 과정이 스스로 희한한 것이다.

11시50분, D1/E50을 동쪽으로 다시 출발, 홀루비체(Holubice) 부근에서 D1/E462로 바뀐 길을 동북으로 향한다. 20㎞를 더 간 비슈코프(Vyškov) 근처에서 북쪽으로 방향을 돌리고 D1과 헤어져 46/E462에 진입한다. 차창 멀리 지평선이 드러나고 가물가물 퍼져나간 초원 곳곳에 교회 첨탑을 중심으로 붉은 지붕의 촌락이 흩어져 깔린다.

온세상을 덮은 파란 하늘에 피어오른 흰 구름, 부신 눈을 돌리다 시선이 대시보드 나침반에 멈춘다. 동쪽, 가리키고 있는 방향을 무심히 보고 있다 별안간 정신이 든다. 북으로 가고 있어야 하는데? 서둘러 무릎 위 지도를 보니 46번 도로에 들어선 후 거기서 갈라진 47번 도로로 잘못 나와 동쪽으로 가고 있는 것이 틀림없다. 앞이 훤히 보이는 길에서 이 정도의 방향 차는 자침만으로 즉각 감지할 수 있다. 뒤늦게라도 착오는 발견되겠지만 이런 경우 빨리 알아차릴수록 대응이 용이해진다.

지도를 검토한 끝에 동쪽으로 30㎞를 더 간 후 훌린(Hulín)에서 좌로 돌아 북쪽으로 향하는 47/55번 도로를 계속 따라가기로 한다. 훌린 북쪽 15㎞에 있는 교통의 요충 프르제로프(Přerov)의 외곽을 돌아 서북향 55번으로 20㎞를 더 가면 올로모우츠다.

프라하에서 직선거리로 동남 210㎞, 브르노에서 동북 65㎞, 비스트지체(Bystřice) 강과 모라바(Morava) 강이 합류하는 곳에 위치한 올로모우츠는 2006년도의 인구가 11만으로 체코에서 다섯 번째이자 모라비아에서는 두 번째로 큰 도시다.

고대 로마제국의 군사거점이 있었던 것으로 믿어지는 이 옛 고을은 중세 들어 1063년 주교좌가 설치되고 1253년 프르제미슬 오타카르 2세로부터 도시특권을 얻으면서 모라비아 수도의 자리를 차지했다. 1479년에는 헝가리 왕이 합스부르크가를 물리치고 오스트리아 지배권을 손에 넣게 된 올로모우츠 조약이 이곳에서 맺어지기도 했으나 30년 전쟁 중 1640년부터 8년간 스웨덴군의 점령으로 파괴되어 수도가 브르노로 옮겨졌다.

유럽 최대 페스트 기념탑…올로모우츠 '삼위일체의 기둥'

후스 전쟁 때는 가톨릭군의 거점이었으며 1758년에는 프로이센, 프리드리히 대왕(Friedrich der Grosse)의 공격을 막아내는 데 큰 역할을 하였다. 19세기, 유럽 각지의 민족주의가 고양되는 가운데서도 모라비아 민족운동의 기운은 그다지 높지 않아 1848년 비엔나 3월 혁명 때 당시 황제 페르디난트(Ferdinand) 1세가 이 도시로 피신하게 된다. 그 결과 독일 통일을 도모하는 프로이센에 대하여 오스트리아의 우위를 인정하는 올로모우츠 협약이 1850년 체결되어 다시 한 번 이 도시의 이름이 역사에 오른다.

중세 이래 모라비아 문화 · 행정의 중심지였던 올로모우츠는 체코 공화국에서 두 번째로 많은 도시 유적을 보유하고 있다. 시내에는 12세기에 세워진 로마네스크와 고딕 양식의 대성당, 13세기의 문화선조물, 천문시계가 달린 15세기의 시청사, 16세기에 설립된 대학 등 유명한 고적이 적지 않다.

유럽에서 가장 견고한 것으로 알려진 요새도 공원으로 면모를 유지하고 있다. 그러나 무엇보다도 특별한 볼거리는 올로모우츠 시청 광장에 솟아 있는 장엄한 삼위일체의 기둥(Sloup Nejsvětější Trojice, - Holy Trinity Column)이라 할 것이다. 그것은 바로 우리가 이 고도를 찾아가는 핵심 대상이기도 하다. 페스트 퇴치를 감사하며 1754년 건립된 이 기념탑은 인류의 창조적 재능을 표현한 걸작으로 평가되어 기둥 하나만으로 2000년에 유네스코 세계유산으로 등재되었다.

13시30분, 올로모우츠 동쪽 55번 도로를 북상하다 입체교차로에서 서쪽으로 회전하여 도바르니(Tovární) 거리로 들어서고 물어물어 기차역을 찾아간다. 역 앞에서 방사형으로 뻗은 도로 중 서북으로 향한 마사리코바

| 성 바츨라프 대성당 |

(Masarykova) 거리를 통해 비스트지체와 모라바 두 강을 차례로 건너고 전차 자동차가 함께 달리는 곧은길을 약 1.5㎞ 진행하여 구시가로 진입한다. 우측 지붕 너머로 높은 첨탑 두 개가 나타나 차차 가까워지는 것이 성 바츨라프 대성당(Katedrála svatého Václava)이 틀림없어 먼저 그곳을 보기로 한다.

건물에 가려 잠시 보이지 않던 성당이 오른편으로 돌아 바츨라프 광장에 접근하니 더욱 가깝게 전모를 드러낸다. 차를 세우려는데 주차 표 파는 곳이 보이지 않는다. 지나는 사람에게 물어도 알 수 없어 위험을 무릅쓰고 잠시 길가에 세워두기로 한다. 주변이 한산하여 빨리 보고 나오면 별일은 없을 듯하다.

1131년 로마네스크 양식으로 건설된 성당은 몇 번 개조를 거쳐 고딕으로 바뀌었으며 1892년 이래 모라비아 최고라는 높이 100.65m의 모습을 유지하고 있다. 1767년, 열한 살 된 모차르트가 제6 교향곡을 작곡한 곳으로 전해지고 있다. 성당에 부속된 성 안나(St. Anna) 채플은 1306년 프르제미슬의 마지막 왕인 바츨라프 3세가 암살된 현장이기도 하다.

커다란 장미창 위에 서 있는 세 개의 석상과 세월에 검게 물든 장식 등 외관을 살펴본 후 내부로 들어가 이곳저곳 다니며 주 제단과 채플을 구경한다. 지하에 성자의 유체와 사용하던 물건 등 오래된 유품이 전시돼 있다는데 보수공사로 출입이 금지돼있다. 성당을 통하여 인접한 12세기의 로마네스크 주교관(Bishop' s Palace)까지 갈 수 있는 모양이나 월요 휴일인데다 무단 주차한 자동차가 불안하여 그대로 발길을 돌려 나온다.

다시 큰 길에서 서쪽으로 난 밋밋한 언덕을 올라 공화국 광장(Náměstí Republiky)의 트리톤 분수(Kasna Tritonu)를 통과하고 데니소바(Denisova) 전차 길을 500m 정도 내려가다 만난 일방통행 지시에 의해 14시20분 구시가의 중심 호르니 광장에 도착한다.

높다는 뜻을 가진 호르니 광장(Horní Náměstí) 중앙에는 붉은 지붕 하얀 탑의 시청사(Radnice)가 위치하고 있으며 건물을 가운데 두고 동, 서, 북 세 곳에 조각분수가 하나씩 설치돼있다. 사다리꼴 광장의 서북으로 약간 치우친 곳에 오랜 세월 햇볕에 그을려 검게 변한 세계유산 성 삼위일체의 기둥이 육중한 모습으로 자리를 잡고 있다.

시청 남쪽에 주차장이 있어 차를 세우고 주차권을 사려는데 이곳에서도 표 파는 곳을 찾을 수 없다. 시민들은 회수권을 사용하는지 시청 건물에 있는 관광인내소에 들러 물어봐도 직원조차 매표

| 올로모우츠 삼위일체탑과 시청사 |

소의 위치를 모른다. 서로 머리를 맞대고 의논하더니 서쪽으로 한 블록 나가면 큰 노상 주차장이 있는데 그 곳에 가보라고 한다.

차에 필 여사를 앉혀두고 안내소에서 얻은 지도 표지 따라 약 150m, 이 거리를 이렇게 와볼 줄 상상이나 했겠나? 인간사 헤아릴 수 없음을 실감하며 올로모우츠의 번화가를 걷는다.

남북으로 달리는 스보보디(Svobody) 대로에 나서니 큰 주차장이 많고 길가에 자동매표기가 한 대 있다. 잘 나가는가 했는데 이번에는 주화 삽입구가 돌로 친 듯 찌그러져 동전이 들어가지 않는다. 진땀을 빼며 기계와 씨름을 하고 있었더니 옆에 있던 한 젊은이가 어떻게 했는지 한 시간짜리 10코루나 주차권을 한 장 뽑아준다. 어렵사리 해결한 차를 놔두고 필 여사와 함께 마침내 삼위일체 기념탑으로 가까이 다가간다. 올로모우츠는 관광객이 많지 않은 도시라 그간 여행객이 보이지 않더니 이곳에는 그런대로 단체 손님이 눈에 띈다.

14세기에 유럽을 석권하여 인구 1/3의 목숨을 앗아가고 1720년대까지 무시로 기승을 부리던 역병, 페스트로부터 구원됐음을 감사하는 마음에 다시 있을지도 모르는 신의 노여움을 면해보려는 염원이 겹쳐져 17세기에서 18세기까지 감사 탑을 건립하는 현상이 일어났으며 마을과 도시로 퍼져나간다.

남부 모라비아의 인구 천명을 넘는 마을 중 페스트 탑을 세우지 않은 곳은 없다는 말이 있을 정도였다. 유행은 시간과 함께 도시의 역량을 과시하는 경쟁으로 흘러가게 됐다고 한다. 카를 차페크는 "탑은 체코의 특산이요, 오래된 거리 어디를 가나 고유한 탑이 있고 그것이 어디 탑인지 구별이 된다"는 말을 하고 있다. 많은 탑을 보아왔지만 지금 눈앞에 우뚝 서 있는 삼위일체의 기둥은 진정 뚜렷하게 구별되는 올로모우츠 특유의 탑이 틀림없다.

1710년대 3만의 도시 주민 중 1,500명만 살아남았다는 페스트가 물러간

직후인 1716년, 바츨라프 렌더(Vá clav Render)의 출자와 지휘에 의해 시작된 올로모우츠의 기념탑 건설은 그가 죽은 후에도 이름난 석공들에 의해 계승돼 1754년 완성되었다. 추기경 트로이어(Troyer) 집전으로 거행된 봉헌식에는 여제 마리아 테레지아와 황제 프란츠 1세가 참석하고 있다.

유럽 최대로 평가되는 이 바로크 기둥은 35m 높이에 30개 이상의 소각상과 20개의 부조(Relief)를 가지고 있는 그 자체로 하나의 거대한 조각 작품이다.

| 올로모우츠 삼위일체의 기둥 |

가늘게 뻗은 기둥 정상에 금도금의 성 삼위일체와 대천사 가브리엘(Gabriel)의 상이 있으며 황금빛으로 방사하는 광채와 십자가가 눈부시다. 기둥 중간에 두 천사에 받들려 승천하는 성모상이 있다.

아래로 내려올수록 많은 성인상과 부조가 추가되어 부피가 커지는데 맨 밑은 채플로 되어있어 중앙에 작은 문이 달려있다. 예배당을 갖고 있는 기념탑을 만난 것은 이번이 처음이지만 문이 닫혀있어 십자가에 못 박힌 그리스도 등 내부에 있다는 구조는 볼 수 없다.

공산 정권하에서 유지보수가 제대로 이뤄지지 않아 심하게 황폐됐던 탑은 1999년 대대적 개수로 원형을 되찾았다. 이듬해 11월에는 세계문화유산에 등재된 것을 축하하는 화려한 행사가 개최되어 광장에 칼 오르프(Carl Orff)의 카르미나 부라나(Carmina Burana)가 힘차게 울려 퍼졌다고 한다.

절도 있게 반복되는 원색적 리듬의 합창이 지금 귀에 들리는 듯하다. 이후 긴 잠에서 깨어난 올로모우츠는 바야흐로 새로운 관광개발의 시대로 접어들고 있다. 광장마다 주차 매표소가 들어서고 자동판매기의 찌그러진 동전 슬롯이 곧 바로 펴지게 되리라고 믿는다.

총총하게 돌이 깔린 광장을 가로질러 시청 건물로 걸어간다. 먼저 있던 목조 청사가 불탄 자리에 1444년 완성된 건물은 1474년 후기 고딕 양식으로 개축됐고 16세기 중반에 르네상스식 현관이 동쪽 2층에 추가되었다.

현존하는 75m의 시계탑은 1607년 증축된 것이고 1720년 바로크풍으로 외관이 바뀌었지만 1904년 다시 로만티크 양식으로 개축되는 등 시대 따라 옷을 바꿔 입으며 600년이 지난 현재에 이르렀다.

많은 곡절을 간직한 탓인지 북쪽에서 보는 외관은 범상치 않다. 3층 건물 벽체에 뚫린 창은 층마다 모양이 다르고 붉은 지붕에는 바늘 같은 작은 첨탑이 수도 없이 돌출해 있다. 무엇보다 외관을 색다르게 만드는 요소는 시계탑 옆에 3층 높이로 붙어있는 천문관측시계다. 오를로이(Orloj)로 불리는 이 장치시계는 프라하에 있는 천문시계만큼 알려지지는 않았으나 그에 못지 않은 명물이다.

| 올로모우츠 시청사 |

15세기에 제작된 것으로 믿어지는 이 시계는 건물의 변천과 운명을 같이하며 양식이 바뀌었다. 현재 모습은 2차 대전 중, 심하게 파손된 기계를 1955년 보수하면서 당시 정권의 영향으로 카렐 스볼린스키

(Karel Svolinský)에 의해 사회주의 리얼리즘으로 표현된 것이다.

모자이크 타일의 노동자 상이 벽감 아랫부분에 추가되는 등 원래 형태와 다른 현대적 개작이 많이 있어 오래된 유물의 기분은 느낄 수 없다.

아치형으로 옴폭 들어간 14m 높이 브라운색 벽체에 상하 두개의 커다란 둥근 시계와 좌우에 두 개씩 네 개의 작은 원이 있다. 12개의 동물그림으로 구성된 위쪽 시계는 프라하의 칼렌다리움과 흡사하게 생겼다. 맨 위 중앙에 황금 닭이 조각된 또 하나의 작은 원이 있고 그 양옆, 네 개 창에 민속의상을 입은 여러 직종 근로자의 인형이 서 있다.

| 시청의 천문관측시계 |

매시 정각이 되면 피상에 있는 대장장이가 망치를 두드리면서 움직이기 시작하여 차례로 돌아가다 닭이 우는 소리로 끝을 맺는다.

호로니 광장의 또 다른 볼거리는 주변에 있는 분수대다. 원래 삼위일체 기둥은 근처에 있는 여섯 개의 바로크 분수와 함께 세계문화유산으로 신청됐는데 심의결과 인정되지 않자 분수를 제외하고 다시 신청하여 승인을 받게 된 것이라고 한다.

시청사 동쪽에 있는 가장 큰 기마상이 카이사르의 분수(Caesarova kašna)로 얀 샤우버거(Jan Schauberger)의 1725년도 작품이다. 카이사르(시저)는 올로모우츠의 창시자라는 전설이 있다고 한다.

광장 북쪽에 있는 헤라클레스의 분수(Herkulova Kašna)는 조각가 만디크(Michael Mandík)의 1688년 작품으로 오른 손에 곤봉을 들고 머리 아홉

| 카이사르의 분수와 헤라클레스의 분수 |

개의 뱀, 히드라를 퇴치하는 모습을 담고 있다. 1716년까지 삼위일체 탑 자리에 있던 것을 옮겨온 것이라고 한다. 시청사 서남쪽에는 아리온의 분수(Arionova kašna)가 있다. 돌고래에게 구조되는 아리온의 전설을 묘사한 것으로 원래 의도였다는 일곱 개의 분수를 채우기 위해 2002년 호르니 광장 재건사업의 일환으로 신설됐다고 한다.

1683년 만디크에 의해 가장 먼저 만들어진 넵튠의 분수(Neptunova kaš na)와 1735년도 사틀러(Filip Sattler)의 작품인 주피터의 분수(Jupiterova kaš na)는 호르니 광장에서 남쪽으로 이어지는 낮은 광장이라는 뜻의 돌니 광장(Dolní Náměstí)에 위치하고 있다. 1727년 역시 사틀러가 제작한 머큐리 분수(Merkurova kašna)는 한블록 북쪽인 모르지체 성당(Kostel sv. Moř ice) 근처에 있다.

호르니 광장을 대강 돌아본 후 우리는 흩어져 각자 자유 시간을 갖기로 했다. 아직 사지 못한 마리오네트 인형을 찾아보자는 것이 내세운 구실이지만 실은 자기 취향대로 남은 시간을 보내고 싶은 것이 서로 품고있는 속마음이다.

패키지 단체여행 때면 노상 기회를 엿보던 공동 질서에서의 일탈, 그 비슷한 충동이 단 둘만의 여행에서도 굼실대는 것이다. 서로 의지하지 않고는 살기 힘든 세상이지만 자기만의 내면으로 숨어버리고 싶은 충동은 오래

잊고 지낸 타향살이에서 어느 때고 고향을 찾아 나서듯 요람의 평화로 향하는 본능적 갈구인지도 모를 일이다.

200코루나 지폐를 받아들고 필 여사는 옷가게와 선물매장을 향해 들뜬 걸음을 옮긴다. 그러고 보니 외국여행 중 각자 떨어진 일은 거의 없었는데 막연한 두려움과 강박감에서 홀로 있기를 꺼리던 옛날과는 완전히 달라진 모습이다.

가게를 기웃거리며 먼저 광장 북쪽 모르지체 성당과 머큐리 분수가 있는 골목으로 향한다. 짙은 흙색 네모 필통 같은 석조 5층의 모르지체 성당은 1412년 착공돼 1540년 완공을 본 22m 높이의 전 교구성당으로 모라비아 최대라는 파이프 오르간이 잘 알려져 있다.

| 마리안의 기둥 |

호르니 광장 주위를 싸고 있는 3, 4층 높이의 상가를 훑으며 남쪽으로 이어지는 돌니 광장으로 들어간다. 삼지창을 들고 초입에 서 있는 바다의 신 넵튠의 분수를 지나면 광장의 상징이자 또 하나의 페스트 기념탑인 마리안의 기둥(Mariánský morový sloup)이 한복판에 자리를 잡고 있다. 이 탑도 삼위일체의 기둥을 세운 바츨라프 렌더에 의해 1723년 건립된 것이다.

밑 부분에는 여덟 명의 성인들이 2단으로 둘러 서 있고 나선형으로 돌아 올라간 기둥 성상에는 무구수태의 마리아가 어린 예수를 안고 있다. 돌니 광장의 남쪽 끝에서 번개를 던지는 주피터의 분수를 마지막으로 보고 주차장으로 돌아 나온다. 마리오네트를 파는 곳은 결국 못 찾았으니 이제는 손녀에게 댈 핑계를 구상하는 도리 밖에 없다.

잠시 후 돌아온 필 여사는 옷가게에서 일어난 사건으로 실 인형의 실 구경은커녕 거리 구경도 못했다며 무용담을 늘어놓는다. 한 상점에서 99코루나로 블라우스 한 장을 고르고 200코루나 지폐를 줬는데 한참 만에 100코루나 받았다며 1코루나를 거슬러 주더라는 것이다. 말은 안통하고 종이에 숫자를 써가며 종업원과 수 십분 승강이를 한 끝에 그날 매상과 금전등록기의 현금을 맞춰본 가게 주인으로부터 101코루나를 돌려받았다고 한다. 가져간 돈이 200코루나 한 장 뿐이었으니 필 여사가 착각했을 리는 없다. 외롭고 난감했겠지만 이것도 체험의 한 조각, 그 정도면 여행 중 혼자 떨어져도 굶지는 않을 것 같다.

15시40분, 일방통행의 포석 길을 갈팡질팡 헤매며 잠시 멈춘 도시 올로모우츠와의 잠깐 맺은 인연을 벗어난다. 47/E462에 진입하여 동쪽 흐라니체(Hranice) 방면으로 달리다 발견한 휴게소에 차를 세우고 컵라면으로 늦은 점심을 먹는다. 늘 갖고 다니는 보온병은 나침반과 함께 차량여행의 필수 비품이다. 뜨거운 물로 커피까지 해결하고 16시50분 다시 출발한다.

쓰고 남은 체코 돈이 500코루나 정도 되는데 국경을 넘을 때까지 깨끗이 소비하는 가장 좋은 방법은 자동차에 기름을 넣는 것이다. 흐라니체를 통과하고 17시20분 노비 이친(Nový Jičín) 부근에 나타난 주유소에서 금액에 맞춰 주유한 뒤 그래도 남은 잔돈은 초콜릿을 사서 완전히 써버린다.

프리데크 미스테크(Frýdek Místek) 부근에서 교차로를 몇 개 지난 후 48/E462를 통해 동북으로 가고 있으리라 생각했는데 어디서 착각을 했는지 반대로 가고 있는 것을 나침반으로 발견하고 고속도로 밖으로 나갔다가 정상 방향으로 다시 진입한다.

오늘 두 번째 신세를 지고 소형 나침반의 효용과 고마움을 거듭 절감한다. 톨게이트를 통해 요금을 내야만 고속도로에 출입할 수 있는 우리나라와는 달리 이곳에서는 도로사용료를 낸 통행권을 창에 붙이고 다니기 때문에 고속도로에 요금소가 없고 국도에서 수시로 드나들 수 있는 것이다. 이 일대는 보헤미아, 모라비아와 함께 체코를 구성하는 세 지방의 하나인 실레시아의 들판이다. 검은 하늘 먼 곳에 내리는 희미한 소나기의 사선을 보며 가까워 오는 국경, 스산한 저녁 기분에 잠긴다.

체코와 영토분쟁이 계속돼 온 폴란드 도시 체신

마지막 도시 체스키 테신(Český Těšín) 왼쪽을 스치며 48/E462, S1로 체코의 국경초소를 통과하고 18시40분, 약 100m 간격을 둔 폴란드 여권사무소 앞에 선다. 한 사람이 여권을 자세히 보고 넘긴 것을 옆 사람이 다시 면밀히 살핀 후 판독기가 시원치 않은지 여러 차례 스캔 한 다음에 스탬프를 꽝 찍는다. 국경 통과하면서 처음 받아보는 엄격한 절차다.

폴란드에서 체코로 입국하는 반대편에는 트럭의 대기행렬이 길고 긴 줄을 만들고 있다. 초소를 지나면 바로 폴란드의 도시 체신(Cieszyn)이다. 체신은 체코 쪽 체스키 테신과 올자(Olza) 강을 사이에 둔 사실상 하나의 도시로 1918년부터 양국 사이에 영토분쟁이 계속돼 온 곳이다.

비는 그치고 광막한 폴란드 강토에 석양이 기울며 날이 저문다. 숲과 마을 사이 말끔한 검은 도로에 산뜻한 두 가닥 곧은 백선이 중앙대를 끼고 길게 수렴돼 나간다.

동가식서가숙의 신세, 오늘은 어느 골에서 거친 꿈을 헤맬까? 새 고장으로 드는 막연한 불안을 안고 국경에서 38㎞, 옛 빛이 완연한 20시30분의 침침한 도시로 접어든다. Bielsko-Biała다. 차를 세워 길가는 사람에게 내내 궁금하던 도시의 이름을 어떻게 부르는지 물어본다. '비엘스코 비아와'. 처음 보는 낯선 글자 ł는 영어의 w와 같은 발음이라고 한다.

폴란드 공화국(Rzeczpospolita Polska)은 면적이 312,685㎢, 동서로 600

㎞, 남북으로 550㎞ 정도의 사각형 모양을 한 동유럽 최대 국가로 서쪽으로는 독일, 남쪽으로는 체코와 슬로바키아, 동으로는 우크라이나와 벨로루시, 북쪽으로 리투아니아, 발트해와 접한다. 러시아의 손바닥만한 역외영토 칼리닌그라드(Kaliningrad)와도 맞닿아있다. 수도인 바르샤바(Warszawa)가 거의 중앙에 위치하고 있다.

남부에서 발원한 비스와(Wisła) 강이 국토 복판을 지나 발트해로 유입하고, 서쪽 국경을 따라 오드라(Odra) 강이 흐른다. 산이 낮고 국토의 대부분이 중유럽 대평원에 위치하고 있어 전통적으로 농업이 발달한 나라지만 전쟁으로 입은 피해가 심해 강철, 조선, 섬유 등 공업이 경제의 중심을 차지하고 있다.

풍요로운 천혜의 자연과는 상반되게 이 땅에서 살아야 했던 사람들이 겪어 온 근현대사는 지나치게 가혹했다. 기복이 거의 없는 평야에다 독일, 오스트리아, 러시아 등 강국 틈에 끼어있는 지리 정치적 특성으로 인해 밟혀 찢기며 세계 어느 나라보다도 자주 국경선을 고쳐 그어야만 했던 나라, 여러 차례 세계지도에서 사라졌다가는 되살아난 비운의 국가가 바로 폴란드다. 이 나라의 국민시인 아담 미츠키에비츠(Adam Mickiewicz)는 자기 겨레를 '십자가에 못 박힌 민족' 이라고 표현했다.

국가가 성립된 것은 10세기 후반이고 11세기에는 러시아와 보헤미아, 독일 동부까지 포함된 넓은 지역을 지배했다. 15-16세기에 폴란드-리투아니아연합인 야기에오 왕조(Jagiellonowie)가 탄생하여 한때 전성기를 맞지만 그 후 주변 제국의 성장과 더불어 비극이 반복되는 약육강식의 시대로 접어든다.

1772년부터 이웃 프로이센, 러시아, 오스트리아에게 세 번에 걸쳐 국토를 분할당한 폴란드는 1795년 지도에서 완전히 사라진다. 제1차 세계대전과 러시아 혁명 덕으로 1918년 11월 공화국으로 독립하여 부활하지만 그도 잠깐, 다시 제2차 세계대전이 시작된 1939년 나치 독일과 소비에트연방의 밀약 침공으로 전쟁터로 변했으며 일찌감치 굴복한 체코와는 달리 국토가 심하게 파괴되고 분할 점령된다. 아주 강하던지 아니면 차라리 약해서 눈을 내리깔던지, 역사의 아이러니는 그 중간을 용납치 않았던 것이다.

2차 대전 후 다시 찾은 현재 영토는 얄타 회담에 근거한 것으로 전쟁 전에 비해 서쪽으로 크게 옮겨졌다. 동쪽 대부분이 소비에트 연방으로 넘어가 병합된 대신 서쪽 절반 가까이를 구 독일에서 할양받은 것이다. 여기서도 국가세력 간 비정한 힘의 논리를 엿볼 수 있다.

2차 대전이 끝난 1945년부터 폴란드는 소련 세력 하의 바르샤바조약기구로 편입돼 곤궁의 역사를 이어 가지만 자유노조가 주도하는 끈질긴 저항을 통해 1990년 공산블록 최초의 자유선거로 민주화를 쟁취했으며 냉전이 붕괴되면서 NATO에도 가맹했다. 과거에는 다민족 국가였으나 제 2 차 대전의 결과 거의 단일민족이 됐으며 2006년도의 인구 3,810만 중 약 97%가 폴란드인이다.

세계적으로 유명한 인물로 코페르니쿠스, 쇼팽, 퀴리 부인이 있다. 공산주의 국가에서 최초로 선출된 교황인 요한 바오로 2세도 이 나라 출신이다. 사회주의 시절에도 공산권 유일의 로마 가톨릭 국가를 유지했으며 정부도 가톨릭 교회를 탄압하지 못할만큼 95%의 국민이 가톨릭 신자라고 한다. 현재 파괴된 도시는 박물관 그림을 참조하거나 생존 시민의 기억을 동원하여 벽의 주름 하나까지 세밀하게 복구하여 예전 모습을 되찾고 있다한다.

폴란드 사람들은 러시아 사람 못지않게 유머나 해학을 즐기면서 동시에 풍자의 대상도 되는데 '폴락'(Polak)이라 불리며 누추하고 멍청한 인종으로 흔히 묘사된다.

폴란드 항공의 조종사가 당황한 목소리로 관제소를 호출한다. "메이데이! 메이데이! 100m 밖에 안 되는 활주로에 어떻게 착륙하란 말인가? 밥통들... 폭은 몇㎞씩 만들어 놓고..." 하는 식이다.

오랜 압제와 생활고에 일종의 자학취미까지 가세해서 생긴 이 같은 익살은 결국 잔꾀 부릴 줄 모르는 질박한 특질을 달리 표현한 것이 아닌가 하는 생각이 든다. 폴(Pole)이라는 점잖은 말을 놔두고 모멸적 태도로 폴락이라 불렀다간 자칫 턱뼈가 박살날지 모른다고 한다. 이건 폴란드 유머가 아닌 진담이다.

통화의 단위는 즈워티(Złoty)이고 1즈워티는 100그로시(Groszy)다. 대충 우리 돈 300원으로 환산하면 되고 물가는 체코에 비해 싼 편이다.

비엘스코 비아와, 전혀 모르는 도시에 무작정 중심으로만 진입한다. 호텔을 찾는 물음에 길 가던 사람들이 한결같이 프레지덴트 호텔의 이름을 댄다. 도심에서 찾아낸, 옛날 반도 호텔 꼭 닮은 5층짜리 건물에 들어가니 프런트 아가씨가 더블 룸의 1박이 65유로라고 한다. 결정을 하려다 지나가는 말로 혹시 더 싼 호텔이 없을까 물었더니 의외로 상냥하게 전화로 알아보고는 한 곳을 소개해 준다. 자기 집 마다하고 다른 집에 가겠다는데 친절하게도 지도까지 두 장 꺼내 주며 코스를 그려주는 것이 예쁜 얼굴은 해가지고 아무래도 멍청한 폴락임이 틀림없다.

가로등 어둡게 밝히는 거리에 세차게 비가 쏟아진다. 일러준 스타디움 옆, 인적 드문 도로를 서너 번 내왕하며 어지간히 힘들게 골목 속의 호텔, 올림프(Olimp)에 도착한다. 좀 오래된 건물이지만 하룻밤 지내기에는 알맞은 숙소다.

√숙소

BKS "STAL" Hotel Olimp
43-300 Bielsko-Biała, ul. Rychlińskiego 19, Poland
T: 048 33 497-52-00 더블 룸, 아침식사 포함, 주차 무료, Euro35/일